BECOMING

BECOMING
МОЯ ИСТОРИЯ

МИШЕЛЬ ОБАМА

БОМБОРА™

Москва 2021

УДК 821.111-94(73)
ББК 84(7Сое)-44
О-13

Michelle Obama
BECOMING

© 2018, Michelle Obama
This translation published by arrangement with Crown Publishing,
a part of Penguin Random House LLC and with Synopsis Literary Agency.

Обама, Мишель.

О-13 Becoming. Моя история / Мишель Обама ; [перевод с английского Я. Мышкиной]. — Москва : Эксмо, 2021. — 480 с.

ISBN 978-5-04-101892-4

«Becoming» — одна из самых ожидаемых книг этого года. Искренние и вдохновляющие мемуары бывшей первой леди Соединенных Штатов Америки уже проданы тиражом более 3 миллионов экземпляров, переведены на 32 языка и 10 месяцев возглавляют самый престижный книжный рейтинг Amazon.

В своей книге Мишель Обама впервые делится сокровенными моментами своего брака — когда она пыталась балансировать между работой и личной жизнью, а также стремительно развивающейся политической карьерой мужа. Мы становимся свидетелями приватных бесед супругов, идем плечом к плечу с автором по великолепным залам Белого дома и сопровождаем Мишель Обаму в поездках по всей стране.

«Перед первой леди Америка предстает без прикрас. Я бывала на аукционах в частных домах, больше похожих на музеи, где стояли ванны из драгоценных камней. Видела семьи, которые потеряли все в урагане Катрина и были до слез благодарны получить в дар хотя бы работающие холодильник и плиту. Я встречала лицемеров и лгунов. Но также встречала и учителей, жен военнослужащих и многих других людей, настолько сильных духом, что я с трудом верила своим глазам».

Рассказывая свою историю честно и смело, автор заставляет каждого из нас задуматься: кто я и какова моя история?

УДК 821.111-94(73)
ББК 84(7Сое)-44

ISBN 978-5-04-101892-4

© Мышкина Я.О., перевод на русский язык, 2019
© Оформление. ООО «Издательство «Эксмо», 2021

*Всем, кто помог мне стать собой:
людям, вырастившим меня, — Фрейзеру, Мэриан,
Крейгу и остальным членам моей большой семьи;
кругу сильных женщин, толкавших меня вперед;
лояльному и преданному персоналу,
которым я до сих пор горжусь.*

---

*А также любви всей моей жизни —
Малие и Саше, двум бесценным горошинкам,
наполняющим мою жизнь смыслом,
и, наконец, Бараку, который всегда обещал,
что нас ждет удивительное путешествие.*

Содержание

Вступление 9
Становясь собой 15
Становясь нами 133
Становясь чем-то бо́льшим 321
Эпилог 471
Благодарности 476

Вступление

В ДЕТСТВЕ МОИ МЕЧТЫ БЫЛИ ПРОСТЫМИ. Я хотела собаку. Двухэтажный частный дом с лестницей. Четырехдверный универсал вместо двухдверного «Бьюика» — радости и гордости моего отца. Я говорила всем, что стану педиатром. Почему? Мне нравилось возиться с маленькими детьми, и я быстро поняла, что примерно такого ответа взрослые от меня и ждут. «Ух ты, доктор! Прекрасный выбор!» Я собирала волосы в хвостики, помыкала своим старшим братом и приносила из школы одни пятерки. Была очень целеустремленной, хотя и не совсем понимала, в чем моя цель.

Теперь мне кажется, «кем ты хочешь стать, когда вырастешь?» — один из самых глупых вопросов, который взрослый может задать ребенку. Будто у взросления есть финал. Будто однажды ты просто становишься кем-то определенным. Завершенным. Застывшим.

За свою жизнь я успела поработать юристом, вице-президентом больницы и директором некоммерческой организации, которая помогает молодым людям строить осмысленную карьеру. Я была черной студенткой из рабочего класса в престижном колледже преимущественно для белых, а также единственной женщиной и единственной афроамериканкой в самых разных компаниях. Я была невестой, нервной новоиспеченной мамой, дочерью, которую горе раздирало на части. И до недавнего времени — первой леди Соединенных Штатов Америки. Неофициальная должность, открывшая для меня совершенно невообразимые возможности. Она бросала вызовы и учила смирению, поднимала на вершину мира и сбивала с ног. А иногда все это одновременно.

Я только начинаю осознавать, что произошло со мной за последние годы: с того момента в 2006-м, когда мой муж впервые решил баллотироваться в президенты, до холодного зимнего утра в 2017-м, когда я села в лимузин к Мелании Трамп, чтобы сопровождать ее на инаугурацию Дональда. Та еще поездка.

Перед первой леди Америка предстает без прикрас. Я бывала на аукционах в частных домах, больше похожих на музеи, где стояли ванны из драгоценных камней. Видела семьи, потерявшие все в урагане «Катрина» и до слез благодарные за работающий холодильник и плиту. Я встречала лицемеров и лгунов. Но также встречала и учителей, жен военнослужащих и многих других людей настолько сильных духом, что я с трудом верила своим глазам. И конечно, я знакомилась со множеством детей по всему миру, они смешили меня до слез, наполняли мое сердце надеждой и, слава богу, забывали мой титул сразу, как только мы начинали что-нибудь искать в земле в саду.

С тех пор как я скрепя сердце стала публичной личностью, меня раз за разом превозносили как самую влиятельную женщину в мире и унижали как «злобную черную женщину». Хотелось бы узнать у недоброжелателей, какая часть этой фразы должна быть для меня обиднее: «злобная», «черная» или «женщина»?

Я улыбалась для снимков с людьми, которые говорили о моем муже гадости по национальному телевидению, но при этом хотели поставить на свою каминную полку памятную фотографию с ним. В интернет-болотах обсуждалась мельчайшая деталь моей личности, вплоть до того, мужчина я или женщина. Действующий конгрессмен США ерничал по поводу моей задницы. Меня это задевало, я ужасно злилась, но в большинстве случаев просто пыталась посмеяться над этим.

Я все еще многого не знаю об Америке, о жизни и о том, чего ждать от будущего. Но я знаю себя. Мой папа, Фрейзер, научил меня усердно трудиться, часто смеяться и держать слово. Моя мама, Мэриан, объяснила, как важно думать самостоятельно и говорить открыто. Вместе, в тесной квартирке на южной окраине Чикаго, они помогли мне осознать ценность нашей семейной и моей личной истории в рамках истории страны.

Даже если она не красива, не идеальна и более реальна, чем вам хотелось бы, ваша история — единственное, что у вас есть. Единственное, что будет с вами всегда. Это то, от чего нельзя отказываться.

Восемь лет я жила в Белом доме, где лестниц было больше, чем можно сосчитать. Там имелись лифты, дорожки для боулинга и собственный флорист. Я спала на итальянских простынях. Еду нам готовили шеф-повара с мировым именем, а сервировали ее лучше, чем во многих пятизвездочных ресторанах. Вооруженные агенты секретной службы с маленькими наушниками стояли за каждой дверью. Отстраненные лица агентов говорили о том, что они пытаются держаться как можно дальше от нашей личной жизни. В какой-то момент мы даже привыкли к этому странному окружающему великолепию и тихому присутствию чужаков.

В Белом доме наши дочери играли в мяч в коридорах и лазали по деревьям на Южной лужайке[1]. Барак засиживался до глубокой ночи, изучая брифинги и наброски речей в Зале Договора[2]. А Санни, одна из наших собак, иногда гадила на ковры.

Я помню, как стояла на балконе Трумэна[3] и смотрела на туристов с селфи-палками. Они фотографировали наш дом из-за железного ограждения и гадали, что же происходит внутри.

---

[1] Южная лужайка (англ. *South Lawn*) Белого дома, также известная как «задний двор Белого дома», расположена перед южным фасадом здания президентской резиденции. Ее украшает большой фонтан. — *Здесь и далее, если не указано иное, прим. пер.*

[2] Зал Договора (англ. *Treaty Room*) находится на третьем, «семейном» этаже Белого дома и используется как личный кабинет президента. Назван так в честь того, что в 1898 году двадцать пятый президент США Уильям Мак-Кинли подписал в нем мирный договор с Испанией.

[3] Балкон Трумэна (англ. *Truman Balcony*) находится на втором этаже Белого дома и выходит на Южную лужайку. Был построен в 1948 году при президентстве Гарри Трумэна. В 2012 году Барак Обама упоминал балкон в числе любимых мест Мишель Обамы в Белом доме.

Иногда я буквально задыхалась оттого, что нам запрещали открывать окна из соображений безопасности. Нельзя было даже глотнуть свежего воздуха, не вызвав этим скандал. И в то же время я замирала от восторга, глядя из этих окон на магнолии в цвету, на ежедневную суматоху политических дел, величественность военных приветствий.

Были дни, недели, месяцы, когда я ненавидела политику. Но были и моменты, когда от красоты этой страны и ее людей у меня перехватывало дыхание и я не могла вымолвить ни слова.

А потом все закончилось. Даже когда ты знаешь, что конец близок и последние несколько недель наполнены прощаниями, сам день все равно проходит как в тумане. Рука на Библии, клятвы. Мебель одного президента выносят, другого — заносят. Шкафы опустошаются и наполняются снова за считаные часы. И вот уже новые головы покоятся на новых подушках — новые темпераменты, новые цели. Когда в последний раз выходишь за дверь самого знаменитого здания в мире, приходится во всех смыслах начинать все сначала.

Позвольте мне упомянуть здесь одно маленькое происшествие. Это случилось недавно. Я была в новом доме из красного кирпича. Мы с семьей только что переехали сюда. Дом стоял всего в паре миль от старого, на тихой соседней улочке. Мы едва начали обживаться, и в гостиной все было обустроено так же, как в Белом доме. В каждом уголке прятались маленькие напоминания о прошедших годах: семейные фотографии из Кэмп-Дэвида[1], горшки ручной работы, подаренные мне студентами-индейцами, книга с автографом Нельсона Манделы.

Самое странное, что в этот вечер никого, кроме меня, не было дома. Барак уехал в командировку, Саша ушла с друзьями, а Малия в то время жила и работала в Нью-Йорке, воспользо-

---

[1] Кэмп-Дэвид (англ. *Camp-David*) — загородная резиденция президента США в паре часов езды от Вашингтона. Расположена в парке горы Катоктин.

вавшись своим академическим годом[1] перед колледжем. Только я, две собаки и тихий, пустой дом. Такого со мной не случалось уже восемь лет.

Мне хотелось есть, так что я зашла на кухню, заглянула в холодильник, взяла два кусочка хлеба и положила их в тостер. Открыла шкаф и вынула оттуда тарелку. Знаю, звучит странно, но то, что я сама достала тарелку с кухонной полки, не услышав ни одного предложения о помощи, а потом смотрела, как хлеб постепенно покрывается коричневой корочкой, — все это как будто вернуло меня к прежней жизни. Или, может быть, наоборот, это моя новая жизнь впервые дала о себе знать.

Я положила чеддер между двумя кусочками хлеба и расплавила его в микроволновке. Потом вынесла тарелку с тостом на задний двор. Мне не пришлось никому говорить, что я собираюсь выйти. Я просто вышла. Босиком, в шортах. Зимние холода закончились, и из-под земли начинали пробиваться нежные головки крокусов. В воздухе пахло весной. Я села на деревянные ступеньки, все еще теплые от солнца.

Где-то вдалеке залаяла собака — и звук застал моих псов врасплох. Для них это оказалось в новинку: пока мы жили в Белом доме, у нас не было соседей, а тем более соседских собак. Они впервые поняли, что где-то существуют другие животные, и отправились обнюхивать территорию.

Я ела тост в темноте, ощущая свое одиночество в лучшем смысле этого слова. Мне наконец не нужно было думать о вооруженных охранниках, которые могли бы сидеть на импровизированном командном посту в гараже меньше чем в ста ярдах[2] от меня, или о том, что я не могу пройтись по улице без плана по обеспечению моей безопасности. В голове в кои-то веки не

---

[1] Академический год (англ. *Gap year*) — год перерыва между окончанием школы и началом учебы в вузе. Многие колледжи, в первую очередь Гарвардский и Принстонский университеты, поощряют взятие академического года и даже предлагают для него свои программы. Малия Обама брала академический год перед поступлением в Гарвард.

[2] 91,4 метра. — *Прим. ред.*

было ни единой мысли о новом — и даже старом — президенте.

Вместо этого я представляла, как через несколько минут вернусь обратно в дом, помою тарелку в раковине, поднимусь в спальню и открою окно, чтобы впустить весенний воздух, — и как это будет чудесно. В тишине у меня впервые появилась возможность все обдумать. Когда я доживала до конца рабочей недели, будучи первой леди, то не могла вспомнить ее начало. Теперь же время ощущалось по-другому.

Мои девочки въезжали в Белый дом с карманными куколками Полли[1], с одеялом по кличке Одеяльчик и плюшевым тигром по кличке Тигр, а сейчас они обе уже девушки с собственными планами и взглядами. Мой муж наконец перевел дыхание и строит планы на жизнь после Белого дома. А я здесь, на новом месте. И мне многое хочется рассказать.

---

[1] Карманные куколки Полли (англ. *Polly Pocket*) — серия кукол и аксессуаров карманного размера в пластиковых чемоданчиках.

Становясь собой

1

Бо́льшая часть моего детства прошла под звуки усилий. Они просачивались между половицами моей комнаты и разрывали сердце всхлипами если не самой плохой на свете, то точно любительской музыки. Плинк, плинк, плинк — на нижнем этаже ученики двоюродной тети Робби медленно и неверно оттачивали исполнительские навыки за ее старееньким пианино.

Мы с семьей жили на южном побережье озера Мичиган в Чикаго. Аккуратный кирпичный домик, в котором прошло мое детство, принадлежал нашим родственникам. Мои родители арендовали комнаты на втором этаже, а Робби и ее муж Тэрри жили на первом. Робби была маминой тетей и всегда хорошо к ней относилась, но меня она приводила в ужас. Чопорный дирижер церковного хора и местная учительница музыки, она носила очки для чтения на цепочке и высокие каблуки. Несмотря на лукавую улыбку, Робби не одобряла мамин сарказм.

Я часто с благоговением слушала, как Робби отчитывает учеников за отсутствие практики или их родителей за опоздания. Ее «доброй ночи!» в середине дня звучало похлеще любого ругательства. Да, Робби нелегко было угодить.

Звук чьих-то стараний стал неизменным саундтреком нашей жизни. Дневное плинканье, вечернее плинканье... Иногда к нам заходили дамы из церкви, чтобы попрактиковаться в пении гимнов и освятить своим благочестием наши стены. Согласно правилам Робби, детям было разрешено разучивать только по одной пьесе за раз, так что я постоянно слушала, как они пытаются добраться от «Пасхальных куличиков»[1] до «Колыбельной»[2] Брамса. Одна неверная нота за другой.

Не то чтобы музыка была раздражающей, но она практически никогда не замолкала. Плинканье подкрадывалось по лестнице, вырывалось летом из открытых окон и сопровождало все мои мысли, занятые Барби и маленькими королевствами из кубиков. Передышку мы получали только с приходом отца — он возвращался с ранней смены на водоочистительной станции и включал по телевизору игру «Кабс»[3] на полную громкость.

Заканчивался сезон 1960-го. «Кабс» играли не так уж плохо, но и хорошей командой их тоже нельзя было назвать. Я сидела у папы на коленях и слушала, что они совсем выдохлись к финалу, а Билли Уильямсу, который жил за углом на Констанс-авеню, удавался такой сладкий свинг с левой[4].

А за пределами стадионов в Америке происходили большие и туманные перемены. Кеннеди убили. Мартина Лютера Кинга застрелили на балконе в Мемфисе, что вызвало волну беспорядков по всей стране, включая Чикаго. Национальный съезд Демократической партии 1968 года закончился кровью демонстрантов, выступающих против войны во Вьетнаме. Полицейские вовсю орудовали дубинками и слезоточивым газом в Грант-парке[5], всего в девяти милях к северу от нашего дома.

---

[1] Пасхальные куличики (англ. *Hot Cross Buns*) — английская детская песенка.

[2] «Колыбельная» написана немецким композитором Иоганнесом Брамсом как часть симфонии в 1868 году.

[3] «Чикаго Кабс» (англ. *Chicago Cubs*) — профессиональный бейсбольный клуб.

[4] Сладкий свинг (англ. *Sweet swing*) — устойчивое выражение. Свинг — удар в бейсболе, при котором мяч летит за пределы поля. «Сладкий свинг», таким образом, означает свинг, пришедшийся на нужный момент.

[5] Грант-парк (англ. *Grant Park*) — большой городской парк (1,29 км²) в Чикаго.

Белые семьи массово уезжали из городов и селились в пригородах, влекомые мечтой о хороших школах, больших участках и, видимо, исключительно белых соседях.

Ничто из этого, конечно, по-настоящему меня не задевало. Я была обычной девочкой с Барби и кубиками, двумя родителями и старшим братом, который каждую ночь укладывался спать в трех футах[1] от меня. Моя вселенная строилась вокруг семьи. Я рано научилась читать, и мы с мамой часто ходили в публичную библиотеку. По утрам папа уходил на службу в синей рабочей униформе, а вечерами возвращался и показывал нам, что значит по-настоящему любить джаз.

В детстве он брал уроки в Институте искусств Чикаго[2], а в старшей школе рисовал и лепил. Он также плавал и занимался боксом, но с возрастом эти увлечения превратились в просмотр спортивных шоу — от профессионального гольфа до игр НХЛ. Папе нравилось наблюдать за успехом сильных людей. Когда брат увлекся баскетболом, отец клал монетки на дверную раму на кухне, чтобы Крейг за ними подпрыгивал.

Все, что имело для меня значение, находилось в радиусе пяти кварталов: мои бабушки и дедушки, дяди и тети, церковь и воскресная школа, заправка, куда мама посылала меня за пачкой «Ньюпорта»[3], магазин, где продавались булочки, конфеты за пенни и молоко. Летом, в особенно жаркие ночи, мы с Крейгом засыпали под звуки оваций: в парке неподалеку проходили соревнования по софтболу[4]. А днем мы лазали там по игровой площадке и бегали с другими детьми.

Крейг всего на два года старше меня. От отца он унаследовал добрые глаза и оптимистичный взгляд на мир, от матери — твердость характера. Мы с братом всегда были очень близки,

---

[1] 3 фута = 91 см.

[2] Чикагский институт искусств (англ. *Art Institute of Chicago*) — художественный музей и высшее учебное заведение.

[3] «Ньюпорт» (англ. *Newport*) — американские сигареты с ментоловым вкусом.

[4] Софтбол (англ. *softball*) — спортивная командная игра с мячом, разновидность бейсбола.

отчасти благодаря его неизменному и порой необъяснимому чувству ответственности за меня, младшую сестренку.

Есть старая черно-белая фотография нас четверых на диване. Мама держит меня на руках и улыбается. Серьезный и гордый папа сидит рядом с Крейгом. Мы одеты так, будто собираемся в церковь или, может, на свадьбу. Мне около восьми месяцев, и я выгляжу как невозмутимый пухлощекий борец в подгузниках и выглаженном белом платьице. Я готова в любой момент выскользнуть из тисков маминых рук и проглотить камеру. Крейг рядом похож на маленького, крайне серьезного джентльмена в галстуке-бабочке и пиджаке. Брату всего два года, но его пальцы уже покровительственно обхватывают мое толстое запястье, воплощая всю будущую братскую бдительность и ответственность.

Этот снимок сделали, когда мы жили через дверь от родителей моего отца в Парквэй-Гарденс[1]. Их многоквартирный дом — вариант доступного жилья для черных семей из рабочего класса — был спроектирован в 1950-х. Позже этот район станет одним из самых опасных мест города из-за стремительно растущей бедности и расцвета жестоких банд. Но мы уедем оттуда задолго до этого, когда мне будет три года, а родители, которые познакомились подростками и поженились в двадцать пять, примут приглашение перебраться на несколько миль[2] к югу, к Робби и ее мужу Терри, где обстановка намного спокойнее. Там, на Эвклид-авеню, под одной не очень большой крышей будут жить две разных семьи.

Судя по планировке, второй этаж дома Робби и Терри был задуман для родителей одного из них и рассчитан на двух человек. Но мы умудрялись жить там вчетвером. Мама с папой делили спальню, а мы с братом — комнату побольше, которая изначально задумывалась как гостиная.

Позже, когда мы подросли, дедушка — Парнелл Шилдс, отец моей матери, непрофессиональный, но очень увлеченный плот-

---

[1] Парквэй-Гарденс (англ. *Parkway Gardens*) — комплекс жилых домов на юге Чикаго, построенный в рамках программы доступного жилья в 1950-х.

[2] 1 миля = 1,61 км.

ник, — принес несколько дешевых деревянных панелей и разделил нашу комнату надвое. В каждую спальню он оборудовал отдельный вход — пластиковую дверь-гармошку — и спроектировал общую зону для книг и игрушек.

Я обожала свою комнату. В ней было достаточно места для кровати и узкого письменного стола. Всех своих плюшевых зверят я держала рядом с подушкой и старательно раскладывала вокруг головы каждую ночь перед сном. С другой стороны стены, в зеркально отраженном пространстве, Крейг спал на своей кровати. Перегородка была такой тонкой, что мы могли разговаривать по ночам и даже бросать друг другу тканевый мячик через десятидюймовую[1] щель между деревянной панелью и потолком.

Тетя Робби предпочла устроить из своей части дома настоящий мавзолей. Всю мебель она обернула холодными и липкими пластиковыми чехлами[2], а на полках выставила ряды фарфоровых фигурок, к которым нам было запрещено прикасаться. Однажды я дотронулась до группы стеклянных пуделей со славными мордочками, но тут же отдернула руку, опасаясь возмездия тети.

В перерывах между уроками музыки на этаже Робби и Терри царила полная тишина. Они никогда не включали ни радио, ни телевизор, и я даже не уверена, разговаривали ли они друг с другом. Полное имя дяди звучало как Вильям Виктор Терри, но по какой-то причине все звали его просто Терри. Этот молчаливый утонченный мужчина в неизменном костюме-тройке походил на собственную тень.

Мне казалось, что первый и второй этажи — это два разных мира, которыми правят противоположные чувства. Мы наверху были ужасно шумными и никогда за это не извинялись. Мы с Крейгом вечно играли в мяч и гонялись друг за другом по этажу. Иногда натирали деревянный пол в коридоре полиролью для

---

[1] 10 дюймов = 25,4 см.

[2] Некоторые американцы из бедных слоев населения использовали пластиковые защитные чехлы для мебели, чтобы она меньше изнашивалась, особенно если в доме животные или дети.

мебели, чтобы кататься по нему в носках и врезаться в стены. Мы даже боксировали на кухне в настоящих боксерских перчатках, которые отец подарил нам на Рождество. А вечерами всей семьей играли в настольные игры, рассказывали друг другу истории и шутки и слушали на магнитофоне Jackson 5[1]. Когда терпению тети Робби приходил конец, она щелкала выключателем в общем холле, чтобы вежливо попросить нас вести себя потише.

Робби и Терри принадлежали к другому поколению. Они росли в другую эпоху, у них были другие проблемы и причины для беспокойства. Они видели то, чего не видели наши родители и чего мы с Крейгом в своем беззаботном детстве даже не могли вообразить. Примерно так говорила мне мама, когда я обижалась на ворчунью снизу. У каждого на этой планете, объясняли нам, есть своя нерассказанная история, и хотя бы поэтому все люди заслуживают толерантности.

Много лет спустя я узнала, что Робби судилась с Северо-Западным университетом[2] за дискриминацию. В 1943 году она зарегистрировалась на семинар по хоровому пению, и ей отказали в праве остановиться в женском общежитии. Вместо этого предложили арендовать комнату в одном из городских домов — «для цветных». Терри же работал пулман-портье[3] в одном из ночных междугородних поездов. Это был уважаемый, хотя и низкооплачиваемый труд, которым занимались исключительно черные мужчины. Портье должны были содержать свою одежду в идеальной чистоте, пока они таскают багаж, подают еду и выполняют любые просьбы пассажиров, в том числе чистят ботинки.

---

[1] Jackson 5 — американская музыкальная группа, состоящая из братьев Джексон, в числе которых был и самый известный в дальнейшем — Майкл Джексон.

[2] Северо-Западный университет (англ. *Northwestern University*) — частный исследовательский американский университет, расположенный в северном пригороде Чикаго — городе Эванстон, штат Иллинойс.

[3] Пулман-портье — работники, обслуживающие спальные вагоны знаменитых пулмановских поездов. Джордж Пулман называл такие вагоны гостиницей на колесах. — *Прим. науч. ред.*

Даже спустя годы после выхода на пенсию Терри не смог сбросить с себя ярмо глухой официальности и так и остался безукоризненно одетым, отстраненно-подобострастным и не говорящим о себе работником железной дороги. Было ощущение, что он отказался от части себя, чтобы хоть как-то продолжать справляться с жизнью. Я помню, как Терри стоял летом, в ужасную жару, на нашей лужайке в наглухо зашнурованных ботинках, брюках на подтяжках, рубашке с аккуратно подвернутыми рукавами и тонкой фетровой шляпе.

Он приучил себя выкуривать только одну сигарету в день и выпивать только один коктейль в месяц. Но даже тогда не мог расслабиться так, как мои родители, когда позволяли себе немного виски или ликера. Какая-то часть меня всегда хотела разговорить Терри, заставить высказать все, что было у него на душе. Я представляла, сколько интересных историй о разных городах и богатых чудаках скопилось в его памяти за годы службы. Но по какой-то причине он всегда молчал.

Когда мне исполнилось четыре, я решила научиться играть на пианино. Крейг, первоклассник, уже какое-то время спускался вниз на еженедельные занятия с тетей Робби и каждый раз возвращался целым и невредимым. Я поняла, что тоже готова. Более того, я была уверена, что уже умею играть. Знания, думала я, просто не могли не просочиться в меня от многочисленных учеников, часами продирающихся сквозь одни и те же пьесы. Музыка была у меня в голове, оставалось только спуститься вниз и продемонстрировать своей строгой тете, какое я сокровище. Я собиралась стать ее лучшей ученицей и настоящей звездой, не пошевелив для этого и пальцем.

Пианино Робби стояло в маленькой квадратной комнате, возле окна, выходящего на задний двор. В одном углу тетя держала цветочные горшки, другой занимал письменный стол, за которым ученики заполняли нотные тетради. Во время занятий Робби сидела с прямой спиной, отбивала ритм одним пальцем и, слегка склонив голову, прислушивалась к игре, ловя малейшие признаки фальши.

Не то чтобы я ее боялась. Но в тете была некая отпугивающая властность, с которой мне тогда еще не приходилось сталкиваться. Робби требовала совершенства от каждого ребенка, садившегося за ее пианино. Мне казалось, будто я должна каким-то образом ее победить, доказать, что тоже чего-то стою.

Когда я впервые села за инструмент, мои короткие ножки свесились со стула, не достав до пола. Робби вручила мне нотную тетрадь и показала, как правильно ставить руки.

— Будь внимательнее, — начала она выговаривать мне еще до того, как мы начали. — Найди ноту до первой октавы.

В детстве пианино выглядит так, словно на нем тысяча клавиш. Ты с ужасом смотришь на это изобилие черного и белого, оно простирается дальше, чем твои маленькие ручки могут дотянуться. Как я вскоре выяснила, до первой октавы — это что-то вроде точки отсчета, разграничительной линии между клавишами для левой и правой руки, басовым и скрипичным ключом. Как только ты находишь эту до, все сразу встает на свои места.

Клавиши на пианино тети Робби были разного цвета и формы, со сколами и трещинами, они напоминали ряд плохих зубов. На до первой октавы отсутствовал целый уголок размером с мой ноготь, так что я легко ее находила.

Оказалось, мне очень нравится заниматься музыкой. Сидеть за пианино было естественно, будто мы были созданы друг для друга. Моя семья всегда славилась большим количеством музыкантов и меломанов, особенно по маминой линии. Мой дядя играл в профессиональной группе, тети пели в церковном хоре, а Робби даже создала что-то вроде «Опереточного кружка» — бесплатный детский музыкальный театр в подвале церкви, куда мы с Крейгом ходили по воскресеньям.

Главным же меломаном семьи всегда оставался дедушка Шилдс, плотник и младший брат Робби: беззаботный мужчина с круглым животиком, заразительным смехом и черной, с проседью, бородой. Когда я была маленькой, он жил на западе города, и мы с Крейгом называли его Вестсайдом[1]. Но в год,

---

[1] В е с т с а й д (англ. *Westside*) — западная сторона города. С а у т с а й д (англ. *Southside*) — южная.

когда я начала брать уроки игры на пианино, дедушка поселился по соседству и тут же, как и полагается, был окрещен Саутсайдом.

Дед развелся с бабушкой, когда мама была еще подростком, и теперь жил с моей тетей Кэролин, маминой старшей сестрой, и дядей Стивом, ее младшим братом, всего в двух кварталах от нас. Свой одноэтажный дом Саутсайд обвил проводами от пола до потолка, провел колонки в каждую комнату, включая ванную. Центр управления этой стереосистемой, купленной в основном на гаражных распродажах, располагался в столовой. У дедушки были две не подходящие друг к другу вертушки, старый катушечный магнитофон и целые полки, где хранилась обширная коллекция любимых записей.

Саутсайд был конспирологом[1]. Он не доверял стоматологам, поэтому к старости растерял почти все зубы. Не доверял полицейским и белым. Его дедушка был рабом из Джорджии, а сам Саутсайд, прежде чем переехать в Чикаго в 1920-х, жил в Алабаме, подчиняясь законам Джима Кроу[2]. Став отцом, он запугал своих детей реальными и воображаемыми историями о том, что случается с черными малышами, которые попадают в неправильный район или лапы полиции. Ему казалось, так они будут в безопасности. Музыка, похоже, была единственным антидотом для всех его тревог, так что в день зарплаты он частенько позволял себе раскошелиться на новый альбом.

В доме Саутсайда мы праздновали почти все значимые события, из года в год распаковывая рождественские подарки под Эллу Фицджеральд[3] и задувая именинные свечи под Колтрей-

---

[1] Конспиролог — приверженец теории заговора, то есть концепции, объявляющей отдельные общественно значимые события или даже ход истории в целом результатом заговора со стороны некой группы людей.

[2] Законы Джима Кроу (англ. *Jim Crow laws*) — неофициальное название законов о расовой сегрегации в южных штатах США в период 1890—1964 годов.

[3] Элла Фицджеральд (англ. *Ella Fitzgerald*) — одна из величайших вокалисток в истории американского джаза.

на¹. Мама рассказывала, что еще в молодости дедушка задался целью накачать своих семерых детей джазом под завязку, поэтому просыпались они на рассвете исключительно под звуки джазовых пластинок.

Никто не мог устоять перед его любовью к музыке. Как только Саутсайд переехал, я стала торчать в его доме целыми днями, вытаскивая с полок альбом за альбомом и погружаясь в незнакомые миры. Я была совсем маленькой, но дедушка не ограничивал меня и даже выделил личную полку для любимых пластинок, куда я вскоре положу подаренный им альбом Стиви Уандера² Talking Book.

Если я хотела есть, он делал молочный коктейль или запекал целую курицу, пока мы наслаждались Аретой³, Майлсом⁴ и Билли⁵. Саутсайд был для меня огромным, как рай. А рай, каким я его представляла, — это место, где играют джаз.

Тем временем дома я продолжала трудиться над собственной музыкальной карьерой. Сидя за пианино Робби, я быстро поднимала ставки — музыка, видно, и правда проникла в меня посредством осмоса⁶ — и с воодушевлением выполняла все новые и новые задания по чтению с листа. У нас не было своего пианино, поэтому мне приходилось практиковаться на

---

[1] Джон Колтрейн (англ. *John Coltrane*) — американский джазовый саксофонист и композитор, знаменитый импровизатор.

[2] Стиви Уандер (англ. *Stevie Wonder*) — американский соул-певец, музыкант-мультиинструменталист и композитор, страдающий слепотой. Основоположник современного соула и R'n'B.

[3] Арета Франклин (англ. *Aretha Franklin*) — американская певица, общепризнанная королева соула.

[4] Майлс Дэвис (англ. *Miles Davis*) — трубач и лидер джаз-бэндов, основоположник фьюжна и кул-джаза.

[5] Билли Холидей (англ. *Billie Holiday*) — американская певица, значительно повлиявшая на развитие джазового вокала.

[6] Осмос — процесс односторонней диффузии молекул через полупроницаемую мембрану.

первом этаже в перерывах между чужими уроками. Мама по моей просьбе часто сидела рядом в кресле.

Я разучила одну пьесу, потом другую. Может, я и не была умнее других учеников, но точно оказалась упорнее. Вся магия для меня заключалась в самом процессе обучения: я быстро заметила простую, но вдохновляющую корреляцию между часами практики и своими успехами. Если я добиралась до конца пьесы без ошибок, даже в Робби ощущалось какое-то необычное чувство — хотя и слишком глубоко спрятанное, чтобы сойти за настоящее удовольствие. Зажимая левой рукой аккорд, а правой наигрывая мелодию, я видела уголком глаза, как губы тети чуть расправляются в улыбке, а отбивающий ритм палец начинает слегка подскакивать.

Наш медовый месяц продлился недолго. Будь я чуть менее любопытной и чуть больше уважай ее методы, все, возможно, шло бы своим чередом. Но учебник с пьесами был достаточно объемным, а мой прогресс достаточно медленным, чтобы терпение лопнуло — и я стала продвигаться в глубь книги, разбирая все более и более сложные пьесы.

Когда я с гордостью продемонстрировала свои успехи во время урока, Робби взорвалась и отшила меня сердитым «Доброй ночи!». Я услышала от нее то, что она не раз говорила своим нерадивым ученикам. Я просто попыталась учиться усерднее и быстрее, но для Робби это оказалось сродни государственной измене. Я стала одной из грешниц.

В детстве мне было просто необходимо получать на все свои вопросы аргументированные ответы. Я росла дотошным ребенком с диктаторскими замашками, как утверждает мой брат, которого часто выгоняли из общей зоны для игр. Когда мне казалось, будто у меня появилась отличная идея, я точно не была готова получить отказ. Вот поэтому мы с тетей и закончили этот разговор именно так: разгоряченными и непримиримыми.

— Как можно злиться на меня за то, что я выучила новую пьесу?

— Ты к ней еще не готова. Так ты играть не научишься.

— Но я готова, я ее только что сыграла!

— Нет, так не пойдет.

— Но почему?

Из-за нежелания Робби смириться с вольнодумством и моего отказа подчиниться ее методам уроки музыки стали ужасно изнурительными для нас обеих. Мы делали шаг вперед и два назад, неделя за неделей. Я упрямилась, она тоже. Каждый стоял на своем. В перерывах между пререканиями я продолжала играть, она продолжала слушать, иногда вносила коррективы. Я придавала мало значения ее помощи, она — моим успехам, но уроки продолжались.

Мои родители и Крейг находили все это ужасно смешным. Когда я рассказывала об очередной схватке с Робби за ужином, гневно расправляясь со спагетти с тефтельками, эти трое буквально лопались от смеха.

У Крейга никогда не возникало конфликтов с Робби: он был прилежным учеником, методично продвигающимся по учебнику в нужном темпе. Родители же решили не принимать в этом споре ни одну из сторон. Они вообще предпочитали держаться подальше от нашей учебы, считая, что мы с братом должны сами справляться со своими проблемами. Свою задачу они видели в том, чтобы прислушиваться к нам и оказывать моральную поддержку в стенах дома.

В то время как другие родители отругали бы ребенка за дерзость старшим, мои не вмешивались. Мама жила с Робби с шестнадцати лет и уже привыкла подчиняться всем ее загадочным правилам, так что, возможно, моя непокорность авторитету тети стала для нее отдушиной. Сейчас я думаю, родители даже гордились моей отвагой, и благодаря им огонь в моей груди до сих пор продолжает гореть.

РАЗ В ГОДУ РОББИ устраивала для учеников выступление перед аудиторией. Не знаю, как она это провернула, но у нее был доступ к репетиционному залу Университета Рузвельта[1] в центре

---

[1] Университет Рузвельта (англ. *Roosevelt University*) — частный университет с кампусами в Чикаго, Иллинойс, и Шаумбург, Иллинойс. Основанный в 1945 году, университет назван в честь бывшего президента Франклина Делано Рузвельта и первой леди Элеоноры Рузвельт.

города. Так что концерты проходили в огромном здании на Мичиган-авеню, прямо по соседству с местом, где играл Чикагский симфонический оркестр.

Одна мысль об этом концерте заставляла меня нервничать. Наша квартира на Эвклид-авеню была за девять миль[1] от центра города, поэтому его сверкающие небоскребы и переполненные тротуары выглядели для меня как другая планета. Мы с семьей крайне редко выбирались туда на выставки в Институт искусств или в театр, путешествуя вчетвером в капсуле отцовского «Бьюика», как космонавты.

Папа использовал любой предлог, чтобы лишний раз прокатиться на машине. Он был предан своему двухдверному «Бьюику Электра-225», который любовно называл «Двойкой с четвертью», и всегда держал его чистым и навощенным. График технического обслуживания вызывал в папе религиозный трепет, он катался в «Сирс»[2] на замену шин и масла так же часто, как мама водила нас к педиатру.

Мы тоже любили «Двойку с четвертью», чьи плавные линии и узкие фары придавали ей крутой футуристический вид. В салоне было довольно много места, и даже я могла вставать практически в полный рост, трогая руками тканевый потолок. Тогда ремни безопасности на заднем сиденье еще не были обязательными, так что бо́льшую часть времени мы с Крейгом просто ползали туда-сюда и прислонялись к передним креслам, когда хотели поболтать с родителями. Иногда я пристраивала свой подбородок на подголовник отца, чтобы у нас был одинаковый вид на дорогу.

В машине наша семья всегда чувствовала совершенно новую степень близости, и временами после ужина мы с братом умоляли отца покататься просто так. Летними вечерами мы вчетвером отправлялись в кинотеатр под открытым небом на юго-западе, чтобы посмотреть очередную часть «Планеты обезьян».

---

[1] 9 миль = 14,48 км.

[2] «С и р с» (англ. *Sears*) — американская компания, управляющая несколькими международными сетями розничной торговли.

Парковали «Бьюик» в сумерках и готовились к шоу. Мама доставала жареную курицу и картофельные чипсы, и мы с Крейгом с удовольствием ели на заднем сиденье, стараясь вытирать руки салфетками и не использовать для этих целей обивку.

Только годы спустя я поняла, чем машина была для папы на самом деле. Ребенком я могла лишь догадываться, какую свободу он чувствует за рулем, какое удовольствие ему доставляет шум мотора и гармоничный шорох шин.

Ему было чуть за тридцать, когда доктор сообщил, что странная слабость в ноге — только начало долгого и болезненного пути к полной обездвиженности. Однажды из-за необъяснимой проницаемости нейронов в его спинном и головном мозге он обнаружит, что вообще не может ходить. У меня нет точных дат, но, кажется, «Бьюик» появился в жизни отца одновременно с рассеянным склерозом. Машина стала для него настоящей отдушиной, хотя он никогда этого и не говорил.

Мои родители не зацикливались на диагнозе. Пройдут десятилетия, прежде чем простой поиск в гугле начнет выдавать головокружительное количество диаграмм, статистики и медицинских заключений, дарующих и отнимающих последнюю надежду, — хотя я сомневаюсь, что отец хотел бы их видеть. Он рос в религиозной семье, но никогда не молил Господа об избавлении и также не стал бы искать альтернативные методы лечения, гуру или «неправильные» гены, которые можно было бы обвинить в болезни. В нашей семье давно выработалась практика блокировки плохих новостей: мы пытались стереть их из памяти чуть ли не в момент получения.

Никто не знал, сколько времени отец терпел боль, прежде чем пойти к доктору. Думаю, месяцы или годы. Ему не нравилось ходить по врачам, и он не любил жаловаться. Папа был человеком, который просто принимал все происходящее с ним как данность и продолжал двигаться вперед.

Ко дню моего музыкального дебюта он уже начал прихрамывать: левая нога не поспевала за правой. Все мои воспоминания об отце связаны с тем или иным проявлением его инвалидности, хотя никто из нас тогда еще не был готов так это называть.

Я понимала только, что мой папа двигается немного медленнее, чем все остальные папы. Иногда я видела, как он останавливается перед лестничным пролетом, как будто обдумывая маневр. Когда мы ходили в магазин, отец чаще всего оставался на скамейке под предлогом, что кому-то нужно присмотреть за сумками.

Сидя в «Бьюике» в красивом платье и лакированных туфлях, с волосами, убранными в хвостики, я впервые в жизни испытала липкое чувство паники. Я ужасно боялась выступать, даже несмотря на то, что безустанно практиковалась под надзором Робби. Крейг ехал рядом, готовый исполнить собственную пьесу, и совершенно не волновался. Более того, он спал, в блаженстве разинув рот. В этом весь Крейг. Я всю жизнь восхищаюсь его легкостью. К тому времени он уже играл в детской баскетбольной лиге и, видимо, натренировал нервы.

Отец всегда парковался как можно ближе к месту назначения, чтобы не приходилось слишком далеко идти на неверных ногах. Мы быстро нашли Университет Рузвельта и вошли в его огромный холл. Каждый наш шаг отдавался эхом, и я чувствовала себя настоящей крохой.

Огромные, от пола до потолка, окна концертного зала выходили на лужайки Грант-парка и белые шапки волн озера Мичиган. Стройные ряды стальных серых стульев медленно заполнялись напуганными детьми и их скучающими родителями. Впереди, на высокой сцене, стояли два детских рояля — я видела их впервые в жизни. Огромные деревянные крышки инструментов торчали вверх, будто крылья черных птиц.

Робби расхаживала между стульями в васильковом платье, как первая красавица бала, и проверяла, все ли ее ученики на месте и захватили ли они ноты. Когда пришло время начинать, она шикнула на зал, призывая к тишине.

Я не помню, кто и в каком порядке играл в тот день. Знаю только, что, когда пришла моя очередь, я встала со своего места, прошла лучшей походкой к сцене, взобралась по лестнице и заняла место у одного из роялей. Я была готова. Несмотря на то что я считала Робби грубой и негибкой, я не могла не перенять ее требовательности к качеству исполнения. Я знала пьесу так хорошо, что уже практически не думала о ней во время репетиций, просто двигая руками.

Проблема обнаружилась в ту же секунду, как я подняла маленькие пальчики к клавишам. Я сидела за превосходным инструментом, поверхность которого была тщательно очищена от пыли, а струны — идеально натянуты. Его восемьдесят восемь клавиш простирались вправо и влево безупречной черно-белой лентой.

Вот только я не привыкла к безупречности. Весь мой опыт игры происходил из музыкальной комнатки тети Робби, с грязным цветочным горшком и скромным видом на задний двор. Единственный инструмент, который я когда-либо знала, это ее более чем несовершенное пианино с пестрым рядом желтых клавиш, навеки изуродованных до первой октавы. Именно так для меня и должен был выглядеть рояль: точно так же, как мой район, мой отец и моя жизнь.

Я сидела под взорами десятков людей, уставившись на клавиши — все они были идеальной копией друг друга. Я понятия не имела, куда ставить руки. Подняв глаза на аудиторию и надеясь, что никто не замечает моей паники, я попыталась отыскать поддержку в лице матери. Но вместо этого заметила, как с первого ряда ко мне подлетела другая знакомая фигура. Робби.

Наши отношения к тому моменту уже сильно разладились, но в минуту моего заслуженного наказания Робби появилась рядом почти как ангел. Может быть, она поняла, что я впервые в жизни шокирована социальным неравенством и мне нужна помощь. А может быть, она просто захотела меня поторопить.

В любом случае, не произнеся ни слова, тетя мягко положила палец на до первой октавы и, одарив мимолетной улыбкой, ушла, оставив меня один на один с пьесой.

2

Я ПОШЛА В ДЕТСКИЙ САД ПРИ НАЧАЛЬНОЙ ШКОЛЕ БРИН МОР[1] осенью 1969 года и сразу начала хвастаться своим умением читать и братом-второклассником, которого все просто обожали. Школа представляла собой четырехэтажное кирпичное здание с детской площадкой и находилась всего в паре кварталов от нашего дома на Эвклид-авеню. Добраться туда можно было за две минуты пешком или, если вы Крейг, за одну минуту бегом.

Мне там нравилось, и я быстро завела друзей, так же влюбленных в школу, как я. У нас была хорошая учительница, миссис Берроуз, миниатюрная белая женщина лет пятидесяти, которая казалась мне древней старушкой. Большие окна выходили на солнечную сторону, в классе были коллекция пупсов и гигантский картонный кукольный домик у задней стены.

Я умела читать. Все книги про Дика и Джейн[2], которые появлялись дома благодаря библиотечной карточке моей мамы, я зачитывала дыр. Так что, когда нашим первым заданием оказалось чтение по карточкам, я, конечно же, была в восторге. Мы при-

---

[1] Начальная школа Брин Мор (англ. *Bryn Mawr Elementary School*) — школа в южной части Чикаго, сегодня переименованная в Bouchet Elementary Math & Science Academy.

[2] Дик и Джейн (англ. *Dick and Jane*) — главные герои популярных книг С. Грея и Зерны Шарп, которые использовались для обучения детей чтению в США с 1930-х по 1960-е годы.

нялись изучать слова, обозначающие цвет: «красный», «синий», «зеленый», «черный», «оранжевый», «фиолетовый», «белый». Миссис Берроуз опрашивала нас по одному, держа в руках стопку больших карточек из манильской бумаги[1]. Демонстрируя одну за другой, она просила нас читать слова, напечатанные черными буквами.

Я смотрела, как едва знакомые мальчики и девочки сражались с этими карточками, то побеждая, то проигрывая, и покорно садились на место, когда начинали запинаться. Это должно было быть чем-то вроде фонетической игры, но, как и *Spelling bee*[2], быстро превратилось в соревнование. Дети, которые не могли продвинуться дальше «красного», испытывали настоящее унижение.

Речь, конечно, идет о школе на Южной стороне Чикаго в 1969-м, где никто еще не думал о детской самооценке и формировании мировоззрения. Если у тебя была фора в виде домашнего образования, значит, в школе ты слыл «одаренным» и «умным», что только укрепляло твою самоуверенность и усугубляло разрыв между тобой и всеми остальными. Самыми способными детьми в моем классе на протяжении многих лет оставались Тедди, корейско-американский мальчик, и Киака, афроамериканская девочка. Я всегда стремилась быть с ними наравне.

Когда пришла моя очередь читать по карточкам, я встала и без усилий распознала «красный», «зеленый» и «синий». «Фиолетовый» занял секунду, «оранжевый» тоже оказался крепким орешком. Но когда появился Б-Е-Л-Ы-Й, у меня в горле будто пересохло. Губы искривились, неспособные сформировать ни звука, а в мозгу замелькали десятки слов, но я не могла выдернуть из них что-нибудь, хотя бы отдаленно напоминающее «бееее-ыы-ыы». Я чуть не задохнулась, а в коленках появилась странная легкость, будто они могли отстегнуться и улететь. Но, прежде чем это случилось, миссис Берроуз приказала мне сесть на место. Вот тогда-то ко мне и пришло наконец нужное слово во

---

[1] Манильская бумага — сорт сверхпрочной бумаги, в состав сырья которой входит манильская пенька.

[2] Spelling bee (англ. *spell* — произносить по буквам + *bee* (истор.) — конкурс) — конкурс произношения слов по буквам.

всем его полном и простом совершенстве. *Белый. Бе-е-елы-ы-ый*. Это слово «белый».

Той ночью, лежа в постели с плюшевыми зверюшками возле головы, я думала только о «белом». Я произносила его мысленно на разные лады и ругала себя за глупость. Стыд навалился на меня всем весом, и казалось, я уже никогда не смогу стряхнуть его с себя. Моим родителям было все равно, правильно ли я читаю слова на карточках, но мне не терпелось преуспеть. А может, я просто не хотела прослыть неудачницей. Я думала, что учительница уже пометила меня как одну из тех, кто не умеет читать или, еще хуже, вообще не старается.

Я была одержима золотыми звездочками размером с цент, которыми миссис Берроуз наградила Тедди и Киаку в тот день. Этот знак победы и, возможно, знак величия выделял их из общей толпы. Только они смогли прочитать все карточки без запинок.

На следующее утро в классе я попросила дать мне второй шанс. Когда миссис Берроуз отказала, радостно добавив, что сегодня у нас, детсадовцев, есть занятие поинтереснее, — я потребовала. Бедным детям пришлось смотреть, как я сражаюсь лицом к лицу с карточками цветов во второй раз, теперь намного медленнее, делая паузы между словами и успевая глубоко дышать, чтобы держать нервы под контролем. И это сработало! С «черным», «оранжевым», «пурпурным» и особенно «белым». Я выкрикнула «белый» чуть не до того, как увидела буквы на карточке.

Мне нравится думать, будто миссис Берроуз была впечатлена маленькой чернокожей девочкой, которой хватило смелости постоять за себя. Хотя и не знаю, заметили это Тедди и Киака или нет. Домой я возвращалась уже с высоко поднятой головой и золотой звездочкой на блузке.

Дома я жила в мире высокой драмы и интриг, устраивая кукольную мыльную оперу. Я разыгрывала рождения и смерти, вражду и предательства, надежду и ненависть, а иногда даже секс. Почти все время между школой и ужином я предпочитала проводить в общей игровой зоне нашей с братом комнаты. Я раскидывала Барби по полу и создавала сценарии, которые казались мне реальнее самой жизни. Иногда в дело вступали даже «солдаты Джо»[1] Крейга. Все наряды для Барби я держала в маленьком виниловом чемоданчике с цветочками. У всех Барби, солдатиков Джо и даже старых кубиков с буквами, по которым мама учила нас алфавиту, были личности и личная жизнь.

Я редко присоединялась к играм соседских детей и еще реже приглашала их к себе домой. Отчасти потому, что была большой привередой и терпеть не могла, когда кто-то прикасался к моим куклам. Видела я Барби чужих девочек — как будто из фильмов ужасов. Обрезанные под корень волосы, лица, раскрашенные маркерами. К тому же в школе я поняла, что отношения между детьми могут быть полным кошмаром. Независимо от того, насколько пасторальные сцены вы наблюдали на игровых площадках, за ними всегда крылась тирания строгой иерархии: любые компании делились на королев, хулиганов и почитателей. Я, конечно, не из робкого десятка, но дома мне хаос ни к чему.

Вместо этого я предпочитала вдыхать жизнь в маленькую игрушечную вселенную. Если Крейг осмеливался сдвинуть с места хоть один кубик, я поднимала шум, а иной раз могла зарядить ему кулаком по спине. Куклы и кубики нуждались во мне, и я послушно даровала им один личностный кризис за другим. Как любое нормальное божество, я считала, что персональный рост и развитие возможны только через страдание.

А тем временем за окном спальни шла реальная жизнь на Эвклид-авеню. Мистер Томпсон, высокий афроамериканец, владелец трехквартирного здания по ту сторону улицы, после обеда загружал в «Кадиллак» свою большую бас-гитару, готовясь к концерту в джаз-клубе. Мексиканская семья Мендозас, живущая по соседству, приезжала домой на пикапе с кучей стремянок после долгого рабочего дня, занятого покраской домов. У забора их встречал счастливый лай собак.

---

[1] Джо-солдат (англ. *J. I. Goe*) — линия игрушечных фигурок солдатиков производства компании Hasbro. На основе этой линии игрушек были созданы многочисленные комиксы и фильмы, в том числе «Бросок кобры» 2009 года.

Наш район принадлежал среднему классу самых разных рас. Мы не выбирали друзей, исходя из цвета кожи, важнее, кто сейчас гуляет и готов поиграть. В числе моих друзей была Рейчел, чья мама — белая, с британским акцентом; рыжая кудрявая Сьюзи; и внучка Мендозасов, когда она к ним приезжала. Команда пестрых фамилий — Кэнсопэнт, Абуасеф, Робинсон, — мы были слишком маленькими, чтобы замечать, насколько быстро меняется мир вокруг нас. В 1950-х, за 15 лет до того, как мои родители переехали на юг города, этот район был белым на 96%. К тому времени как я соберусь уезжать из него в колледж в 1981-м, он будет на 96% черным.

Мы с Крейгом росли на перекрестке разных культур. В нашем квартале жили еврейские семьи, семьи иммигрантов, белые и черные семьи. Кто-то процветал, а кто-то нет, но все они подстригали лужайки, проводили время с семьей и выписывали чеки Робби, чтобы она учила их детей играть на пианино.

Моя семья скорее принадлежала к бедной части квартала: мы одни из немногих не владели своим жильем. Южный берег тогда еще не окончательно склонился к той модели, по которой уже жили все соседние районы, — когда более обеспеченные люди уезжали за город в поисках лучшей жизни, местный бизнес банкротился и балом начинала править нищета, — но крен уже становился ощутимым.

Сильнее всего изменения чувствовались в школе. Мой второй класс превратился в хаос из неуправляемых детей и летающих ластиков, что я не могла считать нормой. Как мне кажется, виной тому была первая учительница, которая не только не знала, как контролировать нас, но и не любила детей вовсе. Не знаю, интересовала ли руководство школы ее компетентность. Мои одноклассники вовсю пользовались положением, а миссис Берроуз продолжала быть о нас самого худшего мнения. В ее глазах мы стали классом «проблемных детей», хотя она даже и не пыталась приучить нас к порядку. Все, что с нами делали, — это приговаривали к отсидке в унылой, малоосвещенной комнате на первом этаже школы, где каждый час длился адски долго. Я в отчаянии сидела за партой на тошнотворно-зеленом стуле — тошнотворно-зеленый был официальным цветом 1970-х, — ничему не училась и ждала, когда наступит время ланча и можно будет пойти домой, съесть сэндвич и пожаловаться.

В детстве, если меня что-то расстраивало, я изливала душу маме. Она спокойно выслушивала все мои жалобы на учительницу и время от времени вставляла что-нибудь вроде «о боже» или «да ты что?». Мама не потакала моей вспыльчивости, но все мои проблемы она воспринимала всерьез. Кто-нибудь другой мог бы отделаться фразой вроде «Просто делай все, что от тебя требуется». Но мама видела разницу между нытьем и настоящим страданием.

Не говоря мне ни слова, мама отправилась в школу и начала процесс закулисного лоббирования — в конце концов меня и еще парочку детей с хорошими оценками выманили за дверь, протестировали и где-то через неделю перевели в одаренный третий класс этажом выше, который вела улыбчивая и умная учительница, отлично знающая свое дело.

Это был маленький, но судьбоносный шаг вперед. Раньше я не спрашивала себя, что произошло с детьми, которые остались с учительницей, не умеющей учить. Теперь, уже взрослой, я знаю, что они с ранних лет поняли, каково это — обесценивание и безразличие. Их гнев назвали «неуправляемостью», а их — «проблемными», хотя они просто пытались справиться с трудными условиями.

В тот момент я радовалась, что мне удалось сбежать. Много лет спустя я узнала: мой брат, от природы тихий и ироничный, но при этом очень прямой человек, однажды разыскал нашу бывшую учительницу и вежливо намекнул, что ей стоит оставить свой пост и устроиться кассиршей в аптеку.

Ч**ЕРЕЗ НЕКОТОРОЕ ВРЕМЯ** мама начала подталкивать меня к внеклассным занятиям, чтобы я взяла пример с брата и стала больше общаться с другими детьми. Как я уже говорила, у Крейга был талант делать вид, будто сложные вещи даются ему с полпинка. Жизнерадостный, гибкий и быстро растущий, брат уже успел стать подающей надежды звездой местной баскетбольной команды, и отец советовал ему соревноваться только с самыми сильными соперниками. Скоро он отправит Крейга одного через весь город на игру с лучшими баскетболистами Чикаго, а пока — только подначивал оспаривать главные спортивные авторитеты района.

Крейг брал мяч и шел с ним через дорогу в парк Розенблюм, мимо шведских стенок и моих любимых качелей, а потом исчезал в чаще на той стороне, где была баскетбольная площадка. Мне казалось, там его поглощает мистическая бездна пьяниц, хулиганов и криминальных авторитетов, но Крейг всегда возражал, что ничего подобного там не происходит.

Баскетбол открывал ему все двери в мир. Он научил брата заводить разговор с незнакомцами, когда хочется забить местечко в игре, подражать дружелюбной манере резкой, жаргонной речи соперников, которые были больше и быстрее его. Это избавляло от стереотипов о поведении подростков и в чем-то подтверждало кредо моего отца: большинство людей не столь уж плохи, если хорошо к ним относиться. Даже мутные ребята, которые тусовались за углом алкогольного магазина, улыбались, заметив идущего со мной Крейга, окликали его по имени и просили дать пять.

— Откуда ты их знаешь? — спрашивала я с подозрением.

— Не знаю. Они просто знают меня, — отвечал он, пожимая плечами.

Мне было десять, когда я наконец начала выходить на улицу: решение, в основном продиктованное скукой. На дворе стояло лето, школа не работала. Мы с Крейгом каждый день ездили на автобусе к озеру Мичиган в городской лагерь на берегу, но возвращались домой уже к четырем, имея в запасе еще несколько дневных часов, которые требовалось чем-то заполнить. Куклы перестали меня занимать, да и находиться дома без кондиционера было практически невозможно, так что я стала гулять с Крейгом по всему району и знакомиться с ребятами, которых раньше не встречала в школе.

Через дорогу от нашего дома стоял маленький жилой комплекс под названием «Эвклид-Парквей» с пятнадцатью домами, построенными вокруг общей зеленой зоны. Мне это место казалось раем, свободным от машин и полным детей, играющих в софтбол, прыгающих в «часики» или просто сидящих на ступеньках.

Но, прежде чем получить свободный вход в круг девочек моего возраста, гуляющих по «Парквей», мне пришлось пройти тест в виде ДиДи, ученицы местной католической школы. Атлетичная красавица ДиДи постоянно дулась и закатывала глаза. Она часто сидела на крыльце своего дома рядом с более популярной девочкой по имени Денин.

Денин была очень приветливой, но вот ДиДи я почему-то не нравилась. Стоило мне подойти к «Эвклид-Парквей», она начинала едва слышно отпускать в мой адрес едкие комментарии, будто я портила всем настроение уже одним своим появлением.

С каждым днем замечания ДиДи становились все громче, а мои моральные силы иссякали. Я могла продолжать строить из себя новенькую — жертву задир, могла вообще больше не подходить к «Парквей» и просто вернуться домой к своим игрушкам, а могла заслужить уважение ДиДи. У последнего пункта был вариант: поругаться с ДиДи, победить ее в словесной дуэли или любой другой форме детской дипломатии или просто заткнуть.

Однажды, когда ДиДи в очередной раз что-то сказала, я набросилась на нее, вспомнив все папины уроки рукопашного боя. Мы катались по земле, трясли кулаками и молотили воздух ногами, и вокруг тут же образовался тесный кружок детей с «Эвклид-Парквей», восторженно гудящих от жажды крови. Я не помню, кто нас разнимал: Денин, мой брат или, может быть, один из родителей, но, когда все закончилось, в «Парквей» воцарилась благоговейная тишина. Меня официально приняли в племя района. Мы с ДиДи остались невредимыми, только измазанными в грязи. Нам не суждено было стать близкими подругами, но, по крайней мере, я заслужила ее уважение.

«Бьюик» моего отца продолжал быть нашим надежным пристанищем и окном в мир. Мы выезжали летними вечерами по воскресеньям без причины — просто потому, что могли. Иногда мы останавливались в южном районе, который звался «Пилюлькиным Холмом», очевидно из-за большого количества афроамериканских докторов среди жителей. Это был один из самых красивых и процветающих уголков Саутсайда, где на подъездных дорожках к домам стояло по две машины, а обочины тротуаров благоухали цветами.

Папа всегда относился к богачам с тенью подозрения. Ему не нравились высокомерные люди, и он испытывал смешанные чувства в отношении домовладельцев в целом. Когда-то они с мамой хотели купить дом недалеко от Робби и целый день разъезжали по району вместе с настоящим агентом по недвижимости — но в итоге решили отказаться от этой затеи. Я полностью была за переезд. Мне казалось, если моя семья будет занимать все два этажа дома, то это будет иметь значение. Но отец, всегда осторожный и умеющий торговаться, понимал важность сбережений на черный день. «Мы же не хотим быть ипотечниками», — говорил он, объясняя, как некоторые люди попадают в ловушку кредита, когда тратят больше, чем могут себе позволить, — и заканчивают с милым домиком, но без единого шанса на свободу от долгов.

Родители вообще всегда говорили с нами на равных. Они не читали нотаций, но поощряли задавать вопросы, неважно, насколько наивные. Мама и папа никогда не прекращали обсуждение в угоду приличиям или удобству, и мы с Крейгом, не упускавшие возможности попытать родителей о чем-то, чего не понимаем, могли продолжать допрос часами. Мы спрашивали: «Почему людям нужно ходить в туалет?» Или: «Зачем вам работать?» И так далее, вопрос за вопросом.

Одна из моих ранних сократических побед выросла из вопроса, заданного в весьма корыстных целях: «Зачем нам есть яйца на завтрак?» Мама начала говорить о пользе протеина, что привело к вопросу о том, почему арахисовое масло не засчитывается за протеин, а через какое-то время — к пересмотру меню в целом. Следующие девять лет я, зная, что заслужила это, делала себе на завтрак огромный толстый сэндвич с вареньем и арахисовым маслом и не съела ни одного вареного яйца.

С возрастом мы стали больше говорить о наркотиках, сексе, жизненных выборах, расе, неравенстве и политике. Мои родители не ожидали от нас святости. Я помню, отец говорил, что секс может и должен быть приятным. Они также никогда не подслащали горькую правду жизни. Например, однажды Крейг получил новый велосипед и поехал на нем к озеру Мичиган по Рейнбоу-Бич[1], куда долетали брызги воды. Там его остановил и обвинил в краже полицейский, который даже подумать не мог, что молодому черному парню честным путем мог достаться новый велосипед. (Будучи сам при этом афроамериканцем, офицер в конце концов получил от моей мамы взбучку и извинился.) Родители объяснили нам, что это несправедливо, но встречается на каждом шагу. Цвет кожи делал нас уязвимыми, и мы постоянно были начеку.

Папина привычка возить нас на «Пилюлькин Холм», думаю, позволяла получить вдохновение, а также была шансом продемонстрировать нам плоды высшего образования. Мои родители почти всю жизнь провели на паре квадратных миль в Чикаго, но никогда не заблуждались на наш с Крейгом счет. Они знали: мы будем жить по-другому.

До брака мама и папа посещали местные колледжи, но прервали занятия задолго до получения диплома. Мама училась в педагогическом, но потом решила, что лучше будет работать секретаршей. У отца же в какой-то момент просто кончились деньги на обучение, и он пошел в армию. В его семье некому было уговаривать его продолжить учебу и некому было показать на своем примере, как могла бы сложиться его жизнь после получения образования. Поэтому он провел два года, перемещаясь между разными военными базами. Если окончание колледжа и карьера художника когда-то и были мечтой моего от-

---

[1] Рейнбоу-Бич (англ. *Rainbow Beach*) — парк, разбитый рядом с побережьем озера Мичиган в Чикаго.

ца, то вскоре приоритеты изменились, и он начал перечислять деньги на учебу младшего брата в архитектурном вузе.

Теперь, в возрасте чуть за тридцать, отец полностью сфокусировался на том, чтобы откладывать средства для детей. Мы не собирались покупать дом — и не стали бы ипотечниками, едва сводящими концы с концами. Отец всегда был очень практичен — из-за ограничений в ресурсах и, наверное, времени. Теперь если он не сидел за рулем, то передвигался с помощью трости. Прежде чем я закончу начальную школу, трость превратится в костыль, а вскоре после этого — в два костыля. Что бы ни глодало моего отца изнутри, разрушая его мышцы и нервные клетки, для него это было личным испытанием, которое он преодолевал молча.

Наша семья любила скромные радости. Когда мы с Крейгом получали табели успеваемости, родители заказывали пиццу в «Итальянской фиесте», нашем любимом местечке. В жаркую погоду мы покупали мороженое — по пинте шоколадного, сливочного с пеканом и темно-вишневого — и растягивали его на несколько дней. Каждый год, когда приходило время «Воздушного и водного шоу»[1], мы брали все для пикника и ехали вдоль озера Мичиган на огороженный полуостров, где находилась водоочистительная станция моего отца. Это был один из немногих дней в году, когда семьям сотрудников разрешалось войти в ворота и расположиться на лужайке возле озера, откуда открывался вид на пикирующие над водой реактивные истребители, не сравнимый ни с одним видом из пентхаусов на Лейк-Шор-драйв[2].

Каждый июль папа брал неделю отпуска от постоянного контроля за водонагревателями на станции и мы всемером, вместе

---

[1] Чикагское воздушное и водное шоу (англ. *Chicago Air & Water Show*) — ежегодное авиашоу, проводимое на берегу озера Мичиган в Чикаго, штат Иллинойс. Шоу проводится с 1959 года и является вторым по популярности чикагским фестивалем.

[2] Лейк-Шор-драйв (англ. *Lake Shore Drive*) — автострада, а также модный жилой район на берегу озера Мичиган.

с тетей и парой кузин, залезали в наш двухдверный «Бьюик» и несколько часов ехали через весь Южный берег в местечко под названием Уайт Клауд[1], штат Мичиган, отель Dukes Happy Holiday Resort. Там была комната для игр, автомат со стеклянными бутылочками газировки и, что еще более важно, большой открытый бассейн. Мы арендовали домик с мини-кухней и проводили дни напролет, прыгая в воду и вылезая обратно.

Родители делали барбекю, курили сигареты и играли в карты с тетей, но отец часто прерывался, чтобы присоединиться к нам, детям, в бассейне. Он был очень красивым, мой папа. С мускулистыми руками и грудью, длинными аккуратными усами. Долгими летними днями он плавал, смеялся и подбрасывал нас в воздух, а его слабые ноги наконец переставали быть для него помехой.

Степень упадка довольно трудно измерить, особенно когда находишься в эпицентре. Каждый сентябрь, возвращаясь в школу Брин Мор, мы с Крейгом замечали все меньше и меньше белых детей на игровой площадке. Кто-то переходил в соседнюю католическую школу, но большинство оставляло район. Сначала казалось, уезжают только белые семьи, но потом изменилось и это. Теперь район покидали все, у кого хватало средств. В большинстве переезды были внезапными и необъяснимыми. Мы просто однажды замечали большой знак «Продается» на лужайке семьи Якер или грузовой автомобиль перед домом Тедди и догадывались, что это означает.

Наверное, самым большим ударом для моей мамы был момент, когда ее подруга Вельма Стюарт объявила, что они с мужем внесли первый платеж за дом в местечке под названием «Лесной парк»[2]. У Стюартов было двое детей. Они, как и мы,

---

[1] Уайт Клауд (англ. White Cloud) — маленький город в штате Мичиган, США.

[2] «Лесной парк» (англ. Park Forest) — поселок к югу от Чикаго, в штате Иллинойс, США.

арендовали часть дома ниже по Эвклид-авеню. Странное чувство юмора миссис Стюарт и громкий заразительный смех нравились моей маме. Они часто обменивались рецептами и ходили друг к другу в гости, но при этом не сплетничали, как большинство других мам. Сын миссис Стюарт, Донни, был одного возраста с Крейгом и тоже увлекался спортом, что тут же их сблизило. Ее дочь, Памела, вступила в подростковый возраст, и со мной ей стало неинтересно (я же в то время сходила по подросткам с ума). О мистере Стюарте я помню не так много: он водил грузовик, доставляя грузы разным бакалейным лавочкам в городе. А еще — он, его жена и их дети были самыми светлокожими черными, которых я когда-либо встречала.

Понятия не имею, как они смогли позволить себе дом. «Лесной парк», как потом оказалось, был одним из первых полностью спланированных жилищных комплексов в пригородной Америке — не просто скоплением домов, но целым поселком на тридцать тысяч человек, с магазинами, церквями, школами и парками. Основанный в 1948 году, он стал во многих смыслах образцом загородной жизни с ее массовой застройкой, типовыми дворами и квотами на количество чернокожих семей, имеющих право проживать в одном квартале. Во время переезда Стюартов квоты ненадолго отменили.

Стюарты пригласили нас к себе в один из папиных выходных. Мы были в восторге: такая возможность приоткрыть завесу тайны легендарного пригорода. Мы вчетвером залезли в «Бьюик» и покатили по автостраде, ведущей прочь из Чикаго. Где-то через сорок минут пути мы восхитились видом стерильного торгового центра, а потом оказались среди тихих улочек и, следуя указаниям миссис Стюарт, стали поворачивать между идентичными кварталами. «Лесной парк» выглядел как город в миниатюре: скромные домики в стиле ранчо со светло-серой черепицей, маленькие саженцы кустов и деревьев.

— И зачем жить в такой глуши? — спросил отец, глядя поверх приборной панели.

Я согласилась, что это глупо. Насколько хватало глаз, не было видно ни одного гигантского дуба, не то что из окна моей спальни. Все в «Лесном парке» было новым и необжитым. Никаких алкогольных магазинов с потрепанными парнями у входа. Никаких сирен или автомобильных гудков. Никакой музыки, доносящейся из чьей-то кухни, — окна во всех домах заперты.

Для Крейга день прошел наилучшим образом, в основном потому, что он играл в мяч под открытым небом с Донни Стюартом и его новыми пригородными друзьями. Родители болтали с мистером и миссис Стюарт, а я увивалась за Памелой, пялилась на ее волосы, светлую кожу и подростковую бижутерию. Потом мы вместе обедали.

К вечеру мы вышли от Стюартов и побрели на закате к обочине, где отец припарковал машину. Крейг сильно набегался, вспотел и еле держался на ногах. Я тоже утомилась и была готова ехать домой. Это место заставляло меня нервничать. Мне не понравился пригород, хоть я и не могла точно сказать почему.

Позже мама отметит, что почти все соседи Стюартов, да и вообще все жители улицы были белыми.

— Интересно, — скажет она, — знали ли они, что Стюарты черные, до того как мы приехали.

Мама подумала, что мы, возможно, случайно раскрыли их своим темным цветом кожи, когда прибыли с Южной стороны Чикаго с подарком на новоселье. Даже если Стюарты не пытались специально скрыть свою расу, они, возможно, не упоминали о ней в разговоре с новым соседями. Какой бы ни была атмосфера в их квартале, Стюарты ее не нарушали. До тех пор, пока не приехали мы.

Смотрел ли кто-то из окна, как мой отец подходит к машине в сумерках? Скрывалась ли чья-то тень за занавеской в ожидании его реакции? Я никогда этого не узнаю. Помню только, как отец застыл, подойдя к машине со стороны водителя. Кто-то поцарапал бок его любимого «Бьюика». Огромная отвратительная борозда тянулась через всю дверь к багажнику. Она была сделана специально, ключом или камнем.

Как я уже говорила, мой отец был стоиком и никогда не жаловался, ни по большим, ни по маленьким поводам. Он с радостью ел даже печенку, если она подавалась к столу; когда доктор озвучил ему смертный приговор, папа не придал ему значения и просто пошел дальше. В этом эпизоде с машиной он повел себя точно так же. Будь у него способ бороться — дверь, в которую можно было бы постучать, призвав обидчика к ответу, — он все равно не стал бы этого делать.

— Черт меня побери, — выругался он, прежде чем открыть машину.

Мы поехали обратно в город, почти не обсуждая случившееся. В любом случае пригорода с нас хватило. На следующий день отцу пришлось ехать на работу, и я уверена, ему было не по себе. Царапине оставалось недолго красоваться на хромированной поверхности «Бьюика». Как только выдалось свободное время, отец поехал в «Сирс» и стер ее навсегда.

3

Где-то в это время в моем брате-пофигисте расцвела тревожность. Не могу сказать, когда или почему это началось, но Крейг, который был на короткой ноге со всем районом, которого буквально похищали каждый раз, когда у него выдавалось 10 свободных минут, дома стал тревожным и настороженным. Он как будто знал, что беда уже на пути к нам. По вечерам брат придумывал все новые и новые опасности, настолько погружаясь в пространство гипотетического, что мы за него беспокоились.

Он боялся потерять зрение и стал носить дома повязку на глаза, чтобы изучить гостиную и кухню на ощупь. Он думал, будто оглохнет, и стал учить язык жестов. Страх ампутации заставил его есть и делать домашнюю работу с рукой, привязанной за спиной. «Никогда не знаешь, что произойдет», — рассуждал Крейг.

Его самым главным страхом, возможно, и самым реалистичным был страх пожара. Домашние пожары — обычное дело в Чикаго. Отчасти из-за владельцев трущоб[1], которые доводили

---

[1] Владельцы трущоб (англ. *Slumlords*) — принятое в бедных районах уничижительное название домовладельцев, которые пытаются свести к минимуму затраты на жилье, получая от него максимальную прибыль.

свои жилища до аварийного состояния, чтобы получить компенсацию по страховке, а отчасти потому, что дымоуловители изобрели недавно и рабочий класс не мог их купить. В любом случае огонь наведывался в гости — случайный похититель домов и жизней.

Дедушка Саутсайд переехал в наш район после того, как огонь уничтожил его прежнее жилище в Вестсайде. К счастью, тогда никто не пострадал. (Если верить моей маме, во время пожара Саутсайд стоял на дорожке перед домом и кричал пожарным, чтобы те держали свои шланги подальше от его драгоценных джазовых пластинок.) А не так давно в трагедии, слишком большой для моего детского ума, один из моих одноклассников, Лестер Маккаллом, мальчик с милым личиком и длинным афро[1], живший за углом от нас на Семьдесят четвертой улице, погиб в пожаре вместе с братом и сестрой. Они оказались заперты в ловушке пламени в своих спальнях на втором этаже.

Это были первые поминки в моей жизни: в похоронном бюро всхлипывали дети всего района; тихо играл альбом Jackson 5; взрослые замерли в ошеломительной тишине. Никто не осмеливался нарушать вакуум молчания молитвой или общими фразами. В передней части комнаты стояли три закрытых гроба с фотографиями улыбающихся детей. Миссис Маккаллом, которая выжила, выпрыгнув из окна вместе с мужем, сидела перед ними, настолько сломленная и убитая горем, что в ее сторону было больно смотреть.

Остов сгоревшего дома Маккалломов еще долго шипел и обваливался, умирая гораздо медленнее, чем его маленькие жильцы. Сильный запах гари преследовал нас по всему району.

Со временем страхи Крейга лишь возросли. В школе учителя проводили с нами учебные тревоги: показывали, как стоять, падать и катиться в случае пожара. Крейг решил провести тренировку дома, назначив себя семейным маршалом, а меня — сво-

---

[1] Модная в 70-х годах среди афроамериканцев прическа — объемные кудри, образующие шар вокруг головы.

им лейтенантом. Он приготовился расчищать выходы и командовать родителями.

Приготовления вообще были пунктиком нашей семьи. Мы были не просто пунктуальными — мы всегда приезжали заранее, зная, что так отец будет менее уязвим. Если мы приедем заранее, ему не придётся волноваться по поводу парковки, откуда нужно долго идти, или свободного места на трибунах во время очередной баскетбольной игры Крейга. Мы старались контролировать всё, что подчиняется контролю.

Мы с Крейгом начали продумывать планы побега, проверяя, сможем ли в случае пожара выпрыгнуть из окна на дуб или соседскую крышу. Мы хотели знать, что будем делать, если на кухне загорится плита, в подвале замкнёт электричество или в дом ударит молния.

Меньше всего мы волновались за маму. Она была маленькой и гибкой, а под действием адреналина наверняка бы перевернула даже машину, чтобы спасти ребёнка. Гораздо сложнее дела обстояли с отцом. Инвалидность наверняка помешала бы ему выпрыгнуть из окна. Да и бегущим мы не видели его уже много лет.

Случись что-то страшное, наше спасение ничем не походило бы на послеполуденные фильмы по телевизору, в которых отец бросал детей через плечо с грацией Геркулеса и нёс их в безопасное место. Геройствовать пришлось бы Крейгу, который на тот момент уже перерос папу, хотя и оставался при этом узкоплечим тонконогим мальчишкой. Он понимал, что подвиги требуют практики, поэтому прорабатывал худшие сценарии, приказывая отцу рухнуть мешком на пол и терпеливо ждать, пока Крейг вынесет его из угарного газа.

— О боже, — говорил папа, качая головой. — Ты серьёзно собираешься это сделать?

Мой отец не привык к беспомощности. Он жил в постоянной борьбе с этой перспективой, тщательно ухаживая за нашей машиной, вовремя оплачивая счета, никогда не обсуждая свой рассеянный склероз и не пропуская ни одного дня на работе. Наоборот, он хотел быть опорой для других. Физическую помощь отец заменял эмоциональной поддержкой и советом. Вот почему ему так нравилось работать главой участка городского комитета демократической партии.

Он оставался на этом посту несколько лет, отчасти потому, что от госслужащих ожидали лояльной помощи. Но даже если отец был наполовину принужден к этой работе, он все равно любил ее всем сердцем, что всегда сбивало с толку маму. Политика отнимала уйму времени. Каждые выходные отец посещал соседние участки, чтобы проверить, все ли в порядке у избирателей. Иногда он брал с собой меня. Мы парковались на улице со скромными бунгало и поднимались на какое-нибудь крыльцо, чтобы встретиться со сгорбленной вдовой или пузатым, с банкой дешевого пива в руке работником фабрики. Они выглядывали через сетку на месте входной двери и обычно очень радовались папе, стоящему на крыльце с тростью в руке.

— Да это же Фрейзер! — говорили они. — Вот так сюрприз. Входи скорее.

Для меня в этих словах не было ничего хорошего. Они означали, что мы примем приглашение и вся моя суббота пойдет коту под хвост. Я просижу все время на диване или на кухне с бутылкой 7UP, пока отец будет получать обратную связь — на самом деле выслушивать жалобы, — чтобы потом передать их избранному олдермену[1], отвечающему за благосостояние района. Когда у кого-то возникали проблемы с вывозом мусора, расчисткой снега или ямами на дорогах, мой отец был тут как тут. В его обязанности входило сделать так, чтобы избиратели почувствовали, будто демократы о них заботятся, — и, соответственно, проголосовали за них на выборах. К моему разочарованию, папа никогда никого не торопил. Время, по мнению моего отца, — это дар, и ты обязан им делиться. Он с удовольствием кудахтал над фотографиями чужих внуков, спокойно переносил сплетни, долгие молитвы или жалобы на здоровье и понимающе кивал, когда разговор доходил до того, как тяжело стало сводить концы с концами. Он даже обнимал старушек на про-

---

[1] Олдермен — в США член муниципального совета.

щание, уверяя их, что сделает все возможное, чтобы исправить положение.

Мой отец был уверен, что приносит пользу, и гордился этим. Поэтому во время наших домашних учений его мало интересовала роль пассивного реквизита в нашей воображаемой катастрофе. Он ни при каких обстоятельствах не собирался становиться обузой, парнем в отключке, свернувшимся на полу. Тем не менее он понимал, что для нас это важно, особенно для Крейга. Поэтому, когда сын просил отца лечь на пол, тот смешил нас, падая сначала на колени, потом на попу, а потом любезно растягиваясь во весь рост на ковре в гостиной, предварительно обменявшись взглядами с мамой. Мама находила все это немного смешным и всем своим видом говорила «ох уж эти чертовы дети».

Папа вздыхал и, закрыв глаза, ждал, когда руки Крейга обовьются вокруг его плеч и начнется спасательная операция. Потом мы с мамой смотрели, как без видимых усилий, но со слоновьей неуклюжестью Крейг поднимает 170 или около того фунтов[1] отцовского веса и переносит их через воображаемый ад. Он тащил папу через весь этаж, обогнув диван, к лестнице.

Отсюда, думал Крейг, отца нужно спускать вниз к входной двери, но папа запрещал ему практиковать эту часть учения. Он мягко говорил «ну все, хватит» и настаивал на том, чтобы подняться на ноги, прежде чем Крейг попытается протащить его вниз по лестнице. В конце концов отец и сын пришли к компромиссу. Если бы дошло до дела, каждому из нас пришлось бы непросто, и не факт, что кто-нибудь бы выжил. Но по крайней мере у нас был план.

Я ПОСТЕПЕННО СТАНОВИЛАСЬ ВСЕ ОБЩИТЕЛЬНЕЕ и начинала открываться внешнему миру. Мое природное сопротивление хаосу и спонтанности как-то незаметно сошло на нет за время визитов по делам партии с отцом и всех остальных семейных выходов «в свет». Почти каждые выходные мы

---

[1] 170 или около того фунтов = 77 кг или около того.

навещали десятки тетушек, дядюшек, кузин и кузенов, сидели в плотных облаках дыма от барбекю на чьем-то заднем дворе или бегали по району с чужими соседскими детишками.

В семье Саутсайда, маминого отца, было семеро детей. Он — старший из них. Родственники мамы чаще всего собирались в доме Саутсайда, привлеченные его кулинарными способностями, нескончаемыми партиями в вист и буйным джазом. Саутсайд магнитом притягивал всех нас. Его постоянное недоверие к миру за пределами собственной лужайки и беспокойство за нашу безопасность заставляли дедушку направлять всю энергию на создание оазиса вечного веселья и вкусной еды, как будто в надежде, что так мы никогда его не покинем. Он даже купил мне собаку — славного щенка овчарки коричневого цвета, которого мы назвали Рексом. Мама не разрешила взять Рекса домой, поэтому я навещала его у Саутсайда. Я ложилась на пол, зарываясь лицом в мягкий мех щенка, и слушала, как его хвост радостно делал *шлеп-шлеп* каждый раз, стоило Саутсайду пройти мимо. Дедушка избаловал этого пса точно так же, как избаловал меня: едой, любовью и терпимостью в молчаливой, искренней мольбе никогда его не покидать.

Семью отца раскидало по всему Чикаго за пределами Южной стороны. Родственный круг включал в себя целую батарею двоюродных бабушек и троюродных кузенов, а также нескольких заблудших субъектов, чье кровное родство оставалось для нас туманным. Мы вращались вокруг них, как по орбите.

Для моего отца родня стояла выше всего. Он сиял, увидев своего дядю Калио, худощавого маленького человека с волнистыми волосами, похожего на Сэмми Дэвиса-младшего[1] и почти всегда пьяного. Папа обожал свою тетю Верделл, которая жила с восемью детьми в запущенном многоквартирном здании рядом с шоссе Дэна Райана, где условия были совсем не такими, как наши.

---

[1] Сэмми Дэвис-младший (англ. *Sammy Davis Jr.*) — американский певец и актер. Внешне отличался худобой, морщинистым лицом, тонкими усиками и опущенными вниз уголками губ.

По воскресеньям мы вчетвером обычно отправлялись в десятиминутную поездку до «Парквей-Гарденс», чтобы поужинать с родителями моего отца, Денди и бабулей, а также с его младшими братьями и сестрой: Эндрю, Карлтоном и Франческой. Они были младше отца больше чем на десять лет, поэтому казались нам скорее кузенами, чем дядями и тетями. Да и папа, думаю, чувствовал себя с ними больше как их отец, чем как брат, раздавал советы и наличные по первой же просьбе. Франческа была умной и красивой девушкой и иногда давала мне расчесать свои волосы. Ослепительным модникам Эндрю и Карлтону едва исполнилось двадцать, они носили водолазки и брюки-клеш. У них были кожаные куртки и девушки, и разговаривали они о таких вещах, как Малкольм Икс[1] и «духовная сила». Мы с Крейгом часами зависали в их комнате, пытаясь впитать хоть немного крутизны.

Дедушка, которого тоже звали Фрейзер Робинсон, как моего отца, не так нас интересовал. Обычно он курил сигары в своем кресле с газетой на коленях и включенным выпуском вечерних новостей по телевизору. Все кругом раздражало Денди. Его выводили из себя газетные заголовки, состояние дел в мире, молодые черные парни — «бу-бу», как он их называл, — они шатались везде без дела и порочили репутацию черных. Денди кричал на телевизор. Он кричал на мою бабушку, милую женщину с мягким голосом, благочестивую христианку Лавон. (Меня назвали Мишель Лавон Робинсон в ее честь.) Днем бабушка руководила процветающим магазином Библий в Саутсайде, но в остальные часы, в обществе Денди, она вела себя тихо и смиренно, что даже для меня, маленькой девочки, выглядело странно. Она готовила дедушке еду, выслушивала шквал его жалоб и обид и не говорила ни слова в свою защиту. Было что-то в молчаливой смиренности моей бабушки, в ее отношениях с Денди, запавшее мне в душу.

---

[1] Малкольм Икс (англ. *Malcolm X*) — афроамериканский духовный лидер и борец за права чернокожих. Был членом афроамериканской националистической организации «Нация ислама», затем отрекся от нее и был убит одним из ее членов в 1965 году.

Если верить маме, я была единственной в семье, кто противостоял Денди. Я делала это регулярно на протяжении многих лет, с тех пор, когда была совсем малышкой. Отчасти потому, что не могла понять, почему моя бабушка не может за себя заступиться, отчасти потому, что все остальные рядом с ним молчали, и в последнюю очередь потому, что я любила Денди с той же силой, с которой он обескураживал меня. Я помню его упорство и, думаю, отчасти его унаследовала — хотя, надеюсь, в менее грубой форме. Но были в дедушке и проблески мягкости. Он нежно гладил меня по шее, когда я сидела у него в ногах. Он улыбался, когда отец шутил или один из нас, детей, вставлял в разговор словцо. Но потом что-то снова его задевало, и он начинал рычать.

«Хватит кричать на всех, Денди», — говорила я. Или: «Не груби бабуле». А потом добавляла: «Что могло тебя так взбесить?»

Ответ на этот вопрос был одновременно сложным и простым. Сам Денди обычно оставлял его открытым, раздраженно пожимал плечами и возвращался к своей газете. Родители пытались мне объяснить всё дома.

Денди родился в Южной Каролине. Он вырос в дождливом морском порту Джорджтауна, где на огромных плантациях трудились тысячи рабов, собирая урожаи риса и индиго[1] и зарабатывая своим владельцам состояние. Рожденный в 1912 году, мой дедушка был внуком рабов, сыном фабричного рабочего и старшим из десяти детей в семье. Находчивого и умного паренька звали Профессором и надеялись, что однажды он поступит в колледж. Однако он не только был черным из бедной семьи, но еще и рос во времена Великой депрессии[2].

---

[1] Синий красящий пигмент, индиго, добывается из порошка листьев индигоферы красильной, род бобовые. — *Прим. ред.*

[2] Великая депрессия (англ. *Great Depression*) — мировой экономический кризис, начавшийся в 1929 году и продолжавшийся до 1939 года.

После окончания школы Денди пошел работать на лесопилку, зная, что если останется в Джорджтауне, то переменам в его жизни не бывать. Когда лесопилку закрыли, он, как и многие другие афроамериканцы того времени, ухватился за этот шанс и перебрался на север, в Чикаго, присоединившись к явлению, позднее получившему название Великой миграции[1], в ходе которой около шести миллионов чернокожих на протяжении пяти десятилетий перебирались в большие северные города, спасаясь от сегрегации и охотясь за городской работой.

Будь это история об американской мечте, то Денди, едва приехав в Чикаго в начале 1930-х, нашел бы хорошую работу и поступил в колледж. Но реальность выглядела иначе. На работу устроиться было не так-то просто: менеджеры крупных фабрик в Чикаго предпочитали нанимать европейских эмигрантов вместо афроамериканцев. Денди устроился расстановщиком кеглей в боулинге, подрабатывал разнорабочим. Он присмирел, навсегда распрощался с мечтой об образовании и решил, что вместо этого станет электриком. Но его планам не суждено было сбыться. В то время, если ты хотел работать электриком (или сталеваром, плотником и сантехником, если уж на то пошло) или поступить на любую другую должность в Чикаго, тебе нужен был профсоюзный билет. А если ты черный — тебе он не полагался.

Эта форма дискриминации изменила судьбы многих поколений афроамериканцев, в том числе членов моей семьи, ограничив их доходы, их возможности и, конечно же, их цели. Будучи плотником, Саутсайд не мог работать на крупные строительные компании, которые предлагали постоянный заработок на длительных проектах, — ведь ему не разрешалось присоединиться к профсоюзу. Мой двоюродный дедушка Терри, муж Робби, по

---

[1] Великая миграция (англ. *Great Migration*) — массовое переселение около 6 миллионов афроамериканцев из сельскохозяйственных южных штатов в промышленные города Севера, Северо-Востока и Запада США с 1910-х по 1970-е годы.

той же причине бросил карьеру сантехника, вместо этого став пулман-портье на железной дороге. Дядя Пит (по маминой линии) не смог присоединиться к профсоюзу таксистов и был вынужден водить джитни[1], подбирая пассажиров в небезопасных районах Вестсайда, куда не совались нормальные такси. Он был очень умным, трудоспособным мужчиной, которому закрыли доступ к стабильной высокооплачиваемой работе, что, в свою очередь, не позволило ему купить дом, отправить детей в колледж или отложить деньги на пенсию.

Я знаю, они страдали в роли изгоев, прозябали на низкоквалифицированной работе, смотрели, как белые обгоняют их в карьере, обучали специалистов, которые однажды станут их боссами. Это порождало обиду и недоверие: никогда не угадаешь, какими глазами на тебя смотрят другие и насколько высоко позволят тебе подняться.

Жизнь Денди сложилась не так уж плохо. Он познакомился с моей бабушкой в церкви Саутсайда и наконец устроился на работу с помощью Федерального агентства по трудоустройству (WPA) — программы помощи, нанимавшей неквалифицированных рабочих на строительные проекты во время Депрессии. Затем он тридцать лет проработал на почте и, наконец, вышел на пенсию, которая позволяла ему ворчать на бубнящий телевизор из удобного кресла с откидывающейся спинкой.

В конце концов у него родилось пятеро детей, таких же умных и дисциплинированных, как он сам. Номини, его второй ребенок, окончит Гарвардскую школу бизнеса. Эндрю и Карлтон станут проводником поезда и инженером соответственно. Франческа будет какое-то время работать креативным директором в рекламе, а потом станет учительницей начальных классов. Но Денди никогда не смотрел на детей как на продолжение собственных достижений. Каждое воскресенье мы наблюдали горький осадок его разбитых надежд.

---

[1] Джитни (англ. *Jitney*) — частный легковой автомобиль, перевозивший пассажиров за небольшую плату. Прообраз маршрутного такси (маршрутки).

Мои вопросы к Денди были слишком сложными, чтобы получить на них ответы, и, как я скоро выясню, с большинством жизненных вопросов дело обстоит так же. Только теперь я сама начинала с ними сталкиваться. Один из них пришел от девочки, чье имя я не помню, — моей дальней родственницы. Мы играли на заднем дворе бунгало одной из многочисленных двоюродных бабушек. Как только мы появлялись на пороге такого дома, туда набегала толпа слабо связанных с нами кровными узами людей. Пока взрослые пили кофе и смеялись на кухне, мы с Крейгом присоединялись к детям, которые пришли вместе с этими взрослыми, на улице. Иногда нам казалось неловко изображать дружбу, но чаще всего все было в порядке. Крейг почти всегда исчезал, убегая играть в баскетбол, а я скакала в «часики» или пыталась вникнуть в беседу.

Как-то летом, когда мне было десять, я сидела на ступеньках одного из таких домов, болтая с группой девочек своего возраста. Мы все были в шортах и с хвостиками на голове и в целом просто убивали время. Мы обсуждали все подряд: школу, старших братьев, муравейник на земле.

В какой-то момент девочка — двоюродная, троюродная или четвероюродная сестра — посмотрела на меня искоса и немного грубо спросила: «Чего это ты разговариваешь как белая?»

Вопрос задали с целью оскорбить или, по крайней мере, бросить мне вызов, но я знала, что он искренний. Она затронула то, что смущало нас обеих. Мы должны были быть одинаковыми, но на самом деле оставались людьми из разных миров.

«Неправда», — возмущенно ответила я, смутившись под взглядами других девочек.

Хотя она была права. Мы с Крейгом действительно говорили не так, как большинство родственников. Наши родители постоянно твердили о важности правильной дикции. Они учили нас говорить «пошел» вместо «пшел» и «нет» вместо «не-а». Нас учили правильной артикуляции. Родители купили все выпуски Британской энциклопедии и поставили их на полке рядом с лестницей, откуда те сверкали золотыми буквами на корешках. Каждый раз, когда мы задавали вопрос о слове, идее или историческом событии, мама с папой отправляли нас к книгам. Денди, конечно, тоже влиял, придирчиво поправляя нашу грамматику или заставляя нас четко произносить слова за ужином. Нас готовили к тому, чтобы мы пошли дальше. Они планировали это. Поощряли это. Мы должны были быть не просто умными — мы должны были демонстрировать ум и гордиться им, а значит, правильно говорить.

Однако в этом и заключалась проблема. Говорить «по-белому», как многие это называли, означало быть высокомерным предателем и отрицать свою культуру. Годы спустя, когда я уже встречу своего будущего мужа — человека, светлокожего для одних и темнокожего для других, который говорил как черный гаваец, окончивший университет Лиги плюща[1] и выросший под крылом белой матери из Канзаса, — я увижу, как этот стереотип работает на национальном уровне. Я еще не раз столкнусь с желанием людей определять кого-то через его или ее этническую принадлежность и с замешательством, когда это оказывается не так просто. Америка будет задавать Бараку Обаме те же вопросы, которые моя кузина подразумевала в тот день на крыльце: ты — действительно та, кем кажешься? Я правда могу тебе доверять?

Я провела остаток дня, стараясь не разговаривать с кузиной, чтобы показать себя настоящую, без мнимого преимущества. Мне было трудно понять, что делать. Я слышала, как струится разговор взрослых на кухне, как легко звенит смех родителей, видела, как мой брат играет в мяч на другой стороне улицы с соседскими ребятами. Мне казалось, все отлично вписываются, кроме меня.

Теперь, оглядываясь назад, я понимаю, что впереди меня ждали намного более глобальные вызовы, определяющие то, с кем я, откуда и куда я иду. Мне еще многое пришлось пройти, прежде чем обрести свой голос.

---

[1] Лига плюща (англ. *Ivy League*) — ассоциация восьми старейших университетов Америки: Гарварда (*Harvard*), Принстона (*Princeton*), Йеля (*Yale*), Брауна (*Brown*), Колумбии (*Columbia*), Корнелла (*Cornell*), Дартмута (*Dartmouth*) и Пенсильвании (*Pennsylvania*).

4

Каждый день в школе нам давали час на обед. Моя мама не работала, и наша квартира была близко, поэтому обычно в перерыв я марширова́ла домой вместе с четырьмя или пятью девчонками на хвосте. Мы болтали без умолку всю дорогу, а потом растягивались на кухонном полу, играли в «Джекс»[1] и смотрели «Все мои дети»[2], пока мама готовила сэндвичи. Для меня эти походы стали привычкой, поддерживающей порядок жизни, основой нашего уютного жизнерадостного «Девчачьего совета» — оплота женской мудрости. Мы разбирали все произошедшее утром в школе: все наши стычки с учителями и их бессмысленные задания. Наши убеждения почти полностью зависели от мнения Совета. Мы обожали Jackson 5 и были не уверены в своих чувствах к The Osmonds[3]. В то время как раз произошел Уотергейт[4], но никто из нас его не понял. Для нас он выглядел как кучка пожилых мужчин, говорящих в микрофон где-то в Вашингтоне — далеком городе, полном белых зданий и белых людей.

---

[1] Популярная игра в шарики и чертики. — *Прим. науч. ред.*

[2] «Все мои дети» (англ. *All My Children*) — американская мыльная опера, которая транслировалась с 1970 по 2013 год на канале ABC.

[3] The Osmonds — американская семейная поп-группа.

[4] Уотергейтский скандал (англ. *Watergate scandal*) — политический скандал в США 1972—1974 годов, закончившийся отставкой президента страны Ричарда Никсона.

Маме нравилось нас привечать, мы были ее окном в мир. Пока мы ели и сплетничали, она обычно тихо стояла рядом, занимаясь какими-то домашними делами и даже не скрывая, что ловит каждое наше слово. В моей семье, живущей меньше чем на 900 квадратных футов[1], ни у кого не было возможности уединиться. Для нас это почти не имело значения — разве что изредка. Например, когда Крейг внезапно начал интересоваться девчонками и разговаривать с ними по телефону за закрытой дверью в ванной — завитки телефонного провода протягивались от кухонной стены через весь коридор.

Брин Мор находился где-то посередине между плохими и хорошими в рейтинге чикагских школ. Расовая и экономическая сортировка в Саутсайде продолжалась в течение всех 1970-х, а значит, школьники год от года становились все более черными и бедными. Какое-то время стало популярным отправлять детей в школу на автобусах в другие части города. Но родители Брин Мор воспротивились этой моде, рассудив, что лучше вложат деньги в развитие своей школы.

В детстве я не замечала, что здания в нашем районе ветшают, а белых детей практически не осталось. Я ходила в Брин Мор с детского сада по восьмой класс и к старшей школе знала каждый школьный выключатель, мелок и трещину в стене, а также практически всех учителей и большинство детей. Для меня школа была вторым домом.

Я училась в седьмом классе, когда «Чикагский адвокат», еженедельник, популярный среди афроамериканцев, опубликовал злобную колонку, в которой говорилось, будто Брин Мор, некогда одна из лучших школ города, теперь превратился в «неблагополучные трущобы» с «ментальностью гетто». Наш директор, доктор Лавиццо, тут же отправил редактору газеты письмо в защиту учеников и их родителей, назвав колонку «вопиющей ложью, написанной исключительно с целью навязать людям ощущение провала и желание бежать».

---

[1] Около 83,5 кв. м. — *Прим. ред.*

Доктор Лавиццо был круглолицым, благодушным мужчиной с афро, торчащим по бокам от лысины. Почти все свое время он проводил в кабинете рядом с центральным входом в школу. Из письма было ясно, что он очень отчетливо понимал, против чего выступает.

Ощущение провала настигает задолго до самого провала. Уязвимость расширяется сомнениями в себе и затем, часто предумышленно, обостряется страхом. «Ощущение провала», о котором писал директор, царило во всем нашем районе: в родителях, которые не могли увеличить свой заработок, детях, которые начинали подозревать, что их жизнь никогда не изменится к лучшему, и семьях, которые каждый день наблюдали, как их более благополучные соседи уезжают в пригороды или переводят отпрысков в католические школы. Агенты по недвижимости хищно прочесывали весь Саутсайд, нашептывая домовладельцам, что те должны продавать жилье, пока не стало слишком поздно, и предлагая помочь сбежать. Мы все знали: провал уже на полпути к нам и остается либо застрять в руинах, либо сбежать. Все использовали слово, которого раньше так боялись, — «гетто», — бросая его в воздух, как зажженную спичку.

Моя мама этому не верила. Она жила в Саутсайде уже десять лет и прожила бы еще сорок. Она не покупалась на подстрекательство и обладала иммунитетом против журавлей в небе. Мама была реалисткой, четко представляющей границы своих возможностей. Поэтому в Брин Мор она стала одной из главных активисток родительского комитета: помогала собирать средства на новое оборудование в классы, приглашала учителей на званые ужины и лоббировала создание специального класса для одаренных учеников разного возраста. Последняя инициатива была детищем доктора Лавиццо, решившего создать такой класс во время работы над докторской диссертацией по педагогике. Формирование классов по способностям, а не по возрасту пришлось бы кстати одаренным детям, которые вместе должны были обучаться гораздо быстрее.

Противоречивая идея критиковалась за антидемократизм, как обычно и бывает с программами для «талантливых и одаренных». Но в то же время эта система обучения продолжала набирать обороты по всей стране, и я оказалась среди ее бенефициаров.

Я присоединилась к группе из двадцати школьников разного возраста. Мы учились в собственном классе, отдельно от всей остальной школы, по собственному расписанию перемен, обедов, уроков музыки и физкультуры. Нам открывались уникальные возможности, включая еженедельные поездки в местный колледж на продвинутые писательские курсы или в лабораторию на препарирование крыс. В классе мы занимались самостоятельными исследованиями, сами устанавливали цели и комфортную скорость изучения.

Нам предоставили собственных учителей: сначала мистера Мартинеза, потом мистера Беннетта. Оба они были добрыми афроамериканцами с хорошим чувством юмора, и оба уделяли особое внимание мнению учеников. Мы чувствовали, что школа инвестирует в нас. И это, как мне кажется, заставляло нас больше стараться и повышало самооценку.

Независимое обучение подпитывало мою страсть к соревнованиям. Я продиралась сквозь расписание, подсчитывала свои очки и определяла, на каком я месте в турнирной таблице по всем задачам, от деления в столбик до основ алгебры, от написания одного параграфа до превращения его в полноценную исследовательскую работу. Для меня все это было игрой. И, как и большинству детей, больше всего в играх мне нравилось побеждать.

Я РАССКАЗЫВАЛА МАМЕ ПРАКТИЧЕСКИ ОБО ВСЕМ происходившем в школе. Сводка новостей дополнялась, когда я заходила в дверь во второй половине дня, бросала на пол портфель и искала, чем бы перекусить. Сейчас я понимаю, что даже не представляю себе, чем именно мама занималась, пока мы были в школе. В основном потому, что в эгоцентричной манере, присущей всем детям, никогда не спрашивала. Я не представляю, о чем она думала и как оценивала традиционную роль домохозяйки. Единственное, я была уверена: когда я приду домой, в холодильнике будет еда не только для меня, но и для всех моих друзей. А если мы с классом решим поехать на экскурсию, мама точно отправится с нами в качестве волонтера-сопровождающего: появится рядом с автобусом в красивом платье и с темной помадой на губах, и мы все вместе поедем в местный колледж или зоопарк.

Бюджет у нашей семьи был скромным, но мы это никогда не обсуждали. Мама находила какие-то способы компенсировать траты. Она сама делала маникюр и красила волосы (однажды случайно покрасила в зеленый), а новые вещи в ее гардеробе появлялись, только если папа дарил их на день рождения. Мама никогда не была богатой и поэтому научилась быть изобретательной. Когда мы были маленькими, она волшебным образом превращала старые носки в игрушки, выглядящие точь-в-точь как Маппеты. Мама вязала салфетки для столов. Она даже шила мне одежду до средней школы, пока не оказалось, что самое главное в жизни — лейбл в форме лебедя от Глории Вандербилт[1] на переднем кармане джинсов, и мне пришлось попросить маму больше ничего мне не шить.

Время от времени она обновляла обстановку гостиной: меняла чехол на диване, фотографии и картины на стенах. Когда погода становилась теплее, мама затевала ритуал весенней уборки, атакуя все типы поверхностей: пылесосила мебель, стирала занавески и снимала ставни с окон, чтобы помыть стекла «Виндексом»[2] и протереть подоконники, а потом заменить ставни на прозрачные экраны, впуская весну в нашу маленькую душную квартиру. Потом она спускалась вниз, к Робби и Терри, чтобы отмыть все у них, особенно когда они стали старше и слабее. Благодаря маме у меня по сей день автоматически улучшается настроение от запаха средства Pine-Sol[3].

---

[1] Глория Вандербилт (англ. *Gloria Vanderbilt*) — американская актриса, художница, писательница, светская дама и одна из первых дизайнеров синих джинсов.

[2] Виндекс — дезинфицирующее средство.

[3] Pine-Sol — тоже моющее средство.

На Рождество она становилась особенно креативной. Однажды она декорировала наш квадратный металлический радиатор гофрированным картоном с изображением красных кирпичей, чтобы сделать фальшивый дымоход до самого потолка и фальшивый камин с полкой и очагом. Она даже привлекла папу — главного художника в семье, — чтобы тот нарисовал оранжевое пламя на тоненькой рисовой бумаге, которая с подсветкой создавала почти убедительную иллюзию огня.

В канун Нового года она по традиции покупала корзинку с закусками, в которой были кусочки сыра, копченые устрицы в жестяной банке и разные виды салями, и приглашала папину сестру Франческу на настольные игры. На ужин мы заказывали пиццу и проводили весь вечер за элегантными лакомствами. Мама передавала по кругу сосиски в тесте, жареные креветки и специальный плавленый сыр, запеченный на крекерах «Ритц». Ближе к полуночи каждый из нас выпивал по маленькому бокалу шампанского.

Мама придерживалась определенного типа воспитания, который сейчас кажется мне гениальным и практически не поддающимся воспроизведению, — невозмутимый, нейтральный дзен. Мамы одних моих друзей все их взлеты и падения воспринимали как свои собственные, а у других родители слишком погрузились в собственные переживания, чтобы вообще присутствовать в жизни детей. Моя же мама была уравновешенной. Она не спешила судить или вмешиваться, наблюдая за сменой наших настроений, — просто оставалась доброжелательным свидетелем всех мучений и триумфов нашего дня. Когда все было плохо, она выдавала небольшую порцию сожаления. Когда все было прекрасно, она давала понять, что рада, но никогда не переусердствовала, чтобы мы не делали ее радость своей целью.

Если она давала советы, то только жесткие и прагматичные. «Тебе не обязательно любить свою учительницу, — сказала она мне, когда я пришла из школы и разразилась жалобами. — Но она знает математику, а математика тебе нужна. Сфокусируйся на ней и игнорируй все остальное».

Она всегда любила нас с Крейгом, но никогда не контролировала. Ее целью было подтолкнуть нас к выходу в мир. «Я не воспитываю детей, — говорила она нам. — Я воспитываю взрослых». Они с папой обычно скорее рекомендовали, чем устанавливали правила. В подростковом возрасте у нас не было комендантского часа. Вместо этого родители спрашивали: «Как думаешь, во сколько ты скорее всего будешь дома?» И потом полагались на наше слово.

Крейг рассказывал мне, как однажды в восьмом классе девчонка, которая ему нравилась, пригласила его к себе, намекнув, что родителей не будет дома. Он долго метался в одиночестве, раздумывая, идти или нет, взбудораженный самой возможностью, но знающий, что все это — подло и непорядочно, а значит, родители никогда с этим не смирятся. Однако маме он сообщил предварительную полуправду: о якобы предстоящей встрече с девочкой в парке.

Поглощенный виной за еще не совершенное, за мысли об этом, Крейг затем почти сразу признался во всей схеме «одни дома», ожидая или даже надеясь, что мама слетит с катушек и запретит ему идти.

Но мама не запретила. И никогда не стала бы запрещать. Это было не в ее правилах. Мама не стала снимать с него груз ответственности за собственный выбор. Вместо этого она легкомысленно пожала плечами и сказала: «Поступай, как считаешь нужным», возвращаясь к посуде в раковине или, может, к стирке.

Так был сделан еще один маленький толчок в мир. Я уверена, мама не сомневалась в выборе Крейга. Каждый ее шаг, как я сейчас понимаю, обуславливался спокойной уверенностью в том, что она воспитывает взрослых. За свои решения мы отвечали сами. Это была наша жизнь и навсегда ею останется.

Когда мне исполнилось четырнадцать, я считала себя наполовину — или даже на две трети — взрослой. У меня уже начались месячные, о чем я немедленно и с радостью оповестила всех в доме — так уж у нас было принято.

Я выросла из тренировочного бюстгальтера и перешла к другому, чуть более женственному, и это тоже приводило меня в восторг. Вместо того чтобы приезжать на ланч домой, я ела с одноклассниками в классе мистера Беннетта. Вместо того чтобы каждое воскресенье отправляться к Саутсайду слушать джазовые пластинки и играть с Рексом, я проезжала на велосипеде мимо его дома, на восток, к бунгало на Оглсби-авеню, где жили сестры Гор.

Сестры Гор были моими лучшими подругами и немножко кумирами. Диана училась в моем классе, а Пэм — на класс старше. Обе были очень красивыми девочками — Диана светлокожей, Пэм потемнее — и обладали какой-то особой хладнокровной грацией, кажется, с рождения. Даже их сестренка Джина, самая младшая, излучала неизменную женственность, как мне казалось, присущую только Горам.

В их доме было мало мужчин. Отец не жил с ними, и о нем почти никогда не заговаривали. Брат, намного старше их, присутствовал всегда где-то на втором плане. Миссис Гор, жизнерадостная привлекательная женщина, работала на полную ставку. У нее был туалетный столик, заставленный флаконами с парфюмом, компактными пудрами и разнообразными кремами в крошечных баночках, что, учитывая скромную практичность моей матери, казалось мне не меньшей экзотикой, чем ювелирные украшения.

Мне нравилось проводить у них время. Мы с Пэм и Дианой могли бесконечно болтать о мальчиках, которые нам нравились, красить губы блеском, крутиться, примеряя одежду друг друга, и внезапно замечать, что та или иная пара штанов полнит бедра. Бóльшая часть моей энергии в те дни уходила на мир в моей голове: сидеть в комнате в одиночестве, слушать музыку и мечтать о медленном танце с симпатичным парнем. Или смотреть в окно и надеяться, что моя любовь проедет мимо на велосипеде. Найти подруг, с которыми можно пройти через все это вместе, было настоящим благословением.

Мальчишек не допускали в дом сестер Гор, но они пчелиным роем вились вокруг. Ездили на велосипедах туда-сюда по тротуару. Сидели на крыльце в надежде, что Диана или Пэм выйдут пофлиртовать. Было весело наблюдать за ними, хотя я и не совсем понимала, что все это значит. Тела моих ровесников менялись. Мальчики в школе внезапно стали размером с мужчин, ужасно неловкими, нервными и низкоголосыми. Некоторые мои одноклассницы выглядели так, будто им уже по восемнадцать: разгуливали в коротких шортах и узких топах с выражением крутости и самоуверенности на лицах, как будто знали некий секрет и существовали в параллельном мире. Мы же, все остальные, так и остались неуверенными в себе и слегка ошарашенными, жаждущими приглашения во взрослую жизнь. Мы были все еще растущими жеребятами на длинных тонких ногах. Столь юные, что косметика не могла это скрыть.

Как и большинство девчонок, я узнала об обязательствах, которые накладывало на меня тело, задолго до того, как оно стало походить на взрослое. Я ходила по району со все более независимым видом и становилась все меньше привязана к родителям. После полудня я ездила на городском автобусе на занятия танцами — джазом и акробатикой — в академию «Мэйфэр» на Семьдесят девятой улице и иногда бегала по маминым поручениям. С этой новой свободой в мою жизнь пришла и новая уязвимость. Я научилась смотреть строго вперед, проходя мимо мужчин, столпившихся на углу улицы, и старалась не замечать, как их взгляды блуждают по моей груди и ногам. Когда вслед свистели, я игнорировала это и знала, какие кварталы в нашем районе опаснее прочих. Мне было известно, что ночью нельзя гулять одной.

Наши родители пошли на одну важную для двух подростков уступку: обновили заднюю веранду кухни и превратили ее в спальню для Крейга, который уже был во втором классе старшей школы. Неубедительная перегородка, которую много лет назад соорудил для нас дедушка Саутсайд, наконец пала. Я переехала в комнату родителей, а они — в бывшую детскую. Впервые в жизни у нас с братом появилось личное пространство. Моя новая спальня была сказочной, с простынями и наволочками в бело-голубых цветочках, с хрустящим темно-синим ковриком, с белой кроватью в стиле принцессы, точно таким же шкафом и лампой — практически точная копия спальни из каталога «Сирс». Каждому из нас к тому же разрешалось иметь свой телефон — мне светло-голубой, подходящий к новому интерьеру, а Крейгу мужественно-черный, — и теперь мы могли заниматься своими личными делами практически в полном одиночестве.

По этому телефону я организовала свой первый настоящий поцелуй. Мальчика звали Роннелл. Он не был моим одноклассником или соседом, но зато пел в Чикагском детском хоре вместе с моей подругой Киакой, и мы с ней решили, что я нравлюсь Роннеллу — и это взаимно. Телефонные разговоры с ним выходили довольно неловкими, но это не важно. Мне нравилось нравиться кому-то. Каждый раз, когда звонил телефон, внутри все сжималось: а вдруг это Роннелл? Не помню, кто из нас предложил встретиться около моего дома и попробовать поцеловаться, но в этом предложении точно не было двояких трактовок и скромных эвфемизмов. Мы не собирались «позависать вместе» или «пойти погулять». Мы собирались поцеловаться, и оба были к этому готовы.

Так я и оказалась на каменной скамейке напротив черного хода, куда выходили южные окна. Я сидела, окруженная тетушкиными простынями в цветочек на сушильных веревках, и целовалась с Роннеллом. Ничего сногсшибательного или особенно воодушевляющего не произошло, но получилось здорово — теплый маленький поцелуй. Вообще быть в окружении мальчиков здорово. Часы, проведенные на трибунах спортзала во время игр Крейга, теперь перестали казаться мне сестринской повинностью. Ведь что такое баскетбол, как не выставка мальчиков? Я надевала самые соблазнительные джинсы, несколько дополнительных браслетов и иногда приводила одну из сестер Гор, чтобы обратить на себя внимание. А потом наслаждалась каждой минутой этого потного спектакля, разворачивающегося на моих глазах: прыжки и атаки, волны и рев, пульсация мужественности и всех ее тайн на большом экране. Когда какой-нибудь парень из команды улыбался мне, уходя вечером с корта, я улыбалась в ответ. Мне казалось, мое будущее уже совсем близко.

Я плавно сепарировалась от родителей, постепенно прекратила выбалтывать им все свои мысли. После баскетбола я ехала на заднем сиденье «Бьюика» в молчании, в слишком глубоких и запутанных чувствах, чтобы ими делиться. Я была захвачена одиноким трепетом подростковой жизни и уверена, что окружающие взрослые никогда ничего подобного не испытывали.

Иногда по вечерам я выходила, почистив зубы, из ванной и обнаруживала дом в полной темноте. Свет в гостиной и кухне погашен, все разошлись по своим углам. Я смотрела на полоску света под дверью Крейга и знала, что он делает домашнее задание. Я замечала вспышки света от телевизора в комнате родителей и слышала, как они тихонько переговариваются и смеются. Так же как я никогда не интересовалась, каково моей маме было чувствовать себя домохозяйкой, я не спрашивала у нее, нравилось ли ей замужем. Я воспринимала союз родителей как должное. Это простой и неизменный факт, вокруг которого строились наши четыре жизни.

Много лет спустя мама расскажет, как каждую весну, стоило воздуху в Чикаго чуть прогреться, она развлекала себя мыслями о расставании с отцом. Я не знаю, всерьез ли она об этом думала. И не знаю, как долго: час, день или весь сезон. Но тем не менее это была ее фантазия, она казалась правильным и, возможно, даже придающим сил почти ритуалом.

Сейчас я понимаю, что даже счастливый брак может обернуться испытанием. Это всегда контракт, он требует продления снова и снова, даже в молчании, приватно, в одиночку. Вряд ли мама когда-нибудь озвучивала свои сомнения и недовольства отцу или впускала его в ту альтернативную жизнь, о которой мечтала. Представляла ли она себя на тропическом острове? С другим мужчиной, в другом доме? С угловым офисом вместо двоих детей? Я не знаю и, хотя могла бы спросить об этом у мамы, которой сейчас за восемьдесят, не думаю, что это важно.

Если вы никогда не проводили зиму в Чикаго, позвольте мне

ее описать. Сто дней ты живешь под серо-стальным небом, которое захлопывается над городом, словно крышка. С озера дует холодный, колючий ветер. Снег падает десятками разных способов: тяжелыми комьями ночью и боковыми шквалами днем, деморализующим ледяным дождем и сказочной лавиной пуха. Лед, уйма льда покрывает коркой улицы и стекла так, что их приходится скоблить. Скоблят со звуком шик-шик-шик — шарканье наполняет город каждое утро, когда люди пытаются очистить свои машины, чтобы поехать на работу. Ваших соседей совершенно не узнать под слоями одежды, все ходят, не поднимая лиц, пытаясь избежать ветра. Снегоуборочные машины грохочут по улицам, собирая белый снег в грязные кучи, пока не оставят вокруг себя ни единого девственно-чистого квадратика.

И вдруг что-то происходит. Медленное возвращение на круги своя. Оно может начаться как слабое, едва уловимое появление влаги в воздухе или почти незаметное поднятие крышки неба. Ты чувствуешь, сперва только в сердце, что зима подходит к концу. Сначала не веришь этому, но потом понимаешь, что была права. Ведь выходит солнце, на деревьях набухают маленькие почки, а соседи наконец снимают тяжелые пальто. И, может быть, с этим свежим воздухом в мыслях утром ты решишь открыть все окна в доме, чтобы вымыть стекла и протереть подоконники. Уборка дает тебе возможность подумать, спросить себя: не упустила ли ты возможности стать другой, выбрав этого мужчину, этот дом и этих детей.

Может быть, ты даже проводишь весь день, выдумывая все новые и новые способы жить, прежде чем наконец вернуть окна на место и вылить остатки Pine-Sol в раковину. Может быть, после этого к тебе возвращается уверенность: да, это все-таки весна. И тогда ты в очередной раз решаешь остаться.

5
—

Мама в конце концов вернулась на работу, когда я пошла в старшую школу. Она катапультировалась из дома прямиком в густонаселенное, небоскребное сердце Чикаго, устроившись ассистенткой в банк. Специально для работы мама обновила гардероб и теперь каждое утро уезжала в офис то на автобусе с остановки на бульваре Джеффри, то вместе с отцом на «Бьюике», если у них совпадало начало рабочего дня. Для нее работа была долгожданной переменой, а для нашей семьи — более или менее необходимостью. Родители оплачивали обучение Крейга в католической школе, и он уже начинал подумывать о колледже. А я шла следом.

Брат к тому времени стал взрослым, грациозным великаном со сверхъестественно пружинистыми ногами и одним из лучших баскетболистов города. Дома он много ел: пил молоко галлонами, целиком поглощал огромные пиццы в один присест и часто перекусывал после ужина. Как и всегда, ему удавалось оставаться одновременно легким на подъем и целеустремленным, душой компании и отличником и при этом замечательным спортсменом. Он путешествовал по Среднему Западу в составе команды летней баскетбольной лиги, в которой некогда рос и воспитывался, как в инкубаторе, суперзвезда по имени Исайя Томас, прежде чем появиться в Зале славы НБА.

В старших классах за Крейгом охотились баскетбольные тренеры лучших школ Чикаго в надежде закрыть лакуны в собственных списках игроков. Их команды привлекали большие шумные толпы болельщиков и агентов колледжей. Но мои родители не позволили Крейгу пожертвовать своим интеллектуальным потенциалом ради недолговечной славы баскетбольного гения старшей школы.

Лучшим выбором, стоившим своих нескольких тысяч долларов, им показалась школа Маунт-Кармель с сильной баскетбольной командой из католической лиги и строгой учебной программой. Крейг стал учиться у священников в коричневых одеяниях, которых нужно было называть «отцами». Около 80% его одноклассников были белыми, большинство из них — ирландскими католиками из отдаленных белых рабочих районов. К концу первого года обучения его уже вовсю обхаживали команды колледжей первого дивизиона, парочка из которых, возможно, даже готова была предложить полное обеспечение. Но мои родители настаивали, что брат должен выбрать из лучших колледжей, не ограничивая себя этими предложениями. А они уж позаботятся о цене.

Моя старшая школа, слава богу, не стоила нам ни цента, кроме платы за проезд на автобусе. Мне повезло пройти тесты в первую в Чикаго старшую школу с углубленным изучением предметов — или «магнитную» школу — имени Уитни М. Янг. Она располагалась в бедном районе на западе от Чикаго-Луп[1]. Спустя всего несколько лет с момента основания Уитни Янг уже была на пути к тому, чтобы стать одной из лучших публичных школ города. Ее назвали в честь активистки борьбы за гражданские права и открыли в 1975-м как позитивную альтернативу «автобусным» школам. Уитни Янг располагалась в квадрате точно между севером и югом Чикаго и благодаря прогрессивным преподавателям и новому оборудованию стала меккой равных возможностей, предназначенной для привлечения одаренных учеников всех цветов кожи.

Согласно квотам, установленным городской администрацией, состав учеников школ должен был быть на 40% черным, на 40%

---

[1] Чикаго-Луп (англ. *Chicago Loop*) — название исторического делового центра Чикаго.

белым и на 20% латиноамериканским или каким-то еще. Но, когда я поступила в школу, ситуация выглядела немного иначе. Около 80% учеников школы были не белыми.

Дорога до школы в первый день девятого класса стала для меня настоящей одиссеей: девяносто минут нервотрепки на двух автобусах и метро. Вытащив себя из постели в пять утра, я надела новую одежду и пару красивых сережек, неуверенная, как их воспримут на том конце пути. Я позавтракала, неуверенная, что буду делать во время обеда. Попрощалась с родителями, неуверенная, что к концу дня все еще останусь самой собой. Старшая школа по определению должна преображать людей, и Уитни Янг стала моим первым рубежом.

Здание школы было самым ошеломительно современным, что я когда-либо видела: три огромных строения в форме кубов, два из них соединялись между собой причудливым стеклянным коридором, пересекавшим оживленный бульвар Джефферсона. Классы открытого типа, с хорошо продуманным дизайном. Одно из зданий полностью отдали под занятия искусствами: класс для хорового пения и репетиций музыкальных групп, отдельные классы для фотографии и керамики. Школа напоминала храм знаний. Студенты стремительно врывались через главный ход, нацеленные на учебу уже с первого дня.

В Уитни Янг училось около тысячи девятисот детей, и каждый, как мне казалось, был увереннее в себе и старше, чем я когда-нибудь вообще смогу стать. Они контролировали каждую клеточку своего мозга, заряженную правильными ответами на вопросы общегородского теста. Я чувствовала себя крохой, глядя на них. В Брин Мор я была одной из самых старших, а здесь стала одной из самых младших. Выходя из автобуса, я заметила, что у многих девочек, наряду с сумками с книгами, были самые настоящие дамские сумочки.

Все мои тревожные мысли о старшей школе можно объединить под одним заголовком: достаточно ли я хороша? Этот вопрос преследовал меня весь первый месяц, даже когда я начала осваиваться и привыкла к предрассветным подъемам и навигации по зданиям в поисках нужного класса.

Уитни Янг делилась на пять «домов», каждый из которых служил уютной «базой» для учеников. Я была в Золотом доме, которым управлял заместитель директора, мистер Смит. По стечению обстоятельств он жил через несколько дверей от моей семьи, вниз по Эвклид-авеню. Я выполняла поручения мистера Смита и его семьи годами: он нанимал меня в качестве няни и учительницы музыки к своим детям и даже в качестве тренера для необучаемой собаки. Видеть мистера Смита в школе было для меня все равно что прокладывать мостик между Уитни Янг и родным районом, но этого не хватало, чтобы успокоиться.

Из моего района в Уитни Янг поступили всего несколько детей: мой сосед и друг Терри Джонсон, одноклассница Киака, с которой я по-дружески соревновалась с самого детского сада, и еще пара мальчишек. С некоторыми из них мы ездили утром и вечером на автобусе, но в школе каждый проводил практически все время в собственном «доме».

Впервые в жизни мне пришлось оказаться без протекции своего старшего брата. Крейг открывал для меня все двери улыбкой и легкой походкой. Он знал, как умаслить учителей в Брин Мор, и завоевал уважение и авторитет самого крутого парня на игровой площадке. На мне лежал отсвет славы Крейга. Все знали меня в основном как младшую сестру Крейга Робинсона. А теперь я была просто Мишель Робинсон, безо всякого Крейга.

В Уитни Янг мне пришлось много работать, чтобы обрести почву под ногами. Я старалась в основном вести себя тихо и наблюдать за одноклассниками. Кто они? Я знала только, что они умные. Демонстративно умные. Исключительно умные. Умнейшие дети всего города. Но была ли я одной из них? Разве все мы — я, Терри и Киака — попали сюда не потому, что были так же умны, как они?

Этого я не знала. Я понятия не имела, действительно ли мы достаточно умны для всех них.

Да, мы были лучшими учениками среднькой, в основном чернокожей школы, из среднького, в основном чернокожего района. Но что, если этого недостаточно? Если в конечном итоге мы просто оказались лучшими из худших?

Сомнения преследовали меня на всех вводных занятиях, первых уроках биологии и английского и первых неуклюжих давай-узнаем-друг-друга-получше разговорах в кафетерии с новыми друзьями. Недостаточно. Недостаточно. Я сомневалась в своем прошлом, в том, откуда я пришла и что думала о самой себе. Сомнения были раковыми клетками, которые делятся вновь и вновь, пока не поймешь, как это остановить.

Оказалось, Чикаго намного больше, чем я себе представляла. Это открытие частично основывалось на трех часах в дороге ежедневно. Я садилась в автобус на Семьдесят пятой улице и пыхтела сквозь лабиринт остановок — чаще всего стоя, сидячих мест на всех не хватало.

В окне медленно разворачивался вид на весь Саутсайд: угловые магазины, гриль-бары с закрытыми в столь ранний серый утренний час ставнями, баскетбольные корты и пустующие асфальтированные игровые площадки. Мы направлялись на север по Джеффри, затем на запад по Шестьдесят седьмой улице, а потом снова на север, заворачивая и останавливаясь практически каждые два квартала, чтобы подобрать пассажиров. Пересекали Джексон-Хайленд-парк и Гайд-парк, где за массивными коваными воротами скрывался кампус Чикагского университета. Спустя целую вечность мы наконец выезжали на Лейк-Шор-драйв и, следуя изгибу озера Мичиган, направлялись к центру города.

Автобусы никуда не спешат, уверяю вас. Ты просто едешь вперед и терпишь. Каждое утро я пересаживалась на другой автобус на Мичиган-авеню, в самый разгар часа пик, и двигалась на запад по Ван-Бюрен-стрит, где вид из окна, по крайней мере, становился чуточку интереснее. Мы проезжали здания банков с большими золотыми дверями и швейцаров, стоящих перед шикарными отелями. Я смотрела в окно на одетых в модные костюмы мужчин и женщин в юбках и на каблуках — они с важным видом несли на работу кофе. Тогда я не знала, что их называют профессионалами: мне еще предстояло выяснить, какое образование открывает доступ к огромным корпоративным замкам на Ван-Бюрен. Но мне нравился их решительный вид.

Тем временем в школе я потихоньку собирала кусочки информации, пытаясь определить свое место среди подростковой интеллигенции. До этого момента все мое общение с детьми за пределами района сводилось к визитам в дома многочисленных кузин и кузенов да нескольким сменам в летнем лагере на Рейнбоу-Бич, где все были из бедных семей Саутсайда. В Уитни Янг я встречала белых детей, живших на севере Чикаго — все равно что на обратной стороне Луны, в месте, о котором я никогда не думала и куда у меня не было причин заходить.

Еще сильнее меня заинтриговало открытие такого явления, как афроамериканская элита. Черная кожа большинства моих новых друзей совершенно не означала хоть какого-то общего с моим жизненным опытом. Родители многих из них работали юристами или врачами, и все они, похоже, были членами клуба «Джек и Джилл». Они отдыхали на лыжных курортах и ездили на каникулы за границу. Они разговаривали о непонятных мне вещах типа летних стажировок и исторически черных колледжах. Родители моего чернокожего одноклассника, добрейшего ботаника, как оказалось, основали огромную косметическую компанию и жили в элитном небоскребе в центре города.

Таков оказался мой новый мир. Я не говорю, будто все в школе были богатыми или невероятно искушенными, это не так. Множество детей приезжали из таких же районов, как мой, и сталкивались в жизни с тем, с чем мне повезло не столкнуться. Но первые месяцы в Уитни Янг показали мне то, что до сих пор оставалось для меня невидимым: аппарат привилегий и связей, похожий на сеть полузаметных лестниц и страхующих тросов, висящих над нашими головами и готовых вознести некоторых из нас — но далеко не всех — прямиком к небу.

Мои первые оценки в школе оказались хорошими. Следующие тоже. За первый и второй год обучения я смогла возродить уверенность в себе, как во времена Брин Мор. С каждым маленьким достижением и предотвращенной неудачей мои сомнения понемногу рассеивались. Мне нравились почти все учителя, и я не боялась поднимать в классе руку. В Уитни Янг быть умным безопасно. Все нарабатывали портфолио для колледжа, и никому не приходилось скрывать свой интеллект из-за страха услышать «чего это ты разговариваешь как белая».

Мне нравились все предметы, на которых нужно было писать, и я с трудом, но все же продиралась через алгебру. А еще я неплохо знала французский. Некоторые одноклассники, конечно, опережали меня на шаг-другой, но я старалась не обращать на это внимания. Я начинала понимать, что в большинстве случаев могу их нагнать, если потрачу на учебу чуть больше времени. Я не была круглой отличницей, но всегда старалась и в один из семестров почти достигла этой цели.

Крейг в это время поступил в Принстон, оставив после себя комнату на Эвклид-авеню, переделанную из веранды, и дыру в наших жизнях в шесть футов шесть дюймов[1] ростом и двести фунтов[2] весом. В холодильнике стало в разы меньше молока и мяса, а телефонная линия наконец освободилась от девчонок, желающих поболтать с братом. Его приглашали несколько крупных университетов, предлагая стипендию размером с содержание баскетбольной звезды, но с подачи родителей он выбрал Принстон. Тот стоил дороже, однако, как они считали, открывал больше возможностей. Отец чуть не лопнул от гордости, когда Крейг на втором курсе попал в баскетбольную команду Принстона. Папа уже плохо стоял на ногах и передвигался с помощью двух костылей, но все еще любил долгие поездки. Он продал свой старый «Бьюик» и купил новый, еще один 225-й, теперь темно-бордовый и блестящий. Когда у папы

---

[1] 6 футов 6 дюймов = 198 см.
[2] 200 фунтов = 90 кг.

выдавалось свободное от работы на водоочистительной станции время, он отправлялся в двенадцатичасовую поездку через Индиану, Огайо, Пенсильванию и Нью-Джерси, чтобы попасть на игру Крейга.

Из-за того что Уитни Янг находилась так далеко, я стала проводить с родителями гораздо меньше времени — больше вне дома, чем внутри. Думаю, маме с папой было одиноко или, по крайней мере, им пришлось перестроиться. Устав от ежедневных стоячих поездок на автобусе по девяносто минут, мы с Терри Джонсоном придумали один трюк: нужно было встать утром на пятнадцать минут пораньше и проехать на автобусе в противоположном от школы направлении до менее населенного района. Там перейти через дорогу и сесть в полупустой автобус. Чрезвычайно довольные своей смекалкой, мы занимали сидячие места и затем болтали или делали уроки всю дорогу до школы.

Домой я возвращалась около шести-семи часов вечера, быстро ужинала и обсуждала с родителями прошедший день. Но, как только посуда была вымыта, я исчезала в домашней работе. Чаще всего я забиралась вместе с учебниками в энциклопедический уголок под лестницей, напротив квартиры Робби и Терри, чтобы посидеть там в тишине и покое.

Родители никогда не говорили, насколько тяжело им было оплачивать наше обучение в колледже, но я знала достаточно, чтобы это ценить. Когда учительница французского набирала группу для путешествия в Париж на каникулах, я не стала даже поднимать вопрос дома. В этом состояла разница между мной и ребятами из клуба «Джека и Джилл», большинство из которых уже стали моими близкими друзьями. У меня был любящий и уютный дом, деньги на автобус до школы и горячий ужин по вечерам. О большем я просить даже не собиралась.

И тем не менее в один из вечеров родители попросили меня присесть. Оба выглядели озадаченными: мама узнала о поездке во Францию от мамы Терри Джонсона.

— Почему ты нам не сказала? — спросила она.

— Потому что это слишком дорого.

— Это не тебе решать, Миш, — мягко, почти обиженно сказал отец. — А как прикажешь решать нам, если мы ничего не знаем?

Я посмотрела на них, не зная, что ответить. Мамин взгляд смягчился. Отец уже сменил рабочую униформу на чистую белую рубашку. Родителям было за сорок, почти двадцать лет они прожили в браке — и никто из них ни разу не летал в Европу. Они никогда не отдыхали на пляже и не ужинали в ресторане. Не купили собственный дом. Мы были их инвестицией, я и Крейг. Все уходило в нас.

Через несколько месяцев я полетела в Париж с учителем и десятком одноклассников из Уитни Янг. Мы жили в хостеле, ходили в Лувр и на Эйфелеву башню, ели crêpes au fromage[1] из уличных палаток и гуляли по берегам Сены. Конечно, мы говорили по-французски как группка детей из Чикаго, но, по крайней мере, говорили.

Когда самолет отъезжал от выхода на посадку в тот день, я смотрела из окна на аэропорт, зная, что где-то там, за его черными стеклами, стоит мама в зимнем пальто и машет мне вслед. Я помню, как шокирующе громко взревели двигатели, а потом мы с дребезжанием покатились по взлетно-посадочной полосе и начали крениться вверх. Ускорение сдавило мне грудь и прижало к сиденью на одно странное, промежуточное мгновение, которое наступает, прежде чем ты наконец почувствуешь, как взлетаешь.

Как и все ученики старшей школы, мы с друзьями обожали слоняться без дела, галдеть и дурачиться. Если уроки заканчивались пораньше или на дом задавали не так много, мы устремлялись из Уитни Янг в центр Чикаго, в восьмиэтажный торговый центр Уотер-Тауэр-Плейс. Оказавшись там, мы катались вверх-вниз по эскалаторам, тратили деньги на изысканный попкорн из «Гаррет» и оккупировали столик в Макдоналдсе на совершенно неразумное количество часов, особенно учитывая, как мало мы там заказывали. Мы разглядывали дизай-

---

[1] Блинчики с сыром (*фр.*).

нерские джинсы и сумочки в «Маршалл Филдс»[1], часто с тайком висящими на хвосте охранниками, которым не нравилось, как мы выглядим. А иногда ходили в кино.

Мы были счастливы — потому что были свободны. Потому что были вместе, потому что наш город ослепителен, если не думать о школе. Дети большого мегаполиса, мы учились создавать близкий круг общения.

Я проводила много времени с одноклассницей Сантитой Джексон. Она садилась в автобус спустя несколько остановок после меня и вскоре стала одной из моих лучших подружек в старшей школе. У Сантиты были красивые темные глаза, полные щеки и образ мыслей мудрой женщины уже в шестнадцать лет. В школе она записывалась на все кружки и в каждом из них умудрялась преуспеть. Сантита носила юбки, когда все остальные ходили в джинсах, и обладала таким чистым и мощным голосом, что несколько лет спустя стала бэк-вокалисткой Роберты Флэк[2]. А еще была в ней какая-то глубина, и это мне нравилось больше всего. Как и я, она могла дурачиться в компании друзей, но наедине мы становились серьезными и сосредоточенными, двумя девочками-философами, которые пытаются решить жизненные загадки, большие и маленькие. Мы часами лежали на полу в ее комнате на втором этаже белого тюдоровского дома в Джексон-парк Хайленд, обеспеченного района в Саутсайде. Мы обсуждали, что нас раздражает, в чем смысл жизни и что мы понимаем или не понимаем о мире. Сантита внимательно слушала и давала проницательные советы, и я старалась не отставать.

Отец Сантиты был знаменитостью, и этот факт определял всю ее жизнь. Она старшая дочь преподобного Джесси Джексона[3], баптистского проповедника и набирающего силу политического лидера. Джексон тесно сотрудничал с Мартином Лю-

---

[1] «Маршалл Филдс» (англ. *Marshall Field's*) — торговая сеть.

[2] Роберта Флэк (англ. *Roberta Flack*) — американская соул-певица.

[3] Джесси Джексон (англ. *Jesse Jackson*) — американский общественный деятель, правозащитник, один из самых влиятельных религиозных лидеров среди афроамериканцев США.

тером Кингом-младшим[1] и сам стал известен на национальном уровне в ранних 1970-х как основатель политической организации под названием «Операция PUSH», выступавшей за права бедных афроамериканцев. Ко времени нашей старшей школы он стал настоящей знаменитостью — харизматичный, с хорошими связями и в постоянном движении. Джесси Джексон разъезжал по стране, гипнотизируя толпы афроамериканцев громкими призывами стряхнуть унизительные стереотипы гетто и заявить свои давно подавляемые права на политическую власть.

Он проповедовал безудержную давайте-сделаем-это самореализацию. «Нет — наркотикам, да — надежде!» — взывал он к людям. Он брал со школьников обещание каждый вечер выключать телевизор и посвящать два часа домашним заданиям, а с родителей — обещание участвовать в жизни детей. Он боролся с ощущением провала, которое захватило множество афроамериканских общин, побуждая прекратить жалеть себя и взять ответственность за свою судьбу. «Никто, ну никто, — кричал он, — не беден настолько, чтобы не мочь позволить себе выключить телевизор на два часа!»

В просторном и немного хаотичном доме Санти́ты всегда было интересно. Жаклин, мама Санти́ты и еще четверых детей, собирала тяжелую викторианскую мебель и антикварную посуду. Миссис Джексон, как я ее называла, была смешливой и порывистой женщиной. Она носила яркую узорчатую одежду и приглашала всех, кто появлялся в их доме, к массивному обеденному столу. В основном приходили люди из «движения», как она их называла. Бизнес-лидеры, политики, поэты и самые разнообразные знаменитости, от певцов до спортсменов.

Когда преподобный Джексон был дома, там царила совершенно другая атмосфера. Рутина отодвигалась на задний план: разговоры за ужином затягивались до поздней ночи, в дверь

---

[1] Мартин Лютер Кинг-младший (англ. *Martin Luther King Jr.*) — американский баптистский проповедник и активист, получивший известность как самый заметный представитель и лидер движения за гражданские права чернокожих в США с 1954 года до своей смерти в 1968 году.

входили и выходили советники, непрерывно строились планы. В отличие от моего дома на Эвклид-авеню, где жизнь всегда текла своим чередом, по предсказуемому распорядку, а заботы родителей редко выходили за рамки того, чтобы наша семья была счастлива и постепенно двигалась к успеху, Джексоны думали о более сложном и, казалось, более значительном. Их действия направлялись вовне, их сообщество было огромным, а миссия — важной.

Сантиту и ее братьев с сестрами воспитывали политически активными. Они знали, как и что бойкотировать. Они выходили на марши по настоянию отца и сопровождали его в деловых поездках, посещали Кубу, Нью-Йорк и Атланту. Они стояли на сцене перед огромными толпами и учились выдерживать беспокойство и принимать противоречия — следствия публичной жизни черного отца. Телохранители преподобного Джексона — высокие молчаливые мужчины — всюду следовали за ним. В то время я даже наполовину не понимала, что могло угрожать его жизни.

Сантита обожала отца и гордилась его работой, но при этом старалась жить собственной жизнью. Мы с ней полностью поддерживали укрепление характера афроамериканской молодежи, но в то же время отчаянно хотели успеть в Уотер-Тауэр-Плейс до конца распродажи кроссовок K-Swiss. Мы часто искали попутку или одалживали машину. Поскольку у моих работающих родителей была одна машина на двоих, в доме Джексонов наши шансы увеличивались в два раза. Мистер Джексон владел универсалом с деревянными панелями и маленьким спорткаром. Иногда нас подвозил кто-то из его многочисленного персонала или постоянно курсирующих туда-сюда посетителей.

Чем нам пришлось пожертвовать, так это контролем над ситуацией. Это и станет одним из моих первых невольных уроков в политике: планы и расписания имеют свойство меняться. Даже стоя на самом краю воронки, ты все равно чувствуешь ее вращение. Мы с Сантитой частенько застревали из-за какой-нибудь задержки, связанной с ее отцом, — затянувшейся встречи или самолета, все еще кружащего над аэропортом, — или объезжали несколько остановок в последнюю минуту. Мы думали, что едем домой из школы или в торговый центр, но вместо этого оказывались на митинге в Вестсайде или часами торчали в штаб-квартире операции PUSH в Гайд-парке.

Однажды мы обнаружили себя марширующими с толпой последователей Джесси Джексона на параде в честь Дня Бада Билликена. Этот парад, названный в честь выдуманного персонажа газетной колонки, — одна из главных традиций Саутсайда. Каждый год в августе оркестры и платформы проходят по Мартин Лютер Кинг-драйв почти две мили прямо через сердце афроамериканского района, который назывался «Черным поясом», а позже был переименован в Бронзвилль. День Бада Билликена проводится с 1929 года и посвящен гордости афроамериканцев. Для каждого общественного лидера или политика посетить этот праздник и пройти весь маршрут было — и остается — обязательным.

Тогда я еще не знала, что воронка вокруг отца Сантиты начинает раскручиваться. Джесси Джексон был всего в паре лет от того, чтобы баллотироваться на пост президента Соединенных Штатов. Скорее всего, он уже вынашивал эту идею, когда мы учились в школе, и искал деньги и связи. Президентская гонка, как я сейчас понимаю, это всепоглощающий процесс для каждого, кого она касается, а хорошие кампании требуют тщательно проработанного плана и фундаментальной подготовки, которая может затянуться на годы. Нацелившись на выборы 1984 года, Джесси Джексон стал вторым афроамериканцем, возглавившим серьезную президентскую кампанию, после неудачной попытки конгрессвумен Ширли Чисхолм[1]. По крайней мере, ко времени парада он должен был начать об этом думать.

Мне не понравилось там находиться, под палящим солнцем, среди воздушных шаров, мегафонов, тромбонов и ликующей толпы. Звук фанфар веселил и даже пьянил, но от чего-то в са-

---

[1] Ширли Анита Сент Хилл Чисхолм (англ. *Shirley Anita St. Hill Chisholm*) — американский политик, кандидатка в президенты США на выборах 1972 года.

мой политике меня подташнивало. Мне нравится, когда все четко и спланировано заранее, а в политике, насколько я знаю, и близко нет ничего подобного. Этот парад не входил в мои планы. Мы с Сантитой вообще не хотели к нему присоединяться. В последнюю минуту нас выцепили — не знаю кто, ее мама, или папа, или кто-то еще из движения, — прежде чем мы смогли уйти по своим делам. Я любила Сантиту и была вежливым ребенком, привыкшим слушаться взрослых, — и поэтому оказалась в круговерти жары и шума на параде в честь Дня Бада Билликена.

Когда я пришла домой на Эвклид-авеню, мама встретила меня смехом:

— Я видела тебя по телевизору.

Она смотрела новости и заметила, как я марширую вместе с Сантитой, машу рукой и улыбаюсь. Думаю, смеялась она именно потому, что уловила мое состояние: меня заставили сделать то, чего сама бы я никогда не сделала, и меня от этого подташнивало.

Когда пришло время присматривать колледж, мы с Сантитой обратили внимание на вузы Восточного побережья. Подруга поехала в Гарвард, но разочаровалась в нем, когда сотрудник приемной комиссии оскорбил ее из-за политической деятельности ее отца, в то время как она хотела, чтобы отношение к ней основывалось на ее собственных достижениях.

Я же провела неделю у Крейга в Принстоне. Брат успешно влился в ритм тренировок по баскетболу и тусовок в центре кампуса для студентов из меньшинств. Кампус был большим и красивым — вуз Лиги плюща, увитый плющом, — и друзья Крейга вели себя дружелюбно. С тех пор я даже не сомневалась. Никто из моей семьи больше не учился в колледже, так что мне почти не о чем было спорить и нечего изучать. Как всегда, я решила, что то, что понравилось Крейгу, должно понравиться и мне, и того, чего добился он, смогу добиться и я.

Так я выбрала Принстон.

В начале моего последнего года в Уитни Янг я пошла на обязательную первую встречу со школьным консультантом по колледжам, к которому меня записали.

Я не могу рассказать об этой женщине практически ничего, потому что намеренно и практически полностью стерла ее из памяти. Я не помню, сколько ей было лет или как она на меня посмотрела, когда я появилась в дверях ее кабинета. Я пришла, переполненная гордостью за то, что попала в 10% лучших учеников своего класса в Уитни Янг, меня избрали казначеем старших классов и сделали членом Национального общества почета[1], и я сумела развеять все сомнения, с которыми пришла сюда, будучи нервной девятиклассницей. Я не помню, когда она посмотрела мои бумаги: до или после того, как я сказала, что следующей осенью хочу присоединиться к своему брату в Принстоне.

Возможно, за время нашей встречи она сказала что-то хорошее и полезное, но этого я тоже не помню. Правильно это или нет, я застряла на единственной фразе, которую произнесла консультант.

— Я не уверена, — сказала она с формальной покровительственной улыбкой, — что вы подходите для Принстона.

Этот вывод был столь же быстрым, сколь и пренебрежительным, и основывался на беглом взгляде на мои оценки и результаты тестов. Наверное, она делала подобные вещи каждый день и уже не раз сообщала старшеклассникам, где им место, а где нет.

Я уверена, она просто хотела быть реалисткой и произнесла это без злого умысла. Но, как я уже говорила, провал — это чувство, которое появляется задолго до того, как он наступит. И, как по мне, именно это она и посеяла: намек на неудачу задолго до того, как я попытаюсь добиться успеха. Она посоветовала мне понизить планку — установка, совершенно противоположная тому, что говорили родители.

---

[1] Национальное общество почета (англ. *The National Honor Society*) — общенациональная организация для учащихся старших классов в Соединенных Штатах.

Если бы я решила ей поверить, ее слова снова поколебали бы мою уверенность в себе и возродили гул «недостаточно, недостаточно».

Но три года бок о бок с амбициозными ребятами в Уитни Янг показали мне, что я стою большего. Я не могла позволить чьему-то мнению уничтожить мое самоопределение. И я решила изменить метод, а не цель. Я подала документы в Принстон и несколько других школ, но уже без помощи консультантки. Вместо этого я обратилась к тому, кто хорошо меня знал как ученицу. Мистер Смит, замдиректора и мой сосед, изучил все мои сильные стороны и даже неоднократно доверял мне собственных детей. Он согласился написать рекомендательное письмо.

Мне посчастливилось встречаться в жизни со многими экстраординарными и успешными людьми: мировыми лидерами, изобретателями, музыкантами, астронавтами, спортсменами, профессорами, предпринимателями, артистами и писателями, ведущими докторами и исследователями. Некоторые из них (хотя и недостаточно многие) были женщинами. Некоторые (тоже недостаточно многие) были черными или цветными. Некоторые родились в нищете или прожили жизнь, обремененную несправедливыми, на мой взгляд, невзгодами, и все же они, кажется, ведут себя так, словно всегда пользовались всеми благами мира. И вот что я поняла: каждому из них приходилось иметь дело со скептиками. Некоторые до сих пор могут похвастаться толпами критиков и противников размером со стадион. Их ненавистники сидят и ждут малейшей ошибки или промаха, чтобы закричать «ну я же говорил». Гул неодобрения не утихает, но большинство успешных людей научились с ним жить, полагаясь на тех, кто в них верит, и стоять на своем.

В тот день я вышла из кабинета консультанта, пылая от ярости. Мое эго не могло вынести такого унижения. Все, о чем я могла думать в тот момент, было «я тебе еще докажу».

Но потом я успокоилась и вернулась к работе. Я никогда не думала, будто легко поступлю в колледж, но мне пришлось научиться концентрироваться и обрести веру в собственную судьбу. Я постаралась рассказать все в мотивационном письме для колледжа. Вместо того чтобы притворяться невероятной интеллектуалкой и мечтать, как я сразу впишусь в увитые плющом стены Принстона, я написала о рассеянном склерозе отца и о маленьком опыте моей семьи в делах высшего образования. Я признала свою попытку прыгнуть выше головы. И, учитывая мое прошлое, это единственное, что я могла сделать.

И в конце концов мне все-таки удалось утереть нос школьному консультанту, ведь шесть или семь месяцев спустя на Эвклид-авеню пришло письмо с предложением из Принстона. Мы с родителями отметили это, заказав пиццу из «Итальянской фиесты». Я позвонила Крейгу и проорала ему в трубку хорошие новости. На следующий день я постучалась в дверь мистера Смита, чтобы рассказать о поступлении и поблагодарить его за помощь. Но я так и не остановилась у кабинета консультанта по колледжам, чтобы сказать ей: она ошиблась, я все-таки подхожу для Принстона. Это бы ничего не изменило. И в конечном итоге я не должна была ей ничего доказывать. Только самой себе.

6

Папа повез меня в Принстон летом 1981 года, по шоссе, которое соединяет Иллинойс и Нью-Джерси. Это было нечто большее, чем поездка отца и дочери: с нами отправился мой бойфренд Дэйв. Меня пригласили на специальную трехнедельную летнюю программу, которая должна была закрыть «пробел в знании новичков», дав нам чуть больше времени на то, чтобы освоиться в колледже. Не совсем понятно, как нас отобрали — какая часть в наших мотивационных письмах навела университет на мысль, что нам понадобятся занятия по чтению учебного плана с листа и уроки навигации между зданиями кампуса, — но Крейг тоже проходил эту подготовку двумя годами ранее, и она показалась ему неплохой возможностью. Я упаковала свои вещи, попрощалась с мамой — никто из нас не плакал и не сентиментальничал — и забралась в машину.

Мое стремление уехать из города отчасти подпитывалось тем фактом, что последние пару месяцев я провела на конвейере, управляя чем-то вроде огромного промышленного клеевого пистолета на маленькой фабрике по производству книжных переплетов в центре Чикаго. Убийственная рутина на восемь часов в день, пять дней в неделю и, возможно, самое действенное напоминание о том, что поступление в колледж — хорошая идея. Мама Дэвида работала на этой фабрике и устроила туда нас обоих. Мы трудились рука об руку все лето, так испытание становилось чуть приятнее.

Дэвид был умным, нежным, высоким и симпатичным парнем на два года старше меня. Он подружился с Крейгом на баскетбольной площадке в парке Розенблюм несколько лет назад, когда приезжал сюда навестить родственников, живущих в «Эвклид-Парквей»; потом стал увиваться за мной. Весь учебный год Дэвид проводил в колледже за пределами штата, что позволяло мне не отвлекаться от занятий, а во время каникул приезжал домой к маме, живущей на дальней стороне Саутсайда, и почти каждый день заезжал за мной на машине.

Дэвид был легким на подъем и более взрослым, чем любой из предыдущих парней. Он смотрел спорт по телевизору, сидя на диване с моим отцом, и вел вежливые беседы с мамой. Мы ходили на настоящие свидания: на шикарные, по нашему мнению, ужины в «Красном лобстере» и в кино. Дурачились и курили травку в его машине. Днем на фабрике «проклеивали» свой путь в дружеское забытье, упражняясь в остроумии до тех пор, пока говорить становилось не о чем. Никто из нас особенно не вкладывался в эту работу: мы просто пытались скопить немного денег на учебу. Я скоро уезжала из города, и мне совсем не хотелось возвращаться на фабрику переплетов. В каком-то смысле я уже была наполовину в отъезде: воображение постоянно уносило меня в направлении Принстона.

Поэтому, когда вечером в начале августа наше трио отец-дочь-бойфренд наконец свернуло с Первой дороги на широкую, усыпанную листьями улицу, ведущую к кампусу, я была полностью готова к переменам. Готова занести обе сумки в спальню общежития на время летней сессии, готова жать руки таким же, как я, приезжим (в основном детям из меньшинств и малообеспеченных семей с парочкой затесавшихся спортсменов). Готова пробовать еду в столовой, запоминать карту кампуса и брать на абордаж все расписания, которые появятся на моем пути. Я на месте. Я приехала. Мне было семнадцать лет, и передо мной расстилалась целая жизнь.

Единственной проблемой в тот момент представлялся Дэвид, который загрустил, как только мы въехали в штат Пенсильвания. Когда мы вытащили багаж из папиной машины, думаю, бойфренд уже начал чувствовать себя одиноко. Мы встречались около года и даже признавались друг другу в любви, но это была любовь родом с Эвклид-авеню, из «Красного лобстера» и с баскетбольных площадок в парке Розенблюм. Она существовала только в контексте места, из которого мы только что уехали. Пока мой отец выбирался с водительского сиденья и вставал на костыли, мы с Дэвидом молча топтались в сумерках, глядя на безупречно сверкающую зеленую лужайку перед каменной крепостью моего общежития. Нам обоим стало ясно, что мы оставили нерешенными несколько важных вопросов. Это временное прощание или окончательный, географически обусловленный разрыв? Будем ли мы навещать друг друга? Писать любовные письма? Как тяжело мы готовы трудиться ради этих отношений?

Дэвид сильно сжал мою руку. Стало неловко. Я знала, чего хочу, но не могла подобрать слова. Я надеялась однажды испытать к мужчине чувства, которые собьют меня с ног, унесут в бурный поток как цунами — в лучших традициях историй о любви. Родители влюбились друг в друга еще подростками, папа даже сопровождал маму на выпускной. Я знала, подростковое увлечение может перерастать в серьезную любовь. И мне хотелось верить, что однажды в жизни появится парень, сексуальный и надежный, который станет для меня всем. Он сильно на меня повлияет, и я изменю свои приоритеты.

Не парень, стоявший рядом со мной.

Папа наконец нарушил молчание, сказав, что нам нужно отнести вещи в мою комнату. На ночь папа забронировал для них с Дэвидом номер в мотеле; в Чикаго они планировали вернуться на следующий день.

Я крепко обняла отца на прощание. Его руки всегда были сильными из-за юношеского увлечения боксом и плаванием, а теперь развились еще сильнее из-за костылей.

— Веди себя хорошо, Миш, — сказал он, выпуская меня из объятий. Его лицо не выражало ничего, кроме гордости.

Потом он сел в машину, вежливо давая нам с Дэвидом возможность побыть наедине.

Мы в застенчивости замерли друг напротив друга. Мое сердце дрогнуло, когда Дэвид наклонился меня поцеловать. Эта часть мне всегда нравилась.

И тем не менее я знала. Знала: хотя сейчас я обнимала хорошего, заботливого паренька из Чикаго, прямо за нами в тот момент светилась огнями дорожка вверх по холму во двор, который через пару минут станет моим новым контекстом, новым миром. Я нервничала оттого, что впервые придется жить так далеко от дома, изменить единственный образ жизни, который я когда-либо знала. Но часть меня понимала: порвать с прошлым нужно быстро и чисто, ни за что не держась.

На следующий день Дэвид позвонил мне в общежитие, спросил, не встречусь ли я с ним на последний ужин или прогулку по городу перед его отъездом, но я промычала, мол, уже слишком сильно занята и не думаю, будто у меня получится вырваться. В тот вечер мы простились навсегда. Наверное, я должна была сказать об этом прямо, но испугалась, что нам обоим будет больно. Так что я просто позволила ему уйти.

Оказалось, мне предстояло узнать еще целую кучу всего о жизни, или, по крайней мере, о жизни в кампусе Принстона начала 1980-х. После пары энергичных недель в окружении нескольких дюжин знакомо выглядящих и доступных к общению ребят начался официальный семестр. Кампус открыл шлюзы для всего остального студенчества. Я перебралась в новое общежитие, в комнату на троих в Пайн-Холле, и затем смотрела в окно, как несколько тысяч в основном белых студентов вливались в кампус, неся с собой стереосистемы, комплекты одеял и одежду на вешалках. Некоторые ребята приезжали на лимузинах. Одна девочка даже на двух длинных лимузинах, которые с трудом вместили всю ее одежду.

Принстон был чрезвычайно белым и сплошь мужским. Этого факта никак не избежать. Количество мужчин в кампусе превышало количество женщин почти в два раза. Черные студенты составляли меньше 9% моего новоиспеченного курса. Если во время программы по ориентации мы чувствовали себя владельцами этого места, то сейчас стали вопиющей аномалией, семенами мака в чаше риса. В этнически разнообразной Уитни Янг я никогда не оказывалась частью преимущественно белого сообщества, никогда не выделялась в толпе или классе из-за цвета кожи. Это оказалось раздражающе некомфортно, по крайней мере в первое время. Как будто меня посадили в новый странный террариум, не предназначенный для моего вида.

Как и всегда, я, конечно, адаптировалась. В некоторых случаях это оказалось несложно и даже радостно. Например, никто здесь не беспокоился о преступности. Студенты не запирали комнаты, оставляли велосипеды у входа в здания, а золотые сережки — на раковинах в общих душевых. Доверие молодых людей к миру казалось бесконечным, а достижения — полностью гарантированными. Мне же требовалось время, чтобы к этому привыкнуть. Я годами тихо стерегла свои вещи в автобусе по дороге из Уитни Янг. Возвращаясь домой в сумерках по Эвклид-авеню, я вынимала ключ и зажимала его между костяшками пальцев, готовая защищаться при первой необходимости. В Принстоне же единственное, о чем нужно было волноваться, — это учеба. Все остальное служило для того, чтобы обеспечивать благополучие студентов. В столовых подавали пять разных видов завтрака. Вдоль улиц росли гигантские вязы, под которыми можно сидеть, и было полно открытых лужаек, чтобы играть во фрисби для снятия стресса. Главная библиотека напоминала старый как мир собор, с высокими потолками и глянцевыми, из твердых пород дерева столами, на которых можно разложить учебники и позаниматься в тишине. Нас защищали, оберегали, нам угождали. И большинство молодых людей, как я скоро пойму, ничего другого в жизни и не видели.

Ко всему этому прилагался новый словарь, который мне предстояло освоить. Что такое заповедь? Что такое период чтения? Никто не объяснил мне значение слов «экстрадлинная простыня» в списке покупок к учебному году, поэтому я купила слишком короткую и весь первый год спала ногами на голом матрасе.

И совершенно новый поворот в понимании спорта. Меня воспитали на столпах американского футбола, баскетбола и бейсбола, но оказалось, на Восточном берегу школьники увлекались совсем другим. Например, лакроссом. Хоккеем на траве. Даже сквошем. Для девчонки из Саутсайда все это было слишком. «Ты гребешь?» Да что это вообще значит?

Мое единственное преимущество перекочевало в колледж из начальной школы: я приходилась младшей сестрой Крейгу Робинсону. Крейг был юниором и лучшим игроком в университетской баскетбольной команде. Как всегда, его окружала толпа поклонников: даже охрана кампуса приветствовала его по имени. У Крейга была налаженная жизнь, и мне частично удалось в нее проскользнуть. Однажды вечером я пошла с ним на ужин за пределами кампуса, в красиво обставленный дом одного из спонсоров баскетбольной команды. Усевшись за обеденный стол, я увидела нечто ошеломительное — продукт питания, который, как и многое другое в Принстоне, требовал урока аристократических манер, — колючий зеленый артишок, выложенный на белую фарфоровую тарелку.

Крейг заполучил себе бесплатное жилье на целый год, устроившись смотрителем на верхнем этаже «Третьего мирового центра» — неудачно названного, но созданного с добрыми намерениями подразделения университета, миссией которого была поддержка цветных студентов. (Через двадцать лет его переименовали в «Центр равноправия и межкультурного взаимопонимания имени Карла А.», в честь первого в Принстоне декана-афроамериканца.) Центр располагался в кирпичном здании на углу Проспект-авеню, где доминировали величественные каменные особняки и студенческие клубы-столовые в стиле Тюдоров, заменяющие в Принстоне студенческие сообщества.

«Третий мировой центр» — или, как мы его называли, ТМЦ — быстро стал для меня чем-то вроде второго дома. Там устраивали вечеринки и обеды, волонтеры помогали с домашней работой и всегда можно было просто пообщаться. За время летней программы я завела горстку друзей, и большинство из нас проводило в центре все свободное время. Одной из нас стала Сюзанна Алель — высокая стройная девушка с густыми бровями, ее шикарные черные волосы ниспадали на спину блестящими волнами.

Она родилась в Нигерии, но выросла в Кингстоне, на Ямайке, а затем, подростком, переехала с семьей в Мэриленд. Возможно, это и оторвало Сюзанну от любых культурных идентичностей. Людей притягивало к ней с непреодолимой силой. У девушки была широкая открытая улыбка и легкая островная мелодичность в голосе, которая становилась более заметной, когда Сюзанна уставала или была немного пьяна. В ее манере сквозил, как я это называла, «карибский бриз»: легкость духа, выделявшая Сюзанну из массы остальных студентов. Она не боялась заваливаться на вечеринки, где не знала ни души. Она училась на медицинском, но при этом брала уроки керамики и танцев просто потому, что они ей нравились.

Позже, на втором году обучения, Сюзанна сделает еще один рискованный шаг: она решит зацепиться за клуб под названием «Шапочка и мантия». В Принстоне это означало пройти проверку, обязательную для каждого нового члена клуба. Мне нравились истории, которые Сюзанна рассказывала о «Шапочке», но самой туда не хотелось. Я была счастлива в обществе чернокожих и латиноамериканских студентов в ТМЦ, довольствуясь своей ролью на периферии основной студенческой массы Принстона. Мы устраивали вечеринки и танцевали полночи напролет. Собирались по дюжине человек за столом на обеде, непринужденно шутили и смеялись. Наши ужины могли длиться часами и напоминали мне долгие семейные трапезы в доме дедушки Саутсайда.

Думаю, администрации Принстона не нравилось, что цветные студенты постоянно держались обособленно. Они надеялись, мы смешаемся в разнородной гармонии, раздвинув границы студенческой жизни. Благородная цель. Я понимаю, что, когда дело доходит до этнического разнообразия, в идеале хочется достичь чего-то похожего на картинку в студенческих брошюрах: улыбающиеся студенты работают и отдыхают в милых, этнически смешанных группах. Но даже сегодня там, где белые студенты продолжают превосходить своим количеством цветных, бремя ассимиляции полностью возлагается на плечи меньшинства. По моему мнению, это слишком тяжелая ноша.

Я нуждалась в чернокожих друзьях в Принстоне. Мы поддерживали друг друга. Многие из нас приехали в колледж, даже не подозревая о своих недостатках. Мы постепенно узнавали, что наши сверстники нанимали репетиторов для подготовки к экзаменам, или в старшей школе проходили программу колледжа, или учились в школах-интернатах и поэтому совершенно не переживали по поводу первого отъезда так далеко от дома. Это было как подняться на сцену на свой первый фортепианный концерт и осознать, что никогда не играл на чем-то, кроме старого инструмента с разломанными клавишами. Твой мир переворачивается, но от тебя требуют справиться с этим и играть наравне со всеми.

Конечно, это выполнимо — студенты из меньшинств и малообеспеченных семей постоянно справляются с этой задачей, затрачивая массу усилий. Требуется много сил, чтобы быть единственной черной в лекционном зале или одной из нескольких цветных, которые пытаются присоединиться к местной спортивной команде. Требуется много усилий и дополнительной уверенности в себе, чтобы в таких условиях говорить и оставаться собой. Вот поэтому, когда мы с друзьями собирались за ужином, для нас это было облегчением. И поэтому мы так долго оставались за столом и смеялись от всей души.

Обе мои белые соседки в Пайн-Холл были замечательными, но я проводила в общежитии не так много времени, чтобы сильно с ними сдружиться. Сейчас я понимаю: моей вины в этом больше, чем чьей-либо еще. Я была подозрительной и держалась за то, что хорошо знала. Трудно объяснить словами то, что ты улавливаешь в намеках, иногда легких, а иногда, наоборот, достаточно жестоких, благодаря которым понимаешь, что ты не на своем месте: едва заметные сигналы, твердящие тебе не рисковать, найти своих и остаться с ними.

Кэти, одна из моих соседок, много лет спустя расскажет в новостях о событии, о котором я и не подозревал, когда мы жили вместе: ее маму, школьную учительницу из Нового Орлеана, так потрясла черная соседка по комнате, что она принудила университет расселить нас. Мама Кэти присоединилась к интервью, подтвердив эту историю и сопроводив ее подробностями. Воспитанная в доме, где слово на букву «н» было частью семейного лексикона, с дедушкой-шерифом, который хвастался тем, как выгонял черных из своего города, она была, по ее выражению, «в ужасе» оттого, в какой близости ее дочь оказалась от меня.

Но тогда я знала только: в середине первого года обучения Кэти переехала в отдельную комнату. И я рада, что понятия не имела почему.

Моя стипендия в Принстоне предполагала, что я найду работу, и в конечном итоге я устроилась помощницей директора ТМЦ. Я работала примерно по 10 часов в неделю, в свободное от учебы время. Сидела за столом с Лореттой, секретаршей на полную ставку, печатала заметки, отвечала на телефонные звонки и помогала студентам, желавшим бросить какой-нибудь курс или записаться в продовольственный кооператив. Офис с окнами на солнечную сторону и разномастной мебелью, которая добавляла ему уюта, располагался в переднем углу здания. Мне нравилось там находиться, нравилось работать, нравились маленькие приливы удовлетворения после завершения какой-нибудь организационной задачи. Но больше всего мне нравилась моя начальница, Черни Брассел.

Черни была умной и красивой чернокожей женщиной около тридцати лет, живой и подвижной жительницей Нью-Йорка, носившей джинсы-клеш и сандалии на танкетке. В ее голове всегда рождалось пять или по крайней мере четыре идеи одновременно. Для цветных студентов Принстона она была сверхментором, нашим ультрамодным и всегда откровенным главным защитником, и за это мы ей были бесконечно благодарны. В офисе она жонглировала сразу несколькими проектами: лоббировала в администрации университета принятие более инклюзивной политики в интересах меньшинств, защищала отдельных студентов и их нужды и придумывала все новые и новые способы, как мы могли бы улучшить свою судьбу. Она часто опаздывала, вбегая в дверь Центра на полной скорости с пачкой бумаг в руках, с сигаретой в зубах и с сумочкой на плече, на ходу выкрикивала указания мне и Лоретте. Пьянящий опыт: я впервые находилась так близко от независимой женщины, увлеченной работой. Она также, и не случайно, была матерью-одиночкой, воспитывала милого, не по годам развитого мальчика по имени Джонатан, с которым я часто нянчилась.

Несмотря на мой маленький жизненный опыт, Черни видела во мне потенциал. Она обращалась со мной как со взрослой: интересовалась мнением, с удовольствием слушала и описывала многочисленные проблемы и административные казусы, с которыми приходили к ней студенты. Казалось, она решила пробудить во мне смелость. Многие ее вопросы начинались с «Ты когда-нибудь?..». Например, читала ли я когда-нибудь Джеймса Кона?[1] Сомневалась ли я когда-нибудь в инвестициях Принстона в Южную Африку или в том, что можно было бы делать немного больше для привлечения студентов из меньшинств? Обычно я отвечала «нет», но, как только Черни что-нибудь упоминала, я мгновенно начинала этим интересоваться.

— Ты когда-нибудь была в Нью-Йорке? — спросила она однажды.

Я снова ответила «нет», и Черни скоро это исправила. Одним субботним утром мы сели в ее машину — я, юный Джонатан и наш друг, работавший в ТМЦ, — и Черни повезла нас на полной скорости к Манхэттену. Всю дорогу она болтала с сигаретой во рту, мы почти физически ощущали, как Черни расслабляется, пока машина удалялась от белых заборов лошадиных ферм вокруг Принстона, уступавших место загруженным шоссе. Наконец перед нами выросли высотки города. Нью-Йорк был

---

[1] Джеймс Кон (англ. *James H. Cone*) — американский богослов. Его книга 1969 года «Черное богословие и черная сила» представила новый способ всестороннего определения богословия в черной церкви.

домом для Черни, как Чикаго для меня. Никогда не узнаешь, насколько сильно ты привязан к месту, если не покинешь его, не поймешь, каково это — быть бутылкой, брошенной в чужой океан.

Не успела я опомниться, как мы оказались в самом сердце Нью-Йорка, запертыми в потоке желтых такси и автомобильных гудков. Черни въехала между светофорами, ударив по тормозам в последнюю секунду перед красным светом. Не помню точно, чем мы занимались в тот день: по-моему, ели пиццу, смотрели Центр Рокфеллера, проезжали Центральный парк, видели статую Свободы с ее обнадеживающе горящим факелом. Но в основном мы мотались по делам. Черни, кажется, перезаряжалась, выполняя поручения. Ей нужно было что-то подхватить, что-то отдать. Она дважды парковалась во втором ряду, вбегала и выскакивала из зданий, чем вызывала бурную реакцию других водителей, пока мы беспомощно сидели в машине.

Нью-Йорк ошеломил меня. Быстрый и шумный, совсем не такой спокойный, как Чикаго. Но Черни наполнялась там жизнью, не обращая внимания ни на пешеходов, ни на запах мочи и мусора, доносившийся с обочин.

Она уже было собралась снова припарковаться во втором ряду, когда посмотрела в зеркало заднего вида на поток машин и внезапно передумала. Вместо этого помахала мне, сидевшей на заднем сиденье, жестом показав, чтобы я перебиралась на ее место.

— У тебя же есть права? — спросила Черни.

Я кивнула, и она продолжила:

— Отлично. Садись за руль. Сделай кружок или два по району и потом возвращайся. Я буду через пять минут, даже меньше, обещаю.

Я посмотрела на нее как на чокнутую. Она и была чокнутой, раз хотела позволить мне ездить по Манхэттену — мне, подростку, впервые попавшему в этот неуправляемый город, неопытной и совершенно неспособной, по моему мнению, нести ответственность не только за машину, но и за ее маленького сына, наворачивая круги, чтобы убить время в послеполуденном трафике. Но моя нерешительность только подстегнула в Черни то, что я всегда буду ассоциировать с ньюйоркцами, — инстинктивный и немедленный протест против ограниченного мышления. Она выбралась из автомобиля, не оставив мне иного выбора, кроме как сесть за руль. «Смирись и попытайся просто пожить немного», — как бы говорила она.

Я ПОСТОЯННО ЧЕМУ-ТО УЧИЛАСЬ. Я училась в очевидном академическом смысле, посещая занятия и делая уроки в тихом кабинете «Третьего мирового центра» или за столом в библиотеке. Училась доказательно писать и критически мыслить. Когда я случайно записалась на 300-уровневый курс теологии на первом году обучения, то справилась и с ним, сумев спасти свою оценку одиннадцатичасовой «умри-но-сделай» итоговой работой. Это было неприятно, но в конце концов меня приободрило осознание того, что я смогу выбраться практически из любой ямы. С каким бы дефицитом знаний я ни пришла из своей городской школы, я всегда могла его преодолеть, потратив чуть больше времени, попросив о помощи, когда она нужна, и приучив себя двигаться дальше без промедлений.

И тем не менее невозможно быть черным ребенком в основном в белом вузе и не чувствовать теневой стороны собственных достижений. В пристальном взгляде некоторых студентов и даже профессоров читалось: «Я знаю, почему ты здесь». Эти моменты деморализовали меня, даже если иногда я просто себя накручивала. Они сеяли во мне зерна сомнений. Неужели я здесь просто как часть социального эксперимента?

Я начинала понимать, что в вузе существуют и другие виды квот. Мы, как этническое меньшинство, были самыми заметными, но постепенно становилось ясно: поблажки при поступлении делаются многим категориям студентов, чьи оценки или другие достижения не соответствуют принятым стандартам. Например, спортсменам. Или наследникам, чьи отцы или деды играли в «Тиграх»[1], или тем, чьи семьи спонсировали постройку

---

[1] «Тигры» (англ. *Tigers*) — принстонская баскетбольная команда.

учебного корпуса, общежития или библиотеки. Я также узнала, что богатство не спасает от провалов. Я постоянно видела, как студенты вылетают — черные, белые, привилегированные и нет. Некоторых соблазняли вечеринки с пивом в будние дни, некоторых, пытавшихся соответствовать какому-то научному идеалу, в конце концов раздавил стресс, а некоторые были просто ленивы или чувствовали себя здесь настолько не в своей тарелке, что им оставалось только бежать. Моя работа, как я ее видела, заключалась в том, чтобы не падать духом, получать самые высокие оценки, на которые я только способна, и преодолевать трудности.

На втором году обучения, когда мы с Сюзанной переехали в двухместную комнату, я наконец поняла, как справляться лучше. Мне уже было не в новинку оказываться одной из немногих цветных студентов в заполненном лекционном зале. Я старалась не пугаться, когда обсуждение в классе велось мужчинами — это случалось часто. Прислушавшись к ним, я поняла: они нисколько не умнее всех остальных. Они просто осмелели, покачиваясь на волнах древнего превосходства, ведь история никогда не рассказывала им ничего другого.

Некоторые мои сверстники ощущали свою непохожесть на всех остальных сильнее, чем я. Мой друг Деррик помнит, как белые студенты отказывались уступать ему дорогу. А наша знакомая однажды пригласила к себе в общежитие шестерых друзей, чтобы отпраздновать день рождения, и ее тут же вызвали в кабинет декана. Оказалось, ее белой соседке «было некомфортно» находиться в одной комнате вместе с «большими черными парнями».

Нас в Принстоне было так мало, что уже одно наше присутствие выглядело подозрительно. Я в основном воспринимала это как требование прыгать выше головы, делать все лучше, чтобы не отставать от более привилегированных студентов. Так же как в Уитни Янг, мои усилия подпитывались мыслью «я вам еще покажу». Если в старшей школе я думала, будто должна отстоять честь своего района, то в Принстоне я должна была сделать это для своей расы. Каждый раз, когда я высказывала мнение в классе или успешно сдавала экзамен, я надеялась, что таким образом доказываю собственную правоту.

Сюзанна же, как выяснилось, была не из тех, кто много анализирует. Я даже прозвала ее Скрюзи[1] за непрактичный, ветреный ход мыслей. Большинство своих решений — с кем встречаться, что изучать — она принимала исходя из того, насколько это будет весело. И когда веселья становилось недостаточно, просто меняла направление. Я вступила в организацию «Черное единство»[2] и держалась рядом с «Третьим мировым центром», а Сюзанна занималась бегом и подрабатывала менеджером спринт-футбольной команды, наслаждаясь обществом симпатичных спортсменов. В «обеденном клубе» она сдружилась с белыми и богатыми, включая настоящую звезду подростковых фильмов и европейскую студентку, по слухам принцессу. Несмотря на то что родители Сюзанны слегка давили на нее, заставляя получать медицинское образование, она в конце концов решила отказаться, рассудив, что оно мешает ей веселиться. В какой-то момент Сюзанна очутилась на академическом испытательном сроке, но даже это ее не сильно волновало. Она была Лаверн для моей Ширли[3], Эрни для моего Берта[4]. Наша комната напоминала поле идеологической битвы — с Сюзанной, восседающей на своей кровати в окружении разбросанной одежды и бумажек, с одной стороны, и со мной посреди брезгливого порядка — с другой.

---

[1] Игра слов. От англ. *screw up* — ошибаться, все портить.

[2] «Ч е р н о е е д и н с т в о» (англ. *Student Organization for Black Unity*) — молодежная организация, которая боролась за права афроамериканцев.

[3] Персонажи сериала «Лаверн и Ширли» (англ. *Laverne & Shirley*). Л а в е р н — грубоватая девушка с итальянскими корнями, Ш и р л и — ее подруга. Лаверн никогда не скрывает свои мысли и чувства, Ширли более скрытная и кроткая.

[4] Б е р т и Э р н и (в русской версии Влас и Еник) — дуэт, появляющийся на протяжении всех сезонов детского телешоу «Улица Сезам». Берт — умный, но скучный и занудливый, Эрни, наоборот, веселый и спонтанный. Обычно Эрни хочет поиграть, а Берт слишком занят для этого. Эрни не отстает от Берта до тех пор, пока Берт не включается в игру Эрни.

— Ты серьезно собираешься это так оставить? — говорила я, глядя, как Сюзанна приходит с тренировки и отправляется в душ, сняв потную форму и бросив ее на пол, где та и пролежит вперемешку с чистой одеждой и незаконченными домашними заданиями всю следующую неделю.

— Что оставить? — отвечала Сюзанна, сверкая улыбкой от уха до уха.

Иногда мне приходилось блокировать хаос Сюзанны, чтобы сохранять способность трезво мыслить. Иногда хотелось накричать на нее, но я этого не делала. Сюзанна была собой и не собиралась меняться. Когда у меня кончалось терпение, я молча сваливала весь ее мусор к ней на кровать.

Теперь я думаю, она по-хорошему меня провоцировала, объясняла, что не всем необходимо подписывать и расставлять в алфавитном порядке папки с бумагами — или даже вообще иметь папки. Много лет спустя я влюблюсь в парня, который, как и Сюзанна, хранит свои вещи в кучах и не испытывает по этому поводу никаких угрызений совести. Но благодаря Сюзанне я смогу с этим жить. Я до сих пор живу с этим парнем.

Вот чему может научиться человек, обожающий все контролировать, в колледже: некоторые люди могут жить и по-другому.

— А ты когда-нибудь, — спросила меня однажды Черни, — думала организовать группу продленного дня для детей?

Думаю, она спрашивала об этом из сострадания. Я так привязалась к Джонатану, который уже ходил в начальную школу, что бо́льшую часть дней проводила с ним, гуляя по Принстону, играя в четыре руки на расстроенном пианино или читая на продавленном диване в «Третьем мировом центре». Черни платила мне за это, но, видимо, думала, что недостаточно.

— Я серьезно, — сказала она. — Я знаю множество преподавателей, которые ищут такую группу. Можешь попробовать и за пределами центра. Просто начни и посмотри, что получится.

Благодаря рекламе Черни я вскоре обзавелась стайкой из трех или четырех детей для присмотра. Это были дети черных администраторов и профессоров Принстона, которые тоже составляли меньшинство и, как и все мы, как правило, стягивались в ТМЦ. Несколько дней в неделю, после окончания уроков в начальной школе, я кормила детей здоровой пищей и бегала с ними по лужайкам. Если у них была домашняя работа, мы делали ее вместе.

Время летело быстро. Общение с детьми оказывало чудесное исцеляющее воздействие, снимало стресс, связанный с колледжем, и вытесняло из собственных мыслей в реальность. В детстве я могла целыми днями играть в дочки-матери с куклами, притворяясь, что знаю, как их кормить и одевать, расчесывая им волосы и нежно заклеивая пластырем пластмассовые коленки. Теперь же я делала все это по-настоящему. Конечно, все оказалось чуть более хаотично, но не менее приятно, чем я себе представляла. После нескольких часов с детьми я возвращалась в общежитие опустошенная, но счастливая.

Примерно раз в неделю, когда выдавалась свободная минутка, я снимала телефонную трубку и набирала номер нашего дома на Эвклид-авеню. Если отец работал в раннюю смену, мне удавалось застать его после полудня сидящим — как я думала — развалившись в кресле в нашей гостиной, смотрящим телевизор и ждущим маму с работы. Вечерами к телефону обычно подходила мама. Я пересказывала родителям всю свою жизнь в деталях, как фермер, вещающий с полей. Я делилась каждым наблюдением: от того, что мне не нравится преподаватель французского и как проказничают дети, с которыми я нянчусь, до того, что мы с Сюзанной одновременно влюбились в афроамериканского студента-инженера с пронзительными зелеными глазами. Хотя мы всюду следовали за ним по пятам, он, кажется, все еще не знал о нашем существовании.

Отец посмеивался над моими историями. «Неужели?» — говорил он. И: «А ты что?» И: «Может, этот парень-инженер вообще недостоин вас, девочки».

Когда я заканчивала говорить, папа пробегался по новостям из дома. Денди и бабуля переехали на родину Денди, в Джорджтаун, Южная Каролина, и бабуле там немного одиноко. Папа описывал, как мама работает сверхурочно, чтобы помогать Робби — той уже было за семьдесят, она овдовела и боролась с целым рядом проблем со здоровьем. Папа никогда не упоминал о собственной борьбе, но я о ней знала. Однажды в субботу, когда у Крейга была игра на домашнем поле, родители приехали в Принстон, и я впервые увидела, как изменилась их жизнь — то, о чем мне никто не говорил по телефону. Заехав на огромную стоянку перед спортзалом «Джадвин», отец неохотно сел в инвалидное кресло и позволил матери втолкнуть себя внутрь.

Я почти сознательно не хотела замечать его болезнь. Я не могла этого вынести. Я провела небольшое исследование рассеянного склероза в Принстонской библиотеке и скопировала несколько статей из медицинских журналов, чтобы отправить их родителям. Я пыталась настоять, чтобы они позвонили специалисту или записали папу на физиотерапию, но они — в основном папа — не хотели ничего слышать. За все часы, проведенные на телефоне в Принстоне, я так и не поговорила с папой о его здоровье.

Если я спрашивала, как он себя чувствует, отец отвечал «хорошо». И на этом все.

Я позволяла ему себя успокоить. В нем не было ни следа боли или жалости к себе, только юмор, мягкость и легкий налет джаза. Я дышала этим, как кислородом. Это поддерживало, и этого всегда было достаточно. Прежде чем положить трубку, папа спрашивал, не нужно ли мне чего-нибудь — например, денег, — но я никогда не отвечала «да».

7

Дом казался все более далеким, будто плод воображения. В колледже я поддерживала связь с немногими из школьных друзей, в основном с Сантитой, поступившей в Говардский университет[1] в Вашингтоне, округ Колумбия. Я ездила к ней на выходные, мы смеялись и вели долгие серьезные разговоры, как раньше. Кампус Говарда находился в черте города («Девочка моя, да ты так и не выбралась из черного квартала!» — поддразнивала я Сантиту, когда возле ее общежития мимо нас проносилась гигантская крыса), — и студенты университета, которых было вдвое больше, чем в Принстоне, практически все были черными. Я завидовала Сантите, ведь ее не изолировали от ее расы, ей не приходилось каждый день чувствовать себя в меньшинстве — и тем не менее с радостью возвращалась к изумрудным лужайкам и сводчатым каменным аркам Принстона, хотя с его студентами у меня было мало общего.

Я специализировалась на социологии и получала хорошие отметки. Начала встречаться с футболистом, умным и непосредственным, любителем хорошо и весело проводить время. Мы с Сюзанной теперь делили комнату с другой нашей подругой, Анджелой Кеннеди, крепкой, говорливой девочкой из Вашингтона. Обладательница цепкого, подвижного ума, она могла играючи нас рассмешить. Будучи городской черной девочкой,

---

[1] Американский частный, исторически черный университет.

она одевалась в стиле преппи — в двухцветные оксфорды и розовые свитера, — умудряясь при этом отлично выглядеть.

Я родилась в одном мире, а теперь жила в совершенно ином: здесь людей беспокоили результаты вступительных в юридический вуз и игр в сквош. Когда в колледже кто-то спрашивал, откуда я, я отвечала «из Чикаго». И, давая понять, что речь не о богатых северных пригородах типа Эванстона или Уиннетки, с гордостью или даже вызовом добавляла: «Из Саутсайда». Я знала: если это слово и вызовет какие-то ассоциации, то скорее всего стереотипы о гетто, войнах между уличными бандами и насилии — именно об этом говорили в новостях. Пусть и наполовину бессознательно, я все же пыталась продемонстрировать альтернативу. Я поступила в Принстон, как и все остальные, и я родом из Саутсайда, Чикаго. Было важно произнести это вслух.

Для меня Саутсайд был совершенно не таким, каким его показывали в новостях. Он был домом. Там на Эвклид-авеню наша квартира со стоптанным ковром и низкими потолками, с отцом, откинувшимся на спинку своего раскладного кресла. Там маленький двор с цветами Робби и каменной скамейкой, на которой я, кажется, миллион лет назад поцеловала Роннелла. Дом был моим прошлым, и оно тончайшими нитями протянулось к месту, где я жила в настоящем.

У нас была одна родственница в Принстоне — младшая сестра Денди, которую мы знали как тетю Сис[1]. Простая и приятная женщина, она жила в светлом доме на краю города. Не знаю, что заставило тетю Сис поселиться в Принстоне, но она обитала там довольно давно, помогала по дому местным семьям. Ей так и не удалось избавиться от джорджтаунского акцента, который можно определить как нечто среднее между тягучим деревенским говором и переливами галла[2].

---

[1] Игра слов, буквально «тетя сестренка».

[2] Галла (англ. *Gullah*) — субэтническая группа в составе афроамериканцев США, живущая в Джорджии и Южной Каролине. Язык галла основывается на английском и различных диалектах Западной и Центральной Африки.

Как и Денди, тетя Сис выросла в Джорджтауне, который запомнился мне по паре летних поездок в детстве с родителями. Я помню густой жар этого места и крупную зеленую драпировку испанского мха на дубах, помню кипарисы, возвышающиеся над болотами, и стариков, удящих рыбу в мутных ручьях. А еще в Джорджтауне было слишком много насекомых, жужжащих и кружащих в ночном воздухе, словно маленькие вертолеты.

Мы останавливались у моего двоюродного дедушки Томаса, брата Денди. Он был радушным директором старшей школы, водил меня к себе на работу, разрешал посидеть за директорским столом и любезно покупал баночку арахисового масла, когда я воротила нос от огромной порции бекона, булочек и кукурузной каши, которую каждое утро подавала нам тетя Дот, его жена. Мне одновременно нравилось и не нравилось ездить на юг, просто потому, что там все было совсем непривычно. По дороге к городу мы миновали ворота, ведущие на бывшие рабовладельческие плантации, — слишком значительные строения, чтобы их не замечать. Проехав дальше в глубь леса по пустынной грунтовой дороге, мы ели оленину в полуразрушенной лачуге, принадлежащей очередным дальним родственникам отца. Один из них как-то раз отвел Крейга на задний двор и научил его стрелять из ружья. Поздно вечером, вернувшись в дом дедушки Томаса, мы оба с трудом засыпали в глубокой тишине, нарушаемой лишь стрекотанием цикад в кронах деревьев.

Жужжание насекомых и скрюченные ветви дубов еще долго оставались с нами после возвращения на север, будто бились в груди вторым сердцем. Даже в детстве я понимала, что навсегда связана с югом, он был частью моего наследства, достаточно важной, чтобы отец раз за разом приезжал туда навестить своих. И достаточно сильной, чтобы Денди захотел вернуться в Джорджтаун, хотя в молодости он вынужден был из него уехать. Но вернулся он не в идиллический домик с белой оградкой и опрятным садиком, а в безвкусный, шаблонный дом рядом с переполненным торговым центром (в чем я убедилась, навестив его вместе с Крейгом).

Юг не был для нас раем, но он многое значил. Оттуда началась наша история. Многие из нас знакомы через это глубокое уродливое наследие. Дети, с которыми я училась в Брин Мор, мои друзья в Уитни Янг — все они обладали этим общим знанием, пусть даже никогда его не обсуждали. Дети просто уезжали «на юг» каждое лето, иногда на целый сезон, чтобы побегать со своими троюродными братьями и сестрами в Джорджии, Луизиане или Миссисипи. Скорее всего, их бабушки и дедушки или другие родственники однажды присоединились к Великой миграции на север, как Денди из Южной Калифорнии, и это, в свою очередь, означало более чем приличную вероятность того, что они, как и я, произошли от рабов.

То же самое можно сказать и о большинстве моих друзей в Принстоне. Но я также начинала осознавать, что существовали и другие версии жизни черных в Америке. Я встречала ребят из городов Восточного побережья, родом из Пуэрто-Рико, Кубы или Доминиканы. Родственники Черни были гаитянами. Один из моих хороших друзей, Дэвид Мэйнард, родился в богатой семье на Багамах. И потом была Сюзанна, со свидетельством о рождении из Нигерии и коллекцией любимых тетушек на Ямайке. Мы все отличались — с разными корнями, наполовину похороненными или, может, просто забытыми. Мы никогда не говорили о наших предках. Да и зачем? Мы были молоды, фокусировались только на будущем, хотя и не знали, что нас ждет впереди.

Один или два раза в год тетя Сис приглашала нас с Крейгом на ужин к себе домой, на другом конце Принстона. Она наполняла наши тарелки сочными жирными ребрышками и дымящейся капустой и передавала по кругу корзинку с кукурузным хлебом, который мы намазывали маслом. В чашку тетушка наливала невероятно сладкий чай, уговаривая выпить и вторую, и третью. Насколько я помню, мы никогда не обсуждали ничего важного с тетей Сис. Просто час или около того вежливой, ни к чему не обязывающей светской беседы, сопровождаемой горячей, сытной едой Южной Каролины, которую мы, уставшие от столовского меню, уплетали с благодарностью. Тетя Сис казалась мне просто кроткой, сговорчивой пожилой леди, но на самом деле она одаривала нас кое-чем еще — мы просто были слишком молоды, чтобы это понять. Она наполняла нас прошлым, своим, нашего отца и нашего деда, не вынуждая говорить о нем. Мы просто ели, помогали ей вымыть посуду и затем направляли свои растянутые, благодарные животы обратно в кампус.

В**ОТ ВАМ ВОСПОМИНАНИЕ, НЕИДЕАЛЬНОЕ И СУБЪЕКТИВНОЕ**, как и большинство воспоминаний, давным-давно подобранное на берегу и скользнувшее камушком в карман моей памяти. Оно из моего второго года в колледже, и оно о моем парне, футболисте Кевине. Кевин из Огайо, и он сочетает в себе почти невозможную комбинацию качеств: высокий, милый и мужественный. Он — гарант безопасности «Тигров», быстрый, бесстрашный студент-медик. На два года старше меня, в том же потоке, что и брат, и скоро закончит учебу. У него милая небольшая щель между зубами, и с ним я чувствую себя особенной. Мы оба много работаем, и у нас разный круг друзей, но нам нравится проводить время вместе. Мы едим пиццу и ходим на бранчи по выходным. Кевин обожает еду, отчасти потому, что ему нужно поддерживать вес для футбола, отчасти потому, что он не любит сидеть без движения. Он неугомонный и импульсивный, и мне это нравится.

— Давай прокатимся, — однажды сказал он, может быть по телефону, а может быть лично.

В любом случае скоро мы оказались в его машине — маленьком красном компакте — и проехали через кампус к отдаленному уголку владений Принстона, свернув на почти незаметную грунтовую дорожку. В Нью-Джерси стояла весна, теплый ясный день, мы под открытым небом.

Говорили ли мы? Держались ли за руки? Я не помню — но было легко и приятно. Кевин нажал на тормоза. Мы остановились около широкого поля, с чахлой после зимы, похожей на солому высокой травы, простреленной крошечными нежными первоцветами.

Он вышел из машины.

— Пойдем, — жестом пригласил следовать за собой.

— Что мы собираемся делать?

Он посмотрел на меня так, будто это очевидно:

— Бегать по полю.

И мы стали бегать. Метались из конца в конец, молотя руками воздух, как дети, и радостно кричали, нарушая тишину. Продирались сквозь сухую траву и перепрыгивали через цветы. Сначала я растерялась, но потом все поняла. Мы должны были побегать по этому полю! Ну конечно!

Мы плюхнулись обратно в машину, задыхаясь от собственной головокружительной глупости.

И на этом все. Маленький, незначительный миг. Я до сих пор вспоминаю его из-за легкости, вырвавшей меня из обычной рутинной серьезности. Хоть я и была студенткой, которая обожает общие ужины и которой ничего не стоит зажечь танцпол «Третьего мирового центра», но, оставаясь в одиночестве, я фокусировалась на цели. Под маской развязной студентки я практически вела закрытый образ жизни генерального директора, молча, но непоколебимо сосредоточенного на своих достижениях. Куда бы я ни шла, в голове постоянно крутился список дел, и рядом с каждым пунктом нужно было поставить галочку. Я достигала цели, анализировала результаты, подсчитывала победы. Если мне бросали вызов, я его принимала. Каждый новый полигон открывал еще один. Такова жизнь девушки, которая не перестает спрашивать себя: «Достаточно ли я хороша?» — и доказывать, что достаточно.

Кевин же постоянно сворачивал с намеченного пути, и ему это нравилось. Он выпустился из Принстона вместе с Крейгом во время моего второго года обучения. Крейг в конце концов уехал в Манчестер, в Англию, чтобы профессионально играть в баскетбол. Кевин же, как я думала, собирался поступать в медицинский вуз, но вместо этого свернул, решил завершить обучение и стать талисманом спортивной команды.

Серьезно. Он решил попробоваться в «Кливленд браунс», но не в качестве игрока, а в качестве претендента на роль пучеглазого большеротого животного по имени Чомпс. Потому что он так хотел.

Это была его мечта, его очередное поле — «почему бы и нет?».

Тем летом Кевин даже приехал в Чикаго из своего дома под Кливлендом, в основном чтобы навестить меня, но не только. Как он объявил сразу после прибытия, только в Чикаго начинающий талисман мог найти для предстоящего прослушивания костюм идеального уровня пушистости. Мы провели весь день, разъезжая по магазинам в поисках костюма. Не помню, где Кевин все-таки его нашел, и не знаю, как прошло прослушивание, но в конце концов он все-таки стал доктором, даже неплохим доктором, и женился на своей однокурснице из Принстона.

Тогда же — и это было неправильно, как я сейчас понимаю, — я осуждала его за «сворачивания». Я не понимала, как кто-то может не захотеть сделать дорогостоящее обучение в Принстоне ступенькой во взрослый мир. Зачем, окончив колледж со степенью в медицине, становиться собакой, которая ходит колесом?

Но то я. Как я уже говорила, я обожала ставить галочки, я маршировала под неустанный ритм усилие/результат, усилие/результат, была преданным последователем предопределенного пути, просто потому, что никто в моей семье (кроме Крейга) не вступал на него раньше. И в мыслях о будущем я оказалась не слишком изобретательной — другими словами, я решила поступить в юридический вуз.

Жизнь на Эвклид-авеню научила меня, возможно даже заставила, быть жестче и практичнее в отношении времени и денег. Моим самым большим отклонением от намеченного курса стала летняя работа воспитателем в детском лагере в долине реки Гудзон после второго курса. Я присматривала за городскими детишками, впервые оказавшимися в лесу. Мне нравилась эта работа, но я практически ничего за нее не получила, оказавшись в большой финансовой зависимости от родителей, чем хотелось бы. Хотя они никогда не жаловались, я еще много лет чувствовала себя виноватой за это решение.

Тем же летом начали умирать мои родные. Робби, двоюродная бабушка, строгий учитель музыки, скончалась в июне, завещав свой дом на Эвклид-авеню моим родителям, что позволило им впервые стать домовладельцами. Через месяц после нее от рака легких умер Саутсайд: его давняя убежденность, будто врачи не заслуживают доверия, удержала его от своевременного медицинского вмешательства. После похорон Саутсайда вся огромная мамина семья, несколько друзей и соседей собрались в его маленьком уютном доме. Я ощутила теплое притяжение прошлого и грусть от разлуки с ним, пусть и немного раздражающую, ведь я уже привыкла к закрытому и молодому миру колледжа. Я чувствовала там нечто более глубокое, чем в колледже: механизм постепенной смены поколений. Мои кузены и кузины уже выросли, а дяди и тети постарели. Появились новые дети и новые супруги. Джазовый альбом ревел из аудиосистемы, встроенной в стены столовой, и мы обедали тем, что принесли наши близкие: ветчиной, желе и разнообразными запеченными блюдами. Саутсайда с нами больше не было. Это больно, но время толкало нас вперед.

Каждой весной в Принстоне появлялись рекрутеры из различных фирм, нацеленные на старшекурсников. Ты видел, как твой одноклассник, обычно одетый в потрепанные джинсы и незаправленную рубашку, идет по кампусу в костюме в тонкую полоску, и понимал: он или она теперь предназначены для манхэттенского небоскреба. Профессиональная сортировка происходила очень быстро: банкиры, юристы, доктора и исполнительные директора завтрашнего дня начинали мигрировать к своей следующей стартовой площадке, будь то магистратура или тепленькое местечко в программе подготовки к списку Fortune 500[1]. Я уверена, среди нас были и те, кто

---

[1] Fortune Global 500 — рейтинг 500 крупнейших мировых компаний, критерием составления которого служит выручка компании. Список составляется и публикуется ежегодно журналом *Fortune*.

отдавал свое сердце образованию, искусству и некоммерческой деятельности, отправлялся волонтером в миссии Корпуса Мира или служил в армии, но я знала очень мало таких ребят. Сама же я карабкалась по прочной и практичной лестнице, ведущей вверх.

Если бы я остановилась и подумала, то поняла бы, что выгорела в школе — из-за плотной сетки лекций, курсовых и экзаменов — и мне временно стоило бы заняться чем-то другим. Но вместо этого я прошла LSAT[1]-тест, написала диплом и покорно потянулась к следующей ступеньке, подав документы в лучшие юридические вузы. Я думала, что я умная, амбициозная и умею анализировать. Я выросла на жарких спорах с родителями за обеденным столом. Я могла довести аргументы до теоретической сути и гордилась тем, что никогда не ввязываюсь в конфликты. Разве не из этого сделаны юристы?

Готова признать, что я руководствовалась не только логикой, но и рефлекторным желанием чужого одобрения. В детстве я обожала нежиться в лучах тепла, возникавших каждый раз, когда я объявляла учителю, соседу или одному из церковных друзей Робби, что хочу быть педиатром. «Боже мой, как замечательно!» — говорили их выражения лиц, и я упивалась этим. Годы спустя ничего не изменилось. Когда профессора, родственники и просто случайные люди интересовались, чем я планирую заниматься дальше, а я отвечала «я пойду на юридический» — на юридический в Гарвард, как оказалось, — их реакция была ошеломительной. Мне аплодировали просто за то, что я поступила, — даже когда на самом деле я еще была в списке ожидания. Но в конце концов я поступила, и люди смотрели на меня так, будто я уже оставила след в мире.

В этом и заключается главная проблема зависимости от мнения окружающих. Чужое мнение может подтолкнуть вас к проторенному пути — моему «боже-мой-как-замечательно» пути — и достаточно долго на нем удерживать. Скорее все-

---

[1] LSAT — тест, обязательный для поступления в юридические вузы. — *Прим. науч. ред.*

го, вы не допустите даже мысли о том, чтобы свернуть, ведь так вы рискуете потерять чье-то расположение, а для вас это уже слишком. Возможно, из-за этого вы проведете три года в Массачусетсе, изучая конституционное право и обсуждая относительные преимущества исключительных вертикальных соглашений в антимонопольных делах. Наверное, кому-то это интересно, но не вам. Возможно, за эти три года вы обзаведетесь друзьями, которых всегда будете любить и уважать и у которых действительно будет призвание заниматься бескровными хитросплетениями закона, но у вас его так и не обнаружится. Ваша страсть наконец сойдет на нет, но при этом вы так и не дадите слабину. Вы продолжите жить по формуле усилия/результат и достигать целей, пока наконец не найдете ответы на все вопросы, включая самый главный: достаточно ли я хороша? Да, на самом деле ДА.

Затем придет награда. Вы взойдете на следующую ступеньку, и на этот раз ею окажется хорошо оплачиваемая работа в чикагском офисе высококлассной юридической фирмы под названием «Сидли и Остин». Вы окажетесь там, откуда начинали, в родном городе. Только теперь вы работаете в центре, на сорок седьмом этаже небоскреба, на огромной площади со скульптурой. Раньше, ребенком из Саутсайда, вы ездили мимо этого небоскреба в старшую школу на автобусе, молча разглядывая в окно спешащих на работу людей. А теперь вы — одна из них. Вы выбрались из автобуса, пересекли площадь и сели в лифт, который движется тихо, будто скользит. Вы стали членом клана. В 25 лет у вас есть личный ассистент. Вы зарабатываете намного больше, чем когда-либо зарабатывали ваши родители. Ваши коллеги — вежливые, образованные и в основном белые. Вы носите костюм от Армани и оформляете подписку на доставку эксклюзивного вина. Раз в месяц вы платите по кредиту за учебу на юридическом, а после работы ходите на аэробику. И покупаете машину «Сааб» — просто потому, что можете.

Разве здесь есть место сомнению? По-моему, нет. Вы теперь юрист. Вы взяли все, что вам давали, — любовь родителей, веру учителей, музыку Саутсайда и Робби, еду тети Сис, словарный запас, который вдалбливал вам Денди, — и превратили в успех. Вы взобрались на гору. И частью вашей работы, помимо анализа абстрактных вопросов интеллектуальной собственности для больших корпораций, теперь стало курирование молодых юристов. Старший партнер спрашивает вас, готовы ли вы стать ментором для одного летнего практиканта, и ваш ответ: конечно да.

Вам еще предстоит понять всю силу простого «да». Вы еще не знаете, что, когда к вам приходят документы для подтверждения назначения, где-то в глубине подрагивает невидимая линия разлома вашей жизни и вы уже начинаете соскальзывать. Рядом с вашим именем стоит другое, какого-то крутого студента юридического, он карабкается по собственной лестнице. Как и вы, он черный и тоже из Гарварда, и кроме этого, вам ничего не известно. Разве что имя. Очень странное имя.

8

—

Барак Обама опоздал на работу в первый же день. Я сидела в своем кабинете на сорок седьмом этаже и одновременно ждала и не ждала практиканта, потому что, как и большинство новоиспеченных юристов, была полностью поглощена работой. Я засиживалась в «Сидли и Остине» допоздна и частенько обедала и ужинала прямо за рабочим столом, попутно разбираясь с документами. Я постоянно читала, писала и редактировала, всерьез полагая, будто владею по меньшей мере тремя языками: расслабленным говором Саутсайда, высокопарным слогом Лиги плюща, и теперь, в довершение всего, я могла говорить особым языком юристов.

В компании меня определили в отдел маркетинга и интеллектуальной собственности, который слыл самым свободомыслящим и творческим — думаю, потому, что по крайней мере часть времени мы имели дело с рекламой. В мои обязанности входило корпеть над сценариями клиентов для теле- и радиорекламы, проверяя, не нарушают ли они стандарты Федеральной комиссии по связи. А однажды мне даже выпала честь заниматься документами динозавра Барни[1]. (Да, в юридической фирме это считается «свободомыслящим и творческим».)

Главной проблемой на этой работе для меня, как младшего юриста, стало то, что я не была вовлечена в процесс непосред-

---

[1] Персонаж детского телевизионного шоу «Барни и друзья» (англ. *Barney & Friends*).

ственного взаимодействия с клиентами: я же девчонка Робинсон, выросшая на суматохе большой семьи и инстинктивной любви отца к шумным сборищам. Поэтому я искала любой возможности пообщаться. Чтобы избавиться от одиночества, я перебрасывалась шутками с Лоррейн, моей ассистенткой, сверхорганизованной афроамериканкой на несколько лет старше меня, с хорошим чувством юмора, которая сидела за столом у дверей моего кабинета и отвечала на звонки. У меня сложились дружеские профессиональные отношения с некоторыми из старших партнеров фирмы, и я оживлялась при любой возможности поболтать с коллегами, но в основном все были загружены работой и не хотели терять ни одной оплачиваемой минуты, что возвращало меня обратно к документам.

Если выбирать, где проводить семьдесят часов в неделю, мой офис вполне для этого подходил. У меня было кожаное кресло, полированный стол из ореха и широкие окна с видом на юго-восток. Я могла взглянуть на суматоху бизнес-района и увидеть за ней белые гребни волн озера Мичиган, усеянные летом яркими точками парусов. Если повернуться под определенным углом, то можно было увидеть и узкий срез Саутсайда с его невысокими крышами и редкими деревьями. С этого места мой район выглядел мирным и почти игрушечным, но дела обстояли совсем не так. Некоторые части Саутсайда опустели: местные предприятия закрылись, семьи продолжали переезжать. Сталелитейные заводы, которые когда-то гарантировали стабильность, теперь сокращали тысячи рабочих мест. Эпидемия крэка[1], опустошившая афроамериканские общины в Детройте и Нью-Йорке, только-только достигла Чикаго, но ее разрушительные последствия уже набирали обороты. Банды боролись за доли рынка, нанимая курьерами молодых мальчишек — пусть это было опаснее, чем ходить в школу, зато намного прибыльнее. Уровень убийств в городе рос, что тоже служило признаком грядущих бед.

---

[1] Кристаллическая форма кокаина. — *Прим. ред.*

Я хорошо зарабатывала, но в вопросах жилья предпочитала синицу в руках. После окончания юридического я вернулась в свой старый район, все еще практически нетронутый бандами и наркотиками. Мои родители переехали на первый этаж, туда, где раньше жили Робби и Терри, а я заселилась наверх, в свою детскую комнату, прикупив снежно-белый диван и батик в рамках. Время от времени я выписывала родителям чек, покрывающий мою долю расходов на коммунальные платежи. Он вряд ли мог сойти за арендную плату, но мама с папой полагали, что этого более чем достаточно. Несмотря на отдельный вход на мой этаж, чаще всего я топала через кухню родителей — отчасти потому, что задняя дверь открывалась прямо из гаража, отчасти потому, что я была и всегда буду Мишель Робинсон. Даже наслаждаясь модными костюмами и «Саабом», долгожданным статусом молодого профессионала, я все еще не любила одиночество и решила поддерживать присутствие духа ежедневными встречами с мамой и папой.

В то утро я обняла их, вышла за дверь и поехала на работу под ливнем. И надо добавить, приехала вовремя.

Я посмотрела на часы.

— Не видно там парня? — спросила я Лоррейн в трубку.

Она вздохнула:

— Нет, подруга.

Надо сказать, ее это развеселило. Она знала, что опоздания сводили меня с ума: я считала их проявлением высокомерия.

Барак Обама уже успел наделать в фирме шума. Во-первых, он закончил только первый курс юридического, а мы обычно брали на летнюю практику после второго. Ходили слухи, будто он исключительно умен и одна из его профессоров в Гарварде — дочь управляющего партнера фирмы — сказала, мол, это самый одаренный студент юридического, которого она когда-либо видела. А некоторые секретарши, мельком увидевшие его во время собеседования, добавляли: он еще и симпатичный.

Я была настроена скептически. По моему опыту, стоит надеть костюм на более-менее разумного чернокожего, и белые слетают с катушек. Поэтому я сомневалась, что Барак заслужил всю эту шумиху. Я видела его фотографию в летнем выпуске нашего справочника персонала — не слишком льстящий, плохо освещенный портретный снимок парня с широкой улыбкой и легким налетом ботанства. В биографии Барака говорилось, что он родился на Гавайях, и это делало его по крайней мере относительно экзотичным ботаном. Больше ничего не бросалось в глаза. Единственная неожиданность случилась несколько недель назад: я позвонила Обаме, чтобы представиться, и приятно удивилась голосу на другом конце линии — глубокий, даже сексуальный баритон, который, казалось, ни на йоту не соответствовал фотографии.

Прошло еще десять минут, прежде чем Барак зарегистрировался в приемной на нашем этаже, и я вышла навстречу. Он сидел на диване — Барак Обама, в темном костюме, немного мокрый от дождя. Смущенно улыбнувшись и извинившись за опоздание, он пожал мне руку. У него была широкая улыбка, и он оказался выше и стройнее, чем я себе представляла, — человек, который явно не привык много есть и часто носить деловые костюмы. Если он и знал о своей репутации вундеркинда, то виду не подавал. Все время, пока я вела его по коридорам, знакомила с уютной повседневностью корпоративного права, показывала компьютер для работы с документами и кофеварку и объясняла нашу систему учета рабочих часов, он почтительно слушал, не перебивая. Минут через двадцать я отвела Барака к старшему партнеру, который должен был стать его непосредственным начальником на лето, и вернулась к своему столу.

Позже в тот день я взяла Барака с собой на обед в модный ресторан на первом этаже офиса: место, под завязку забитое ухоженными банкирами и юристами, выкладывающими за ланч стоимость хорошего ужина. В этом вся прелесть менторства: появляется повод хорошо пообедать за счет фирмы. Как ментор Барака, я должна была помочь ему социально адаптироваться, убедиться, что он счастлив на работе, у него есть к кому обратиться за советом и он чувствует себя частью команды. Это было только началом процесса привлечения практикантов: фирма рассчитывала, что, возможно, захочет нанять его на полную ставку, как только он получит диплом юриста.

Я быстро поняла, что Бараку не нужны мои советы. Ему было почти двадцать восемь — на три года старше меня. И в отличие от меня после окончания колледжа в Колумбии он несколько лет работал, прежде чем поступить на юридический. Меня поразило, насколько Барак был уверен в своем жизненном выборе, свободен от сомнений — хотя на первый взгляд было трудно понять почему. По сравнению с моим собственным стремительным маршем к успеху, прямой траекторией от Принстона к Гарварду и к столу на сорок седьмом этаже, путь Барака выглядел импровизированным зигзагом сквозь совершенно разные миры. За обедом я узнала, что он во всех смыслах гибрид: сын черного кенийца и белой женщины из Канзаса, чей недолгий союз был ошибкой молодости. Барак родился и вырос в Гонолулу, но четыре года провел в Индонезии, запуская воздушных змей и гоняясь за сверчками. После школы проучился два относительно спокойных года в Западном колледже в Лос-Анджелесе, а потом перевелся в Колумбийский университет, где, по его собственным словам, вел себя совсем не подобающим для студента восьмидесятых, который может свободно передвигаться по Манхэттену, образом. Он жил как горный отшельник шестнадцатого века: читал заумные философские и художественные произведения в грязной квартире на Сто девятой улице, сочинял плохие стихи и постился по воскресеньям.

Мы посмеялись над всем этим, обменявшись историями из прошлого, которые привели нас в юриспруденцию. Барак был серьезным, но не по отношению к себе, легкомысленным, но твердым в суждениях. Странная, волнующая комбинация. И на удивление хорошо знал Чикаго.

Барак был первым человеком в «Сидли», посещающим парикмахерские, барбекю и черные церкви дальнего Саутсайда. Прежде чем поступить на юридический, он три года проработал общественным организатором в Чикаго, зарабатывая по 12 тысяч долларов в год от некоммерческой организации, объединявшей несколько церквей. Его задачей было помочь восстановить соседние районы и вернуть людям рабочие места. По словам Барака, труд состоял из двух частей разочарования и одной части награды: неделями организовывать местное собрание, чтобы потом на него явилась только дюжина человек. Над его усилиями посмеивались профсоюзные лидеры, его критиковали и черные, и белые, и все же со временем он одержал пару побед, кажется его вдохновивших. Он учился на юридическом только потому, что понял: значимые социальные изменения требуют не только работы людей на местах, но и более решительной политики и действий правительства.

Несмотря на весь скептицизм, я обнаружила, что восхищаюсь Бараком, его уверенностью в себе и искренностью. Он был свежим, неординарным и странно элегантным — но я ни разу не подумала о нем как о человеке, с которым хотела бы встречаться. Во-первых, я была его ментором в компании. Во-вторых, я решила завязать со свиданиями, слишком поглощенная работой, чтобы тратить силы еще и на это. И наконец, к моему ужасу, в конце обеда Барак закурил сигарету, только этого хватило бы, чтобы отбить у меня всякий интерес, которого, конечно, и так не появилось.

«Что ж, он будет неплохим стажером», — подумала я.

Следующие две недели мы провели в рутине. В конце дня Барак проходил по коридору и плюхался на один из стульев в моем кабинете, как будто мы знали друг друга уже сто лет — иногда казалось, будто так оно и есть. С Бараком было легко болтать, мы часто сходились во мнениях. Мы переглядывались, когда люди вокруг нас начинали психовать, а партнеры фирмы ляпали что-то снисходительное и неуместное. Невысказанная, но очевидная правда: стажер мой «брат», в нашем офисе из почти четырехсот юристов афроамериканцами были только пять. Наш интерес друг к другу казался всем очевидным и понятным.

Барак совершенно не походил на типичного «зубастого» практиканта, яростно налаживающего контакты и постоянно тревожащегося о том, когда ему предложат должность (какой я сама была два года назад, во время практики в «Сидли»). Он расхаживал по офису со спокойной отрешенностью, которая, казалось, только продолжала расти. Барака уже приглашали на совещания с партнерами и предлагали высказываться по любому вопросу, вынесенному на обсуждение. В начале лета он опубликовал доклад на 30 страниц о корпоративном управлении, столь основательный и убедительный, что мгновенно стал легендой. Да кто такой этот парень? Все были заинтригованы.

— Я принес тебе копию, — сказал Барак однажды, с улыбкой протянув мне через стол свой доклад.

— Спасибо. — Я взяла в руки файл. — С удовольствием прочту.

Как только он ушел, я убрала доклад в ящик.

Интересно, понял ли Барак, что я так и не прочитала? Думаю, да. Он дал мне доклад практически в шутку. Мы специализировались на разных юридических вопросах, мне в любом случае не требовалось изучать доклад: хватало и собственных документов. К тому же Бараку необязательно было меня удивлять.

Мы уже стали друзьями, товарищами по оружию. Мы обедали вместе по меньшей мере раз в неделю, а иногда и чаще — естественно, всегда выставляя счет «Сидли и Остину», — и постепенно узнавали друг друга все лучше и лучше. Он знал, что я живу в одном доме с родителями и мои самые счастливые воспоминания о Гарварде связаны с работой в «Бюро юридической помощи». Я знала, что он в огромных количествах потреблял политическую философию и тратил все свободные деньги на книги. Его отец погиб в автомобильной катастрофе в Кении, и после этого Барак поехал туда, чтобы побольше о нем выяснить. Я знала: он любит баскетбол, совершает длительные пробежки по выходным и всегда с тоской говорит о своих друзьях и семье на Оаху. Я знала также, что раньше у него было много девушек, но сейчас он свободен.

Последнее я могла исправить. Я знала массу образованных и достойных черных женщин в Чикаго. Хотя на работе я вкалывала как марафонец, в свободное время все еще обожала общаться с людьми. У меня были друзья из «Сидли», друзья из старшей школы, друзья, с которыми я познакомилась по работе, и друзья, которых я знала через Крейга. Сам же Крейг недавно женился и теперь работал в городе инвестиционным банкиром. Мы обожали веселиться, собираясь то в одном, то в другом баре в центре города, и наверстывали упущенное за долгими обильными ужинами по выходным. Я встречалась с парой парней во время учебы на юридическом, но, вернувшись в Чикаго, не вступала в отношения — да и не то чтобы хотела. Я объявила всем, включая потенциальных поклонников, что мой главный приоритет — карьера. Но многие мои подруги искали пару.

Однажды в начале лета я взяла Барака с собой на «счастливый час»[1] в баре, который служил неофициальном местом сборищ чернокожей интеллигенции и где я частенько встречалась с друзьями. Обама сменил офисную одежду на белый льняной блейзер, который выглядел, словно его только что доставили из костюмерной сериала «Полиция Майами. Отдел нравов». Ну да ладно. Даже несмотря на сомнительное чувство стиля, Барак оставался завидным женихом. Симпатичный, уравновешенный и успешный, атлетичный, интересный и добрый. Чего еще желать?

Я вплыла в бар, уверенная, что делаю всем одолжение: и Бараку, и присутствующим дамам. Практически сразу же его перехватила моя знакомая, красивая влиятельная женщина, работающая в сфере финансов. Она мгновенно оживилась, заговорив с Бараком. Довольная таким развитием событий, я заказала себе выпивку и двинулась к знакомым.

Через двадцать минут я краем глаза увидела Барака на другом конце зала, застрявшим в бесконечной беседе с той дамой. Бо́льшую часть времени, конечно, говорила она. Он поймал

---

[1] «Счастливый час» (англ. *Happy hour*) — час, когда бары и кафе предоставляют скидку на все меню.

мой взгляд, намекнув, что пора прийти на помощь. Но он был взрослым мальчиком, так что я оставила его спасаться самостоятельно.

— Знаешь, о чем она меня спросила? — сказал он на следующий день, появившись в моем кабинете со скептическим выражением лица. — Она спросила, люблю ли я кататься. Кататься верхом на лошади.

Потом они обсуждали любимые фильмы, но это тоже не привело ни к чему хорошему.

Барак был интеллектуалом, возможно даже слишком умным для большинства. (По крайней мере, так мне скажет моя подруга, когда мы встретимся в следующий раз.) Он не подходил для «счастливого часа», и наверное, мне следовало понять это раньше. Мой мир состоял из оптимистичных и трудолюбивых людей, одержимых восхождением по социальной лестнице. У них были новые машины, они покупали свои первые дома и обожали говорить об этом за бокалом мартини после работы. Но Бараку больше нравилось проводить вечера в одиночестве, за чтением очередной книги о городской жилищной политике. Как организатор, он тратил недели и месяцы, выслушивая рассказы бедняков об их сложной жизни. Источник его надежд и потенциал для восхождения, как я скоро пойму, таились в совсем иной, неочевидной сфере.

Раньше, рассказывал Барак, он был более свободным, неуправляемым. Первые двадцать лет своей жизни его называли Барри. Подростком курил травку на зеленых вулканических холмах Оаху. В Западном колледже попал под влияние последних всплесков энергии 70-х, увлекшись Хендриксом[1] и Стоунс[2]. Постепенно он пришел и к своему полному, данному при рождении имени — Барак Хусейн Обама, — и к своей сложной национальной идентичности. Он был одновременно

---

[1] Джимми Хендрикс (англ. *Jimmy Hendricks*) — американский гитарист-виртуоз, певец и композитор.

[2] Имеется в виду Rolling Stones — британская рок-группа, многие годы соперничавшая по популярности с The Beatles.

белым и черным, африканцем и американцем. Он был скромным и жил скромно, но прекрасно знал о богатстве своего ума и о том, какие привилегии тот может открыть. Надо сказать, Барак относился ко всему этому серьезно. Он мог быть легким и шутливым, но никогда не уходил далеко от чувства долга. Он искал и пока не знал, куда приведет его поиск.

А я понимала, что все это — совершенно неподходящие темы для болтовни за бокалом вина. Поэтому в следующий «счастливый час» я оставила Барака в офисе.

Мои родители курили, когда я была маленькой. Они закуривали по вечерам, сидя на кухне и обсуждая рабочий день. Или за мытьем посуды после ужина, иногда открывая окно, чтобы впустить свежий воздух. Они не были заядлыми курильщиками, но в их курении чувствовалась привычка и вызов: они не бросали еще долго после появления первых научных исследований о вреде табака.

Нас с Крейгом это выводило из себя. Мы разыгрывали целые сцены с кашлем, стоило родителям закурить, и постоянно уничтожали их запасы. Однажды мы взяли блок «Ньюпорта» с полки и запихнули все сигареты, как бобы, в измельчитель под раковиной. В другой раз мы смочили кончики сигарет в остром соусе и вернули их обратно в упаковку. Мы читали родителям лекции про рак легких, рассказывали обо всех ужасах, которые нам показывали на кинопленке в школе: изображения легких курильщика, ссохшихся и черных как уголь, смерти в ее развитии, смерти прямо внутри твоей груди. Потом для контраста показывали ярко-розовые легкие, здоровые и нетронутые дымом. Простая парадигма, в которой сложно запутаться: хорошо/плохо. Здоровый/больной. Ты сам выбираешь будущее. Именно этому они нас и учили всю нашу жизнь. И тем не менее пройдут годы, прежде чем родители наконец бросят курить.

Барак курил так же, как мои родители, — после еды, когда гулял по городу или нервничал и требовалось чем-то занять руки. В 1989-м курение было более распространенным явлением, чем сейчас, лучше встроенным в повседневную жизнь. Исследование вреда пассивного курения только начиналось, поэтому люди дымили в ресторанах, офисах и аэропортах. Но я все же видела кадры с легкими. Для меня и всех здравомыслящих людей, которых я знала, употребление табака казалось чистым саморазрушением. Барак знал, как я к этому отношусь. Наша дружба строилась на взаимной откровенности, и, как мне кажется, нам обоим это нравилось.

— Зачем такому умнику, как ты, делать такую глупость? — выпалила я в первый же день нашего знакомства, наблюдая за облаком дыма, окутавшим наш обед. Это был честный вопрос.

Насколько я помню, Барак просто пожал плечами, признавая мою правоту. Спорить не о чем. Логика отказывала Бараку только с курением.

Вне зависимости от того, собиралась ли я это признавать, отношения между нами менялись. В те дни, когда мы оба были слишком заняты, чтобы встретиться лично, я ловила себя на том, что гадаю, чем он занимается. Я уговаривала себя не разочаровываться, если Барак не появлялся в дверях моего кабинета. Отговаривала себя радоваться, когда появлялся. У меня возникли чувства к этому парню, но скрытые, похороненные глубоко под моей решимостью сохранить свою жизнь и карьеру чистой и сфокусированной, без всякой драмы. У меня были отличные ежегодные отчеты, и я прошла полпути к партнерству в «Сидли и Остине» — возможно, я бы стала партнером до 32 лет. Я достигла всего, чего хотела, — или по крайней мере пыталась себя в этом убедить.

Я могла сколько угодно игнорировать то, что между нами происходит, но он не собирался этого делать.

— Думаю, нам стоит встречаться, — сказал Барак однажды в конце обеда.

— Что нам с тобой? — Я притворилась шокированной тем, что он вообще мог об этом подумать. — Я же говорила тебе, я не хожу на свидания. К тому же я твой ментор.

Он криво усмехнулся:

— Как будто это что-то значит. Ты мне не начальник, — сказал он. — К тому же ты красотка.

И широко улыбнулся.

Барак представлял собой смертоносное сочетание мягкости и рассудительности. В последующие дни он не раз приводил аргументы в пользу того, что мы должны встречаться. Мы совместимы. Нам весело вместе. Мы оба свободны и к тому же признались, что практически сразу разочаровывались, встретив кого-то еще. Никому в компании, утверждал Барак, не будет дела до того, что мы встречаемся. На самом деле фирма скорее всего даже в этом заинтересована. Ему казалось, что руководство намерено предложить ему работу после окончания вуза. А если бы мы с ним были парой, это повысило бы шансы на успех.

— То есть я, по-твоему, приманка? — рассмеялась я. — Не льсти себе.

Тем летом фирма организовала ряд мероприятий и выездов для сотрудников, разослав всем желающим регистрационные листы. Одним из мероприятий была постановка мюзикла «Отверженные» в театре неподалеку от офиса. Я внесла в список нас обоих, обычный поступок для начинающего ментора и подопечного, обязанных посещать все мероприятия вместе. Моей главной задачей было убедиться, что практика Барака в «Сидли и Остин» проходит ярко и безоблачно. В этом и заключался весь смысл менторства.

Мы сели рядом в театре, оба смертельно уставшие после работы. Занавес поднялся, и началось представление, перед нами развернулась удручающе-серая картина Парижа. Не знаю, в чем было дело, в моем настроении или в самих «Отверженных», но весь следующий час я беспомощно тонула в потоке французского горя. Вопли и цепи. Нищета и насилие. Несправедливость и угнетение. Миллионы людей обожают этот мюзикл, а я ерзала в кресле, пытаясь приподняться над необъяснимой мукой, которую испытывала каждый раз, заслышав главную мелодию.

Когда включился свет для антракта, я украдкой взглянула на Барака.

Он обмяк в кресле, опустив локоть на подлокотник и прижав указательный палец ко лбу с нечитаемым выражением лица.

— Ну как тебе? — спросила я.

Он отрешенно посмотрел на меня.

— Ужасно, да?

Я рассмеялась, успокоившись, что он чувствует то же самое. Барак выпрямился в кресле.

— Выберемся отсюда? Мы могли бы просто уйти.

При обычных обстоятельствах я бы ни за что не сбежала. Я просто была другой — слишком волновалась о мнении коллег. А вдруг они заметят наши пустые места? Я слишком сильно была озабочена стремлением доводить каждую мелочь до самого распоследнего конца, даже если это утомительный бродвейский мюзикл в прекрасный вечер среды. К сожалению, такова моя суть любительницы ставить галочки: терпеть страдания ради видимости. Но теперь, похоже, я оказалась рядом с тем, кто не привык так делать.

Стараясь избегать коллег — других менторов и практикантов, хаотично снующих в вестибюле, словно пузырьки в газировке, — мы выскользнули из театра в теплый вечер. С пурпурного неба уходил последний луч солнца. Я выдохнула с таким заметным облегчением, что Барак рассмеялся.

— Куда теперь? — спросила я.

— Как насчет выпить?

Мы отправились в бар неподалеку, в той же манере, в которой, казалось, ходили всегда: я на шаг впереди, а он позади. Барак был тихоходом. Он двигался с гавайской небрежностью, никуда не торопился, особенно когда его об этом просили. Я же, наоборот, энергично вышагивала даже на самой обычной прогулке и всегда с трудом останавливалась. Но я помню, в тот вечер я специально притормозила, чтобы слышать его речь, потому что наконец начала понимать, как важно для меня слышать каждое его слово.

До этого момента я бережно собирала свое существование, складывая и подтягивая к остальным каждый кусочек жизни в плотное, безвоздушное оригами. Я тщательно трудилась над его созданием и гордилась результатом. Но мое оригами оставалось некрепким. Если один уголок оказывался не заправлен под остальные, я тут же принималась над ним трудиться. Если бы оторвался еще один — это бы значило, что я не уверена в своем профессиональном выборе, на который так сознательно шла, не уверена во всем, чего, как убеждала себя, я жажду. Думаю, поэтому я так долго не подпускала Барака к себе. Он был ветром, который мог разрушить весь мой мир.

День или два спустя Барак попросил меня подвезти его на барбекю для практикантов. Встречу устраивал старший партнер в своем доме в одном из богатых пригородов на северном берегу озера. Стоял погожий денек, вода сверкала в лучах солнца. Официант подавал еду, из стереодинамиков гремела музыка, и гости восхищались изысканным великолепием дома. Окружение являло собой портрет изобилия и легкости: более чем прямой намек на вознаграждение, ожидающее тех, кто посвящает себя работе. Я знала, Барак еще не до конца определился с направлением своей карьеры. У него сложились непростые отношения с богатством. Как и я, он никогда не был богат, но и не стремился к этому. Он хотел быть эффективным гораздо больше, чем богатым, но пока не понимал, как это сделать.

На вечеринке мы появились не совсем как пара, но тем не менее держались рядом. Мы вместе дрейфовали между коллегами, распивали пиво и лимонад, ели бургеры и картофельный салат из пластиковых тарелок. Мы разделялись, а потом снова находили друг друга. Все казалось естественным. Он немного флиртовал со мной, я флиртовала в ответ. Несколько мужчин начали играть в баскетбол, и я смотрела, как Барак подошел в своих шлепанцах к корту, чтобы присоединиться к ним. Он был в хороших отношениях с коллегами. Обращался по имени ко всем секретарям и со всеми находил общий язык — от старых чопорных адвокатов до амбициозных молодых парней, которые теперь играли в баскетбол. Он хороший человек, думала я, глядя, как Барак пасует другому юристу.

Я смотрела десятки баскетбольных игр в старшей школе и колледже и могла отличить хорошего игрока от плохого. Барак быстро прошел этот тест. Я еще никогда не видела такой атлетичной и искусной игры. Его долговязое тело двигалось рывками, демонстрируя силу, прежде незаметную. Он был быстрым и грациозным даже в своих гавайских шлепках. Я стояла там, притворяясь, будто слушаю чью-то очень милую жену, но на самом деле не могла оторвать взгляд от Барака. Впервые меня так заворожила его внешность.

Когда ранним вечером мы поехали обратно, я почувствовала неясную печаль, словно во мне прорастало семя тоски. Был июль. Барак должен уехать в августе и пропасть на своем юридическом факультете и где-нибудь там еще. Внешне ничего не изменилось — мы, как всегда, дурачились и сплетничали о том, кто что сказал на барбекю, — но по спине у меня пробежал жар. Я остро ощущала тело Барака в тесном салоне моей машины — локоть лежал на консоли, колено было возле моей руки. Пока мы ехали на юг по Лейк-Шор-драйв, минуя велосипедистов и бегунов, я молча спорила сама с собой. Может, есть возможность превратить все в шутку? Насколько сильно это отразится на моей работе? У меня не было ясности ни в чем — в том, правильно ли это, кто об этом узнает и имеет ли это значение, — но меня поразило, что я наконец перестала ждать ясности.

Барак снимал квартиру в Гайд-парке у друга. К тому времени, как мы въехали в район, напряжение между нами сгустилось, словно должно было наконец произойти что-то неизбежное и судьбоносное. Или мне мерещилось? А вдруг я отказывала ему слишком много раз? Может, он сдался и теперь видит во мне лишь хорошего и верного друга — девушку с кондиционированным «Саабом», которая может подвезти его по первой же просьбе.

Я припарковала машину напротив его дома. Мысли все еще были как в тумане. Мы неловко помолчали. Каждый ждал, когда другой попрощается. Барак наклонил ко мне голову.

— Может, поедим мороженого?

Игра началась. Один из немногих моментов, когда я решила перестать думать и начать просто жить. Стоял теплый летний вечер в моем любимом городе, воздух ласкал кожу. Рядом с домом Барака был «Баскин Робинс», так что мы взяли два рожка и вышли с ними на улицу, присели на бордюр. Мы сидели, тесно прижавшись друг к другу и подтянув колени к груди, приятно уставшие после целого дня на свежем воздухе. Ели быстро и молча, стараясь не испачкаться. Может быть, Барак прочитал это по моему лицу или увидел в моей позе — все во мне наконец раскрылось и освободилось.

Он с любопытством посмотрел на меня и слегка улыбнулся.

— Можно тебя поцеловать? — спросил он.

Я наклонилась к нему, и все наконец стало ясно.

Становясь нами

9

Как только я позволила себе испытывать чувства к Бараку, они нахлынули на меня волной страсти, благодарности, удовлетворения и удивления. Все мои сомнения в жизни, карьере и даже в самом Бараке, казалось, исчезли с первым поцелуем, сменившись непреодолимой потребностью узнать его получше, исследовать и испытать в нем все так быстро, как только можно.

Может, потому, что через месяц он уезжал в Гарвард, мы не стали терять время. Я не была готова впускать на ночь парня в дом, где спали мои родители, поэтому я проводила ночи в тесной квартирке на втором этаже на шумном участке Пятьдесят третьей улицы. Парень, который раньше там жил, был студентом Чикагского юридического. Свою квартиру он обставил так же, как любой студент: разномастной мебелью с гаражных распродаж. Маленький стол, пара шатких стульев и огромный матрас на полу. Книги и газеты Барака занимали все открытые поверхности и бо́льшую часть пола. Он развешивал пиджаки на спинках кухонных стульев и почти не заполнял холодильник. Не очень уютно, но поскольку я видела все через призму нашего бурного романа, то чувствовала себя там как дома.

Барак заинтриговал меня. Он не походил на моих предыдущих парней, главным образом потому, что с ним было очень спокойно и хорошо. Он не стеснялся своих чувств. Он говорил мне, что я красивая. Для меня он оказался кем-то вроде единорога — таким необычным, почти нереальным. Он никогда не рассуждал о материальных вещах типа покупки дома, машины или даже новых ботинок. Он тратил почти все деньги на книги, для него сакральные — пусковые устройства для его разума. Он зачитывался до поздней ночи, читал еще долго после того, как я засыпала, пробираясь через историю, биографии и книги Тони Моррисон[1]. Каждый день читал по нескольку газет от корки до корки. Следил за последними рецензиями на книги, турнирной таблицей Американской лиги и тем, что собираются делать олдермены Саутсайда. С одинаковой страстью мог говорить о выборах в Польше и о том, какие фильмы критикует Роджер Эберт[2] и почему.

В квартире Барака не было кондиционера, поэтому у нас не оставалось выбора, кроме как спать с открытыми окнами, пытаясь охладиться. Мы, конечно, выигрывали в комфорте, но проигрывали в тишине. Пятьдесят третья улица была центром ночной суеты, оживленной автострадой для лоурайдеров с незаглушенными выхлопными трубами. Почти каждый час где-то под окном выла полицейская сирена или кто-нибудь принимался кричать, извергал поток негодования и ругательств, от которого я подпрыгивала на матрасе. Мне было невыносимо, а Бараку — все равно. Он чувствовал себя намного увереннее в хаосе окружающего мира, был более приспособлен к тому, чтобы воспринимать все без лишней суеты.

Однажды ночью я проснулась, Барак смотрел в потолок. Профиль четко очерчивался в свете уличных фонарей. Мужчина выглядел слегка встревоженным, словно размышлял о чем-то глубоко личном. Может быть, о наших отношениях? О потере отца?

---

[1] Афроамериканская писательница, нобелевская лауреатка, значительную часть творчества посвятившая проблемам чернокожих американцев. — *Прим. ред.*

[2] Роджер Эберт (англ. *Roger Ebert*) — один из самых влиятельных американских кинокритиков. Скончался в 2002 году.

— Эй, о чем это ты там думаешь? — прошептала я.

Он повернулся ко мне и смущенно улыбнулся.

— О, — сказал он. — Я просто задумался о неравенстве в распределении доходов.

Вот так и работал его мозг. Зацикливался на больших абстрактных вопросах, подпитываемый сумасшедшим чувством, будто может все исправить. Должна признаться, для меня это было в новинку. До этого момента я общалась с хорошими людьми, которые заботились о важных вещах, но главным образом о своей карьере и обеспечении своих семей. Барак же был иным. Он занимался повседневными делами, но в то же время, особенно по ночам, его мысли приобретали совсем другие масштабы.

Бо́льшую часть своего времени мы, конечно, все еще проводили на работе, в плюшевой тишине офисов «Сидли и Остин». Каждое утро я стряхивала сон и возвращалась к жизни младшего юриста, разбираясь с документами по поручению клиентов, которых я никогда не видела. Барак в это время работал над своими документами, в общем кабинете дальше по коридору. Партнеры все сильнее подлизывались к нему, находили его впечатляющим.

Я волновалась о приличиях, поэтому настояла на том, чтобы скрывать наши отношения от коллег, — но, кажется, это не сработало. Каждый раз, когда Барак проходил в мой кабинет, ассистентка Лоррейн ему понимающе улыбалась. Нас поймали во время первого же публичного свидания, вскоре после первого поцелуя. Мы пошли в Институт искусств, а затем в кино, на фильм Спайка Ли «Делай как надо!» в Уотер-Тауэр-Плейс, и столкнулись там с одним из самых высокопоставленных партнеров фирмы, Ньютом Миноу, и его женой Джозефиной в очереди за попкорном. Они тепло, даже ободряюще нас поприветствовали и никак не прокомментировали то, что увидели нас вместе. И тем не менее.

Работа в то время, казалось, лишь отвлекала — мы должны были ее сделать, прежде чем нам разрешат снова броситься в объятия друг друга. Вне офиса мы с Бараком без конца разговаривали, неторопливо прогуливались по Гайд-парку, одетые в шорты и футболки, и ели. Наши ужины казались нам короткими, но на самом деле продолжались часами. Мы обсуждали достоинства каждого альбома Стиви Уандера, прежде чем перейти к Марвину Гэю[1]. Я была сражена. Мне нравились медленные раскаты голоса Барака и то, как смягчался его взгляд, когда я рассказывала смешную историю. Я начинала ценить его медленную походку — он не волновался о времени.

Каждый день приносил маленькие открытия: я поклонница «Кабс», а он любит «Уайт Сокс». Я обожаю макароны с сыром, а он терпеть их не может. Он предпочитает тяжелые, драматические фильмы, а я — романтические комедии. Он левша с безукоризненным почерком, я же правша с ужасным почерком. Всего за один месяц, прежде чем Барак вернулся обратно в Кембридж, мы поведали друг другу, кажется, все воспоминания и мысли, детские дурачества, подростковые промахи и неудачные романы, которые привели нас к встрече. Барак был заинтригован моим воспитанием, однообразием жизни на Эвклид-авеню, где я, Крейг, мама и папа год за годом, десятилетие за десятилетием были углами семейного квадрата. Будучи общественным организатором, Барак проводил много времени в церквях, что оставило в нем чувство признательности религии. Но в то же время его сложно назвать большим фанатом традиций. Женитьба, сказал он мне в самом начале, казалась ему ненужной и чрезмерной условностью.

Я не помню, чтобы представляла Барака своей семье тем летом, но Крейг сказал, я это сделала. Он говорит, однажды вечером мы просто подошли к дому на Эвклид-авеню вдвоем. Крейг в то время приехал в гости и сидел на крыльце с родителями. Барак, вспоминает он, держался дружелюбно и уверенно в себе и пару минут непринужденно болтал со всеми ними. Потом мы вместе забежали ко мне в комнату, чтобы что-то прихватить.

Мой отец мгновенно оценил Барака, но не его шансы. В конце концов, он видел, как я бросила своего школьного парня

---

[1] Американские певцы, «основатели» ритм-энд-блюза.

Дэвида у ворот Принстона. Он видел, как я отшила Кевина, футболиста из колледжа, как только увидела его в меховом костюме талисмана. Родители знали, что лучше не привязываться к моим парням. Меня вырастили так, чтобы я сама управляла своей жизнью, и этим я и занималась. Я говорила маме с папой много раз: я слишком сосредоточенна и занята, чтобы освободить место для мужчины в своей жизни.

По словам Крейга, отец покачал головой и засмеялся, глядя, как мы с Бараком уходим.

«Хороший парень, — сказал папа. — Жаль, что это ненадолго».

Если моя семья была четким квадратом, то семья Барака была более сложной геометрической фигурой, простирающейся на несколько океанов. Он потратил годы, пытаясь разобраться в ее устройстве. Его мать, Энн Данэм, была семнадцатилетней студенткой колледжа на Гавайях в 1960 году, когда влюбилась в кенийского студента по имени Барак Обама. Их брак получился коротким и запутанным, особенно учитывая, что у ее нового мужа, как выяснилось, уже была жена в Найроби. После развода Энн вышла замуж за яванского геолога Лоло Соеторо и переехала в Джакарту, взяв с собой Барака Обаму-младшего — моего Барака Обаму, — которому тогда было шесть лет.

По словам Барака, он был счастлив в Индонезии и хорошо ладил с новым отчимом, но его мать не была уверена в уровне образования в местных школах. Поэтому в 1971 году Энн Данэм отправила сына обратно в Оаху, учиться в частной школе и жить с ее родителями. Она была свободолюбивой женщиной и годами разрывалась между Гавайями и Индонезией. Не считая одной длительной поездки на Гавайи, когда Бараку было десять, его отец — по общему мнению, большой умница и большой любитель выпить — никак не участвовал в его воспитании.

И все же Барака очень любили. Бабушка и дедушка на Оаху души не чаяли в нем и его младшей сводной сестре Майе. Мать, хотя все еще жила в Джакарте, всегда его поддерживала. Барак также с любовью говорил о другой сводной сестре, Ауме, в Найроби. Его детство получилось гораздо менее стабильным, чем мое, но он никогда на него не жаловался. История Барака была его историей. Семья сделала его таким уверенным в себе и оптимистичным. Тот факт, что он так успешно справился со своим необычным воспитанием, только усиливал впечатление, что он вынесет и больше.

Однажды дождливым вечером он взял меня с собой, чтобы помочь своему старому другу. Его бывший коллега по социальной работе в общине спросил, не сможет ли Барак провести лекцию в черном приходе в Роузленде, в дальнем конце Саутсайда, который пострадал от закрытия сталелитейного завода в середине 1980-х. Для Барака это стало долгожданной возможностью на один вечер вернуться к старой работе и памятной части Чикаго. Когда мы, все еще в офисной одежде, вошли в церковь, я поняла, что никогда не задумывалась о том, чем на самом деле занимается общественный организатор. Мы спустились по лестнице в подвал с низким потолком, освещенным флуоресцентными лампами, где на складных стульях сидели, обмахиваясь от жары, пятнадцать прихожан — в основном женщины, насколько я помню. Я села на последний ряд, а Барак прошел вперед и поздоровался.

Думаю, им он казался слишком молодым и официально одетым. Я видела их оценивающие взгляды, они пытались понять, кто перед ними на самом деле: самоуверенный аутсайдер или человек, который на самом деле мог сказать что-то по делу. Знакомая атмосфера. Я выросла на еженедельных встречах музыкального кружка моей двоюродной бабушки Робби, которые проходили в африканской методистской церкви вроде этой. Женщины в комнате ничем не отличались от тех, кто пел в хоре Робби или появлялся с запеканкой на крыльце дома Саутсайда после его смерти. Женщины с добрыми намерениями, с гражданским сознанием, часто матери или бабушки-одиночки, из тех, кто неизбежно приходит на помощь, когда остальные пасуют.

Барак повесил пиджак на спинку стула и снял наручные часы, положив их на стол перед собой, чтобы следить за временем.

Затем он представился и немного разрядил обстановку, попросив слушателей рассказать о проблемах их района. Барак, в свою очередь, поделился одним своим случаем, привязав его к принципам общественной самоорганизации. Он был там, чтобы убедить их, что наши проблемы связывают нас друг с другом и через эти связи можно обуздать недовольство и превратить его во что-то полезное. Даже они, — сказал он, — крохотная группка людей внутри маленькой церкви в каком-то забытом районе, могут составить реальную политическую силу. Это потребует усилий, предупредил Барак. Это означает составить стратегию и укрепить доверие в сообществах, где доверия часто не хватает. Это означает начать просить людей, которых вы никогда не встречали, уделить вам немного времени или крошечную часть зарплаты. Это означает услышать «нет», сказанное дюжиной или сотней разных способов, прежде чем наконец получить «да». (Кажется, это и составляло бо́льшую часть работы организатора.) Но Барак заверил, что они действительно могут повлиять на реальное положение дел. Могут что-то изменить. Он видел, как точно такой же процесс работал, хотя и не всегда гладко, в Альтгельд-Гарденс, где точно такой же группе, как эта, удалось зарегистрировать новых избирателей, собрать жителей, встретиться с городскими чиновниками по поводу загрязнения асбестом и убедить мэрию финансировать местный Центр профессиональной переподготовки.

Грузная женщина, сидевшая рядом со мной, качала на коленях ребенка и не скрывала скептицизма. Она смотрела на Барака, вздернув подбородок и выпятив нижнюю губу, как бы говоря: «Кто ты такой, чтобы указывать нам, что делать?»

Но скептицизм его не волновал, точно так же, как небольшие шансы. В конце концов, Барак был единорогом — его необычное имя, странное происхождение, трудноопределимая этническая принадлежность, исчезнувший отец, уникальный ум. Он привык доказывать, на что он способен, куда бы он ни пошел.

В идею, которую он продвигал, было трудно поверить. Роузленд принимал на себя удар за ударом, начиная с отъезда белых семей и закрытия сталелитейного завода, заканчивая разрушением школ и процветанием наркоторговли. Барак рассказывал мне, что в работе организатора ему чаще всего приходилось иметь дело со смертельной усталостью людей — особенно чернокожих, — с цинизмом, порожденным тысячами небольших разочарований. Я это понимала. Я наблюдала это в своем районе, в собственной семье. Горечь, отсутствие веры. Эта горечь жила в обоих моих дедушках, порожденная каждой целью, от которой они отказались, каждым компромиссом, на который им пришлось пойти. Жила внутри измученной учительницы второго класса, оставившей попытки хоть чему-нибудь научить нас в Брин Мор. Жила внутри соседки, переставшей стричь свой газон и следить за тем, чем занимаются ее дети после школы. Она жила в каждой обертке, небрежно брошенной в траву в местном парке, и в каждой унции ликера, выпитой до темноты. Она жила во всем, что мы считали неисправимым, включая нас самих.

Барак разговаривал с жителями Роузленда на равных, но при этом не пытался завоевать их расположение, не скрывал свои привилегии и не старался вести себя «как черный». Среди страха и разочарований прихожан, в атмосфере бесправия и беспомощности он позволил себе указать им путь в противоположном направлении.

Я никогда не зацикливалась на отрицательной стороне того, что я — афроамериканка. Меня учили мыслить позитивно. Я впитала любовь семьи и желание родителей видеть нас с братом успешными. Я стояла с Сантитой Джексон на митингах операции PUSH, слушала, как ее отец призывает черных людей помнить о гордости. Моя цель всегда заключалась в том, чтобы заглянуть за пределы своего района — посмотреть вперед и преодолеть трудности. И я это сделала. Я получила два диплома Лиги плюща и стол в «Сидли и Остине». Мои родители и дедушка с бабушкой гордились мной.

Однако, слушая Барака, я понимала, что его версия надежды выходит далеко за рамки моей. Одно дело — выбраться из тупикового места, поняла я. И совсем другое — попытаться вывести это место из тупика.

Меня снова охватило чувство того, насколько он особенный. Церковные дамы вокруг тоже постепенно начали кивать в знак одобрения, сопровождая его речь криками «Угу» и «Правильно!».

К концу речи голос Барака стал громче. Не являясь проповедником, он определенно проповедовал кое-что — свое видение. Он делал на нас ставку. Выбор, по его мнению, был таков: ты либо сдаешься, либо работаешь ради перемен.

— Что для нас лучше? — воззвал Барак к собравшимся. — Довольствоваться миром, каков он есть, или работать на благо мира, каким он должен быть?

Он позаимствовал эту фразу из книги, прочитанной еще в начале работы организатором, и я буду вспоминать ее еще на протяжении многих лет. Она приближала меня к пониманию мотивации Барака так близко, как только можно. Мир, каким он должен быть.

Женщина с малышом на коленях чуть не взорвалась.

— Вот именно! — взревела она, окончательно поверив в Барака. — Аминь!

Аминь, подумала я. Тоже окончательно в него поверив.

Перед тем как вернуться в университет, где-то в середине августа, Барак признался мне в любви. Чувство расцвело между нами столь быстро и естественно, что сам момент признания мне совершенно не запомнился. Я не помню, когда и как это произошло. Всего лишь нежное и многозначительное проговаривание того, что застало нас обоих врасплох. Хотя мы знали друг друга всего пару месяцев и хотя все это ужасно непрактично, мы были влюблены.

Теперь нам предстояло преодолеть расстояние в девятьсот миль[1]. Бараку оставалось учиться два года, и он сказал, что после окончания вуза надеется обосноваться в Чикаго. Конечно, я не могла бросить ради него свою жизнь. Как новичок в «Сид-

---

[1] Почти 1500 км.

ли», я понимала: следующий этап моей карьеры имеет решающее значение — именно он определит, стану я партнером или нет. Я сама училась на юридическом и знала, как занят будет Барак. К тому же его выбрали редактором «Юридического обозрения Гарварда», студенческого ежемесячника, который считался одним из лучших изданий о юриспруденции в стране. Быть избранным в редакционную команду — большая честь, но одновременно означает вкалывать полный рабочий день при огромной загрузке на учебе.

Нам оставался телефон. Учтите, это был 1989 год, когда телефоны еще не помещались в карманах. Никаких СМС, никаких эмоджи с поцелуйчиками. Телефон требовал как времени, так и взаимной доступности. Личные звонки можно было совершать только из дома, вечером, когда вы оба устали как собаки и мечтали только о сне.

Перед отъездом Барак сказал, что предпочитает письма. «Я не большой любитель телефонов» — так он выразился. Как будто это что-то значит. Ничего это не значило. Мы провели все лето в разговорах, и я не собиралась низводить нашу любовь до ленивого темпа почтовой службы. В этом заключалось еще одно небольшое различие между нами: Барак привык изливать свои чувства в письмах. Он вырос на письмах матери из Индонезии в тонких воздушных конвертах. Я же была из тех, кто предпочитает общение лицом к лицу: меня растили на воскресных обедах дедушки Саутсайда, где частенько приходилось кричать, чтобы тебя услышали. В моей семье предпочитали болтать. Отец, который недавно сменил машину на специальный универсал, приспособленный для инвалидов, все еще старался как можно чаще появляться в дверях своих кузенов. Его друзья, соседи и двоюродные братья и сестры тоже регулярно бывали на Эвклид-авеню, чтобы устроиться рядом с креслом папы в гостиной, рассказать о проблемах и попросить совета. Иногда к нему заглядывал за советом даже Дэвид, мой бывший парень. С телефоном у отца тоже не возникало проблем. Я видела, как он в течение многих лет почти каждый день звонил бабушке в Южную Каролину, чтобы справиться о новостях.

Я сказала Бараку, что если он хочет продолжать отношения, то лучше привыкнуть к телефону. «Если я не буду разговаривать с тобой, — заявила я, — мне придется найти парня, с которым можно поговорить». В каждой шутке есть доля шутки.

В общем, Бараку пришлось полюбить телефоны. Той осенью мы созванивались так часто, как только могли. Все еще оставаясь в ловушке собственных миров и расписаний, мы тем не менее продолжали делиться друг с другом каждой самой маленькой новостью. Я сочувствовала куче корпоративных налоговых дел, которые ему приходилось изучать, а он смеялся над тем, как я избавлялась от стресса, потея на аэробике после работы. Шли месяцы, а наши чувства оставались прежними. Для меня это означало, что одним вопросом в жизни стало меньше.

Я была частью команды по набору персонала в чикагский офис «Сидли и Остин». В наши задачи входило вербовать студентов Гарварда на летнюю практику в компанию. Будучи студенткой, я испытала на себе всю силу и искушение вербовочной машины. Я получила толстую, как словарь, брошюру, в которой перечислялись юридические фирмы со всей страны, заинтересованные в найме юристов из Гарварда. Казалось, с гарвардским дипломом можно работать в любом городе, в любой области права, будь то гигантская юридическая компания в Далласе или бизнес по продаже элитного жилья в Нью-Йорке. Если какая-то из этих фирм вас интересовала, вы могли попросить о собеседовании в кампусе. Если все шло хорошо, вас приглашали на «вылет», это означало, что вам купят билет на самолет, оплатят номер в пятизвездочном отеле и пригласят на очередное собеседование в офисе компании, за которым следовал обед с вином в компании рекрутеров вроде меня. Студенткой я воспользовалась возможностью слетать таким образом в Сан-Франциско и Лос-Анджелес, отчасти для того, чтобы проверить, как там обстоят дела в сфере интеллектуального права, отчасти, если честно, потому, что еще ни разу не была в Калифорнии.

Теперь, оказавшись в «Сидли» по другую сторону баррикад, я видела свою задачу в том, чтобы привлекать не только умных и трудолюбивых студентов, но еще и желательно не белых и не мужчин. В рекрутинговой команде трудилась еще одна афроамериканка, старший юрист Мерседес Лэйнг. Мерседес была лет на десять старше меня и стала моим близким другом и наставником. Как и у меня, у нее было два диплома Лиги плюща, и ей часто приходилось оказываться в местах, где она ото всех отличалась.

Мы с Мерседес решили не мириться с текущим положением дел. На собраниях, посвященных подбору персонала, я настойчиво — и наверняка, по мнению некоторых коллег, нагло — доказывала, что компании следует шире раскинуть сеть поиска талантов. Обычно приглашали студентов только избранной группы юридических школ: Гарварда, Стэнфорда, Йеля, Северо-Западного университета, Чикагского университета и Университета Иллинойса. Все это — вузы, в которых училось большинство юристов фирмы. И так по кругу: старшее поколение юристов нанимает новое, чей жизненный опыт отражает их собственный, оставляя совсем немного места для какого-либо разнообразия. Справедливости ради надо сказать, что эта проблема (готовы они были ее признать или нет) существовала практически во всех крупных фирмах страны. Опрос, проведенный «Национальным юридическим журналом» в то время, показал: афроамериканцы составляют не больше 3% всех сотрудников крупных юридических фирм и меньше 1% партнеров.

В попытке исправить этот дисбаланс я настаивала на том, чтобы мы рассматривали студентов других юридических вузов, например исторически черных, таких как Университет Говарда. Когда рекрутинговая команда собиралась в конференц-зале в Чикаго с кучей студенческих резюме, я протестовала всякий раз, если студента автоматически откладывали в сторону за четверку в аттестате или за то, что он пошел на менее престижную программу бакалавриата. Если мы всерьез собирались привлечь адвокатов из числа меньшинств, то, я полагаю, нам следовало смотреть шире. Требовалось принимать во внимание то, как кандидаты использовали все возможности, предоставленные жизнью, а не на то, насколько высоко они поднялись по элитарной академической лестнице. Дело заключалось не в том, чтобы снизить высокие стандарты фирмы, а в том, чтобы понять: придерживаясь жестких и старомодных правил оценки кандидатов, мы упускали из виду людей, которые могли бы внести свой вклад в развитие компании. Другими словами, нам нужно было поговорить с большим количеством студентов, прежде чем списывать их со счетов.

Вот почему я так любила ездить в Кембридж в качестве рекрутера: это давало мне возможность повлиять на отбор студентов Гарварда. Ну и еще, конечно, увидеть Барака. В первый приезд он заехал за мной на своей машине, курносом лимонном «Датсуне», купленном на студенческие сбережения. Когда Барак повернул ключ зажигания, двигатель взревел, машина сильно дернулась и принялась громко дрожать. Сиденья тряслo. Я недоверчиво посмотрела на Барака.

— Ты водишь эту штуку? — спросила я, стараясь перекричать шум.

Он сверкнул ехидной ага-улыбкой, от которой я неизменно таяла.

— Подожди минуту или две, — сказал он, включая передачу. — Это пройдет.

Спустя еще несколько минут Барак выехал на оживленную дорогу и добавил:

— Да, кстати. Не смотри вниз.

Но я уже заметила то, что он хотел от меня скрыть, — проржавевшую дыру в полу его машины в четыре дюйма[1] диаметром, через которую был виден несущийся под нами асфальт.

В общем, уже тогда я поняла, что с Бараком не соскучишься. Жизнь с ним всегда была слегка с перчинкой и сносящей крышу. Еще я помню, как подумала, что скорее всего он никогда не будет хорошо зарабатывать.

Сам Барак жил в спартанской однокомнатной квартире в Сомервилле, но меня поселили в роскошном отеле «Чарльз» неподалеку от кампуса. Там можно было поспать на гладких высококачественных простынях, а Барак, который редко готовил

---

[1] 4 дюйма = 10,1 см.

для себя, мог перекусить перед утренними занятиями. По вечерам он устраивался в моем номере и делал уроки, завернувшись в толстый махровый халат с логотипом отеля.

В тот год на Рождество мы полетели в Гонолулу. Я никогда раньше не была на Гавайях, но чувствовала, что мне там понравится. В конце концов, я уезжала из Чикаго, где зима тянулась до апреля, а лопату для снега нужно было повсюду возить с собой в багажнике. В моем гардеробе было впечатляющее количество шерстяных вещей, поэтому любая возможность уехать подальше от зимы казалась просто отличной. Во время учебы в колледже я ездила на Багамы со своим однокурсником Дэвидом, а потом на Ямайку с Сюзанной. В обоих случаях я наслаждалась мягким бризом и радостным оживлением, которое испытывала каждый раз, приближаясь к океану. Возможно, поэтому меня так тянуло к людям, выросшим на островах.

В Кингстоне Сюзанна водила меня на белоснежные пляжи, где мы часами ныряли в нефритовые волны. Дорога туда проходила через рынок, где Сюзанна умело лавировала, болтая с уличными торговцами.

— Попробуй это! — кричала она во все горло, передавая мне кусочки жареной рыбы, жареного батата, стебли сахарного тростника и ломтики манго. Она хотела, чтобы я попробовала все и поняла, как много потрясающих вещей в мире заслуживают любви.

Барак вел себя точно так же. Он жил на материке уже больше десяти лет, но Гавайи все еще много для него значили. Он хотел, чтобы я осмотрела все, начиная с раскидистых пальм, окаймлявших улицы Гонолулу, и полумесяца пляжа Вайкики и кончая зелеными холмами вокруг города. Около недели мы жили в съемной квартире, принадлежащей друзьям его семьи, каждый день ездили к океану, купались и нежились на солнце. Я встретила сводную сестру Барака, Майю, ей тогда было девятнадцать. Майя оказалась доброй и умной студенткой Барнард-колледжа. У нее были круглые щеки, большие карие глаза и темные вьющиеся волосы. Я познакомилась с его бабушкой и дедушкой, Мадлен и Стэнли Данэмами, или Тут и Дедушкой, как он их называл. Они жили в той же маленькой квартире, где вырастили Барака, со стенами, украшенными индонезийскими тканями, которые им годами посылала Энн.

Потом я познакомилась и с самой Энн, полной живой женщиной с темными вьющимися волосами и таким же острым подбородком, как у Барака. Она носила массивные серебряные украшения, яркое платье из батика и крепкие сандалии, подходящие антропологу. Она отнеслась ко мне дружелюбно, поинтересовалась моим происхождением и карьерой. Было ясно, что она обожает сына — почти благоговеет перед ним, — и ей не терпелось поговорить с ним, обсудить свою диссертацию и обменяться книжными рекомендациями, как со старым другом.

Все в семье до сих пор звали его Барри, и мне это нравилось. Несмотря на то что его бабушка и дедушка уехали из Канзаса еще в 1940-х годах, они оставались типичными представителями Среднего Запада, как их всегда описывал Барак. Дедушка был большим, похожим на медведя мужчиной, глуповато шутил. Тут, дородная седовласая женщина, сделавшая карьеру вице-президента местного банка, готовила нам на обед сэндвичи с тунцом и салатом. По вечерам она подавала крекеры «Ритц» с сардинами в качестве закусок и раскладывала ужин на подносы, чтобы все могли посмотреть новости в гостиной или поиграть в «Эрудит». Скромная семья среднего класса, во многом похожая на мою.

И в этом было что-то успокаивающее, как для меня, так и для Барака. Какими бы разными мы ни были, мы все-таки подходили друг другу необычным образом. Словно теперь наконец стало ясно, в чем кроется причина притяжения между нами.

Напряженная, интеллектуальная сторона Барака на Гавайях несколько отступила, и ее место заняло умиротворение. Он был дома. Дом — место, где не нужно никому ничего доказывать. Мы везде опаздывали, но это не имело значения — даже для меня. Школьный приятель Барака, Бобби, рыбак, однажды взял нас на свою лодку, чтобы мы смогли понырять и бесцельно поплавать. В тот момент я впервые видела Барака таким расслабленным. Он отдыхал под голубым небом со старым другом, попивал холодное пиво, больше не зацикливаясь на новостях, или чтении документов, или на том, как исправить неравенство доходов. Выбеленная солнцем нежность этого острова по-новому раскрыла нас обоих, отчасти дав нам время, которого у нас раньше не было.

Многие мои друзья оценивали своих потенциальных партнеров с точки зрения в первую очередь внешности и финансовых перспектив. И как только оказывалось, что выбранный ими человек не умеет выражать чувства или не любит быть уязвимым, они думали, будто проблему решит время или брачные клятвы. Но Барак появился в моей жизни полностью сформированным человеком. С самого первого нашего разговора он показал мне, что не стесняется своих страхов или слабостей и ценит искренность. На работе же я увидела его готовность жертвовать своими потребностями и желаниями ради важной цели.

И теперь, на Гавайях, я наблюдала, как его характер отражается в других мелочах. Его дружба со школьными приятелями свидетельствовала о постоянстве в отношениях. В его преданности волевой матери я видела глубокое уважение к женщинам и их независимости.

Мне не пришлось обсуждать это вслух с Бараком, чтобы понять: он справится с девушкой, у которой есть собственные пристрастия и мнения. Таким вещам нельзя научить, и даже любовь не поможет выстроить их с нуля или изменить. Открыв мне свой мир, Барак показал все, что нужно было знать о том, каким партнером он будет по жизни.

Как-то днем мы взяли напрокат машину и поехали на северный берег Оаху. Сели на полоске мягкого пляжа и смотрели на серферов, покоряющих океан. Мы пробыли там несколько часов, просто разговаривали, пока одна волна накатывала на другую, солнце клонилось к горизонту, а люди собирались по домам. Мы разговаривали, пока небо становилось розовым, потом фиолетовым и, наконец, потемнело. Продолжали разговаривать, когда жуки начали кусаться, а мы проголодались. Если бы я могла сейчас очутиться на Гавайях в прошлом, то выбрала бы этот момент — когда мы сидели на краю океана и строили планы на будущее, обсуждая, в каком доме мы хотели бы жить, какими родителями мы хотели бы стать. Наверное, говорить об этом было чересчур смело и рискованно, но в то же время обнадеживающе. Казалось, мы никогда не остановимся и этот разговор между нами продлится всю жизнь.

Вернувшись в Чикаго и снова оказавшись вдали от Барака, я стала ходить на свои старые добрые встречи «счастливого часа», хотя и редко задерживалась на них допоздна. Преданность Барака чтению пробудила во мне новую страсть к книгам. Теперь я была готова провести субботний вечер с хорошим романом на диване.

Когда мне становилось скучно, я звонила подругам. Даже теперь, когда у меня появился парень, лучше всего меня поддерживали подруги. Сантита Джексон теперь путешествовала по стране в качестве бэк-вокалистки Роберты Флэк, но мы созванивались при каждом удобном случае. Где-то за год до этого я сидела с родителями в их гостиной и с гордостью смотрела, как Сантита с братьями и сестрами представляли своего отца на национальном съезде демократической партии 1988 года. Священник Джексон сделал солидную ставку на президентскую гонку, выиграл около дюжины праймериз[1], прежде чем уступить место Майклу Дукакису. Тем самым он наполнил надеждой и радостью такие дома, как наш, — даже если в глубине сердца мы понимали, что у Джексона очень и очень мало шансов.

Я часто болтала с Верной Уильямс, близкой подругой по юридической школе, которая до недавнего времени жила в Кембридже. Она видела Барака пару раз, и он ей очень нравился — но она не упускала случая подразнить меня тем, что я изменила своим безумно высоким стандартам и стала встречаться с курильщиком. Мы все так же смеялись вместе с Анджелой Кен-

---

[1] Внутрипартийные (предварительные) выборы. Осуществляются для того, чтобы голоса избирателей не делились между несколькими кандидатами от одной партии. — *Прим. ред.*

неди, хотя она работала учительницей в Нью-Джерси, воспитывала маленького сына и пыталась держать себя в руках, пока ее брак медленно рушился. Мы познакомились, будучи глупыми зелеными студентками, а теперь обе выросли. У нас была взрослая жизнь и взрослые заботы. Одна эта мысль иногда казалась нам нелепой.

Сюзанна оставалась столь же свободной духом, какой была, когда мы жили вместе в Принстоне, — непредсказуемо мелькала в моей жизни, продолжая измерять ценность своих дней исключительно степенью веселья. Мы подолгу не разговаривали, но потом с легкостью подхватывали нить нашей дружбы. Я всегда называла ее Скрюзи, а она меня — Миш. Наши миры оставались такими же разными, как в колледже, когда она уходила на вечеринки в свой обеденный клуб, запинывая грязное белье под кровать, а я раскрашивала свой двести первый конспект по социологии. Даже тогда Сюзанна была мне как сестра, за чьей жизнью я могла наблюдать только издалека, через огромную пропасть наших различий. Она сводила меня с ума, очаровывала и оставалась для меня важна. Она спрашивала моего совета, а потом намеренно игнорировала его. Разве встречаться с развратной, не очень знаменитой поп-звездой — плохая идея? Вообще да, плохая, но она все равно это сделает, ведь — почему бы и нет? Больше всего меня раздражало, что она отказалась от возможности пойти в бизнес-школу Лиги плюща после колледжа, решив, будто там будет слишком много работы и, следовательно, не весело. Вместо этого она получила степень магистра делового администрирования по не очень напряженной программе в государственном университете, что, с моей точки зрения, было продиктовано исключительно ленью.

Выбор Сюзанны казался оскорблением моего видения жизни, голосом в пользу того, чтобы перестать стараться. Теперь я могу сказать, что судила о ней несправедливо, — но в то время я просто считала, что права.

Вскоре после того, как я начала встречаться с Бараком, я позвонила Сюзанне, чтобы рассказать о своих чувствах. Она разволновалась, услышав, что я так счастлива, — счастье было ее валютой. У нее были свои новости: она бросила работу программиста в Федеральном резерве[1] и отправлялась путешествовать — не на недели, а на месяцы. Они с мамой собирались в кругосветное путешествие. Потому что — почему бы и нет?

Я уже никогда не узнаю, догадывалась ли Сюзанна о том, что происходило в ее теле, что бесшумное деление уже набирало обороты. Зато я знаю: осенью 1989 года, когда я носила лакированные туфли-лодочки и сидела на длинных скучных совещаниях в конференц-зале «Сидли», Сюзанна и ее мать старались не пролить карри на свои сарафаны в Камбодже и танцевали на рассвете в огромных коридорах Тадж-Махала. Пока я приводила в порядок чековую книжку, забирала вещи из химчистки и смотрела, как увядают и опадают листья с деревьев вдоль Эвклид-авеню, Сюзанна неслась по жаркому, влажному Бангкоку на тук-туке, крича — как я себе это представляла — от радости. На самом деле я не знаю, как выглядели ее путешествия и куда она на самом деле ездила, она не присылала открытки и не выходила на связь. Она была слишком занята жизнью, наполняя себя всем, что мир мог ей дать.

Когда она добралась до дома в Мэриленде и улучила момент, чтобы связаться со мной, новости изменились. Они столь разительно диссонировали с ее образом в моей голове, что я едва могла им поверить.

— У меня рак, — сказала Сюзанна хриплым от волнения голосом. — Обширный.

Врачи только поставили диагноз — агрессивная форма лимфомы, уже поражающая органы. Сюзанна описала план лечения, робко надеясь на хорошие результаты, но я была слишком поражена, чтобы расслышать детали. Перед тем как повесить трубку, она сказала, что, по жестокой иронии судьбы, ее мать тоже тяжело заболела.

Может, я не верила в справедливость, но я всегда знала, что из любой проблемы можно найти выход. Рак Сюзанны был

---

[1] Федеральный резерв США — центральный банк США. — *Прим. науч. ред.*

первым реальным вызовом этому мнению, саботажем моих идеалов. Даже если я и не сомневалась в деталях, до этого момента у меня имелись кое-какие планы на будущее, программа, которой я придерживалась с первого курса колледжа, аккуратно проставляя галочки напротив каждого пункта.

Для нас с Сюзанной все должно было идти так: мы станем подружками невесты на свадьбах друг друга. Конечно, наши мужья будут совсем разными, но все равно подружатся. Мы одновременно родим детей, будем ездить семьями на Ямайку, критиковать методы воспитания друг друга, но при этом оставаться любимыми тетушками наших детей. Я буду покупать ее детям на дни рождения книги; она моим — тренажеры-кузнечики. Мы будем смеяться, делиться секретами и закатывать глаза на странности друг друга, пока однажды не осознаем, что не заметили, как пролетело время, а мы превратились в двух старушек, которые были лучшими подругами всю свою жизнь.

Таким, по моему мнению, должно было быть наше будущее.

Оглядываясь назад, я поражаюсь, как в течение той зимы и весны могла просто продолжать трудиться. Я была юристом, а юристы работают. Все время работают. Юрист хорош ровно настолько, сколько часов он проработал. Выбора нет, сказала я себе. Работа — это важно, сказала я себе. И каждое утро продолжала приезжать в центр Чикаго, чтобы войти в корпоративный муравейник, известный под именем «Первой национальной плазы». Я просто опускала голову и отрабатывала свои часы.

Тем временем в Мэриленде Сюзанна боролась с болезнью. Она выполняла медицинские указания и делала операции, в то же время пытаясь заботиться о маме, тоже больной агрессивным раком, никак, настаивали врачи, не связанным с раком Сюзанны. Им просто не повезло, не повезло столь сильно, что даже страшно подумать. Остальные члены семьи Сюзанны с ней не общались, за исключением двух ее любимых кузин, которые помогали, как могли. Анджела иногда приезжала в гости из Нью-Джерси, но ей приходилось жонглировать ребенком и работой. Я попросила Верну, мою бывшую однокурсницу, заходить, когда сможет, исполняя роль моего посредника. Верна встречалась с Сюзанной пару раз, когда мы учились в Гарварде, и теперь по чистой случайности жила в Силвер-Спринг, напротив ее дома.

Я знаю, просить об этом Верну было бестактно. Она недавно потеряла отца и боролась с собственным горем. Но она настоящая подруга, сострадательная и сердечная. Однажды в мае она позвонила мне в офис, чтобы сообщить подробности визита.

— Я причесала ее, — сказала она.

То, что Сюзанну понадобилось причесывать, должно было объяснить мне все, но я отгородилась от правды. Какая-то часть меня все еще настаивала: этого не происходит. Я цеплялась за мысль, что Сюзанна поправится, хотя все факты говорили об обратном.

Наконец в июне мне позвонила Анджела и сразу перешла к делу.

— Если собираешься приезжать, Миш, — сказала она, — то тебе лучше поторопиться.

К тому времени Сюзанну перевезли в больницу. Она слишком ослабла, чтобы говорить, то теряла сознание, то приходила в себя. Не осталось ничего, что могло бы поддержать мое отрицание проблемы. Я повесила трубку и купила билет на самолет. Полетела на восток, поймала такси до больницы, поднялась на лифте на нужный этаж, прошла по коридору в ее палату и нашла ее там лежащей в постели. Анджела и кузина Сюзанны молча сидели рядом. Мать Сюзанны, как выяснилось, умерла всего несколько дней назад, а Сюзанна была в коме. Анджела освободила для меня место на краю кровати.

Я пристально смотрела на Сюзанну, на ее прекрасное лицо в форме сердца и красновато-коричневую кожу и немного успокоилась от вида юношеской гладкости ее щек и девичьего изгиба губ. Казалось, болезнь ее ничуть не тронула. Темные длинные волосы все так же блестели; кто-то заплел их в две косы, доходившие почти до талии. Длинные ноги лежали под одеялом. Она выглядела молодой, милой, прекрасной двадцатишестилетней девушкой, которая, возможно, задремала.

Я пожалела, что не приехала раньше. Я пожалела обо всех моментах, когда говорила, что она поступает неправильно, — а Сюзанна знала, что делает. Я вдруг обрадовалась, что она всегда игнорировала мои советы. Что она не выгорела, получая какой-нибудь модный диплом бизнес-школы. Что она тогда все-таки уехала на выходные с какой-то поп-звездой, просто ради забавы. Я была счастлива, что она добралась до Тадж-Махала, встретила восход солнца со своей мамой. Сюзанна жила не так, как я.

Я держала ее безвольную руку и наблюдала, как ее дыхание становилось прерывистым и в конце концов между вдохами наступали долгие паузы. В какой-то момент медсестра кивнула. Это происходило. Сюзанна умирала. В глазах у меня потемнело. Я не могла думать о чем-то глубоком, в голову не пришло ни одного откровения о жизни и потерях. Если я что-то и чувствовала, так это злость.

Сказать, что жизнь несправедлива к Сюзанне, которая заболела и умерла в двадцать шесть лет, — ничего не сказать. Но так оно и было. Тупая, уродливая правда.

Когда я наконец оставила ее тело в больничной палате, моей единственной мыслью было: она умерла, а я все еще здесь. Снаружи, в коридоре, бродили в больничных халатах люди намного старше и изможденнее Сюзанны, и они тоже все еще были здесь. Я сяду в переполненный самолет до Чикаго, поеду по оживленному шоссе, поднимусь на лифте в свой офис. Я буду смотреть на счастливые лица людей в машинах, на прогуливающихся по тротуару в летней одежде, лениво сидящих в кафе и работающих за столами, не обращая внимания на то, что случилось с Сюзанной, — очевидно не подозревая, что они тоже могут умереть в любой момент. То, что мир продолжал существовать, казалось мне извращением. Почему все еще были здесь, кроме моей Сюзанны?

10

Тем летом я начала вести дневник. Купила блокнот в черном переплете с фиолетовыми цветами на обложке, держала его рядом с кроватью и брала с собой в командировки от «Сидли и Остин». Не то чтобы я вела его ежедневно или хотя бы еженедельно — только тогда, когда у меня находились время и силы разобраться в своих спутанных чувствах. Я могла сделать несколько записей за неделю, а потом отложить дневник на месяц или больше. По натуре я не очень склонна к самоанализу. Все эти упражнения по записи собственных мыслей были для меня в новинку — привычка, которую я частично переняла от Барака. Он рассматривал письмо как терапевтическую и проясняющую мысли практику и вел дневники на протяжении многих лет.

Барак вернулся в Чикаго на летние каникулы, на этот раз пропустив момент субаренды и переехав прямо в мою квартиру на Эвклид-авеню. Это означало не только то, что мы учились жить вместе как пара, но и то, что Барак ближе познакомился с моей семьей. Он разговаривал о спорте с моим отцом, когда тот собирался на смену. Иногда помогал маме выносить продукты из гаража. Это было приятно.

Крейг изучил Барака самым тщательным и откровенным способом, каким только мог, — в выходные пригласив его на баскетбольный матч с кучей своих приятелей, большинство из которых раньше играли в сборной колледжа. На самом деле он сделал это по моей просьбе. Мнение Крейга о Бараке имело для меня большое значение, брат видел людей насквозь, особенно в контексте игры. Барак достойно прошел испытание. Брат сказал, что он хорошо держится на корте и знает, когда нужно отдать пас, но при этом не боится бросать, когда открыт.

— Он не из тех, кто постоянно удерживает мяч, — сказал Крейг, — но явно не слабак.

Барак согласился на летнюю работу в компании, офис которой находился в центре города рядом с офисом «Сидли», но остался в Чикаго ненадолго. Его выбрали главой «Юридического обозрения Гарварда» на предстоящий учебный год, это означало, что он будет отвечать за восемь выпусков журнала примерно по триста страниц каждый и должен вернуться в Кембридж пораньше, чтобы начать работу. За право возглавить журнал ежегодно велось жесткое соревнование, включавшее тщательную проверку и голосование восьмидесяти студентов-редакторов. Эта должность была достижением для каждого. Оказалось, Барак стал первым афроамериканцем, выбранным на нее, за всю 103-летнюю историю издания — событие настолько важное, что о нем написали в «Нью-Йорк таймс», сопроводив статью фотографией улыбающегося Барака в шарфе и зимнем пальто.

Другими словами, мой парень стал важной персоной. В тот момент он мог бы получить место с жирной зарплатой в любой юридической фирме, но вместо этого думал только о том, как после окончания вуза работать в сфере гражданского права. Даже несмотря на то, что в этом случае у него ушло бы в два раза больше времени на погашение кредита на обучение. Практически все, кого он знал, убеждали его последовать примеру многих предыдущих редакторов «Обозрения» и подать заявление на должность секретаря в Верховный суд. Но Барака это не интересовало. Он хотел жить в Чикаго. Он хотел написать книгу о расах в Америке и планировал, по его словам, найти работу, которая соответствовала бы его ценностям, — скорее всего, это означало, что он не станет заниматься корпоративным правом. Он точно знал, чего хочет.

И хотя вся эта врожденная уверенность Барака, конечно, восхищала — попробуйте с ней пожить. Сосуществовать с его целеустремленностью — спать в одной кровати, сидеть за одним столом за завтраком — требовало от меня усилий. Не то чтобы он афишировал это, он просто этим жил. В присутствии его уверенности в себе, уверенности в том, что он может что-то изменить в этом мире, я не могла не чувствовать себя немного потерянной. Его целеустремленность казалась невольным вызовом моей собственной.

Следовательно, дневник. На первой же странице я аккуратным почерком изложила причины, по которым начала его вести:

«Во-первых, я не понимаю, куда хочу направить свою жизнь. Каким человеком я хочу быть? Какой вклад в мир я хочу внести?

Во-вторых, у меня очень серьезные отношения с Бараком, и я чувствую, что мне нужно лучше владеть собой».

Эта маленькая записная книжка с цветочками пережила уже пару десятилетий и множество переездов. Она лежала на полке в моей гардеробной в Белом доме восемь лет, пока совсем недавно я не вытащила ее из коробки, чтобы заново познакомиться с собой во времена, когда я была молодым юристом.

Сегодня я прочитала эти строки и поняла, что именно пыталась сказать себе, — это могла бы сказать мне прямо любая здравомыслящая женщина. На самом деле все было просто: во-первых, я терпеть не могла свою должность юриста. Я не подходила для этой работы. Я не чувствовала ничего, кроме опустошения, когда разбирала документы, несмотря на то что была в этом хороша. Это грустно признавать, учитывая, как тяжело я работала и какой на мне оставался долг по студенческому кредиту. Ослепленная своим стремлением преуспеть и делать все идеально, я пропустила знаки судьбы и свернула не туда.

Во-вторых, я была сильно и восхитительно влюблена в парня, чей интеллект и амбиции могли поглотить мои. Я уже видела, как эта опасность подбирается все ближе, подобно бурлящей волне с мощным подводным течением. Я не собиралась уходить с ее дороги — я была слишком предана Бараку к тому времени, слишком влюблена, — но хотела прочно стоять на ногах.

Это означало найти новую профессию. Больше всего меня потрясло то, что я не могла придумать, чем хочу заниматься. Почему-то за все годы учебы не удалось понять, что мне нравится и как это может сочетаться с работой, которую я нахожу значимой. В молодости я никак не исследовала ни себя, ни окружающий мир. Зрелость Барака нарабатывалась частично и в то время, когда он был загружен делами в должности общественного организатора, и даже тогда, когда, как он сам считает, провел бестолковый год, трудясь исследователем в одной из бизнес-консалтинговых фирм Манхэттена сразу после колледжа. Он что-то пробовал, знакомился с разными людьми, узнавал собственные приоритеты. Я же, между тем, так боялась запутаться, так стремилась к респектабельности и стабильной оплате счетов, что стала юристом, ни разу по-настоящему не задумавшись об этой профессии.

За один год я обрела Барака и потеряла Сюзанну, и взрывная волна этих двух событий сбила меня с ног. Внезапная смерть Сюзанны пробудила мысль, что в моей жизни не хватает радости и смысла. Я не могла продолжать жить в своем слепом самодовольстве. Я одновременно благодарила и винила Барака за свою растерянность. «Какова вероятность того, что, не будь в моей жизни мужчины, который постоянно спрашивает меня о том, что мною движет и что причиняет мне боль, — писала я в своем дневнике, — я бы стала делать это сама?»

Я размышляла о том, чем могла бы заниматься, какими навыками могла бы овладеть. Может быть, я могла бы стать учителем? Администратором колледжа? Может быть, мне стоило запустить программу для занятий с детьми после школы, профессиональную версию того, чем я занималась в Принстоне для Черни? Мне хотелось работать на фонд или некоммерческую организацию. Помогать неимущим детям. Я спрашивала себя, могу ли найти работу, которая занимала бы меня и при этом оставляла время для волонтерства, занятий искусством или воспитания детей. По сути, я хотела жить.

Хотела чувствовать себя цельной. Я составила список вопросов, которые меня интересовали: образование, подростковая беременность, самооценка черных. Я знала: более социально ориентированная работа неизбежно повлечет за собой сокращение зарплаты.

Поэтому мой следующий список оказался более отрезвляющим: список статей моих расходов после того, как я откажусь от излишеств, которые могла позволить себе на зарплату в «Сидли», типа подписки на вино и абонемента в спортзал. В перечне остались 600 долларов на ежемесячный платеж по студенческому кредиту, 407 долларов за машину, деньги на еду, бензин и страховку, плюс примерно 500 долларов в месяц на аренду, если я когда-нибудь все-таки съеду из родительского дома.

Ничего невозможного, но все равно непросто. Я стала расспрашивать людей о карьере в сфере правового регулирования индустрии развлечений, решив, что там интереснее и при этом не так мало платят. Но в глубине души я чувствовала, как медленно растет моя уверенность в том, что я не создана для юридической практики. Однажды я прочитала статью в «Нью-Йорк таймс», в которой описывалось, что среди американских юристов, в особенности среди женщин, процветают усталость, стресс и депрессия. «Как печально», — написала я в дневнике.

Бо́льшую часть августа я провела в арендованной комнате для переговоров отеля в Вашингтоне, куда меня послали помочь подготовить дело. «Сидли и Остин» представляла интересы химического конгломерата «Юнион карбид» в антимонопольном процессе, связанном с продажей одного из бизнес-холдингов. Я провела в Вашингтоне около трех недель, но почти не видела города, ведь моя жизнь состояла из того, чтобы сидеть в комнате с несколькими коллегами из «Сидли», открывать коробки с папками, которые нам отправляли из штаб-квартиры компании, и просматривать тысячи страниц.

Наверное, я не выгляжу одной из тех, кто находит утешение в хитросплетениях торговли уретановым полиэфирполиолом, но я нашла. Это была все та же юриспруденция, но специфика работы и смена обстановки отвлекли меня от более серьезных вопросов, не дающих покоя в остальное время.

В конечном счете, дело урегулировали вне суда, это означало, что бо́льшая часть моей работы проделана зря. Утомительный, но ожидаемый для юриспруденции компромисс. Нам нередко приходилось готовиться к суду, которому не суждено было состояться. В тот вечер по пути домой в Чикаго меня охватил тяжелый страх. Я знала, что вот-вот окунусь в повседневную рутину и туман своих сомнений.

Мама встретила меня в аэропорту О'Хара. Какое облегчение просто ее увидеть. Ей уже было чуть за пятьдесят, и она работала помощником управляющего в банке в центре города. Коллектив, по ее словам, состоял в основном из мужчин, которые попали в этот бизнес только потому, что их отцы трудились банкирами. Моя мать была сильной. Она с трудом выдерживала дураков. Коротко стриглась и носила практичную, непритязательную одежду. Все в маме излучало уверенность и спокойствие. Она никогда не вмешивалась в нашу с Крейгом личную жизнь. Мамина любовь выражалась в надежности. Мама просто появлялась, когда прилетал самолет, отвозила домой и предлагала поесть. Ее спокойный нрав был для меня убежищем, местом, где я могла укрыться от невзгод.

Как только мы выехали в город, я тяжело вздохнула.

— Ты в порядке? — спросила мама.

Я посмотрела на нее в полумраке машины.

— Не знаю, — начала я. — Просто...

И вывалила на нее все свои чувства. Рассказала, что мне не нравится моя работа и даже выбор профессии и что на самом деле я глубоко несчастна. Рассказала о своем беспокойстве, о том, как отчаянно хочу что-то изменить, но боюсь, что стану мало зарабатывать. Мои эмоции были на пределе. Я снова вздохнула.

— Я просто не чувствую удовлетворения, — пожаловалась я.

Теперь я понимаю, как тяжело это было услышать моей маме, которая к тому времени уже девять лет работала преимущественно для того, чтобы оплатить мое образование в колледже, после многих лет труда домохозяйкой: шить мне школьную одежду, готовить мне еду и стирать вещи моего отца, который ради нашей семьи по восемь часов в день наблюдал за датчиками на котлах водоочистительной станции. Моя мама, которая только что приехала за мной в аэропорт, которая позволила мне бесплатно жить в ее доме и которая должна была встать на рассвете на следующее утро, чтобы помочь моему отцу-инвалиду собраться на работу, вряд ли была готова сочувствовать моей тоске по удовлетворенности жизнью.

Сама концепция удовлетворенности, я уверена, ей чужда. Она из словаря капризных богачей. Сомневаюсь, что мои родители за тридцать лет совместной жизни хоть раз говорили об удовлетворенности жизнью. Но мама не стала осуждать меня за преувеличение. Она не из тех, кто читает лекции или обращает чужое внимание на собственные жертвы. Обычно она просто спокойно поддерживала любой мой выбор. Однако на этот раз она бросила на меня косой взгляд, включила поворотник, чтобы свернуть с шоссе к нашему району, и слегка усмехнулась.

— Если хочешь знать мое мнение, — сказала мама, — то сначала заработай деньги, а потом уже беспокойся о счастье.

Есть истины, с которыми мы сталкиваемся, и истины, которые мы игнорируем. Следующие шесть месяцев я провела в попытках воодушевить себя, кардинально ничего не меняя. Я встретилась с партнером в «Сидли», возглавляющим мой отдел, и попросила дать более сложные задания. Я попыталась сосредоточиться на проектах, которые считала самыми значимыми, включая набор персонала. Все это время я следила за вакансиями в газетах и старалась как можно чаще общаться с не юристами. В общем, я решила работать над тем, чтобы почувствовать себя цельной.

В то же время дома, на Эвклид-авеню, я оказалась бессильной перед лицом новой реальности. Ноги отца опухали без видимой причины. Его кожа начала покрываться странными пятнышками и темнеть. Но каждый раз, когда я спрашивала, как папа себя чувствует, он отвечал мне с той же настойчивостью, что и раньше.

— Я в порядке, — отмахивался он, как будто не стоило и спрашивать. И тут же менял тему.

В Чикаго снова наступила зима. По утрам я просыпалась от шума, с которым соседи соскабливали лед с ветровых стекол своих машин. Дул ветер, валил снег. Бледное солнце едва пробивалось сквозь облака. Я смотрела на стальное небо и пустыню серого льда, покрывшего озеро Мичиган, в окно своего кабинета на сорок седьмом этаже, закутывалась поплотнее в шерстяную кофту и надеялась на оттепель. На Среднем Западе, как я уже говорила, зима — это упражнение на стойкость. Ты учишься ждать — ждать пения птиц, ждать появления первого пурпурного крокуса на снегу. У тебя нет другого выбора, кроме как взять себя в руки.

Отец не утратил своего жизнеутверждающего чувства юмора. Время от времени Крейг приходил на семейный ужин, мы садились за стол и смеялись как всегда, только теперь к нам присоединялась Дженис, жена Крейга. Дженис — веселая, энергичная женщина, она работала телекоммуникационным аналитиком в центре города и, как и все остальные, была без ума от моего отца. Крейг между тем стал человеком из брошюры о карьере после Принстона. Он получил степень магистра делового администрирования, должность вице-президента в Континентальном банке, и они с Дженис купили хорошую квартиру в Гайд-парке. Брат носил пошитые на заказ костюмы и приезжал на ужины на своем красном «Порше 944-Турбо». Тогда я этого не знала, но все это тоже не делало его счастливым. Как и у меня, у него назревал кризис, и в ближайшие годы брат будет ломать голову над тем, что значит для него его работа и является ли все то, за чем он гнался, тем, чего он действительно хотел. Понимая, однако, как гордится отец тем, чего удалось достичь его детям, никто из нас никогда не говорил обо всем этом за ужином.

Прощаясь в конце визита, Крейг бросал на отца последний озабоченный взгляд и всегда спрашивал о его здоровье, но папа весело отмахивался: «Я в порядке».

Мы принимали этот ответ, думаю, отчасти потому, что он позволял оставлять все как есть, а нам не хотелось ничего менять. Мы говорили друг другу: с ним все в порядке, мы видели, как он каждый день встает и идет на работу. Папа был в порядке, ведь мы видели, как он ел вторую порцию мясного рулета той ночью. Он был в порядке, особенно если не смотреть слишком пристально на его ноги.

Я несколько раз напряженно говорила с мамой о том, почему папа не обращался к врачу. Но, как и я, она почти сдалась, устав получать его отказы. Врачи никогда не приносили хороших новостей, поэтому, считал мой отец, их следовало избегать. Он просто не любил говорить о своих проблемах, это казалось ему эгоистичным. Папа желал жить по-своему. Чтобы приспособиться к раздутым стопам, он просто попросил маму купить ему пару рабочих ботинок побольше.

Тупиковая ситуация с визитом к врачу продлилась весь январь и февраль. Папа передвигался по дому с болезненной медлительностью при помощи алюминиевых ходунков, часто останавливаясь, чтобы перевести дыхание. Теперь по утрам ему требовалось больше времени, чтобы перебраться с кровати в ванную, из ванной на кухню, а оттуда к задней двери. Затем спуститься по трем ступенькам в гараж и приехать на работу. Несмотря на то что происходило дома, он настаивал, что на работе все в порядке. Он использовал мотороллер, чтобы перемещаться от котла к котлу, и гордился своей незаменимостью. Он не пропустил ни одной смены за все двадцать шесть лет работы. Папа с гордостью заявлял, что, если котел перегревался, он один из немногих мог справиться с угрозой достаточно быстро и умело. В подтверждение своего оптимизма он недавно выдвинул свою кандидатуру на повышение.

Мы с мамой пытались примирить то, что он говорил нам, с тем, что мы наблюдали собственными глазами, — но это становилось все труднее. Дома по вечерам отец проводил бо́льшую часть времени за просмотром баскетбольных и хоккейных матчей по телевизору, слабый и измученный, сидя в любимом кресле. В дополнение к ногам мы заметили у него припухлость на шее. В папином голосе послышалась странная дрожь.

Однажды ночью мы наконец устроили нечто вроде интервенции. Крейг никогда не играл роль плохого копа, мама тоже придерживалась добровольного прекращения огня в отношении папиного здоровья. Поэтому роль крутого переговорщика почти всегда выпадала мне. Я сказала отцу: он должен нам помочь, я собираюсь позвонить его врачу утром. Папа неохотно согласился, пообещав, что, если я назначу встречу, он пойдет. Я убедила его лечь пораньше, чтобы дать телу отдохнуть.

В ту ночь мы с мамой пошли спать, чувствуя облегчение от того, что наконец-то обрели контроль над ситуацией.

Однако у отца оказались собственные соображения на этот счет. Покой для него всегда был своего рода уступкой. Утром я спустилась вниз и обнаружила, что мама уже ушла на работу, а папа сидит за кухонным столом, поставив рядом с собой ходунки. Он надел свою темно-синюю городскую форму и изо всех сил пытался надеть ботинки. Папа собирался на работу.

— Папа, — сказала я, — я думала, ты отдохнешь. Мы же решили назначить тебе прием у врача...

Он пожал плечами.

— Я знаю, милая, — сказал он хриплым из-за новообразования на шее голосом. — Но сейчас я в порядке.

Его упрямство скрывалось под таким количеством слоев гордости, что я не смогла рассердиться. Папу было не переубедить. Мои родители воспитали нас так, чтобы мы сами справлялись со своими трудностями, а значит, я должна была доверять ему, даже если в тот момент он едва мог обуться. Так что я позволила ему справиться с этим. Отбросила свои тревоги, поцеловала отца и поднялась наверх, чтобы подготовиться к рабочему дню. Я решила позже позвонить маме и сказать, что нам нужно выработать стратегию, как заставить этого мужчину взять отпуск.

Я услышала, как захлопнулась задняя дверь. Через несколько минут я вернулась в кухню и обнаружила, что там никого нет. Ходунки отца стояли у задней двери. Повинуясь внезапному порыву, я подошла к двери и выглянула в маленький стеклянный глазок на заднее крыльцо и дорожку к гаражу, чтобы убедиться, что фургон исчез.

Но фургон был на месте, и папа тоже. В шапке и зимней куртке он стоял ко мне спиной. Он спустился лишь до середины лестницы, после чего был вынужден сесть на ступеньки. Во всей его позе сквозило изнеможение: в наклоненной набок голове и в полуобморочной тяжести, с которой он опирался на деревянные перила. Он слишком устал, чтобы продолжать спуск. Было ясно, что он пытается собраться с силами, чтобы развернуться и зайти внутрь.

Я поняла, что вижу его в момент полного поражения.

Как, должно быть, одиноко прожить двадцать с лишним лет с такой болезнью, не жалуясь на то, что твое тело медленно и неумолимо умирает. Увидев отца на крыльце, я почувствовала боль, которую еще никогда не испытывала. Я инстинктивно хотела выскочить и помочь ему вернуться в теплый дом, но сопротивлялась, зная: это еще сильнее ударит по его самомнению. Я затаила дыхание и отвернулась от двери.

Я подумала, что увижу папу, когда он вернется. Помогу снять рабочие ботинки, принесу воды и провожу к креслу, молча дав понять, что теперь ему, без сомнения, придется принять помощь.

Поднявшись к себе в комнату, я сидела, прислушиваясь к звуку задней двери. Я подождала пять минут, потом еще пять, прежде чем спуститься вниз и снова подойти к глазку, чтобы убедиться, что он поднялся на ноги. Но на крыльце никого не было. Каким-то образом мой отец, вопреки всему происходящему в его распухшем теле, заставил себя спуститься по лестнице, пересечь ледяную дорожку и сесть в универсал, который теперь, вероятно, был почти на полпути к водоочистительной станции. Папа не сдавался.

Уже несколько месяцев мы с Бараком танцевали вокруг идеи брака. Мы были вместе уже полтора года и все еще оставались влюблены. Шел его последний семестр в Гарварде. Барака поглотила работа над журналом, но потом он собирался вернуться ко мне и начать искать работу. План был такой: он возвращается на Эвклид-авеню и живет со мной на этот раз на постоянной основе. Для меня это еще одна причина, по которой зима так долго не заканчивалась.

Мы часто говорили о браке, и меня иногда беспокоило, насколько разные у нас взгляды. Для меня брак был данностью, чем-то, с чем я росла, надеясь когда-нибудь сделать так же. Несомненной частью будущего виделись мне и дети — с того момента, как я стала играть в куклы еще маленькой девочкой.

Барак был не против брака, но не особенно торопился. Наша любовь уже являлась достаточным фундаментом для полноценной, счастливой жизни вместе — с кольцами или без.

Естественно, мы оба — продукты своего воспитания. Для Барака брак был чем-то эфемерным: его мать дважды выходила замуж, дважды разводилась, и в каждом случае ей удавалось жить, делать карьеру и растить маленьких детей. Мои родители, напротив, женились рано и на всю жизнь. Каждое принятое ими решение принималось вместе, каждое их усилие было совместным усилием. За тридцать лет они едва ли провели порознь хотя бы ночь.

Чего мы с Бараком хотели? Современного партнерства, которое устраивало бы нас обоих. Он рассматривал брак как единение двух людей, которые могут вести параллельную жизнь, не отказываясь от независимых мечтаний или амбиций. Для меня брак больше походил на слияние двух жизней в одну, благополучие семьи всегда было на первом месте. Я не хотела такой жизни, как у моих родителей. Я не стремилась прожить ее в одном доме, работать на одной и той же работе и никогда не претендовать на что-то для себя, но я хотела стабильности — год за годом, десятилетие за десятилетием. «Я признаю ценности людей, имеющих собственные интересы, амбиции и мечты, — писала я в дневнике. — Но я не верю, что мечты одного человека должны исполняться за счет другого».

Мы разберемся со своими чувствами, решила я, когда Барак вернется в Чикаго, когда потеплеет и у нас снова будет возможность проводить выходные вместе. Мне оставалось только ждать, хотя ждать было трудно. Я хотела постоянства. Из гостиной моей квартиры иногда доносился шепот родителей, разговаривавших этажом ниже. Я слышала, как мама смеялась, когда отец рассказывал какую-то историю. Я слышала, как они выключали телевизор, чтобы приготовиться ко сну. Мне было двадцать семь лет, и случались дни, когда все, чего я хотела, — это чувствовать себя цельной. Мне хотелось схватить все, что я люблю, и безжалостно пригвоздить к земле. Я уже достаточно потеряла, чтобы знать, что впереди потерь будет еще больше.

Я записала отца на прием к врачу, но в конечном счете именно мама доставила его туда — на «скорой». Его ноги так раздулись и стали столь чувствительными, что папа наконец признал, что ходит словно по иголкам. Когда пришло время идти, он не смог даже встать. В тот день я была на работе, но мама позже рассказала мне, что пока крепкие санитары выносили отца из дома, он все еще пытался шутить.

Его доставили прямо в больницу Чикагского университета. За этим последовала череда потерянных дней, проведенных в мучениях и бесконечных заборах крови на анализ, проверке пульса, нетронутых подносов с едой и отрядов врачей, делающих обход. Все это время отец продолжал отекать. Его лицо надулось, шея стала толще, голос ослабел. Официальным диагнозом стал синдром Кушинга, возможно связанный с рассеянным склерозом, а возможно, и нет. В любом случае мы уже давно прошли точку любого вида паллиативного лечения. Эндокринная система отца полностью вышла из строя. Сканирование показало опухоль в горле, настолько большую, что он практически задыхался.

— Даже не знаю, как я это пропустил, — сказал отец доктору с искренним недоумением, будто не почувствовал ни одного симптома, ведущего к этому моменту, будто не провел недели и месяцы, если не годы, игнорируя свою боль.

Мы ездили в больницу по очереди: мама, Крейг, Дженис и я. Мы приходили и уходили в течение нескольких дней, пока врачи накачивали папу лекарствами, добавляли трубки и подключали аппараты. Мы пытались понять, что говорят нам специалисты, но не могли уловить смысл. Мы поправляли папины подушки и бесцельно болтали о баскетболе в колледже и о погоде на улице, зная, что он слушает, хотя и практически не может говорить.

Мы были семьей любителей планировать, чья жизнь пошла не по плану. Мой отец медленно тонул в каком-то невидимом море. Мы призывали его вернуться, стараясь вызвать в его памяти моменты, от которых могли заблестеть глаза. Помнишь, как мы катались на этом гигантском заднем сиденье во время летних вылазок в кино? Помнишь боксерские перчатки, которые ты нам подарил, и бассейн на курорте Dukes Happy Holiday? Как насчет того, как ты собирал реквизит для мастерской Робби? Ужины в доме Денди? Помнишь, мама приготовила нам жареные креветки в канун Нового года?

Как-то вечером я зашла к отцу и застала его в одиночестве: мама ушла домой на ночь, а медсестры толпились у своего поста в коридоре. В комнате было тихо. На всем этаже больницы было тихо. Стояла первая неделя марта. Зимний снег только что растаял, город промок насквозь. Отец лежал в больнице дней десять. Ему было пятьдесят пять лет, но выглядел он как старик с пожелтевшими глазами и отяжелевшими руками.

Он был в сознании, но не мог говорить — не знаю, из-за опухоли или из-за эмоций.

Я опустилась на стул рядом с его кроватью и смотрела, как он тяжело дышит. Когда я вложила свою руку в его, папа успокаивающе ее сжал. Мы молча глядели друг на друга. Слишком много нужно было сказать, и в то же время казалось, будто мы уже все сказали. Осталась только одна правда. Это конец. Папа не поправится. Он собирался пропустить всю мою оставшуюся жизнь. Я теряла его спокойствие, его уют, его жизнеутверждающее веселье. Я почувствовала, как по щекам текут слезы.

Не сводя с меня глаз, отец поднес мою руку к губам и целовал ее снова, и снова, и снова. Это был его способ сказать: «Тише, не плачь». Он выражал свое отчаяние и просьбу, но в то же время вкладывал в жест нечто более спокойное и глубокое. Этими поцелуями он говорил: он любит меня всем сердцем, гордится женщиной, которой я стала. Он говорил, что ему следовало пойти к врачу гораздо раньше. Он просил прощения. Он прощался.

Я оставалась с ним до тех пор, пока он не уснул, потом вышла из больницы в ледяной темноте и поехала домой на Эвклид-авеню, где мама уже выключила свет. Теперь мы были одни в доме, только я, моя мама и наше будущее. К восходу солнца папы не стало. У моего отца — Фрейзера Робинсона III — в ту ночь случился сердечный приступ, и он скончался, отдав нам абсолютно все.

11

Жить после чьей-то смерти — это больно. Больно идти по коридору и открывать холодильник. Больно надевать носки и чистить зубы. Еда не имеет вкуса. Цвета становятся плоскими. Музыка, как и воспоминания, причиняет страдания. Ты смотришь на то, что когда-то казалось тебе прекрасным, — пурпурное небо на закате или детскую площадку, — и это только усугубляет твою потерю. Горе — это одиночество.

На следующий день после смерти отца мы поехали в похоронное бюро Саутсайда — я, мама и Крейг, — чтобы выбрать гроб и спланировать похороны. «Подготовиться», как говорят в похоронных бюро. Я мало что помню об этом — только то, что мы были в шоке, каждый из нас замурован в собственном горе. Тем не менее, проходя через непристойный ритуал покупки нужной коробки для похорон нашего отца, мы с Крейгом умудрились поссориться в первый и единственный раз в нашей взрослой жизни.

Я хотела купить самый шикарный, самый дорогой гроб в этом месте, со всеми возможными дополнительными ручками и подушками. У меня не было на это никаких причин, просто хотелось что-то делать, когда сделать уже ничего нельзя. Наше практичное воспитание не позволяло мне придавать большое значение банальностям, которыми люди будут осыпать нас через несколько дней на похоронах. Меня не так-то легко было утешить предположением, что мой отец ушел в лучший мир и теперь сидит где-то на облаках со своими друзьями-ангелами. На мой взгляд, он просто заслужил хороший гроб.

В то же время Крейг настаивал, что папа бы захотел что-нибудь простое — скромное и практичное, ничего лишнего. Он сказал, это лучше соответствует характеру нашего отца. Все остальное было бы слишком показушно.

Мы начали тихо, но вскоре взорвались так, что добрая распорядительница похорон притворилась, будто не слушает, а мама просто отстраненно смотрела на нас сквозь туман собственной боли.

Мы кричали по причинам, которые не имели никакого отношения к спору. Никто из нас не хотел победить. В конце концов мы похоронили отца в компромиссном гробу — не особенно дорогом, но и не самом дешевом — и никогда больше об этом не говорили. Мы вели абсурдный и неуместный спор, потому что после смерти каждая вещь на земле кажется абсурдной и неуместной.

Потом мы отвезли маму на Эвклид-авеню, сели за кухонный стол на первом этаже втроем, усталые и угрюмые, и уставились на четвертый пустой стул. Он снова и снова напоминал нам о нашем горе, и наконец мы заплакали. Мы сидели так, рыдая, как мне показалось, очень долго, пока слез больше не осталось. Мама, которая весь день молчала, наконец немного печально сказала:

— Вы только посмотрите на нас.

В том, как это прозвучало, чувствовалась какая-то легкость. Она указывала на то, что мы, Робинсоны, превратились в настоящий нелепый беспорядок. Нас, с нашими опухшими веками и капающими носами, с нашей болью и странной беспомощностью, сидящих здесь, на своей собственной кухне, было просто не узнать. Кто мы такие? Разве мы этого не знаем? Разве он не показал нам? Она вытащила нас из нашего одиночества тремя решительными словами. Так умеет только мама.

Мама посмотрела на меня, а я — на Крейга, и внезапно этот момент показался мне немного смешным. Первый смешок раньше всегда исходил от стула, который теперь пустовал. Мы начали хихикать и тихонько прыскать, пока наконец не покатились со смеху. Я понимаю, это может показаться странным, но смеяться у нас получалось гораздо лучше, чем плакать. И папе бы это понравилось.

Потеря отца обострила чувство, что у меня нет времени сидеть и размышлять о жизни. Папе было всего пятьдесят пять, когда он умер. Сюзанне — двадцать шесть. Урок прост: жизнь коротка, нельзя терять ее впустую. Если я умру, я не хочу, чтобы единственной памятью обо мне стала стопка юридических документов или торговых марок, которые я помогала защищать. Я была уверена, что могу предложить миру нечто большее. Пришло время действовать.

Все еще не зная, куда податься, я напечатала рекомендательные письма и разослала их по всему Чикаго. Я написала главам фондов и некоммерческих организаций, ориентированных на общины, а также в крупные городские вузы, обратившись конкретно к их юридическим отделам — не потому, что хотела работать юристом, а потому как полагала, будто они с большей вероятностью откликнутся на мое резюме. К счастью, несколько человек ответили, пригласив меня пообедать и прийти на встречу, даже если у них не было для меня работы. Всю весну и лето 1991 года я спрашивала совета у всех, кто, как мне казалось, мог его дать.

Смысл был не столько в том, чтобы найти новую работу, сколько в том, чтобы расширить представление о своих возможностях. Я понимала, следующий шаг не сделает себя сам, мои модные дипломы не приведут меня к любимой работе автоматически. Поиск профессии, в отличие от поиска работы, требует чуть больше, чем просмотр брошюры с летними стажировками. Мне нужно было как можно быстрее начать учиться новому. Поэтому я снова и снова ставила перед всеми знакомыми свою профессиональную дилемму, расспрашивая их о том, чем они занимаются и кого знают. Я всерьез настроилась узнать, какая работа доступна юристу, не желающему заниматься юридической практикой.

Однажды днем я пришла в офис дружелюбного, вдумчивого человека по имени Арт Сассман, юрисконсульта Чикагского университета. Оказалось, моя мама как-то около года работала у него секретаршей, записывая под диктовку и занимаясь документами юридического отдела. Это было во время моего второго года обучения в старшей школе, еще до того, как мама устроилась на работу в банк. Арт удивился, узнав, что я никогда не навещала ее на работе и до сих пор ни разу не заходила в готический кампус университета, хотя росла всего в нескольких милях от него.

Если честно, у меня не было причин посещать этот кампус. Моя школа не проводила там экскурсии. Если университет и устраивал открытые культурные мероприятия в моем детстве, то семья не знала о них. У нас не было друзей и даже знакомых из числа студентов или выпускников. Чикагский университет — элитный вуз, а для большинства моих знакомых «элитный» означал «не предназначенный для нас». Его серые каменные корпуса почти в буквальном смысле повернуты спиной к улице. Проезжая мимо, отец обычно закатывал глаза, когда стайки студентов перебегали Эллис-авеню на красный: и почему этих умников никто не научил правильно переходить дорогу?

Как и многие жители Саутсайда, моя семья придерживалась предвзятого взгляда на Чикагский университет, даже несмотря на то, что мама целый год счастливо там проработала. Когда нам с Крейгом пришло время выбирать колледж, мы и не подумали о поступлении в него. Принстон по какой-то странной причине показался более доступным.

Услышав все это, Арт не поверил своим ушам.

— Ты правда никогда здесь не была? — сказал он. — Никогда?

— Нет, ни разу.

Произнеся это вслух, я почувствовала странный прилив сил. До сих пор я об этом не задумывалась, но тогда мне пришло в голову, что из меня получилась бы отличная студентка Чикагского университета — если бы не столь большая разница между жителями двух частей города; если бы только я знала об этом университете больше, а он бы знал больше обо мне. Едва подумав об этом, я почувствовала внутренний укол, небольшой толчок к цели. Сочетание того, откуда я пришла, и того, кем я себя сделала, давало моему образу мыслей определенную перспективу. То, что я черная из Саутсайда, как я вдруг осознала, помогло мне распознать проблему, о существовании которой такой человек, как Арт Сассман, даже не подозревал.

Через несколько лет у меня будет возможность работать в университете и решать некоторые из этих общественных проблем напрямую, но сейчас Арт просто любезно предложил передать мое резюме дальше.

— Думаю, тебе стоит поговорить со Сьюзен Шер, — сказал он тогда, невольно запустив то, что по сей день кажется мне цепной реакцией вдохновения.

Сьюзен была лет на пятнадцать старше меня. Она работала партнером в крупной юридической компании, но в конце концов ушла из корпоративного мира — в точности как мечтала поступить я. Тем не менее она все еще трудилась юристом в чикагской мэрии. У Сьюзен были серо-голубые глаза, светлая викторианская кожа и смех с озорным фырканьем. Спокойная, уверенная в себе, хорошо образованная, Сьюзен стала моей подругой на всю жизнь.

— Я уже готова была взять тебя на работу, — сказала она мне, когда мы наконец встретились, — как вдруг ты заявила, что не хочешь быть юристом.

Вместо этого Сьюзен предложила, как сейчас кажется, судьбоносную встречу. Она направила меня и мое резюме к своей новой коллеге в мэрии — другому корпоративному юристу, спрыгнувшему с этого корабля в надежде устроиться на государственную службу. Последняя тоже была уроженкой Саутсайда, и ей предназначалось неоднократно менять курс моей жизни.

— Человек, с которым тебе действительно нужно встретиться, — сказала Сьюзен, — это Валери Джаррет.

Валери Джаррет недавно назначили заместителем главы администрации мэра Чикаго, и у нее были связи в городском афроамериканском сообществе. Как и Сьюзен, благодаря уму после окончания юрфака она устроилась на работу в фирму из разряда «голубых фишек»[1], а потом поняла, что хочет уйти. Она перешла в мэрию в основном потому, что ее вдохновил Гарольд Вашингтон, первый афроамериканец, избранный мэром Чикаго в 1983 году, когда я училась в колледже. Вашингтон был энергичным словоохотливым политиком. Мои родители любили его за то, как он сдабривал народную речь цитатами из Шекспира, и за знаменитый пыл, с которым он набивал рот жареной курицей на общественных мероприятиях в Саутсайде. Но больше всего за его отвращение к укоренившемуся механизму демократической партии, давно управлявшему Чикаго, — этот механизм предоставлял выгодные муниципальные контракты политическим донорам и удерживал чернокожих на службе партии, не позволяя им при этом выдвигаться на высокие выборные должности.

Вашингтон построил предвыборную кампанию на реформировании политической системы города и благоустройстве бедных районов и оказался на волосок от того, чтобы проиграть выборы. У него был дерзкий стиль и решительный характер. Он мог выпотрошить любого противника своим красноречием и умом. Черный остроумный супергерой, он регулярно и бесстрашно вступал в схватки с членами городского совета, в основном белыми из старой гвардии, и считался живой легендой, особенно среди чернокожих горожан, которые видели в его лидерстве пылающий дух прогрессивизма. Его видение вдохновило и Барака, когда он приехал в Чикаго в 1985 году работать общественным организатором.

Валери тоже вдохновил именно Вашингтон. В 1987 году, в начале его второго срока, она присоединилась к нему. Ей

---

[1] «Голубые фишки» (англ. *Blue chips*) — наиболее крупные и надежные компании со стабильными показателями доходности, а также их акции.

было 30 лет, она растила маленькую дочь, и скоро предстоял развод — крайне неподходящее время для уменьшения дохода, которое неизбежно влечет за собой уход из шикарной юридической фирмы в городское правительство. И через несколько месяцев после начала ее работы произошла трагедия: у Гарольда Вашингтона случился сердечный приступ, мэр умер за своим столом спустя полчаса после выступления на пресс-конференции по жилью для малоимущих. Городской совет назначил на место Вашингтона чернокожего олдермена, но тот прослужил недолго. И затем избиратели проголосовали за Ричарда М. Дейли, сына предыдущего мэра, Ричарда Дж. Дейли, который считался крестным отцом знаменитого чикагского кумовства, — что многие афроамериканцы расценили как быстрое и деморализующее возвращение к старым порядкам.

Хотя у Валери были некоторые сомнения относительно новой администрации, она решила остаться в мэрии, переехав из юридического отдела прямо в кабинет мэра Дейли. Она была рада оказаться там — в большей степени из-за контраста. По ее рассказам, она восприняла свой переход от корпоративного права к государственному управлению как облегчение, как энергичный прыжок из суперухоженной нереальности высококлассного права, которое обычно практикуют на верхних этажах небоскребов, в реальный — очень реальный — мир.

Мэрия и управление округа Чикаго расположены в серой гранитной одиннадцатиэтажке с плоской крышей, занимающей целый квартал между улицами Кларк и Ласалл, к северу от центра города. По сравнению с окружающими ее высокими офисными зданиями мэрию можно назвать приземистой, но не лишенной величия, с ее высокими коринфскими колоннами и огромными гулкими вестибюлями, отделанными мрамором. Управление округа занимает восточную часть здания, мэрия — западную. В мэрии работают мэр и члены городского совета, а также городской секретарь. Мэрия, как я узнала, придя на собеседование к Валери в душный летний лень, была одновременно тревожно и обнадеживающе переполнена людьми.

Пары, вступающие в брак, и автовладельцы, регистрирующие машины. Горожане, подающие жалобы на выбоины, на домовладельцев, на канализационные трубы и все остальное, что, по их мнению, нуждалось в улучшении. Дети в колясках и старушки в инвалидных креслах. Журналисты, лоббисты, а также бездомные, спасающиеся от жары. На тротуаре перед зданием группа активистов размахивала плакатами и выкрикивала проклятия — но я не могу вспомнить, по какому поводу. Я была ошеломлена и очарована странным контролируемым хаосом этого места. Мэрия принадлежала народу. Была в ней некая шумная, заманчивая непосредственность, которую я никогда не чувствовала в «Сидли».

Валери зарезервировала для меня в своем расписании всего двадцать минут, но наш разговор растянулся на полтора часа. Стройная светлокожая афроамериканка, одетая в прекрасно сшитый костюм, она говорила мягко и поразительно спокойно. Во взгляде ее карих глаз чувствовалась уверенность, а в речи — впечатляющее понимание того, как функционирует город. Ей нравилась ее работа, но Валери не пыталась притвориться, будто бюрократия не приносит головной боли. Что-то в Валери заставило меня мгновенно расслабиться. Много лет спустя она рассказывала мне, что, к ее удивлению, в тот день мне удалось перевести стандартный фокус собеседования с себя на нее: я, конечно, дала ей некоторую базовую информацию о себе, но все остальное время вела тщательный допрос, пытаясь понять все, что она думала и чувствовала по поводу своей работы и общения с мэром. Я проверяла, насколько эта служба подходит мне, точно так же, как она проверяла, насколько подхожу для нее я.

Думаю, я просто воспользовалась редкой возможностью поговорить с женщиной, чье прошлое отражало мое, но при этом на несколько лет обогнавшей меня в карьере. Валери была одной из самых спокойных, смелых и мудрых женщин, которых я встречала. Той, у кого можно учиться, к кому нужно держаться ближе. Я сразу это поняла.

Прежде чем я ушла, она предложила мне присоединиться

к ее команде в качестве помощницы мэра Дейли — когда я буду готова. Мне больше не придется заниматься юриспруденцией, а жалованье составит 60 тысяч долларов в год — примерно половину того, что я зарабатывала в «Сидли и Остин». Валери предложила мне поразмыслить, действительно ли я готова к таким переменам. И мне правда надо было подумать, смогу ли я решиться на этот прыжок.

Я никогда особенно не уважала деятельность мэрии. Как и все черные из Саутсайда, я вообще мало верила в политику. Политика традиционно использовалась против чернокожих, как средство держать нас изолированными, малообразованными, безработными или с низкооплачиваемой работой. Мои бабушки и дедушки пережили ужас законов Джима Кроу[1] и унижение дискриминации — и в основном не доверяли власти любого рода. (Саутсайд, как вы, возможно, помните, был убежден, что на него может объявить охоту даже стоматолог.) Мой отец, городской служащий бóльшую часть своей жизни, был вынужден работать на демократов, чтобы его вообще рассматривали как кандидата на продвижение по службе. Он наслаждался общением с избирателями на своем участке, но кумовство в мэрии его всегда отталкивало.

И вот теперь мне внезапно предложили там работать. Я морщилась при мысли о сокращении зарплаты, но в то же время была заинтригована. Я почувствовала еще один укол, тихий толчок к будущему, далекому от запланированного. Я почти приготовилась к прыжку — но прежде требовалось кое-что еще. Теперь дело было не только во мне. Когда несколько дней спустя мне позвонила Валери, я сказала, что все еще обдумываю ее предложение, — и задала ей последний и, наверное, странный вопрос. «Могу ли я, — сказала я, — познакомить вас с моим женихом?»

---

[1] Неофициальное название законов о расовой сегрегации, принятых в некоторых южных штатах после официальной отмены рабства. Сильно ограничивали не белое население в правах. Джим Кроу — персонаж глумливой песенки, имя нарицательное для неграмотного темнокожего меньшинства. — *Прим. ред.*

Думаю, мне стоит отмотать немного назад во времени, через тяжелую жару того лета и дезориентирующую дымку долгих месяцев после смерти отца. Барак прилетел в Чикаго, чтобы пробыть со мной во время похорон так долго, как только сможет, а потом снова вернулся в Гарвард. После выпуска в конце мая он собрал вещи, продал лимонно-желтый «Датсун» и снова прилетел в Чикаго, на Эвклид-авеню, 7436, прямо в мои объятия. Я любила его — и чувствовала взаимность. Мы были вместе почти два года и теперь наконец получили возможность начать отношения без разделяющего нас расстояния. Это означало валяться в постели по выходным, читать газеты, ходить на бранчи и делиться друг с другом каждой мыслью. Ужинать по понедельникам — а также по вторникам, средам и четвергам. Покупать продукты и складывать белье перед телевизором. В те долгие вечера траура по отцу Барак был рядом, чтобы обнять меня и поцеловать в макушку.

Барак радовался, что наконец окончил юридический и мог выбраться из абстрактного царства академической науки в мир более привлекательной и реальной работы. Он также продал свою идею научно-популярной книги о расах и идентичностях нью-йоркскому издателю, что для такого книголюба, как он, было невероятным подарком. Ему дали аванс и около года, чтобы закончить рукопись.

У Барака, как всегда, было много вариантов. Его репутация — восторженные рекомендации профессоров юридического факультета, статья в «Нью-Йорк таймс» о том, как его избрали президентом «Юридического обозрения», — давала ему массу возможностей. Чикагский университет предложил ему неоплачиваемую стажировку с небольшим кабинетом на год, предполагая, что он напишет там свою книгу, а затем останется преподавать на юридическом факультете в качестве адъюнкт-профессора. Мои коллеги из «Сидли и Остин», все еще надеясь, что Барак будет работать в фирме, предложили ему кабинет на восемь или около того недель, предшествующих июльскому экзамену в адвокатуру. Кроме того, он подумывал устроиться в «Дэвис, Майнер, Барнхилл и Галланд», небольшую общественную компанию, которая занималась гражданским правом и вопросами дискриминации в жилищном секторе и чьи адвокаты были тесно связаны с Гарольдом Вашингтоном, что для Барака имело большое значение.

Есть что-то очень ободряющее в человеке, считающем, будто его возможности бесконечны, и не тратящем время и энергию на мысли о том, что они когда-нибудь иссякнут. Барак усердно и добросовестно трудился ради того, что теперь получил, но при этом он никогда не сравнивал свои достижения с достижениями других, как это делали многие мои знакомые — как иногда делала я сама. Временами казалось, он совершенно не обращает внимания на гигантские крысиные бега вокруг себя, на материальную жизнь, за которой должен гоняться тридцатис-чем-то-летний юрист, — от нестыдной машины до дома с садом в пригороде или шикарной квартиры в центре. Я и раньше замечала в нем это качество, но теперь, когда мы жили вместе и я подумывала о том, чтобы сделать свой первый важный поворот, я стала ценить это в нем еще больше.

Если коротко, Барак верил, когда другие не верили. У него была простая, жизнерадостная вера в то, что если всегда придерживаться своих принципов, то все получится. Но я вела множество осторожных, чувствительных разговоров со многими людьми о том, как вырваться из карьеры, в которой я, по всем внешним признакам, процветала, — и снова и снова читала на лицах настороженность и беспокойство, когда говорила о своих долгах и о том, что еще не успела купить дом.

Я не могла не думать о том, как мой отец намеренно жертвовал своими мечтами, избегал всякого риска, чтобы дома нас ждало только спокойствие и постоянство. Я все еще ходила с маминым советом в ушах: сначала зарабатывай деньги, а о счастье думай потом. К тому же к моему беспокойству примешивалось одно глубокое желание, намного превосходящее любое материальное: я хотела детей, и чем скорее, тем лучше. И как же у меня получится их вырастить, если я внезапно начну все сначала в совершенно новой области?

Появившись в Чикаго, Барак стал для меня своего рода лекарством, таблеткой успокоительного. Он впитывал мои тревоги, слушал, как я перечисляю все свои финансовые обязательства, и утверждал, что тоже очень хочет иметь детей. Он признавал, что мы никак не можем предсказать, как именно сведем концы с концами, учитывая, что ни один из нас не хотел оказаться взаперти в удобной, предсказуемой жизни адвоката. Но суть заключалась в том, что мы далеко не бедствовали и наше будущее многое обещало — и, возможно, поэтому его было так нелегко спланировать.

Барак единственный убеждал меня просто решиться, забыть все тревоги и идти к тому, что, как я думала, сделает меня счастливой. Прыгать в неизвестность — нормально, потому что — и это потрясающая новость для большинства членов семьи Шилдс/Робинсон, особенно для старшего поколения Денди и Саутсайда, — неизвестность не смертельно опасна.

Не переживай, говорил Барак. Ты сможешь. Мы справимся.

Теперь несколько слов об экзамене Коллегии адвокатов: это необходимость, обряд посвящения для каждого новоиспеченного юриста, собирающегося практиковать. И хотя содержание и структура самого теста несколько варьируются от штата к штату, люди описывают его примерно одинаково: этот двухдневный, двенадцатичасовой экзамен, призванный доказать ваши знания во всех областях права, от договорного права до сложных правил обеспечительных сделок, официально считается адским. Бараку только предстояло его выдержать, а я сдала экзамен три года назад, сразу после окончания Гарварда, в Иллинойсе, предварительно пройдя что-то вроде двух месяцев самообучения в качестве младшего сотрудника в «Сидли», а также взяв курс подготовки к экзамену и продираясь через устрашающе толстую книгу тестов.

Это было тем же летом, когда Крейг и Дженис поженились в ее родном городе Денвере. Дженис попросила меня стать подружкой невесты, и по целому ряду причин — не последней из которых было то, что я провела семь лет, вкалывая без остановки в Принстоне и Гарварде, — я жадно набросилась на эту роль. Я охала и ахала над свадебными платьями и помогала планировать девичник. Не было ничего, чего бы я не сделала, чтобы день свадьбы получился веселее. Иными словами, перспектива того, что мой брат примет брачный обет, волновала меня гораздо больше, чем очередное определение деликта.

Это было еще в те незапамятные времена, когда результаты тестов приходили на почту. Осенью, оставив позади экзамен по адвокатуре и свадьбу, я позвонила из офиса отцу и попросила проверить, нет ли почты. Есть. Я спросила, нет ли там конверта для меня. Он был. Письмо из Коллегии адвокатов штата Иллинойс? Да, так написано на конверте. Я спросила, не мог бы папа открыть его для меня, услышала шорох, а затем долгую, жуткую паузу на другом конце провода.

Я провалилась.

За всю жизнь я ни разу не провалила ни одного экзамена, если не считать момента в детском саду, когда я не смогла прочитать слово «белый» на карточке. Но тут я все испортила. Мне было стыдно, я думала, что подвела всех, кто когда-либо учил, поощрял или нанимал меня. Я не привыкла ошибаться. Если уж на то пошло, я обычно переусердствовала, особенно когда дело доходило до подготовки к важному моменту или тесту, но не в этот раз. Сейчас я думаю, это был побочный эффект того, что я потеряла интерес к юриспруденции в вузе, выгорела во время учебы, которая ужасно мне наскучила, потому что держала меня на максимальном расстоянии от реальной жизни. Мне хотелось проводить время в окружении людей, а не книг — думаю, поэтому самой лучшей частью обучения на юридическом стало волонтерство в бюро юридической помощи, где я могла помочь кому-то получить выплаты по социальному страхованию или противостоять арендодателю.

И все же мне не нравилось проигрывать. Боль от этого останется со мной на месяцы, даже несмотря на то, что многие коллеги в «Сидли» признались: они тоже не сдали экзамен в первый раз. Позже той же осенью я взяла себя в руки и начала готовиться к повторному тесту, чтобы в этот раз успешно его сдать. В конце концов, моя ошибка не имела никакого значения — только задела мою гордость.

Несколько лет спустя это воспоминание заставило меня наблюдать за Бараком с большим любопытством. Он посещал занятия по подготовке к экзамену и везде носил с собой книги для самоподготовки, но, как мне казалось, не открывал их столь часто, как следовало бы, — во всяком случае, как стала бы я, зная то, что знала сейчас. Но я не собиралась придираться или даже предлагать себя в качестве отрицательного примера. Во-первых, голова Барака была переполненным чемоданом информации, суперкомпьютером, из которого он извлекал любые данные по запросу. Я называла его «специалистом по фактам» — он мог привести статистические данные по любой теме, затронутой в разговоре. Память Барака казалась не совсем, но почти фотографической. По правде говоря, я вообще не волновалась за его экзамен, и, что несколько раздражало, он тоже.

Поэтому мы решили отпраздновать успех рано, в тот самый день, когда он сдал экзамен, — 31 июля 1991 года, — заказав себе столик в ресторане «Гордон» в центре города. Это было одно из наших любимых мест, заведение для особых случаев, с мягким освещением в стиле ар-деко, хрустящими белыми скатертями, а также икрой и артишоками в меню. Стояла середина лета, и мы были счастливы.

В «Гордоне» мы с Бараком всегда заказывали первое, второе и третье. Мы брали мартини и закуски, а к закускам — хорошее вино. И потом сидели и лениво, удовлетворенно, может быть, немного глуповато болтали. К концу ужина Барак улыбнулся мне и поднял тему брака. Он взял меня за руку и сказал: как бы сильно он ни любил меня всем своим существом, он все еще не видит в этом смысла. Кровь прилила к моим щекам. Каждый раз, когда мы поднимали эту тему, во мне как будто нажимали кнопку — большую мигающую красную кнопку, которую можно найти на каком-нибудь ядерном объекте, в окружении предупреждающих знаков и карт эвакуации. Серьезно? Нам обязательно говорить об этом сейчас?

Оказалось, обязательно. Мы уже много раз обсуждали гипотетическую возможность пожениться, и ничего не изменилось. Я была традиционалисткой, а Барак — нет. Ясно, что ни один из нас не поддастся на уговоры. И все же это не мешало нам — в конце концов, двум адвокатам — с жаром обсуждать эту тему. Поскольку мы сидели в окружении мужчин в пиджаках и женщин в красивых платьях, наслаждающихся изысканной едой, я делала все возможное, чтобы мой голос звучал спокойно.

— Если мы в отношениях, — сказала я как можно спокойнее, — почему бы нам не оформить их официально? Какая часть твоего достоинства пострадает от этого?

Отсюда мы прошли все знакомые точки старого спора.

Имеет ли брак значение? Почему? Что с ним не так? Что со мной не так? Есть ли у нас будущее, если мы не можем с этим разобраться? Мы не ругались, но ссорились и делали это как заправские юристы. Мы наносили удары и отвечали, препарировали аргументы и подвергали перекрестному допросу, хотя я была гораздо более эмоциональна. И больше всего говорила.

Наконец подошел официант с десертной тарелкой, накрытой серебряной крышкой. Он положил ее передо мной и поднял крышку. Я была слишком обижена, чтобы посмотреть вниз, но когда я это сделала, то на месте куска шоколадного торта увидела темную вельветовую коробочку. Внутри было кольцо с бриллиантом.

Барак игриво посмотрел на меня. Он заманил меня в ловушку. Все это было уловкой. Мне потребовалась секунда, чтобы справиться с гневом и перейти к радостному шоку. Он разозлил меня в последний раз, потому что больше никогда, пока мы оба живы, не сможет привести свои бессмысленные аргументы против брака. Дело закрыто. Барак опустился на одно колено и с эмоциональной дрожью в голосе искренне спросил, не окажу ли я ему честь выйти за него замуж. Позже я узнала, что он уже обращался и к моей матери, и к моему брату, чтобы заранее получить их одобрение. Когда я сказала «да», все, кто был в ресторане, зааплодировали.

Минуту или две я ошеломленно смотрела на кольцо на пальце. Потом уставилась на Барака, чтобы убедиться, что все это происходит в реальной жизни. Он улыбался. Он совершенно меня удивил. В каком-то смысле мы оба выиграли.

— Ну, — беспечно сказал он, — надо же мне было как-то заставить тебя замолчать.

Я сказала «да» Бараку, и вскоре после этого я сказала «да» Валери Джаррет, приняв ее предложение работать в мэрии. Перед тем как сделать это, я настояла на своей просьбе познакомить Барака и Валери за ужином, чтобы мы втроем могли поговорить.

Я сделала это по нескольким причинам. Во-первых, мне нравилась Валери. Она впечатлила меня, и независимо от того, собиралась я принять ее предложение или нет, мне хотелось узнать ее получше. Я знала, Барак тоже будет впечатлен. Но, самое главное, мне было нужно, чтобы он услышал историю Валери. Как и Барак, она провела часть своего детства в другой стране — Иране, где ее отец работал врачом в больнице, — и вернулась в Соединенные Штаты, чтобы учиться. Это дало ей тот же ясный взгляд на вещи, который я видела в Бараке. Барак беспокоился о моей работе в мэрии. Как и Валери, его вдохновляло руководство Гарольда Вашингтона, но он был гораздо менее лояльным к истеблишменту старой школы, в частности нынешнему мэру Ричарду Дейли. В Бараке говорил общественный организатор: даже когда Вашингтон был у власти, Бараку приходилось неустанно и иногда бесплодно бороться с мэрией, чтобы получить хоть малейшую поддержку для социальных проектов. Хотя он неизменно подбадривал меня в отношении моей новой работы, я думаю, он тихо волновался, не разочаруюсь ли я или не окажусь ли бесправной, трудясь под руководством Дейли.

Валери была подходящим человеком для таких вопросов. Она работала на Вашингтона, а потом потеряла его. Пустота, последовавшая за смертью Вашингтона, стала своего рода предостережением, которое я в конечном итоге пыталась донести до людей по всей Америке: в Чикаго мы ошиблись, возложив все реформистские надежды на плечи одного человека и не построив при этом политический аппарат для поддержки его ви́дения. Многие, особенно либеральные и черные избиратели, рассматривали Вашингтона чуть ли не как божественного спасителя, человека, могущего изменить все. Он прекрасно справлялся с этой задачей, вдохновил таких людей, как Барак и Валери, уйти из частных фирм на общественную работу и государственную службу. Но, когда Гарольд Вашингтон умер, бо́льшая часть энергии, которую он генерировал, умерла вместе с ним.

Решение Валери остаться в мэрии потребовало от нее некоторого времени на раздумья, но она объяснила нам, почему считает, что сделала правильный выбор. Она чувствовала поддержку от Дейли, и ей нравилось быть полезной городу. По ее словам, она верна принципам Гарольда Вашингтона больше, чем ему самому. Вдохновение само по себе поверхностное; его требуется подкреплять тяжелой работой. Эта идея вызывала отклик у нас с Бараком, и во время того ужина я почувствовала: Валери Джаррет отныне стала частью нашей жизни. Мы никогда не обсуждали это, но казалось, в тот момент мы трое каким-то образом согласились поддерживать друг друга в течение многих лет.

Теперь, когда мы были помолвлены, я устроилась на новую работу, а Барак подписал договор с «Дэвис, Майнер, Барнхилл и Галланд», юридической фирмой, ориентированной на гражданские права, оставалось сделать еще одну вещь. Мы отправились в отпуск — точнее, в паломничество. Мы вылетели из Чикаго в среду в конце августа, долго ждали в аэропорту Франкфурта в Германии, а затем пролетели еще восемь часов, чтобы прибыть в Найроби незадолго до рассвета и выйти на улицу в кенийском лунном свете — в совершенно другой мир.

Я бывала на Ямайке, Багамах и пару раз в Европе, но впервые оказалась так далеко от дома. Я почувствовала чужеродность Найроби — вернее, свою собственную чужеродность по отношению к ней — сразу же, в первые утренние часы. Потом, когда я стану путешествовать гораздо больше, я полюблю это чувство, этот способ, которым новое место мгновенно и открыто заявляет о себе. Сам воздух имеет непривычный вес и несет запахи, которые невозможно идентифицировать: древесного дыма или, возможно, дизельного топлива или сладость чего-то цветущего в деревьях. Восходит то же самое солнце, но даже оно выглядит немного иначе.

Сводная сестра Барака Аума тепло встретила нас в аэропорту. Они виделись всего несколько раз, впервые — шесть лет назад, когда Аума приехала в Чикаго, но поддерживали тесную связь. Аума на год старше Барака. Ее мать, Грейс Кизия, забеременела Аумой, когда Барак Обама-старший покинул Найроби, чтобы учиться на Гавайях, в 1959 году. (У них также был сын, Абонго, дошкольник.) После его возвращения в Кению в середине 1960-х годов у Барака-старшего и Кизии родилось еще двое детей.

У Аумы была эбеновая кожа и ослепительно-белые зубы, она говорила с сильным британским акцентом и улыбалась огромной приятной улыбкой. Я так устала с дороги, что едва могла поддерживать разговор, но, въезжая в город на заднем сиденье дребезжащего «Фольксвагена-жука» Аумы, заметила, как сильно ее быстрая улыбка напоминает улыбку Барака, как форма ее головы напоминала его. Аума также явно унаследовала семейный ум: она выросла в Кении и часто возвращалась сюда, но училась в колледже в Германии и жила там, получая докторскую степень. Она свободно говорила по-английски, по-немецки, на суахили и на местном языке своей семьи, который назывался луо. Как и мы, она приехала сюда только навестить родных.

Аума предложила нам с Бараком остановиться в пустой квартире ее друга, спартанской однушке в неприметном здании из шлакоблоков, выкрашенном в ярко-розовый цвет. Первые пару дней мы были настолько одурманены сменой часовых поясов, что двигались вполсилы. Или, может, дело в темпе Найроби, совсем не том, что в Чикаго. Ее дороги и кольцевые развязки в британском стиле забиты пешеходами, байкерами, автомобилями и матату — небольшими местными разваливающимися автобусами, которые сновали всюду, разрисованные яркими красками и посвящениями Богу. Их крыши завалены пристегнутым багажом, а сами они настолько переполнены, что пассажиры иногда просто цепляются за подножки.

Я была в Африке. Пьянящее, опустошающее и совершенно новое для меня чувство.

Небесно-голубой «Фольксваген» Аумы был настолько старым, что его часто приходилось толкать, чтобы завести двигатель. Я неосмотрительно купила в поездку новые белые кроссовки, и уже через день после всех наших толчков они стали темно-красными от коричневой пыли Найроби.

Барак чувствовал себя в Найроби комфортнее, чем я, поскольку уже бывал здесь. Я же вела себя как неуклюжий турист, сознавая, что мы здесь чужаки, даже с нашей черной кожей. Иногда люди пялились на нас на улице. Я, конечно, не ожидала, будто впишусь в общую картину, но наивно полагала, что почувствую некую внутреннюю связь с континентом, о котором привыкла думать как о мифической родине. Я думала, эта поездка подарит мне чувство завершенности. Но Африка, конечно, ничего нам не должна. Любопытно чувствовать разницу между двумя идентичностями, будучи афроамериканцем в Африке. Эта мысль вызвала труднообъяснимое чувство печали, ощущение оторванности от корней на обоих континентах.

Несколько дней спустя я все еще чувствовала себя не в своей тарелке, и у нас обоих болело горло. Мы с Бараком поссорились — почему именно, я не помню. Несмотря на благоговейный трепет, который мы испытывали в Кении, мы также очень устали, это привело к придиркам, а они — к обиде и злости. «Я так зла на Барака, — написала я в дневнике. — Не думаю, что у нас вообще есть что-то общее». На этом месте мои мысли прервались. Чтобы выразить степень своего разочарования, на остальной части страницы я нарисовала длинную глубокую рану.

Как и любая молодая пара, мы только учились ссориться. Мы вздорили нечасто, как правило, из-за мелочей, накопившегося раздражения, усталости или стресса. Но мы ссорились. И, хорошо это или плохо, когда я злюсь, я обычно начинаю кричать. Я физически ощущаю, когда что-то выводит меня из себя — словно огненный шар пробегает по позвоночнику и взрывается с такой силой, что потом я даже не могу вспомнить, что наговорила. Барак, напротив, в ссоре склонен оставаться холодным и рассудительным. Его речь будто ниспадает убедительным (и, следовательно, раздражающим) каскадом. Нам потребовалось время — годы, — чтобы понять, что мы просто так устроены, оба являемся суммой наших генетических кодов, а также всего заложенного в нас родителями и их родителями. Со временем мы научились вербально выражать свое раздражение и гнев и преодолевать их. Теперь мы ссоримся гораздо менее драматично, но более эффективно, с любовью друг к другу независимо от ситуации.

На следующее утро мы проснулись в Найроби с голубым небом над головой и новой энергией внутри нас, гораздо менее одурманенные сменой часовых поясов и гораздо интенсивнее ощущая себя сами собой, счастливыми и нормальными. Мы встретились с Аумой на вокзале и втроем сели в поезд с решетчатыми окнами, чтобы отправиться на запад за черту города к родовому дому семьи Обама. Сидя у окна в вагоне, битком набитом кенийцами, — некоторые путешествовали с живыми цыплятами в корзинах, а другие с увесистыми предметами мебели, купленными в городе, — я снова поразилась тому, как резко изменилась моя жизнь девушки-из-Чикаго, юриста-за-столом, когда мужчина, сидящий теперь рядом, внезапно появился в моем офисе со своим странным именем и донкихотской улыбкой и безжалостно перевернул все вверх дном. Я сидела, приклеившись к окну, и смотрела, как мимо проносится Кибера, самая большая городская трущоба в Африке: приземистые лачуги с крышами из гофрированного железа, грязные дороги и открытые канализационные трубы, нищета, которую я никогда раньше не видела и даже представить себе не могла.

Мы провели в поезде несколько часов. Барак наконец открыл книгу, а я продолжала смотреть в окно. Трущобы Найроби уступили место изумрудно-зеленой сельской местности, и поезд загрохотал на север к городу Кисуму, где мы высадились в обжигающую экваториальную жару и поехали на матату — по ощущениям как на отбойном молотке — через кукурузные поля в деревню их бабушки Когело.

Я всегда буду помнить темно-красную глину в этой части Кении, такую насыщенную, почти первобытную, и ее пыль, покрывающую темную кожу и волосы детей, которые приветственно кричали нам с обочины. Я вспотела и хотела пить, когда мы прошли последнюю часть пути к бабушке Барака, к аккуратному дому из бетонных блоков, где она жила в течение многих лет, обрабатывала прилегающий к дому огород и ухаживала за несколькими коровами. Барак и Аума называли ее бабушкой Сарой. Она была невысокой широкоплечей дамой с мудрыми глазами и морщинистым ртом. Она не говорила по-английски, только на луо, и без слов выразила радость, что мы проделали ради нее весь этот путь. Рядом с ней я почувствовала себя очень высокой. Бабушка Сара изучила меня с озадаченным любопытством, как будто пытаясь определить, откуда я и каким именно образом оказалась на ее пороге. Первым делом она спросила: «Кто из твоих родителей белый?»

Я рассмеялась и с помощью Аумы объяснила, что я черная с обеих сторон, насколько только можно быть черным в Америке.

Бабушке Саре это показалось смешным. На самом деле она смеялась надо всем, дразнила Барака за то, что он не мог говорить на ее языке. Меня совершенно поразила ее жизнерадостность. Вечером она разделала нам цыпленка и приготовила тушеное мясо с кукурузной кашей под названием угали. Все это время соседи и родственники заглядывали поздороваться с младшим Обамой и поздравить нас с помолвкой. Я с благодарностью набросилась на еду. Солнце уже село, и на деревню опустилась ночь. В домах не было электричества, поэтому в небе засверкали яркие россыпи звезд.

То, что я оказалась в этом месте, казалось мне маленьким чудом. Я улеглась с Бараком в примитивной спальне, слушая сверчков на кукурузных полях и шорох невидимых животных. Я все еще помню благоговейный трепет при виде земли и неба вокруг и в то же время чувство уюта и защищенности в этом крошечном доме. У меня была новая работа, жених и новая большая семья — даже добрая кенийская бабушка. Меня действительно выбросило из прежнего мира — и на тот момент казалось, что к лучшему.

12

Мы с Бараком обвенчались в солнечную октябрьскую субботу 1992 года, стоя вдвоем перед тремя сотнями наших друзей и родных в церкви Святой Троицы и Христа в Саутсайде. Это была большая свадьба. Раз уж мы устраивали ее в Чикаго, значит, ни при каких обстоятельствах не могли урезать список гостей. У меня были слишком глубокие корни. В Чикаго жили не только мои двоюродные братья и сестры — но также их двоюродные братья и сестры, и у этих двоюродных братьев и сестер росли дети. Никого из них я не оставила в стороне, и все они сделали этот день еще более значимым и веселым.

К нам пришли папины младшие братья и сестры и мамина семья в полном составе. Пришли старые школьные друзья и соседи, друзья из Принстона, друзья из Уитни Янг. Миссис Смит, жена заместителя моего директора средней школы, все еще жила через дорогу от нас на Эвклид-авеню и помогла организовать свадьбу, а наши соседи мистер и миссис Томпсон играли в тот день с джаз-бандом на нашем приеме. Сантита Джексон в черном платье с глубоким вырезом стала моей подружкой невесты. Мы пригласили старых коллег из «Сидли» и новых коллег из мэрии, а также юристов из фирмы Барака и его старых друзей-организаторов.

Банда шумных гавайских одноклассников Барака весело смешалась с горсткой его кенийских родственников в ярких восточноафриканских головных уборах. К сожалению, мы потеряли дедушку Барака прошлой зимой из-за рака, но его мама и бабушка приехали в Чикаго, так же как Аума и Майя, его сводные сестры с разных континентов, объединенные любовью к брату. Наши две семьи впервые встретились, и это было замечательно.

Нас окружала любовь — эклектичная, многокультурная любовь семьи Обама и глубокая, якорная любовь Робинсонов из Саутсайда. Все они оказались переплетены друг с другом, от скамьи к скамье, внутри одной церкви. Я крепко держала Крейга за локоть, пока он вел меня по проходу. Как только мы подошли к алтарю, я поймала мамин взгляд. Она величественно сидела в первом ряду в черно-белом платье с блестками, которое мы выбирали вместе, с поднятым подбородком и взглядом, преисполненным гордости. Мы по-прежнему каждый день тосковали по отцу, но, как он и хотел, продолжали жить дальше.

Утром Барак проснулся с ужасной простудой, но она чудесным образом прошла, стоило ему пойти в церковь. Теперь он с сияющими глазами улыбался мне со своего места у алтаря, одетый во взятый напрокат смокинг и начищенные туфли. Брак все еще оставался для него гораздо более таинственным делом, чем для меня, но все четырнадцать месяцев, прошедшие с помолвки, он был полностью вовлечен в приготовления. Мы тщательно выбирали день. Барак, первоначально заявивший, что не заинтересован в свадебных мелочах, закончил тем, что любовно, напористо — и предсказуемо — вставил свое мнение везде, от цветочных композиций до канапе, которые будут подавать в Культурном центре Южного берега на приеме через час или около того. Мы выбрали свадебную песню, которую Сантита теперь пела своим потрясающим голосом под аккомпанемент пианиста.

Это был Стиви Уандер, «Ты и я (вместе можем завоевать мир)». Впервые я услышала ее в детстве, в третьем или четвертом классе, когда Саутсайд подарил мне альбом Talking Book — мою первую пластинку, мою драгоценность. Я держала ее у дедушки дома, и мне разрешалось слушать ее в любое время, приходя в гости. Дедушка научил меня ухаживать за винилом, стирать пыль с пластинок, поднимать иглу проигрывателя и аккуратно ставить ее на нужное место. Обычно Саутсайд оставлял меня наедине с музыкой, чтобы я в одиночестве поняла все, чему она могла меня научить. Но в основном я просто снова и снова повторяла слова песен, во всю мощь своих маленьких легких. «Что ж, по-моему, мы можем завоевать мир / Вместе, влюбленные, ты и я, ты и я, ты и я...»

Тогда мне было девять. Я ничего не знала о любви, отношениях или завоевании мира. Все, что я могла делать, — снова и снова воображать, какой может быть любовь и кто может заставить меня почувствовать себя сильной, как в песне. Может, Майкл Джексон? Хосе Кардинал из «Кабс»? Кто-то вроде моего отца? Я даже представить себе не могла, кто именно станет «ты» для моего «я».

Но вот мы здесь.

У церкви Троицы была репутация динамично развивающейся и душевной. Барак начал ходить туда еще в дни, когда работал организатором, и в том году мы с ним официально стали ее прихожанами, следуя примеру многих наших молодых афроамериканских друзей из профессиональных кругов. Пастор церкви, преподобный Иеремия Райт, страстный проповедник социальной справедливости, теперь венчал нас на нашей свадьбе. Он поприветствовал наших друзей и семью, а затем поднял наши обручальные кольца так, чтобы всем было видно. Потом он красноречиво заговорил о том, что означает создание нового союза на глазах у всей заботливой общины, у людей, которые знали каждую часть Барака и каждую часть меня.

Я почувствовала ее — силу того, что мы делали, силу ритуала, — когда мы стояли там, с нашим все еще ненаписанным будущим, со всеми его неизвестными, просто сжимая руки друг друга и произнося наши клятвы.

Каким бы оно ни было, мы войдем в будущее вместе. Я вложила всю себя в планирование этого дня. Его безупречная элегантность раньше почему-то имела для меня большое значение, но теперь я поняла, что на самом деле важным было только одно — то, что я запомню навсегда, — наша связь. Она успокоила меня, как ничто другое. Я верила в этот союз, верила в этого мужчину. Заявить об этом было проще простого. Глядя на лицо Барака, я точно знала, что он чувствует то же самое. В тот день никто из нас не плакал. Ни у одного не дрожал голос. Если уж на то пошло, у нас слегка кружилась голова. Прямо отсюда мы вместе с несколькими сотнями свидетелей отправимся на прием. Мы будем есть, пить и танцевать, пока не свалимся с ног от радости.

Свой медовый месяц мы провели в спокойном, тихом дорожном путешествии по Северной Калифорнии: вино, сон, грязевые ванны и хорошая еда. На следующий день после свадьбы мы полетели в Сан-Франциско, провели несколько дней в Напе, а затем поехали по Первому шоссе в Биг-Сур, чтобы почитать книги, посмотреть на голубую чашу океана и очистить разум. Получилось великолепно, несмотря на то что к Бараку вернулась его холодная логика, а также несмотря на грязевые ванны, которые оказались неприятными и немного мерзкими.

После напряженного года мы были более чем готовы расслабиться. Первоначально Барак планировал провести месяцы, предшествующие нашей свадьбе, заканчивая свою книгу и работая в новой юридической фирме, но в итоге резко приостановил бо́льшую часть труда. В начале 1992 года к нему обратились руководители Национальной беспартийной организации, проекта под названием «Голосуй!», который привлекал новых избирателей в штатах, где меньшинства традиционно показывали низкую явку. «Голосуй!» предложили Бараку руководить процессом в Иллинойсе, открыли чикагское отделение для регистрации чернокожих избирателей перед ноябрьскими выборами. По их оценкам, в штате было около 400 000 афроамериканцев, имеющих право голосовать, но все еще не зарегистрированных в качестве избирателей. Большинство из них жили в Чикаго и его окрестностях.

Зарплата была ужасной, но работа соответствовала убеждениям Барака. В 1983 году аналогичная кампания по регистрации избирателей в Чикаго помогла выдвинуть на пост мэра Гарольда

Вашингтона. В 1992 году ставки снова были высоки: другая афроамериканская кандидатка, Кэрол Мозли Браун, удивила всех, выиграв выборную гонку в Сенат США в качестве кандидата от партии демократов, и оказалась заперта в жесткой гонке всеобщих выборов. Тем временем Билл Клинтон баллотировался в президенты против Джорджа Буша-старшего. Избирателям из числа меньшинств было не время сидеть сложа руки.

Сказать, что Барак с головой ушел в работу, — преуменьшение. Целью проекта «Голосуй!» было регистрировать новых избирателей Иллинойса с ошеломляющей скоростью в десять тысяч в неделю. Работа походила на ту, что он делал, будучи общественным организатором: в течение весны и лета Барак и его сотрудники прошли через множество церквей, домов и разговоров с незарегистрированными избирателями. Он регулярно сотрудничал с лидерами общин и бесчисленное количество раз обращался к богатым донорам, чтобы те помогли ему финансировать производство радиорекламы и информационных брошюр для раздачи в черных районах и кварталах социального жилья. Послание организации было непоколебимым и ясным, прямым отражением того, что, как я знала, всегда чувствовал Барак: голосование — это сила. Если ты хочешь перемен, ты не можешь оставаться дома в день выборов.

По вечерам Барак приходил домой на Эвклид-авеню и плюхался на диван с зажженной сигаретой (он все еще курил, когда я не видела). Он всегда появлялся усталым, но никогда опустошенным. Он внимательно следил за регистрационными данными: в середине лета в среднем около семи тысяч в неделю, но все еще недотягивали до цели. Барак постоянно придумывал новые стратегии привлечения добровольцев и поисков избирателей. Он, казалось, рассматривал эту проблему как кубик Рубика, который можно собрать, только повернув правильные грани в правильном порядке. Труднее всего, по его словам, было достучаться до молодых людей, от восемнадцати до тридцати лет, которые, похоже, вообще не верили в правительство.

Тем временем я уже год работала с Валери в мэрии, поддерживала связь с несколькими городскими департаментами, включая здравоохранение и социальные службы. Обязанности были обширными, а сотрудники всегда оставались энергичными и почти всегда заинтересованными. Раньше я проводила дни за составлением отчетов в тихом кабинете с плюшевым ковром и видом на озеро, теперь же мне приходилось работать в комнате без окон на одном из верхних этажей мэрии, где каждый час толпы людей с шумом пробегали мимо.

Правительственные вопросы, как я начинала понимать, требовали бесконечного труда. В перерывах между встречами с руководителями различных департаментов я работала со штабами городских уполномоченных, и иногда меня посылали в разные районы Чикаго расследовать жалобы отдельных горожан, полученные мэром. Я отправлялась на миссии по осмотру поваленных деревьев, разговаривала с местными пасторами, недовольными автомобильным трафиком или сбором мусора, и представляла мэрию на общественных мероприятиях. Однажды на пикнике для престарелых в Нортсайде мне даже пришлось разнимать стычку. Все это не имело ничего общего с работой корпоративного юриста, поэтому казалось мне важным. Я наблюдала Чикаго с совершенно новой стороны.

Мне удалось научиться еще кое-чему ценному, проведя много времени со Сьюзен Шер и Валери Джаррет, двумя женщинами, которые — как я это видела — умудрялись оставаться одновременно невероятно уверенными в себе и невероятно человечными. Сьюзен руководила собраниями с твердой, непоколебимой грацией. Валери не боялась высказывать свое мнение в комнате, полной самоуверенных мужчин, ловко склоняя их на свою сторону. Она походила на быстро движущуюся, целенаправленную комету. Незадолго до моей свадьбы Валери повысили до должности главы отдела планирования и экономического развития города, и она предложила мне должность помощницы. Я собиралась приступить к работе, как только мы вернемся из свадебного путешествия.

Валери я видела чаще, чем Сьюзен, но внимательно следила за каждой из них, точно так же, как раньше за Черни, моим наставником в колледже. У них был голос — они знали об этом и не боялись его использовать. Они казались шутливыми и скромными, когда нужно, но при этом их никогда не смущали пустословы, Валери и Сьюзен не сомневались в силе своей точки зрения. Кроме того, они обе были работающими мамами. Я внимательно наблюдала за ними и с этой точки зрения, зная, что когда-нибудь хочу стать одной из них. Валери не колеблясь уходила с корпоративных собраний, если звонили из школы ее дочери. Сьюзен тоже выбегала в середине дня, если у одного из ее сыновей поднималась температура или он выступал в детском мюзикле. Они никогда не извинялись за то, что ставят детей на первое место, даже если это означало нарушать распорядок дня на работе, и не пытались разделять работу и дом, как это делали партнеры-мужчины в «Сидли». Я даже не уверена, что Валери и Сьюзен могли предпочесть это разделение, даже если бы захотели, учитывая, что им обеим приходилось исполнять родительские обязанности в одиночку — с отдельными эмоциональными и финансовыми проблемами. Мои коллеги не стремились к совершенству, но умудрялись превосходно со всем справляться. Их связывала долгая дружба, полная взаимовыручки, что тоже произвело на меня большое впечатление. Они отбросили весь маскарад и просто были самими собой — чудесными, сильными и вдохновляющими женщинами.

МЫ С БАРАКОМ ВЕРНУЛИСЬ ИЗ МЕДОВОГО МЕСЯЦА в Северной Калифорнии к хорошим и плохим новостям одновременно. Хорошие новости заключались в результатах ноябрьских выборов, которые, как мы думали, должны были привести к обнадеживающим изменениям. Билл Клинтон победил большинством голосов в Иллинойсе и по всей стране, сменив президента Буша на посту после его первого же срока. Кэрол Моузли Браун также одержала решительную победу, став первой афроамериканкой, занявшей место в Сенате. Еще больше воодушевил Барака невероятный успех проекта «Голосуй!». 110 000 новых избирателей зарегистрировались непосредственно через проект, но, что более важно, проект в целом поспособствовал высокой явке избирателей.

Впервые за десять лет более полумиллиона чернокожих избирателей Чикаго пришли на избирательные участки, доказав, что могут влиять на результаты выборов. Это дало ясный сигнал законодателям и будущим политикам и восстановило чувство, потерянное после смерти Гарольда Вашингтона: голоса афроамериканцев имеют значение. Теперь политикам стало слишком дорого игнорировать потребности и проблемы чернокожих. К тому же под этим скрывалось послание самому афроамериканскому сообществу: прогресс возможен, а наши жизни имеют ценность. Все это обнадеживало Барака. Какой бы утомительной ни была его работа, он все равно любил ее за то, что она научила его разбираться в сложной политической системе Чикаго и доказала, что его организаторские способности действуют и на более высоком уровне. Барак сотрудничал с лидерами сообществ, городскими жителями и выборными чиновниками, и это чудесным образом дало свои плоды. Несколько СМИ отметили впечатляющие результаты проекта «Голосуй!». Колумнист «Чикагского журнала» описал Барака как «высокого приветливого трудоголика», предложив ему когда-нибудь баллотироваться в президенты (в тот момент муж просто отмахнулся от этой идеи).

Плохие же новости заключались в том, что этот высокий приветливый трудоголик, за которого я только что вышла замуж, так увлекся регистрацией новых избирателей, что сорвал дедлайн и сдал издателю лишь часть рукописи.

Мы вернулись домой из Калифорнии и узнали: издатель разорвал контракт, отправив через литературного агента сообщение, что Барак теперь должен вернуть выплаченный аванс в размере 40 000 долларов.

Если Барак и паниковал, то не при мне. Я была слишком занята своими делами, переходила на новую должность, которая подразумевала гораздо больше заседаний Совета по городскому планированию и гораздо меньше пикников для пожилых людей, чем предыдущая. Хотя я больше не работала юристом, из-за ежедневных городских скандалов я стала проводить вечера, стараясь не создавать дома стрессовую обстановку и вместо этого предпочитая сесть на диван с бокалом вина, выключить мозг и посмотреть телевизор. Если я и усвоила какой-то урок из одержимости Барака проектом «Голосуй!», он заключался в том, что мне бесполезно беспокоиться о его тревогах — отчасти потому, что я начинаю переживать из-за них гораздо сильнее его. Хаос деморализовал меня, но придавал сил Бараку. Он был похож на циркача с целым сервизом тарелок, одновременно вращающихся на длинных палках: если становилось слишком легко, он воспринимал это как знак, что пора добавить еще одну. Барак постоянно брал на себя слишком много обязанностей, не обращая особого внимания на ограничения во времени и энергии. Например, в тот момент он согласился на работу в правлении двух некоммерческих организаций, на полставки преподавателем в Чикагском университете в предстоящий весенний семестр, одновременно планируя полноценную офисную занятость в юридической фирме.

А еще книга. Агент Барака был уверен, что сможет перепродать идею его книги другому издателю — но только если Барак как можно быстрее закончит черновик. Поскольку преподавательская работа еще не началась, а юридическая фирма, которая и так уже год ждала выхода Барака, в очередной раз дала ему свое благословение, он придумал идеальное, как ему казалось, решение. Он напишет книгу в изоляции, вдали от всех повседневных отвлекающих факторов, усердно погрузившись в работу в каком-нибудь маленьком домике. Это было все равно что безумно работать ночами в колледже ради курсовой работы, которую нужно срочно сдать. По прикидкам Барака, ему потребовалась бы примерно пара месяцев в таком режиме, чтобы закончить книгу. Он рассказал мне об этом как-то вечером дома, недель через шесть после нашей свадьбы, прежде чем деликатно обронить последнюю фразу: его мама уже нашла для него идеальное место. И уже арендовала домик. Он был дешевый, в тихом месте и на пляже. В Сануре. На Бали — за тысячу миль от меня.

Немного похоже на плохую шутку, правда? Что происходит, когда одинокий волк женится на общительной семейной женщине, которая ни капельки не любит одиночество?

Ответ, я полагаю, лучший и самый надежный почти на все вопросы в браке, независимо от того, кто их задает: нужно найти способ адаптироваться. Вы вместе навечно, и другого выхода нет.

В начале 1993 года Барак улетел на Бали и провел около пяти недель наедине со своими мыслями, работая над черновиком книги «Мечты моего отца», заполняя желтые блокноты аккуратным почерком, дистиллируя свои идеи во время ленивых ежедневных прогулок среди кокосовых пальм и приливов. А я тем временем сидела на Эвклид-авеню, на верхнем этаже дома моей матери, в ожидании очередной свинцовой чикагской зимы, покрывающей льдом деревья и тротуары. Я занимала себя встречами с друзьями и ходила на тренировки по вечерам. В ежедневном общении с коллегами по работе и друзьями в городе я внезапно стала произносить этот странный новый термин «мой муж».

Мы с мужем надеемся купить дом. Мой муж — писатель, заканчивающий свою книгу. Чуждые, восхитительные слова, навевающие воспоминания о человеке, которого не было рядом. Я ужасно скучала по Бараку, но рационализировала нашу ситуацию как могла, понимая: несмотря на то что мы молодожены, эта интерлюдия была, вероятно, к лучшему.

Барак взял под контроль хаос незаконченной книги и отправился сражаться с ним. Возможно, он сделал это ради меня, чтобы уберечь меня от этого хаоса. Мне пришлось напомнить себе: я вышла замуж за человека, привыкшего мыслить нестандартно. Он вел свои дела, как ему казалось, самым разумным и эффективным образом, даже если внешне это выглядело словно пляжный отдых — медовый месяц с самим собой (я не могла не думать об этом в минуты одиночества), который последовал сразу за медовым месяцем со мной.

Ты и я, ты и я, ты и я. Мы учились приспосабливаться, связывать себя в прочную и вечную форму «нас». Даже если мы оставались теми же двумя людьми, которыми были всегда, той же парой, которой были в течение многих лет, теперь у нас новые роли, второй набор личностей. Он мой муж. Я его жена. Мы стояли в церкви и признавались в этом вслух, друг другу и всему миру. Казалось, мы должны относиться друг к другу по-новому.

Для многих женщин, в том числе и для меня, слово «жена» кажется очень непростым. Оно несет в себе историю. Если вы росли в 1960-х и 1970-х годах, как я, для вас жены принимали форму белых женщин из телевизионных ситкомов — веселых леди с идеальными прическами и в корсетах. Они сидели дома, хлопотали о детях и держали горячий обед на плите. Иногда они пропускали бокальчик шерри или флиртовали с продавцом пылесосов, но на этом все веселье заканчивалось. Ирония, конечно, заключалась в том, что я смотрела эти шоу в нашей гостиной на Эвклид-авеню, в то время как моя собственная мама-домохозяйка безропотно готовила ужин, а мой собственный папа с аккуратной стрижкой приходил в себя после рабочего дня. Отношения родителей были такими же традиционными, как и все, что мы видели по телевизору.

Барак иногда шутит, что мое воспитание похоже на черную версию «Проделок Бивера», с Робинсонами Южного побережья, такой же стабильной семьей со свежими личиками, как семья Кливер из Мэйфилда. Хотя, конечно, мы были более бедной версией Кливеров и мой отец носил синюю форму городского рабочего вместо костюма мистера Кливера. Барак обычно говорит это с оттенком зависти, ведь его собственное детство было совершенно другим. Но при этом он использует сравнение еще и как способ разбить укоренившийся стереотип, будто афроамериканцы в основном живут в неполных семьях, будто мы почему-то неспособны жить той же мечтой о стабильности среднего класса, что и наши белые соседи.

Но лично я в детстве предпочитала «Шоу Мэри Тайлер Мур», с восхищением впитывая его серия за серией. У Мэри была работа, шикарный гардероб и отличная прическа. Она выглядела независимой и забавной, и в отличие от других женщин, мелькающих на телевидении, темы ее шоу вызывали интерес. Она не вела беседы о детях и домашнем хозяйстве. Она не позволяла Лу Гранту командовать собой и не зацикливалась на поиске мужа. Она казалась молодой и в то же время взрослой. В пред-пред-пред-интернет-эпоху, когда мир был упакован почти исключительно в три канала, это имело значение. Если ты девочка с мозгами и зарождающимся чувством, что хочешь стать кем-то бо́льшим, чем просто «жена», Мэри Тайлер Мур — твоя богиня.

И вот теперь мне исполнилось двадцать девять, и я все еще сидела в той же самой квартире, где смотрела телевизор и поглощала еду, приготовленную терпеливой и самоотверженной Мэриан Робинсон. У меня было так много всего — образование, здоровое чувство собственного «я», огромный арсенал амбиций — и достаточно мудрости, чтобы понять, что все это мне досталось, по большому счету, от моей матери. Она научила меня читать еще до того, как я пошла в детский сад, помогала мне произносить вслух слова, пока я сидела, свернувшись котенком, у нее на коленях и изучала библиотечный экземпляр «Дика и Джейн». Она заботливо готовила для нас, накладывала брокколи и брюссельскую капусту на наши тарелки и требовала, чтобы мы их съели. Ради бога, она же сама сшила мне выпускное платье. Мама неустанно отдавала и в конце концов отдала нам все. Она позволила нашей семье определить ее личность. Я была уже достаточно взрослой, чтобы понять, что все те часы заботы, которые доставались мне и Крейгу, она забирала у самой себя.

Все, чем меня благословила жизнь, теперь отзывалось во мне фантомной болью. Меня воспитали уверенной в себе и не видящей границ, верящей в то, что могу пойти и заполучить абсолютно все желаемое. И я хотела все и сразу. Потому что, как сказала бы Сюзанна, почему бы и нет? Я хотела жить со стремлением Мэри Тайлер Мур к независимой карьере, и в то же время меня тянуло к уравновешивающей, самоотверженной, кажущейся нормальной роли жены и матери. Я хотела иметь и работу и дом с некоторой надеждой на то, что одно никогда не подавит другое. Я хотела быть точно такой же, как мама, и в то же время совсем не похожей на нее. Мысли путались. Можно ли иметь все и сразу? Получится ли у меня? Я понятия не имела.

Барак вернулся с Бали загорелым и с сумкой, набитой блокнотами, превратив свое одиночество в литературную победу. Книга была практически закончена. За следующие пару месяцев его агент перепродал книгу новому издателю, заплатив долг и обеспечив план публикации. Но гораздо важнее для меня то, что всего за пару часов мы вернулись к легкому ритму своей новобрачной жизни. Барак был здесь, покончил со своим одиночеством, вернулся в мой мир. Мой муж. Он улыбался моим шуткам, спрашивал, как прошел день, целовал меня перед сном.

Шли месяцы, мы готовили, работали, смеялись и строили планы. Позже той весной мы привели наши финансы в порядок настолько, что смогли купить квартиру и переехать из дома 7436 по Южной Эвклид-авеню в красивые апартаменты с планировкой «вагончиком», деревянными полами и кафельным камином в Гайд-парке — новую стартовую площадку нашей жизни. При поддержке Барака я снова рискнула сменить работу, на этот раз попрощавшись с Валери и Сьюзен в мэрии, чтобы наконец получить должность в некоммерческой организации, которая всегда меня интриговала, и занять роль лидера, дававшую мне шанс вырасти. Я еще многого не понимала в жизни — загадка о том, как быть одновременно Мэри и Мэриан, оставалась неразгаданной, — но теперь все эти сложные вопросы оказались где-то на задворках сознания, где и оставались, благополучно задремав, в течение долгого времени. Любые заботы могут подождать, думала я, ведь теперь мы наконец стали «нами» и были счастливы. А счастье казалось отправной точкой для всего остального.

13

Из-за новой работы я все сильнее нервничала. Меня наняли в качестве исполнительного директора нового чикагского подразделения организации под названием «Общественные союзники» (Public Allies), она и сама была совершенно новой. Что-то вроде стартапа внутри стартапа в области, в которой я не имела никакого профессионального опыта. Public Allies основали год назад в Вашингтоне, округ Колумбия, две новоиспеченные выпускницы колледжа — Ванесса Кирш и Катрина Браун. Они хотели помогать молодым людям строить карьеру на государственной службе и в некоммерческих организациях. Барак познакомился с ними на конференции и стал членом их правления, в конце концов предложив им связаться со мной по поводу работы.

Модель организации была похожа на ту, что используется в Teach for America[1], тоже относительно новую в то время. Public Allies вербовали талантливых молодых людей, предоставляли им менторство и программу интенсивного обучения, а затем устраивали на оплачиваемую десятимесячную стажировку в общественные организации и государственные учреждения в надежде, что там они будут процветать и вносить значимый

---

[1] Teach For America — американская некоммерческая организация, привлекающая выпускников-педагогов для преподавания в районах США с низким уровнем доходов населения.

вклад в работу. Более глобальная цель организации заключалась в том, чтобы стажеры — союзники, как мы их называли, — получили не только опыт, но и желание еще долгие годы продолжать трудиться в некоммерческом или государственном секторе. Так фирма помогала сформировать новое поколение общественных лидеров.

Эта идея нашла во мне большой отклик. Я все еще помнила, как в последний год учебы в Принстоне многие из нас шли писать MCAT[1] и LSAT[2] или готовились к собеседованию в корпорации, ни разу (по крайней мере в моем случае) не рассматривая или, возможно, даже не понимая, что существует множество более общественно ориентированных вариантов работы. Public Allies хотели исправить это, расширив горизонт для молодых людей, начинающих карьеру. Но больше всего мне понравилось, что основатели были сосредоточены не на том, чтобы десантировать в городские сообщества выпускников Лиги плюща, а на том, чтобы найти и культивировать таланты, которые уже были там. Чтобы стать «союзником», не нужен был диплом колледжа. Требовалось лишь иметь аттестат средней школы, быть старше семнадцати и моложе тридцати лет и проявить лидерские качества, даже если до сих пор они оставались практически нераскрытыми.

Public Allies были полны обещаний раскрыть таланты, взлелеять их и найти им применение. Отыскать молодых людей, чьи лучшие качества в противном случае потеряются, и дать им шанс сделать что-нибудь значимое. Для меня эта работа была почти судьбой. Каждое мгновение, которое я провела, с тоской глядя на Саутсайд из окна сорок седьмого этажа офиса «Сидли», было приглашением наконец воспользоваться своими знаниями. Я знала, как много нераскрытых талантов таилось в таких районах, как мой, и полагала, что знаю, как их искать.

---

[1] MCAT, или Medical College Admission Test, — письменный тест, необходимый для поступления в медицинские вузы.

[2] LSAT, или Law School Admission Test, — письменный тест, необходимый для поступления в юридические вузы.

Размышляя о новой должности, я мысленно возвращалась в детство, в частности к месяцу или около того, который я провела в аду летающих карандашей второго класса начальной школы Брин Мор, прежде чем мама смогла меня оттуда вытащить. Тогда я не чувствовала ничего, кроме облегчения от собственной удачи. Но моя удача с тех пор только росла, словно снежный ком, и я начала задумываться о двадцати детях, застрявших в этом классе с безразличным и немотивированным учителем. Я знала, что я не умнее любого из них. У меня просто было преимущество. Теперь, став взрослой, я думала об этом чаще, особенно когда окружающие восхищались моими достижениями, будто все они не были странной и жестокой случайностью. Не по своей вине эти второклассники потеряли год обучения. На данный момент я знала достаточно, чтобы понять, как быстро даже небольшой дефицит может превратиться в снежный ком.

В Вашингтоне, округ Колумбия, основатели Public Allies собрали класс из пятнадцати молодых «союзников», которые работали в различных организациях по всему городу. Они также нашли достаточно денег, чтобы открыть новое подразделение в Чикаго, став одной из первых организаций, получивших федеральное финансирование по одной из программ AmeriCorps[1], созданной при президенте Клинтоне. Вот тут-то я и появилась на сцене, взволнованная и встревоженная в равной степени. Однако, обсуждая условия работы, я услышала очевидное: некоммерческая организация не готова платить.

Поначалу мне предлагали настолько маленькую зарплату — намного ниже той, что я получала в Чикаго, а это уже было половиной того, что я зарабатывала, будучи юристом, — что я буквально не могла позволить себе сказать «да». Это привело ко второму откровению о некоммерческих организациях, особенно стартапах вроде Public Allies, и многих сердечных,

---

[1] AmeriCorps — общественная организация США, созданная при поддержке государства, деятельность которой направлена на улучшение образования, здравоохранения, защиту окружающей среды.

неустанно страстных людях, трудящихся в них: в отличие от меня они действительно могли себе позволить альтруизм. Их добродетель опиралась на скрытые привилегии — может, у них не было студенческих долгов или они рассчитывали получить хорошее наследство и благодаря этому не беспокоились о доходе.

Стало ясно: если я хочу присоединиться к их племени, мне придется просить необходимую мне зарплату, которая значительно превосходила предложение Public Allies. Таковы были мои реалии. Я не могла скрывать или стесняться своих потребностей. Поверх обычных расходов у меня все еще оставались ежемесячные выплаты по 600 долларов на покрытие студенческого долга, и я была замужем за человеком с собственным грузом кредитов за юридический факультет. Руководители организации почти не поверили мне, когда я озвучила, какой кредит на обучение взяла и что это означает с точки зрения ежемесячных выплат, но храбро пошли мне навстречу и обеспечили себе новое финансирование, которое позволило мне выйти к ним на работу.

И вот так я уволилась, стремясь воспользоваться новой представившейся возможностью. Это был мой первый шанс построить что-то практически с нуля: успех или неудача зависели почти полностью от моих усилий, а не от усилий босса или кого-то еще. Всю весну 1993 года я провела, яростно трудясь над созданием офиса и наймом небольшого штата сотрудников, чтобы к осени уже сформировать класс «союзников». Мы нашли дешевое офисное помещение в здании на Мичиган-авеню и забрали кучу подержанных стульев и столов у консалтинговой фирмы, ремонтировавшей свой офис.

Тем временем я использовала все связи, наработанные нами с Бараком в Чикаго, чтобы найти спонсоров и людей, которые помогли бы обеспечить долгосрочную поддержку фонда, не говоря уже о тех, кто был готов принять «союзника» в своей организации в течение следующего года. Валери Джаррет помогала мне выбить рабочие места в мэрии и городском департаменте здравоохранения, где «союзники» будут трудиться над проектом иммунизации детей в городских районах. Барак активизировал свою сеть общественных организаторов, чтобы связать нас с конторами бесплатной юридической помощи, адвокатурой и школами. Многие партнеры «Сидли» выписывали чеки и знакомили меня с ключевыми спонсорами.

Но самым захватывающим для меня стал поиск «союзников». С помощью национальной организации[1] мы расклеивали рекламу для абитуриентов в кампусах колледжей по всей стране, а также искали таланты ближе к дому. Мы с командой посещали общественные колледжи и некоторые крупные городские средние школы вблизи Чикаго. Мы стучались в двери домов «Кабрини-Грин»[2], ходили на общественные собрания и программы поддержки матерей-одиночек. Всех, с кем встречались, от пасторов до профессоров и менеджеров соседнего «Макдоналдса», мы просили рассказать о самых интересных молодых людях, которых они знали. Кто лидер? Кто стремится к чему-то большему, чем то, что у него или у нее есть? Именно их мы хотели вдохновить подать заявление, убедив на минуту забыть о любых препятствиях и пообещав, что, как организация, мы сделаем все возможное — будь то предоставление автобусного билета или материальная помощь для ухода за ребенком, — чтобы закрыть их потребности.

К осени у нас была когорта из двадцати семи «союзников», работавших по всему Чикаго, стажировавшихся повсюду: от мэрии до Агентства по оказанию помощи в Саутсайде и до «Латиноамериканской молодежи» — альтернативной средней школы в Пильзене. «Союзники» были эклектичной, воодушевленной группой, преисполненной идеализмом и стремлениями, с разнообразным прошлым. В их число вошли бывший член банды, латиноамериканка, выросшая в юго-западной части Чикаго и поступившая в Гарвард, женщина лет двадцати с неболь-

---

[1] Автор имеет в виду AmeriCorps. — *Прим. науч. ред.*

[2] Дома «Кабрини-Грин» (англ. *Cabrini-Green*) — комплекс социального жилья для населения с низкими доходами, существовавший в северо-восточной части Чикаго с 1942 по 2011 год.

шим, которая жила в домах Роберта Тейлора[1] и растила ребенка, одновременно пытаясь накопить денег на колледж, и двадцатишестилетний парень с Гранд-бульвара[2] — он бросил школу, но продолжил образование по библиотечным книгам, а затем вернулся, чтобы получить аттестат.

Каждую пятницу вся группа «союзников» собиралась в одном из наших офисов, и целый день «союзники» расспрашивали друг друга, общались и проходили серию семинаров по профессиональному развитию. Я любила эти дни больше всего на свете. Мне нравилось, как шумно становилось, когда «союзники» битком набивались в кабинет, сваливали рюкзаки в угол, снимали слои зимней одежды и садились в круг. Мне нравилось помогать им решать их проблемы: освоить Excel, рассказать про офисный дресс-код или подтолкнуть озвучить свои идеи в комнате, полной более образованных, более уверенных в себе людей. Иногда мне приходилось давать «союзнику» менее чем приятный фидбэк. Если я слышала, что «союзники» опаздывают на работу или относятся к своим обязанностям недостаточно серьезно, я становилась строгой, давая им понять, что мы ждем от них большего. Когда «союзники» расстраивались из-за плохо организованных общественных собраний или проблемных клиентов в своих агентствах, я советовала им смотреть шире, напоминая об их собственной относительной удаче.

Но прежде всего мы отмечали каждый новый шаг в обучении, каждый прогресс. И поводов находилось много. Не все «союзники» продолжали работать в некоммерческом или государственном секторах, и не всем удалось преодолеть препятствия, связанные с менее привилегированным происхождением, но я поразилась, увидев со временем, как многие из наших ре-

---

[1] Дома Роберта Тейлора — названный в честь афроамериканского активиста, борца за расово интегрированное жилье, жилой государственный комплекс. Построен в 1962 году. Из-за лояльной политики заселения в основном жильцами домов Роберта Тейлора стали члены банд, наркоторговцы и пр. — *Прим. ред.*

[2] Grand Boulevard — район Чикаго, 90% населения которого составляют афроамериканцы. — *Прим. науч. ред.*

крутов действительно преуспели и взяли на себя долгосрочные обязательства служить общественному благу. Некоторые из них сами стали сотрудниками Public Allies; некоторые даже возглавили правительственные учреждения и национальные некоммерческие организации. Спустя двадцать пять лет после создания Public Allies все еще сильны, имеют отделения в Чикаго и двух десятках других городов и тысячи выпускников по всей стране. Знать, что я сыграла в этом маленькую роль, помогла создать то, что получилось в итоге, — одно из самых приятных чувств, которое я испытывала в карьере.

Я относилась к Public Allies с усталой гордостью новоиспеченного родителя. Каждую ночь ложилась спать с мыслями о том, что еще нужно сделать, и каждое утро открывала глаза, мысленно составляя список задач на день, неделю и месяц вперед. Выпустив первый класс из двадцати семи «союзников» весной, осенью мы встретили новый набор, уже из сорока, и с тех пор только продолжали расти. Оглядываясь назад, могу сказать: это лучшая работа, которая у меня когда-либо была. Я чудесно чувствовала себя на острие жизни, когда даже самая небольшая победа — будь то поиск хорошего места для носителя испанского языка или помощь в преодолении чьего-то страха работы в незнакомом районе — казалась полностью заслуженной.

Впервые в жизни я действительно чувствовала, что делаю что-то значимое, непосредственно влияющее на жизнь других людей, оставаясь при этом связанной и со своим городом, и со своей культурой. В тот момент я лучше поняла чувства Барака, когда он работал организатором или над проектом «Голосуй!», захваченный всепоглощающей тяжестью битвы — единственной битвы, которую любил и всегда будет любить Барак, — зная, насколько она может истощать и в то же время давать все, что вам когда-либо понадобится.

В то время как я сосредоточилась на Public Allies, Барак погрузился в то, что можно назвать — по его стандартам, во всяком случае — периодом относительной обыденности и предсказуемости. Он вел курс по расовой дискриминации и праву на юридическом факультете Чикагского университета, а днем работал в юридической фирме, в основном занимаясь делами, связанными с избирательными правами и дискриминацией в области занятости. Барак все еще иногда читал лекции по организации сообществ, а также проводил пару пятничных собраний с моими ребятами из Public Allies. Внешне все выглядело как идеальная жизнь интеллектуала тридцати с лишним лет с развитым чувством гражданского долга, наотрез отказавшегося от более выгодных и престижных вариантов работы в пользу своих принципов. Как мне казалось, Барак добился своего. Нашел благородное равновесие. Он был юристом, учителем, организатором. И скоро станет публикующимся автором.

Вернувшись с Бали, Барак потратил больше года на написание второго черновика книги в те часы, когда не был на работе. Он трудился допоздна в маленькой комнатке, которую мы превратили в кабинет в задней части нашей квартиры, — переполненном, заваленном книгами бункере, который я любовно называла «норой». Иногда я заходила, перешагивая через стопки бумаг, садилась на оттоманку перед стулом Барака, пока он работал, и пыталась выманить его шуткой или улыбкой с тех далеких полей, по которым он путешествовал. Он добродушно относился к моим вторжениям, но только если я не задерживалась слишком надолго.

Барак — из тех людей, которым нужна «нора», закрытый маленький мирок, где можно спокойно читать и писать. Она словно люк, открывающийся прямо в обширное пространство мозга. Время, проведенное там, будто подпитывает Барака. Из уважения к этой особенности Барака мы создавали некую версию «норы» внутри каждого дома, в котором мы когда-либо жили, — подходил любой тихий уголок или альков. По сей день, когда мы приезжаем в арендованный дом на Гавайях или на остров Мартас-Винъярд, Барак отправляется на поиски пустой комнаты, которая может послужить местом отдыха. Там он может переключаться между шестью или семью книгами одновременно и бросать на пол прочитанные газеты. Для него «нора» — возвышенное священное место, где рождаются озарения и приходит ясность ума. Для меня же — сбивающий с толку полный беспорядок. Моим обязательным требованием к «норе» всегда было наличие двери, которую я в любой момент могла бы закрыть. По понятным причинам.

«Мечты моего отца» были опубликованы летом 1995 года. Книга получила хорошие отзывы, но продавалась скромно — это, впрочем, тоже неплохо. Важно то, что Барак сумел обработать историю жизни, собрав воедино разрозненные фрагменты своей афро-канзасско-индонезийско-гавайско-чикагской идентичности и изложив их на бумаге. Я гордилась им. Благодаря этому рассказу он заключил своего рода письменный мир с призрачным отцом. Конечно, усилия по заключению этого мира были односторонними — Барак один пытался заполнить каждый пробел и разгадать каждую тайну, которую когда-либо создавал старший Обама. Но он привык справляться с этим именно таким образом. Я поняла, что начиная с тех пор, когда Барак был маленьким мальчиком, он всегда пытался переносить все в одиночку.

Когда книга была завершена, в его жизни образовалось свободное пространство, и — тоже в соответствии с тем, как он привык поступать всегда, — Барак чувствовал себя обязанным немедленно его заполнить. В личной жизни ему пришлось справляться с тяжелыми новостями: его матери Энн диагностировали рак яичников, и она переехала из Джакарты обратно в Гонолулу на лечение. Насколько мы знали, ей оказывали хорошую медицинскую помощь, и химиотерапия, казалось, работала. Майя и Тут помогали ухаживать за ней на Гавайях, и Барак часто у них гостил. Но диагноз поставили поздно, когда рак уже прогрессировал, и было трудно предугадать, что произойдет. Я знала, Барак это тяжело переносил.

Тем временем в Чикаго снова началась политическая болтовня. Мэра Дейли избрали на третий срок весной 1995 года, и теперь все готовились к выборам 1996 года, на которых Иллинойс выберет нового сенатора США, а президент Клинтон сделает ставку на второй срок. Из более скандального: у нас был действующий конгрессмен США, находящийся под следствием за сексуальные преступления, что освобождало место для нового кандидата от демократической партии во втором округе штата, который включал бо́льшую часть Саутсайда Чикаго. Популярный сенатор штата Элис Палмер, которая представляла Гайд-парк и Южный берег и с которой Барак познакомился во время работы над проектом «Голосуй!», начала говорить в кулуарах, что собирается баллотироваться. Это, в свою очередь, оставляло ее место в Сенате штата вакантным, открывая Бараку возможность на него баллотироваться.

Но был ли он в этом заинтересован? Собирался ли баллотироваться?

Я не могла знать тогда, но эти вопросы будут доминировать в нашей жизни все последующее десятилетие, как барабанный бой на заднем плане всего, что мы делали. Собирается ли он? Может ли он? Будет ли он? Должен ли? Перед всеми этими вопросами стоял еще один, который Барак задавал сам, прежде чем выдвигаться на какую-либо должность. В первый раз он задал этот вопрос в тот день, когда дал мне знать об Элис Палмер и ее вакантном месте и о том, что, возможно, он может быть не только адвокатом/профессором/организатором/автором, но еще и законодателем штата: «Что ты думаешь об этом, Миш?»

Ответ был для меня очевиден.

Мне никогда не казалось, будто баллотироваться — хорошая идея для Барака. Мои рассуждения, возможно, немного менялись от случая к случаю, когда вопрос возвращался, но общая позиция сохранялась, как секвойя, пустившая корни глубоко в землю. Хотя вы уже знаете, что она так ни на что и не повлияла.

В случае с Сенатом Иллинойса в 1996 году я рассуждала так: мне не очень нравились политики, и поэтому я не хотела, чтобы мой муж стал одним из них. Бо́льшую часть известного мне о государственной политике я почерпнула из газет, и ничто из этого не казалось особенно хорошим или продуктивным. Дружба с Сантитой Джексон научила меня, что политикам часто приходится быть вдали от дома. В общем, законодатели казались практически черепахами — толстокожими, медлительными корыстолюбцами. На мой взгляд, Барак был слишком искренним, слишком преисполненным дерзких планов, чтобы подчиниться изматывающей, затяжной ненависти, царившей внутри куполообразного Капитолия в Спрингфилде.

В глубине души я просто верила: у хорошего человека есть куда лучшие способы на что-то повлиять. Честно говоря, я думала, Барака там съедят заживо.

Однако моя совесть уже готовила контраргумент. Если Барак верит, что может чего-то добиться в политике, кто я такая, чтобы мешать ему? Кто я такая, чтобы растоптать эту идею прежде, чем он попытается? В конце концов, он единственный человек, который подал мне руку, когда я захотела оставить карьеру юриста; он не был до конца уверен в моей работе в мэрии, но тем не менее поддержал меня и прямо сейчас трудился на нескольких работах, отчасти чтобы компенсировать сокращение зарплаты, на которое я пошла, чтобы стать полноправным сотрудником Public Allies. За шесть лет нашей совместной жизни он ни разу не усомнился в моих инстинктах и способностях. Припев всегда был один и тот же: не волнуйся. Ты можешь это сделать. Мы справимся.

Поэтому я одобрила его первую попытку баллотироваться, проявив при этом некоторую женскую осторожность.

— Думаю, ты разочаруешься, — предупредила я. — Если тебя изберут, ты начнешь там работать и не сможешь ничего сделать, как бы ни старался. Это сведет тебя с ума.

— Возможно, — сказал Барак, смущенно пожимая плечами. — Но, может быть, я смогу сделать что-то хорошее. Кто знает?

— Верно, — пожала я плечами в ответ. В мои обязанности не входило вмешиваться в его оптимизм. — Кто знает?

Это ни для кого не новость, но мой муж стал политиком. Он хороший человек, он хотел изменить мир и, несмотря на мой скептицизм, решил, что лучший способ сделать это — стать политиком. Такова природа его веры.

Барака избрали в Сенат Иллинойса в ноябре 1996 года, и он принес присягу через два месяца, в начале следующего года. К моему удивлению, мне нравилось наблюдать за ходом кампании. Я помогала мужу собирать подписи для бюллетеней, стучала в двери домов в своем старом районе по субботам, выслушивала, что жители говорят о штате и его правительстве и что, по их мнению, нужно исправить. Мне это напоминало выходные с отцом, когда он поднимался по ступенькам на крыльцо, выполняя свои обязанности капитана участка. Кроме этого, от меня больше ничего не требовалось, и меня это вполне устраивало. Я могла относиться к предвыборной кампании как к хобби, подхватывать ее, когда это было удобно, получая от этого удовольствие, а затем возвращаться к своей работе.

Мать Барака скончалась в Гонолулу вскоре после того, как он объявил о своей кандидатуре на выборы в Сенат. Она сгорела так стремительно, что он не успел попрощаться. Это сломало Барака. Именно Энн Данэм познакомила его с богатством литературы и силой продуманных аргументов. Без нее он не побывал бы под муссонными ливнями в Джакарте и не увидел бы водных храмов Бали. Никогда бы не научился ценить, как легко и волнующе перепрыгивать с одного континента на другой, как принимать незнакомое, а не бояться его. Она была исследователем, бесстрашно следующим за зовом своего сердца. Я замечала ее дух в Бараке, в большом и в малом. Боль от ее потери острым лезвием вонзилась в нас обоих, рядом с раной от потери моего отца.

Теперь, когда наступила зима и начались заседания в Законодательном собрании, бóльшую часть недели мы проводили порознь. Барак четыре часа ехал в Спрингфилд в понедельник вечером, регистрировался в дешевом отеле, где останавливались многие законодатели, и возвращался домой поздним вечером четверга. У него был небольшой кабинет в здании Сената и штатный сотрудник в Чикаго. Он сократил рабочие часы в юридической фирме, но, чтобы продолжать выплачивать наши долги, усилил преподавательскую нагрузку на юридическом. Он планировал занятия в течение дней, когда не ездил в Спрингфилд, и преподавал больше, когда в Сенате не было сессий. Мы созванивались каждый вечер, пока Барак оставался на севере штата, сравнивали мнения и обменивались рабочими случаями. По пятницам, когда он возвращался в Чикаго, мы всегда устраивали свидания. Обычно мы встречались в центре города в ресторане «Зинфандель» после того, как оба заканчивали работу.

Я вспоминаю эти вечера с глубокой нежностью: приглушенные теплые огни ресторана и предсказуемость, с которой я, с моей пунктуальностью, всегда приходила первой. Я ждала Барака, и — отчасти потому, что был конец рабочей недели, отчасти потому, что уже привыкла к этому, — меня не беспокоило его опоздание. В конце концов он придет, и мое сердце подпрыгнет, как всегда, когда он войдет в дверь и передаст хостес свое зимнее пальто, прежде чем пробраться между столиками, улыбнувшись, когда его глаза наконец остановятся на моих. Он целовал меня, потом снимал пиджак, вешал его на спинку стула и садился. Мой муж.

Предсказуемость успокаивала меня. Мы заказывали одно и то же почти каждую пятницу — тушеное мясо, брюссельскую капусту и картофельное пюре — и, когда блюда подавали, съедали все до последнего кусочка.

Это было золотое время для нас, для равновесия нашего брака, для Барака с его целями и для меня с моими. За одну-единственную неделю работы в Спрингфилде Барак внес семнадцать новых законопроектов — возможно, рекорд и, по крайней мере, уж точно показатель его стремления действовать. Некоторые из них в конечном итоге пройдут, но большинство будет быстро уничтожено в контролируемой республиканцами палате, сплоченной предвзятостью и цинизмом, выдаваемым за практичность. В те первые месяцы я увидела, что, как я и предсказывала, политика — это борьба, и борьба утомительная, включающая противостояния и предательства, грязные сделки и компромиссы, подчас болезненные. Но я также видела: прогноз Барака также оказался правильным. Мой муж странным образом подходил для законотворческой схватки, оставался спокойным внутри этого водоворота. Он уже привык к роли аутсайдера и принимал поражения в своей легкой гавайской манере. Барак продолжал настойчиво надеяться, что какая-то часть его видения когда-нибудь каким-то образом одержит верх. Его уже неоднократно побеждали, но это его не волновало. Он словно был для этого создан. Да, Барака могли помять, но при этом он все еще оставался блестящим, как старый медный горшок.

Я также трансформировалась. Устроилась на новую работу, сама себе удивилась, когда решила оставить «союзников» — организацию, которую я с такой тщательностью создала собственноручно. В течение трех лет я усердно ею занималась, принимая на себя ответственность за все большие и маленькие операционные задачи, вплоть до пополнения запасов бумаги в ксероксе. Но так как организация процветала уже в течение многих лет и ее дальнейшая судьба была устроена благодаря многолетним федеральным грантам и поддержке фонда, я могла уйти с чистой совестью. И так случилось, что осенью 1996 года почти из ниоткуда появилась новая возможность. Арт Сассман, юрист Чикагского университета, с которым я встречалась несколько лет назад, позвонил, чтобы рассказать мне о недавно открытой у них вакансии.

Вуз искал заместителя декана, который улучшил бы наконец интеграцию в городские районы, и особенно в окружавшие университет районы Саутсайда, в том числе создав программу для привлечения студентов к волонтерству. Как и должность в Public Allies, это новое предложение вело диалог с реальностью, в которой я жила. Как я сказала Арту много лет назад, Чикагский университет всегда выглядел менее доступным и менее заинтересованным во мне, чем модные вузы Восточного побережья, в которых я в конце концов и училась. Университет всегда поворачивался к району спиной. Меня вдохновляла возможность попытаться понизить ограждающие его стены, возможность привлечь больше студентов к диалогу с городом и больше жителей города к диалогу с университетом.

Но если отбросить все вдохновение, для моего перехода на другую должность существовали и более глубокие причины. Университет предлагал что-то вроде установленной стабильности, которую не могла обеспечить только что созданная некоммерческая организация. Мое жалованье повышалось, часы занятости становились разумнее, и к тому же там работали люди, которые сами меняли бумагу в копировальной машине и чинили сломавшийся лазерный принтер. Мне уже было тридцать два года, и я задумывалась о том, какой именно груз я хочу нести. На наших свиданиях в «Зинфанделе» мы с Бараком часто продолжали диалог, который в той или иной форме вели в течение многих лет: как мы можем повлиять на мир, как и где каждый из нас может принести пользу и как для этого лучше распределять наше время и энергию.

Старые вопросы, кем я была и кем хотела быть в жизни, снова всколыхнулись и заняли мои мысли. Я решилась на новую работу отчасти для того, чтобы освободить немного места для личной жизни, а также потому, что университет предоставлял отличную медицинскую страховку — лучшую из всех, что когда-либо у меня были. И это, в конечном итоге, важно. Пока мы с Бараком сидели, держась за руки через стол, в свете свечей еще одного пятничного вечера в «Зинфанделе», с тушеным мясом и десертом, наше счастье омрачала одна проблема. Мы пытались забеременеть, и у нас ничего не получалось.

Оказывается, даже два убежденных, глубоко влюбленных трудоголика с крепкой трудовой этикой не могут просто взять и заставить одного из них забеременеть. Фертильность нельзя заработать. Здесь нет прямой взаимосвязи между усилием и наградой, и это довольно раздражает. Нас с Бараком это столь же удивляло, как и разочаровывало. Как бы мы ни старались, беременность не наступала. Какое-то время я говорила себе: это просто вопрос графика, результат приездов и отъездов Барака из Спрингфилда. Наши попытки происходили не в соответствии с важными ежемесячными гормональными всплесками, а в соответствии с законодательным графиком штата Иллинойс. Я решила, что это единственное, что мы можем попытаться исправить.

Но наши корректировки не сработали, даже когда Барак стал ездить между штатами после поздних голосований, чтобы попасть в мое окно овуляции, и даже после того, как Сенат ушел на летний перерыв и муж был дома в постоянной доступности. После многих лет тщательных мер предосторожности, чтобы избежать нежелательной беременности, в тот момент я посвятила всю себя обратному. Я относилась к этому как к миссии. Положительный тест на беременность заставил нас обоих забыть все тревоги и упасть в обморок от радости. Но через пару недель у меня случился выкидыш, который оставил нас с чувством физической неполноценности и уничтожил остатки оптимизма. Когда я видела женщин с детьми, счастливо идущих по улице, я чувствовала укол тоски, за которым следовал сокрушительный удар собственного несовершенства. Единственным утешением было то, что мы с Бараком жили всего в квартале от Крейга и его жены, у которых теперь росло двое прекрасных детей, Лесли и Эйвери. Я утешалась тем, что заглядывала к ним поиграть и почитать сказки.

Если уж говорить о вещах, о которых вам никто не рассказывает, пока они с вами не произойдут, то начать стоит с выкидышей. Выкидыш — это одиноко и болезненно и разрушает вас почти на клеточном уровне. Если он произойдет, вы, вероятно, воспримете его как свою личную ошибку или как трагедию, но это не так. Никто не рассказывает вам, но выкидыши случаются постоянно с таким количеством женщин, что вы вряд ли сможете себе представить, учитывая, с какой тщательностью это замалчивается. Я узнала об этом только после того, как упомянула о выкидыше паре друзей, которые в ответ окружили меня любовью и поддержкой, а также собственными историями о выкидышах. Это не уняло мою боль, но, избавляясь от собственных страданий, друзья поддерживали меня во время моих, помогая понять, что то, через что я прошла, было не более чем «биологической икотой»: оплодотворенной яйцеклеткой, которая, вероятно, по очень веской причине должна выйти наружу.

Одна из моих подруг направила меня к своему врачу, лечившему бесплодие. Мы с Бараком сдали анализы, и позже доктор сказал, что ни у одного из нас нет никаких очевидных проблем. Вопрос, почему мы не забеременели, так и останется открытым. Он предложил мне в течение нескольких месяцев принимать «Кломид», лекарство, предназначенное для стимулирования производства яйцеклеток. Когда это не сработало, врач рекомендовал перейти к экстракорпоральному оплодотворению. И нам невероятно повезло, что моя университетская медицинская страховка в конечном итоге смогла покрыть бо́льшую часть счета.

ЭКО похоже на лотерейный билет с высокими ставками, только с участием науки. К тому времени, когда предварительная медицинская работа была закончена, Законодательное собрание штата, к сожалению, вернулось к своей осенней сессии, захватив в плен моего милого, внимательного мужа и оставив меня одну добиваться максимальной продуктивности от своей репродуктивной системы. Это означало соблюдать режим ежедневных уколов в течение нескольких недель. План состоял в том, чтобы ввести сначала один препарат для подавления яичников, а затем новый препарат для их стимуляции. Предполагалось, что таким образом они произведут больше жизнеспособных яйцеклеток.

Из-за всех этих манипуляций и неопределенности я постоянно жила в тревоге, но это не уменьшило моего желания завести ребенка. Я всегда этого хотела. В детстве, когда мне надоедало целовать пластиковую кожу своих кукол, я умоляла маму родить еще одного ребенка, настоящего, только для меня. Я обещала сама за ним ухаживать. Когда она не согласилась с планом, я рылась в ящике с ее нижним бельем в поисках противозачаточных таблеток, полагая, что если я конфискую их, то это даст положительные результаты. Очевидно, план не сработал, но дело не в том. Я просто очень долго ждала. Я хотела семью, и Барак тоже хотел семью, и во имя всего этого я теперь сидела одна в ванной комнате нашей квартиры, пытаясь набраться храбрости, чтобы вонзить в свое бедро шприц.

Возможно, именно тогда я впервые почувствовала негодование в сторону политики и непоколебимой приверженности Барака работе. Или, может быть, именно в тот момент я остро почувствовала всю тяжесть женского бремени. В любом случае он ушел, а я осталась здесь со всем грузом ответственности. Я уже чувствовала, что моя жертва будет гораздо больше, чем его. В последующие недели он занимался своими обычными делами, в то время как я ходила на ежедневные УЗИ, чтобы контролировать яйцеклетки. У него не брали кровь. Ему не приходилось отменять встречи, чтобы провести осмотр шейки матки. Конечно, мой муж любил меня и вкладывал деньги — делал все, что мог. Он читал литературу по ЭКО и говорил со мной об этом ночами напролет, но его единственной реальной обязанностью было один раз появиться в кабинете врача и предоставить немного спермы. А потом, если захочет, он мог пойти выпить мартини. Ни в чем из этого не было его вины, но все равно наши усилия оказались неравнозначны, а это может сбить с толку любую женщину, живущую с мыслью, что гендерное равенство важно. Я одна отложила все свои стремления и карьерные планы, чтобы воплотить нашу общую мечту. И в тот момент я за это расплачивалась.

Хотела ли я этого? Да, я очень этого хотела. И с этой мыслью я подняла иглу и вонзила ее в свою плоть.

Восемь недель спустя я услышала звук, который стер все следы обиды: шелестящее, водянистое сердцебиение из теплой пещеры моего тела, которое уловил аппарат УЗИ. Мы были беременны. Это действительно произошло. Внезапно вся ответственность и все жертвы поменяли значение, как пейзаж, окрасившийся в новые цвета, или как мебель в доме, которую переставили так, что все наконец встало на свои места. Я ходила с тайной внутри. Это моя привилегия, дар быть женщиной. Я излучала свет надежды, которую носила в себе.

Я продолжала чувствовать это до самого конца, даже когда первый семестр отнял у меня все силы, поскольку на работе оставалось много дел, а Барак продолжал еженедельно ездить в столицу штата. У нас все так же кипела внешняя жизнь, но теперь к ней добавилось кое-что внутреннее: растущий ребенок, маленькая девочка. (Барак — любитель фактов, а я — любитель планировать, так что выяснение ее пола было для нас обязательным.) Мы не могли ее видеть, но она была там, росла по мере того, как осень превращалась в зиму, а затем в весну. То, что я чувствовала раньше, — зависть к тому, что Барак почти не участвовал в процессе, — теперь вывернулось наизнанку. Он был снаружи, в то время как я жила процессом. Я сама и была процессом, неотделимым от этой маленькой, бурлящей жизни, которая теперь толкала меня локтями и тыкала пяткой в мочевой пузырь. Я больше никогда не оставалась в одиночестве, никогда. Дочка всегда была рядом: когда я ехала на работу, или резала овощи для салата, или лежала ночью в постели, перечитывая «Чего ожидать, когда ждешь ребенка» в девятисотый раз.

Лето в Чикаго для меня особенное. Мне нравится, когда небо остается светлым до самого вечера, озеро Мичиган заполонено парусниками, а жара усиливается до такой степени, что почти невозможно вспомнить ужасы зимы. Мне нравится, как летом политический бизнес медленно сходит на нет и жизнь наполняется удовольствиями.

Хотя на самом деле мы ничего не контролировали, в конце концов нам показалось, что мы все рассчитали идеально. Рано утром 4 июля 1998 года я почувствовала первые схватки. Мы с Бараком зарегистрировались в больнице Чикагского университета, взяв с собой Майю — она прилетела с Гавайев, чтобы быть рядом к сроку, — и мою маму для поддержки. Это было за несколько часов до того, как по всему городу запылали угли барбекю, люди расстелили на траве вдоль берега одеяла, размахивая флагами и ожидая, когда над водой распустятся бутоны городского фейерверка. Но мы все равно пропустили все это, потерявшись в совершенно другом пламени и цветении. Мы думали не о стране, а о семье, когда Малия Энн Обама, одна из двух самых совершенных детей, когда-либо и кем-либо рожденных, попала в наш мир.

14

Материнство стало моим мотиватором. Оно диктовало мои движения, мои решения, ритм каждого моего дня. Мне не потребовалось ни секунды, ни единой мысли, чтобы оказаться полностью поглощенной новой ролью матери. Я — человек, ориентированный на детали, а ребенок состоит из одних деталей. Мы с Бараком изучали каждую часть маленькой Малии, впитывая тайну ее розовых губ, темной пушистой головки, расфокусированного взгляда и непредсказуемых движений крохотных ручек и ножек. Мы купали и пеленали ее, прижимая к груди. Мы следили за ее едой, часами сна, каждым ее бульканьем. Мы анализировали содержимое каждого испачканного подгузника так тщательно, словно оно могло раскрыть все ее секреты.

Крошечный человек, доверенный нам. Я была опьянена ответственностью, полностью в ее плену. Я могла потратить час, просто наблюдая за ее дыханием. Когда в доме есть ребенок, время растягивается и сокращается, не соблюдая обычных правил. Один день может казаться бесконечным, а затем внезапно шесть месяцев пролетают мимо. Мы с Бараком смеялись над тем, что родительство сделало с нами. Если когда-то за обедом мы разбирали хитросплетения системы ювенальной юстиции, сопоставляя то, что я узнала за время работы в Public Allies, с идеями, которые Барак пытался вписать в законопроект штата, то теперь мы с не меньшим пылом обсуждали, не слишком ли Малия зависима от соски, и сравнивали, кто как укладывает ее спать. Мы были, как и большинство новых родителей, одержимыми и немного скучными, и ничто не могло сделать нас счастливее. Мы таскали малышку Малию в коляске с собой в «Зинфандель» на пятничные свидания, пытаясь понять, как бы так распределить наш заказ, чтобы уйти, прежде чем она устанет сидеть на одном месте.

Через несколько месяцев после рождения Малии я вернулась к работе в Чикагском университете. Я договорилась выйти на полставки, полагая, что так наконец смогу одновременно строить карьеру и быть идеальной матерью, балансируя между Мэри Тайлер Мур и Мэриан Робинсон, как всегда и рассчитывала. Мы нашли няню, Глорину Касабаль, заботливую, опытную сиделку лет на десять старше меня. Она родилась на Филиппинах, выучилась на медсестру и вырастила двоих собственных детей. Глорина — Гло, — невысокая суетливая женщина с короткой практичной стрижкой и очками в золотой проволочной оправе, могла поменять подгузник за двенадцать секунд. Она обладала всеми компетенциями медсестры и на ближайшие несколько лет стала жизненно важным и желанным членом нашей семьи. Самым важным ее качеством было то, что она страстно любила моего ребенка.

Я не понимала — и это также войдет в мой список вещей, о которых многие из нас узнают слишком поздно, — что неполный рабочий день, особенно когда он должен стать уменьшенной версией полного рабочего дня, оборачивается ловушкой. По крайней мере, так получилось у меня. На работе я все еще должна была присутствовать на всех встречах и выполнять большинство тех же самых обязанностей, вот только теперь получала за это половину зарплаты и пыталась втиснуть все в двадцатичасовую рабочую неделю. Если собрание затягивалось, я мчалась домой с головокружительной скоростью и забирала Малию, чтобы мы успели (Малия нетерпеливая и счастливая, я потная и задыхающаяся) на урок «Червячков» в музыкальной школе Нортсайда. Для меня это было похоже на двойные пути, искажающие рассудок. Я боролась с чувством вины, когда мне приходилось отвечать на рабочие звонки. Я боролась с чувством вины, когда в офисе отвлекалась на мысль о том, что у Малии может возникнуть аллергия на арахис. Работа на полставки должна была дать мне больше свободы, но вместо этого оставляла ощущение, что я все и везде делаю только наполовину, а все границы в моей жизни размылись.

Между тем Барак едва ли хоть что-то упускал в своей жизни. Через несколько месяцев после рождения Малии его переизбрали на четырехлетний срок в Сенат штата 89% голосов. Он был популярен и успешен и начал задумываться о большем: баллотироваться в Конгресс США. Барак надеялся сместить демократа по имени Бобби Раш, который работал там уже четвертый срок. Думала ли я, что баллотироваться в Конгресс — это хорошая идея? Нет. Мне показалось маловероятным, что Барак победит, учитывая, что Раш хорошо известен, а Барак все еще оставался практически никем. Но на самом деле он теперь был политиком и имел влияние в демократической партии штата. Некоторые из его советников и сторонников убеждали Барака попробовать. Кто-то провел предварительный опрос, подтвердивший, что он может победить. Я точно знаю о своем муже: нельзя просто так поманить его новой возможностью, чем-то, что может дать ему еще больше влияния, и ожидать, будто он этим не воспользуется. Он так не сделает. Никогда.

В КОНЦЕ 1999 ГОДА, КОГДА МАЛИИ ИСПОЛНИЛОСЬ почти полтора года, мы взяли ее с собой на Гавайи на Рождество, навестить прабабушку Тут, которой было семьдесят семь лет и которая вот уже несколько десятилетий жила в одной и той же маленькой квартире в многоэтажке. Предполагалось, это будет семейный визит — единственный раз в году, когда Тут может увидеть внука и правнучку. Зима снова захлопнулась над Чикаго, выкачивая тепло из воздуха и синеву с неба. Постоянно загруженные делами и дома и на работе, мы забронировали скромный номер в отеле рядом с пляжем Вайкики и начали отсчитывать дни. Преподавание Барака на юридическом свернулось до следующего семестра, а я взяла отпуск на работе. Но тут вмешалась политика.

Сенат Иллинойса застрял в дебатах, принявших масштабы марафона, чтобы урегулировать законопроект о крупных преступлениях. Вместо того чтобы прерваться на праздники, Сенат провел специальную сессию, чтобы отправить законопроект на голосование до Рождества. Барак позвонил мне из Спрингфилда, сказав, что нам придется отложить нашу поездку на несколько дней. Плохая новость, но я понимала, что ему не под силу что-то изменить. Для меня было важно, что мы в конце концов все-таки туда поедем. Я не хотела, чтобы Тут провела Рождество в одиночестве, да и мы с Бараком нуждались в отдыхе. Поездка на Гавайи, думала я, оторвет нас обоих от работы и даст возможность вздохнуть свободнее.

Теперь Барак официально баллотировался в Конгресс, это означало, что он редко выключался из работы. Позже в интервью местной газете он скажет, что за шесть месяцев своей предвыборной кампании в Конгресс провел дома со мной и Малией меньше четырех полных дней. Горькая реальность предвыборной кампании. Помимо прочих обязанностей Барак жил под постоянный звук тикающих часов, которые отсчитывали время до мартовского предварительного голосования. То, как он проводил каждую секунду, могло, по крайней мере теоретически, повлиять на конечный результат. В тот момент я также поняла, что все минуты и часы, которые кандидат проводит с семьей, принято считать пустой тратой его драгоценного времени.

Я уже была достаточно опытной, чтобы попытаться оградить себя от ежедневных взлетов и падений предвыборной гонки. Я слабо благословила решение Барака участвовать в ней, решив относиться в стиле «давай-уже-просто-со-всем-этим-разберемся». Я подумала: если он провалит попытку попасть в национальную политику, то это заставит его пойти в другом направлении. В идеальном мире (во всяком случае, в моем идеальном мире) Барак был бы главой какого-нибудь фонда, где мог бы заниматься чем-то важным и при этом возвращаться домой к ужину.

Мы полетели на Гавайи 23 декабря, после того как Сенат наконец взял перерыв на праздники, хотя ему так и не удалось найти решение. К моему облегчению, мы все-таки уехали. Пляж Вайкики стал откровением для крохотной Малии. Она бегала взад и вперед по берегу, пиная волны и изнемогая от радости. Мы провели веселое, ничем не примечательное Рождество в квартире Тут, открывая подарки и поражаясь самоотверженности, с которой она собирала пазл из пяти тысяч частей на карточном столе. Как и всегда, томные зеленые воды и счастливые жители Оаху помогли нам отвлечься от повседневных забот, подарив блаженство ласкающего кожу теплого воздуха и чистого восторга нашей дочери от всего попадавшего в ее поле зрения. Заголовки газет постоянно напоминали, что мы находимся на заре нового тысячелетия, и Гавайи были отличным местом для того, чтобы встретить последние дни 1999 года.

Все шло хорошо, пока Барак не получил звонок от коллеги из Иллинойса. Он сказал, что Сенат возвращается на сессию, чтобы закончить работу над законопроектом о преступности. Если Барак намеревался голосовать, ему нужно было вернуться в Спрингфилд в течение 48 часов. Теперь тикали другие часы. С замиранием сердца я наблюдала, как Барак начал действовать, перенося наши рейсы на следующий день, отменяя отпуск. Мы должны были лететь. Нам не дали выбора. Наверное, я могла бы остаться там с Малией, но пропадал весь смысл отдыха. Мне не нравилась мысль об отъезде, но я понимала, что политика этого требует. Это было важное голосование — законопроект включал новые меры по контролю над оружием, которые Барак горячо поддерживал, и оказался достаточно спорным, так что отсутствие одного сенатора могло потенциально помешать его принятию. Мы возвращались домой.

Но тут случилось нечто непредвиденное. Ночью у Малии поднялась высокая температура. Вечером предыдущего дня она была жизнерадостным начинающим серфингистом, но теперь, меньше чем за двенадцать часов, превратилась в горячую, вялую кучу страданий в форме малыша с остекленевшими глазами. Она плакала от боли, но была еще слишком маленькой, чтобы рассказать нам, что случилось. Мы дали ей тайленол, но это не очень помогло. Она все время дергала себя за ухо, и я заподозрила, что в нем инфекция, — и после этого мы наконец поняли, что это означало. Мы сидели на кровати и смотрели, как Малия погружается в беспокойный, неприятный сон. До рейса оставалось всего несколько часов. Я увидела, как углубилось беспокойство на лице Барака, оказавшегося в ловушке наложившихся друг на друга обязательств. Наше решение выходило далеко за рамки текущего момента.

— Она не может лететь, — сказала я.
— Я знаю.
— Мы должны снова поменять билеты.
— Я знаю.

Мы даже не обсуждали, что у него все еще оставалась возможность уехать. Он мог выйти за дверь, поймать такси до аэропорта и успеть в Спрингфилд на голосование. Он мог оставить больную дочь и беспокойную жену на другом конце Тихого океана и присоединиться к коллегам. Так действительно можно поступить. Но я не собиралась пересиливать себя, чтобы это предлагать. Признаюсь, я была уязвима, поглощена неопределенностью происходящего с Малией. Что, если лихорадка усилится? Что, если ее нужно будет везти в больницу? Между тем в мире нарастала паранойя: люди готовили убежища от радиоактивных осадков, копили наличные и кувшины с водой на случай, если сбудутся худшие из предсказаний на двухтысячный год и все энергетические и коммуникационные сети отключатся из-за сбоя в компьютерах, неспособных переключиться на новое тысячелетие. Этого, конечно, не случится, но все же. Неужели Барак думал об отъезде?

Оказалось, нет. Он не думал. И никогда бы не подумал.

Я не слышала, как он звонил своему помощнику по законодательным вопросам, объясняя, что пропустит голосование по законопроекту. Мне было все равно. Я не сводила глаз с нашей девочки. И, после того как закончил разговор, Барак тоже. Она — наш маленький человечек. Мы должны были заботиться о ней в первую очередь.

В конце концов 2000 год наступил без происшествий. После нескольких дней отдыха и антибиотиков ушная инфекция Малии прошла, и наша малышка вернулась в нормальное бодрое состояние. Жизнь продолжалась. Как и всегда. На другой прекрасный, небесно-голубой день в Гонолулу мы сели в самолет и полетели домой в Чикаго, обратно в холодную зиму и в то, что обернется для Барака политической катастрофой.

Законопроект о преступлениях не прошел, недобрав пять голосов. Для меня все было очевидно: даже если бы Барак вернулся с Гавайев вовремя, его голос почти наверняка ничего бы не решил. И все же разразился скандал. Его оппоненты на выборах в Конгресс ухватились за возможность изобразить Барака повесой, который был в отпуске — на Гавайях, ни больше ни меньше, — и не соизволил вернуться, чтобы проголосовать за нечто столь важное, как контроль над оружием.

Бобби Раш, действующий конгрессмен, трагически потерял члена семьи в результате вооруженного насилия в Чикаго всего несколько месяцев назад, что выставило Барака в еще худшем свете. Никто не хотел замечать, что он родился на Гавайях, что он навещал свою овдовевшую бабушку или что его дочь заболела. Имело значение только голосование. Пресса пилила Барака в течение нескольких недель. Колонка редактора в *Chicago Tribune* в пух и прах разнесла группу сенаторов, которые не голосовали в тот день, назвав их «стадом трусливых овец». Другой оппонент Барака, сенатор от штата Донн Троттер, резко критикуя, сказал репортеру, что «использование собственного ребенка в качестве оправдания для того, чтобы пропускать работу, многое говорит о характере человека».

Я оказалась к этому не готова. Я не привыкла, чтобы мою семейную жизнь обсуждали в новостях. Никогда прежде я не слышала, чтобы о характере моего мужа так отзывались. Мне больно даже думать о том, что хорошее решение — правильное решение, насколько я могу судить, — могло стоить ему так много. В колонке, которую он написал для нашего местного еженедельника, Барак спокойно защищал свой выбор остаться со мной и Малией на Гавайях. «Мы постоянно слышим, как политики рассуждают о важности семейных ценностей, — написал он. — Надеюсь, вы сможете понять, что ваш сенатор штата пытается соответствовать этим ценностям, как только может».

Казалось, детская ушная инфекция практически стерла все три года труда Барака в Сенате. Барак возглавил пересмотр законов о финансировании государственных кампаний, чтобы ввести более строгие правила для должностных лиц. Он боролся за снижение налогов и ставок по кредитам для малоимущих и пытался сократить расходы на лекарства по рецепту для пенсионеров. Он заслужил доверие законодателей со всех концов штата, как республиканцев, так и демократов. Но ничего из его реальных дел теперь не имело значения. Предвыборная гонка превратилась в серию ударов ниже пояса.

С самого начала кампании противники Барака и их сторонники распространяли недостойные идеи, призванные разжечь страх и недоверие среди афроамериканских избирателей, предполагая, что кандидатуру Барака лоббировали белые жители Гайд-парка — читай, белые евреи, — чтобы навязать Саутсайду своего кандидата. «Барака считают белым с черным лицом», — заявил Донн Троттер[1] в еженедельной газете *Chicago Reader*. Обращаясь к тому же изданию, Бобби Раш[2] отметил: «Он поступил в Гарвард и стал образованным дураком. Нас не впечатлить парнями с дипломами элитных восточных вузов». Другими словами, «он не один из нас». Барак — не настоящий черный, не такой, как они, — да и вряд ли кто-то, кто говорил, выглядел и читал так много, как он, мог бы быть таким, как они.

---

[1] Донн Троттер — сенатор штата Иллинойс.
[2] Бобби Раш — американский политик, член демократической партии, конгрессмен нижней палаты США от Первого избирательного округа штата Иллинойс.

Но самое странное — именно Барак воплощал все, чего родители Саутсайда хотели для своих детей. Он был всем, о чем говорили Бобби Раш, Джесси Джексон[1] и многие другие черные лидеры на протяжении многих лет: получил образование и, вместо того чтобы отказаться от афроамериканского сообщества, теперь пытался ему служить. Конечно, это были непростые выборы, но Барака атаковали с совершенно неадекватных сторон. Я поразилась, увидев, что наши лидеры относились к нему только как к угрозе своей власти, разжигая недоверие и делая ставку на скрытую, антиинтеллектуальную расовую и классовую ненависть.

Меня от этого тошнило.

Барак же воспринимал все это более спокойно. Он уже насмотрелся в Спрингфилде, какой неприятной может быть политика и как часто искажается правда, чтобы послужить политическим целям. Побитый, но не желающий сдаваться, он продолжал кампанию в течение всей зимы, ездил каждую неделю туда и обратно в Спрингфилд, пытаясь отбиваться, даже когда его поддержка сошла на нет и перешла на сторону Бобби Раша. Когда часы наконец подобрались вплотную к праймериз, мы с Малией практически перестали его видеть. Но Барак звонил нам каждый вечер, чтобы пожелать спокойной ночи.

Я благодарна за те несколько дней, которые мы провели на пляже, — и знала, в глубине сердца Барак тоже благодарен. Его забота никогда не терялась в этом шуме, во всех тех ночах, которые он проводил вдали от нас. Он не принимал все это всерьез. Почти каждый раз, когда он вешал трубку, я улавливала в его голосе нотки страдания. Ежедневно ему приходилось выбирать между семьей и политикой, политикой и семьей.

В марте Барак проиграл праймериз, что в конечном итоге обернулось громкой победой Бобби Раша.

Я же в это время просто продолжала обнимать свою девочку.

---

[1] Джесси Джексон — американский общественный деятель, правозащитник, один из самых влиятельных религиозных лидеров среди афроамериканцев США.

И затем появилась наша вторая девочка. Саша Мэриан Обама родилась 10 июня 2001 года в Медицинском центре Чикагского университета после одного цикла ЭКО, фантастически простой беременности и несложных родов, пока Малия, которой почти исполнилось три года, ждала меня дома с мамой. Наша новорожденная, четвертый угол нашего квадрата, была красивым маленьким ягненочком с копной темных волос и живыми карими глазами. Мы с Бараком были на седьмом небе от счастья.

Мы планировали назвать ее Саша. Я выбрала это имя, думая, что оно звучит дерзко. Девушка по имени Саша не потерпит дураков. Как и все родители, я молилась, чтобы нашим детям никогда не было больно. Я надеялась, они вырастут яркими и энергичными, оптимистичными, как их отец, и напористыми, как их мама. Больше всего на свете я хотела, чтобы они были сильными, обладали стальным внутренним стержнем, который удерживал бы их в вертикальном положении и двигал вперед, несмотря ни на что. Я не могла знать, что нас ждет, как будет развиваться жизнь нашей семьи — будет ли все хорошо, или плохо, или, как у большинства людей, вперемешку. Моя работа заключалась в том, чтобы убедиться, что дочери готовы ко всему.

Работа в университете изматывала меня, заставляя далеко не идеально жонглировать всем подряд, а также оставляя дыру в наших финансах из-за расходов на няню. После рождения Саши я даже не знала, хочу ли вообще возвращаться туда — или будет лучше остаться дома. Гло, нашей любимой няне, предложили более высокооплачиваемую работу, и она неохотно решила, что ей пора двигаться дальше. Конечно, я не могла винить ее, но потеря Гло перевернула все в моем сердце работающей матери. Ее вклад в мою семью позволял мне продолжать вносить свой вклад в мою работу. Она любила наших детей, как своих собственных. Я плакала всю ночь, когда она подала заявление об уходе, зная, как тяжело нам будет без нее. Я знала, что нам очень повезло уже с тем, что мы могли позволить себе нанять ее несколько лет назад. А теперь потерять ее было для меня все равно что потерять собственную руку.

Мне нравилось проводить время со своими маленькими дочерьми. Я знала цену каждой минуты и часа дома, особенно учитывая нерегулярный график Барака. Я снова раздумывала над решением моей мамы остаться дома со мной и Крейгом. Конечно, я излишне романтизировала ее жизнь, воображая, будто маме было приятно оттирать Pine-Sol подоконники и шить нам одежду. Но по сравнению с моей собственной жизнью ее казалась несложной, с этим вполне можно было справиться, и, возможно, стоящей того, чтобы попробовать. Мне нравилась сама идея отвечать только за одно, а не за два дела сразу, и что мои мысли могут наконец освободиться от конкурирующих нарративов работы и дома. И мы могли себе это позволить с финансовой точки зрения. Барак перешел с должности адъюнкта на должность старшего преподавателя в юридической школе, это дало нам возможность взять перерыв в оплате обучения в экспериментальной школе университета[1], где Малия скоро должна была начать дошкольное образование.

Но тут мне позвонила Сьюзен Шер, мой бывший ментор и коллега в мэрии, которая теперь была главным юрисконсультом и вице-президентом Медицинского центра Чикагского университета, где недавно родилась Саша. У центра был новый президент, которым все восхищались, и одним из его главных приоритетов стало улучшение работы с местным населением. Президент центра хотел нанять исполнительного директора по связям с общественностью — должность, практически созданная для меня. Хотела ли я пройти собеседование?

Я сомневалась, стоит ли отправлять резюме. Вакансия отличная, но я уже уговорила себя, что для меня — для всех нас — будет лучше, если я останусь дома. К тому же это был не самый подходящий момент в моей жизни для собеседования. Я просто не могла себе представить, как укладываю волосы феном и надеваю деловой костюм. Я несколько раз за ночь вставала покор-

---

[1] Lab School — школы, созданные при университетах, где проходят подготовку будущие преподаватели, в таких школах тестируют новые программы обучения в том числе. — *Прим. науч. ред.*

мить Сашу, это мешало мне спать и, следовательно, сохранять здравый смысл. Оставаясь фанаткой чистоты и порядка, я проигрывала битву с хаосом. Наша квартира была усыпана детскими игрушками, книгами для малышей и упаковками салфеток и подгузников. Любой выход из дома включал в себя гигантскую коляску и немодную сумку с подгузниками, полную самого необходимого: пакетик медовых колечек Cheerios, несколько игрушек и дополнительную одежду на смену — для всех.

Но материнство принесло и замечательных друзей. Мне удалось влиться в среду работающих мам и сформировать своего рода социальный кластер, где можно поболтать и обменяться советами. Большинству из нас было далеко за тридцать, и мы делали карьеры во всех возможных областях: от банковских и правительственных до некоммерческих. Многие рожали детей одновременно. Чем больше у нас было детей, тем сплоченнее мы становились. Мы виделись почти каждые выходные. Мы присматривали за детьми друг друга, ходили вместе на экскурсии в зоопарк и покупали билеты на «Дисней на льду». Иногда в субботу днем мы просто запускали всех детей в чью-нибудь игровую комнату и открывали бутылку вина.

Каждая из этих женщин была образованной, честолюбивой, преданной своим детям и, как правило, так же, как и я, ломала голову над тем, как все совместить. Некоторые из нас работали полный или неполный день, некоторые оставались дома с детьми. Некоторые разрешали своим малышам есть хот-доги и кукурузные чипсы, другие давали им только цельнозерновые хлебцы. У нескольких из нас были очень участливые мужья, а у других, как мой, постоянно загруженные делами и в разъездах. Некоторые из моих подруг были невероятно счастливы; другие пытались что-то изменить, найти баланс. Но большинство из нас постоянно калибровали жизнь, настраивая одну область жизни в надежде принести больше стабильности в другую.

Наши совместные вечера научили меня: универсальной формулы материнства не существует. Ни один подход нельзя считать правильным или неправильным — и мне было полезно это увидеть. Независимо от того, кто как жил и почему, каждого маленького ребенка в той игровой комнате любили, и каждый отлично рос. Когда мы собирались вместе, я чувствовала коллективную силу женщин, пытающихся воспитать своих детей правильно, и знала: мы поможем друг другу, несмотря ни на что, и в конце концов все будет хорошо.

Обговорив все с Бараком и своими друзьями, я все-таки решила сходить на собеседование в университетской больнице, чтобы хотя бы понять, о чем идет речь. Мне казалось, я идеально подойду для этой должности. Я знала, у меня есть нужные навыки и желание. Но если я получу работу, мне нужно будет действовать с позиции силы, на условиях, которые подошли бы моей семье. Я справлюсь с этой работой, думала я, если не буду перегружена лишними встречами и смогу иметь возможность распоряжаться своим временем, трудясь из дома, когда мне нужно, и выбегать из офиса в ясли или к педиатру, когда это необходимо.

Кроме того, я больше не хотела работать на полставки. С этим покончено. Мне требовалась должность на полный день, с достойной зарплатой, чтобы мы могли позволить себе няню и домработницу. Так я смогу проводить свободное время, играя с девочками и не отвлекаясь на Pine-Sol. Я не собиралась маскировать на собеседовании хаос своей жизни, начиная с грудничка и трехлетнего ребенка и заканчивая тем фактом, что, учитывая шиворот-навыворот график моего мужа-политика, все домашнее хозяйство было на мне.

Все это я и выложила на собеседовании Майклу Риордану, новому президенту больницы, — полагаю, в довольно наглой манере. Я даже принесла с собой трехмесячную Сашу. Не могу точно вспомнить почему: то ли я не смогла найти няню в тот день, то ли даже не потрудилась попробовать. Саша была маленькой, но требовательной. Она оказалась свершившимся фактом — милым, бормочущим фактом, который невозможно игнорировать, — и что-то побудило меня почти буквально положить ее на стол на собеседовании. Вот я, а вот мой ребенок.

Теперь кажется чудом, но мой будущий босс отнесся к этому с пониманием. Если у него и оставались какие-то сомнения, пока я объясняла, что мне необходим гибкий график, качая Сашу на коленях и надеясь, что ее подгузник не протечет, — он их не высказывал. Я вышла с собеседования довольной и в полной уверенности, будто мне предложат работу. Как бы все ни сложилось, я чувствовала: я поступила правильно, рассказав о своих потребностях, словно в рассказе вслух была сила. С ясным умом и ребенком, который уже начинал капризничать, я поспешила домой.

Новая статистика нашей семьи: двое детей, три работы, две машины, одна квартира и ни минуты свободного времени. Мне предложили новую должность в больнице; Барак продолжал преподавать и принимать законы. Мы оба состояли в советах директоров нескольких некоммерческих организаций, и, как бы сильно он ни был уязвлен своим поражением на праймериз в Конгрессе, у Барака все еще оставались идеи попытаться занять более высокий политический пост. Джордж Буш был президентом. Страна пережила шок и трагедию 11 сентября. В Афганистане шла война, в Соединенных Штатах ввели новую систему оповещения об угрозах с цветным кодированием. Усама бен Ладен, по-видимому, скрывался где-то в пещерах. Как всегда, Барак тщательно впитывал каждую новость, занимаясь повседневными делами и в то же время спокойно формируя обо всем этом собственное мнение.

Я не помню точно, когда он впервые поднял вопрос о том, чтобы баллотироваться в Сенат США. Идея была еще на стадии зарождения, и до реального решения оставалось много месяцев, но уже стало очевидно, что она завладела умом Барака. Я помню, как недоверчиво посмотрела на него, словно говоря: «Ты не думаешь, что мы и без того достаточно заняты?» — и это был весь мой ответ.

Мое отвращение к политике только усиливалось, в меньшей степени из-за того, что происходило в Спрингфилде или Вашингтоне, и в большей потому, что на пятый год пребывания Барака на посту сенатора его перегруженный график наконец начал меня по-настоящему бесить. По мере того как Саша и Малия росли, темп жизни только ускорялся, а списки дел удлинялись, и я пребывала в состоянии бесконечной перегрузки. Мы с Бараком делали все возможное, чтобы быт девочек был спокойным и стабильным. Дома нам помогала новая няня. Малия была счастлива в подготовительной школе Чикагского университета, заводила друзей и заполняла собственный маленький ежедневник вечеринками по случаю дней рождения и уроками плавания по выходным. Саше было около года, она начинала ходить, покачиваясь, говорить первые слова и расплываться в мегаваттных улыбках. Она была безумно любопытна и стремилась не отставать от Малии и ее четырехлетних приятелей. Мои дела в больнице пошли неплохо, когда я обнаружила, что лучший способ оставаться на высоте — это встать с кровати в пять утра и посидеть пару часов за компьютером, пока никто не проснулся.

К вечеру я была совершенно измотана, что иногда приводило к прямым конфликтам с моим мужем-совой, который появлялся в четверг вечером из Спрингфилда относительно бодрым и хотел погрузиться с головой в семейную жизнь, компенсируя все потерянное время. Но время теперь официально стало нашей проблемой. Если раньше я только мягко поддразнивала Барака за непунктуальность, то теперь все обстояло намного хуже. Я знала, четверг делает его счастливым. Я слышала его волнение, когда он звонил и сообщал, что закончил работу и наконец едет домой. Я знала, только добрые намерения заставляют его говорить: «Я уже в пути!» или «Почти дома!». И какое-то время я верила его словам. Я купала девочек каждый вечер, но откладывала их отход ко сну, чтобы они могли обнять отца. Или я кормила их ужином и укладывала спать, но сама не ела и вместо этого зажигала несколько свечей и с нетерпением готовилась разделить трапезу с Бараком.

А потом я ждала. Я ждала так долго, что глаза Саши и Малии начинали слипаться и мне приходилось нести их в постель. Или ждала в одиночестве, все более голодная и злая, пока мои веки тяжелели, а на столе скапливался свечной воск. Потом я поняла, что на моем пути все это время стоял вечный оптимизм Барака, его стремление быть дома как можно скорее, не имевшее ничего общего с тем, когда он действительно мог уехать. «Почти-домом» была не геолокация, а скорее состояние души. Иногда он был уже в пути, но перед тем, как сесть в машину, заскакивал к коллеге, чтобы в последний раз поговорить с ним минут сорок пять. А в других случаях он был «почти дома», но забыл упомянуть, что сначала собирался быстро потренироваться в спортзале.

В нашей совместной жизни до появления детей такие разочарования могли показаться мелкими, но как работающая мать с супругом на полставки и предрассветными пробуждениями, я чувствовала, что мое терпение ускользает, пока наконец в какой-то момент оно просто не упало со скалы. Когда Барак возвращался домой, он заставал меня либо разъяренной, либо отсутствующей. Я выключала весь свет в доме и угрюмо засыпала одна.

Мы живем по известным нам парадигмам. В детстве Барака его отец ушел из семьи, а мать то появлялась, то исчезала. Она была предана сыну, но не слишком сильно к нему привязана, и, по его мнению, это не плохо. Компанию ему составляли холмы, пляжи и собственный разум. В мире Барака ценится независимость. Так всегда было и будет. А я росла в большой семье, в тесной квартирке, в скученном районе Саутсайда, с бабушкой и дедушкой, тетями и дядями, сидящими все вместе за воскресным столом. Прожив с Бараком тринадцать лет в любви, мы впервые задумались о том, что все это значит.

Когда он был далеко, я чувствовала себя уязвимой. Не потому, что он не был полностью предан нашему браку — в этом я никогда не сомневалась, — а потому, что, будучи воспитанной в семье, где все и всегда оставались рядом, я расстраивалась, когда мужа не было поблизости. Меня принудили к одиночеству, и теперь я гневно отстаивала потребности своих девочек. Мы хотели, чтобы Барак был рядом. Мы скучали по нему, когда он уходил. Я злилась, что он не понимает, каково нам. Я боялась, что путь, который он выбрал для себя — и которому следовал, — закончится тем, что он перестанет принимать в расчет наши потребности. Когда несколько лет назад он впервые заговорил со мной о том, чтобы баллотироваться в Сенат штата, я думала только о нас двоих. Я и представить себе не могла, что может означать наше «да» политике, когда у нас появится двое детей. Но теперь я знала достаточно, чтобы понять: политика не слишком добра к семьям. Я мельком увидела это еще в школе благодаря моей дружбе с Сантитой Джексон, а затем снова, когда противники Барака использовали его решение остаться с заболевшей Малией на Гавайях против него.

Иногда, глядя новости по телевизору или читая газеты, я ловила себя на том, что наблюдаю за людьми, посвятившими себя политике, — Клинтонами, Горами, Бушами, Кеннеди на старых фото — и задаюсь вопросом, что происходило в их личной жизни. Все ли чувствовали себя нормально? Счастливо? Настоящие ли улыбки красовались на их фотографиях?

Дома наше недовольство друг другом возрастало все быстрее и быстрее. Мы с Бараком очень любили друг друга, но в центре наших отношений внезапно возник гордиев узел, который мы не могли ослабить. Мне было тридцать восемь лет, и я видела, как распадались другие браки, это заставляло меня изо всех сил бороться за свой собственный. У меня были близкие друзья, пережившие разрушительные расставания, вызванные небольшими проблемами, оставленными без внимания, или недостатком общения, которое в конечном итоге привело к непоправимым разрывам. Пару лет назад мой брат Крейг временно переехал в квартиру на верхнем этаже маминого дома, где мы выросли, потому что его брак медленно и болезненно развалился.

Барак сначала отказывался идти на семейную терапию. Он привык погружаться в сложные проблемы и решать их самостоятельно. Откровенничать с незнакомцем казалось ему неловким, если не сказать театральным. Разве нельзя просто сбегать в «Бордерс» и купить пару книг об отношениях? Разве мы не можем обсудить все сами? Но мне хотелось по-настоящему говорить, по-настоящему слушать, а не шептаться поздно ночью или занимать часы, которые мы могли проводить вместе с девочками. Несколько моих знакомых, которые обращались к семейному терапевту и были достаточно открыты, чтобы говорить об этом, сказали, что это пошло им на пользу. Поэтому я записалась на прием к психологу в центре города, которого порекомендовал мой друг, и мы с Бараком несколько раз сходили к нему на прием.

Наш консультант — назовем его доктор Вудчерч — был тихим белым мужчиной с дипломами хороших университетов. Он всегда носил брюки цвета хаки. Я предполагала, что терапевт послушает нас с Бараком, а затем мгновенно подтвердит все мои претензии. Ведь каждая из моих жалоб была, как мне казалось, абсолютно обоснованной. И думаю, Барак, возможно, надеялся, что поводы для его обид тоже найдут понимание.

Но вот что оказалось для меня большим откровением о терапии: никто ничего не подтверждал. Не принимались ничьи стороны. Когда дело доходило до наших разногласий, доктор Вудчерч никогда ничего не решал за нас. Вместо этого он оставался чутким и терпеливым слушателем, уговаривал каждого из нас пройти через лабиринт наших чувств, отделяя оружие от ран.

Он предостерегал нас, когда мы начинали говорить в юридических терминах, и задавал осторожные вопросы, чтобы заставить нас хорошенько подумать, почему каждый чувствует себя именно так, а не иначе. Медленно, за долгие часы разговоров, наш узел начал ослабевать. Каждый раз, когда мы с Бараком покидали офис психолога, мы чуть лучше чувствовали нашу связь.

Я начала понимать, что есть способы стать счастливее, не обязательно связанные с уходом Барака из политики ради работы в каком-нибудь фонде с девяти до шести. (Наши консультации показали мне, что надеяться на это — пустая трата времени.) Я также поняла, что сама растравливаю самые негативные части себя. Захваченная идеей, насколько муж ко мне несправедлив, я усердно, как юрист, обученный в Гарварде, собирала доказательства в пользу своей гипотезы.

Теперь я решила опробовать новую гипотезу: скорее всего, я отвечала за свое счастье больше, чем позволяла себе. Например, я была слишком занята обидами на Барака, пытавшегося вписать в свой график тренировки в спортзале, чтобы начать самой регулярно тренироваться. И я тратила столько энергии, размышляя о том, вернется ли муж домой к ужину, что сами ужины, с ним или без него, не доставляли мне больше никакого удовольствия.

Это была моя точка опоры, мой момент самодисциплины. Я вонзила топор в лед, словно альпинист, соскальзывающий с вершины. Это не значит, что Барак ничего не поменял — консультирование помогло ему увидеть недостатки в нашем общении, и он работал над тем, чтобы их исправить, — но я изменила кое-что в себе, что помогло мне, а затем и всем нам. Во-первых, я решила вести здоровый образ жизни. Мы с Бараком ходили в один и тот же спортзал, которым руководил веселый и энергичный тренер Корнелл Макклеллан. Я работала с Корнеллом пару лет, но рождение детей изменило мой обычный распорядок. Решение пришло в виде моей самоотверженной мамы, которая все еще трудилась на полную ставку, но теперь еще и стала приходить к нам домой в 4:45 утра несколько раз в неделю, чтобы я могла выбежать к Корнеллу и присоединиться к подруге на тренировке в 5 утра, а затем вернуться домой к 6:30, разбудить девочек и помочь им собраться. Этот новый режим изменил все: спокойствие и уверенность, две важнейшие ценности, которые я так боялась потерять, наконец вернулись ко мне.

Что касается проблемы «домой-на-ужин», я установила новые границы, лучше работавшие для меня и девочек. Мы составили расписание и придерживались его. Ужин каждый вечер теперь был ровно в 6:30. Затем ванна в 7:00, книги, объятия и в кровать ровно в 8:00. Железный режим, поэтому теперь вся ответственность — успевать или нет — лежала на Бараке. Для меня это имело гораздо больше смысла, чем откладывать ужин или заставлять девочек ждать, борясь со сном. Я хотела, чтобы они выросли сильными и собранными, не привыкшими к любой форме старомодного патриархата. Меньше всего я желала, чтобы они думали, будто жизнь начинается, только когда мужчина приходит домой. Мы перестали ждать папу. Теперь его задачей было догонять нас.

15

На Клайборн-авеню в Чикаго, к северу от центра города, расположен своеобразный рай для работающих родителей, то есть для меня: стандартный, в высшей степени американский торговый центр «все в одном месте». Там был детский Gap, Best Buy, Gymboree и CVS, а также несколько других сетевых магазинов, больших и маленьких, где можно купить что угодно: вантуз, спелый авокадо или детскую купальную шапочку. По соседству был также Container Store и, что еще лучше, ресторан Chipotle. По-настоящему мое место. Я могла припарковать там машину, проскочить два или три магазина, взять буррито и вернуться на работу за шестьдесят минут. За этот обеденный спринт я успевала найти замену потерянным носкам, выбрать подарок очередной пятилетке, пригласившей кого-то из моих детей на день рождения, и пополнить запас чулок, коробок сока и баночек яблочного пюре.

Саше и Малии было три и шесть лет соответственно, и обе они были бойкими, умными и быстро росли. От их энергии у меня перехватывало дыхание — что только добавляло очарования торговому центру. Бывали моменты, когда я сидела в припаркованной машине и ела фастфуд наедине с включенным радио, переполненная облегчением и вдохновленная собственной эффективностью. Правда жизни с маленькими детьми: иногда за достижение сойдет уже то, что ты ужинаешь, купила яблочное пюре и все живы.

Посмотрите, какая я молодец, хотелось мне сказать в эти моменты своей призрачной аудитории. Все видят, как я прекрасно справляюсь?

Такой я была в свои сорок: немного Джун Кливер, немного Мэри Тайлер Мур. В лучшие дни я благодарила себя за все, что смогла сделать. Мое жизненное равновесие могло показаться элегантным только издалека, но оно по крайней мере было. Работа в больнице оказалась хорошей, сложной, приносящей удовлетворение и соответствующей моим убеждениям. Меня удивляло, что такое большое и уважаемое учреждение, как университетский медицинский центр с девяноста пятью сотнями сотрудников, работало в основном под управлением ученых, которые проводили медицинские исследования, писали статьи и считали район, окружающий университет, настолько ужасным, что никогда даже не пересекали ни одной улицы за пределами кампуса. Меня стимулировал их страх. Заставлял по утрам вставать с постели.

Я провела бóльшую часть жизни в окружении этих предрассудков. Я видела, как нервничали белые в моем районе, и замечала, как все хоть сколько-нибудь влиятельные люди уезжали из него ради призрачной выгоды. На эту должность меня пригласили, чтобы разбить некоторые из стереотипов, уничтожить барьеры, воодушевить людей узнавать друг друга. Меня очень поддерживал мой новый босс, предоставив свободу строить свою собственную программу по установлению более прочных отношений между больницей и районом. Я начинала с одним подопечным, а собрала команду из двадцати двух человек. Я организовывала посещения персоналом больницы районных общественных центров и школ, записывая их в качестве лекторов, кураторов и членов жюри научной выставки и угощая их в местных кафе-барбекю.

Мы привлекли детей нашего района помогать персоналу больницы, создали программу для увеличения числа волонтеров, ухаживающих за больными, и сотрудничали с летними курсами медицинского факультета, поощряя местных студентов рассматривать возможность строить карьеру в медицине. После того как я осознала, что больнице следует обращать больше внимания на прием на работу сотрудников из числа меньшинств, а также заключать больше контрактов с компаниями-поставщиками, которыми владели женщины, я также помогла создать Отдел по преодолению дискриминации при ведении бизнеса (Office of Business Diversity)[1].

Наконец, существовала проблема, связанная с людьми, отчаянно нуждающимися в медицинской помощи. В Саутсайде проживало чуть больше миллиона человек, был дефицит медицинских учреждений, неблагоприятные условия проживания способствовали развитию хронических заболеваний, которые чаще всего поражают бедных: астмы, диабета, гипертонии, болезней сердца. У большого количества людей не было медицинской страховки, а многие другие зависели от программы «Медикэйд»[2]. Они заполняли отделения скорой помощи университетской больницы, часто это были болезни, требующие наблюдения и лечения, но встречались и настолько запущенные случаи, когда требовалась безотлагательная помощь. Проблема была вопиющей, дорогостоящей, нерациональной и острой для всех участников. Визиты в отделение скорой помощи больницы мало что могли сделать для улучшения здоровья в долгосрочной перспективе. Привлечение внимания к этой проблеме стало важной задачей для меня.

Помимо прочего, мы начали нанимать и обучать активистов (как правило, из числа дружелюбных и услужливых местных жителей) для помощи пациентам. Волонтеры сопровождали их в отделении неотложной помощи, помогали записываться на последующие приемы в другие медицинские учреждения и объясняли, куда еще пациенты могут обратиться, чтобы получить достойную и доступную медицинскую помощь.

Моя работа была интересной и полезной, но все же я проявляла осторожность, не позволяла ей меня поглотить — ради сво-

---

[1] Office of Business Diversity — отдел больницы Университета Чикаго, основные функции которого — создание благоприятных условий для работы меньшинств и развитие бизнеса с небольшими компаниями-подрядчиками, владельцами которых являются женщины. — *Прим. науч. ред.*

[2] Американская государственная программа, которая финансирует некоторые виды медицинской помощи нуждающимся.

их девочек. Наше решение позволить карьере Барака развиваться так, как она развивалась, — дать ему свободу реализовывать свои мечты — заставило меня подавить мои собственные карьерные амбиции. Я почти намеренно застывала, отступая назад тогда, когда раньше я бы сделала шаг вперед. Я сомневаюсь, что кто-то мог сказать, будто я делаю недостаточно много, но сама я точно знала, в какие моменты могла бы сделать больше, но не стала. Я не бралась за некоторые небольшие проекты. Я могла бы уделять больше внимания молодым сотрудникам. Мы все время слышим о карьерных жертвах во имя материнства — жертвовать пришлось и мне. Если раньше я полностью отдавалась каждой задаче, то теперь стала более осторожна, защищая свое время, зная, что должна оставлять достаточно энергии для дома.

Моя задача в основном заключалась в поддержании нормальной жизни и стабильности, но цели Барака были совсем другими. Мы наконец стали лучше понимать это и решили оставить все как есть. Один Инь, другой Ян. Я жаждала стабильности и порядка, а муж — нет. Он мог жить в открытом океане, а мне нужна была лодка. Когда Барак оставался дома, то впечатлял меня, старательно играя на полу с девочками, читая Гарри Поттера вслух с Малией по вечерам, смеясь над моими шутками и обнимая меня, напоминал нам о своей любви и спокойствии, прежде чем снова исчезнуть на полнедели или дольше. Мы максимально заполняли пробелы в его расписании обедами и встречами с друзьями. Он баловал меня (иногда), смотрел со мной «Секс в большом городе». Я баловала его (иногда), смотрела с ним «Клан Сопрано».

Я смирилась с мыслью, что постоянное отсутствие было просто частью его работы. Мне это не нравилось, но я перестала с этим бороться. Барак мог закончить свой день в отеле далеко от нас, в потоке назревающих и оконченных политических битв — и быть счастливым. А я тем временем жила ради дома — ради ощущения наполненности, которое охватывало меня каждую ночь, когда Саша и Малия укладывались спать, а на кухне гудела посудомоечная машина.

У меня не было выбора, кроме как приспособиться к отсутствию Барака, ведь этому не предвиделось конца. Помимо своей обычной работы, он снова проводил предвыборную кампанию, на этот раз за место в Сенате США, перед осенними выборами 2004 года.

В Спрингфилде Барак начинал тревожиться, его раздражала неровная поступь правительства штата, и он верил, что в Вашингтоне сможет добиться большего. Зная, что у меня есть множество причин выступать против его идеи, а также что у него на каждое из возражений найдется контраргумент, в середине 2002 года мы решили созвать около дюжины наших самых близких друзей на официальный завтрак в доме Валери Джаррет. Мы решили, что так сможем впустить в свои мысли немного воздуха и заодно узнаем, что обо всем этом думают другие люди.

Валери жила в Гайд-парке, неподалеку от нас. У нее была чистая, современная квартира с белыми стенами и белой мебелью; красок добавляли изысканные орхидеи. В то время Валери работала исполнительным вице-президентом фирмы по продаже недвижимости и попечителем Медицинского центра Чикагского университета. Она поддерживала меня во время труда в Public Allies и помогала собирать средства для различных кампаний Барака, используя свою широкую сеть связей, чтобы поддержать каждое наше начинание. Из-за этого, а также из-за ее доброты и мудрости Валери заняла особое место в нашей жизни. Наша дружба получилась в равной степени личной и профессиональной, и при этом Валери приходилась в равной степени моим другом и другом Барака, что, по моему опыту, в парах случается редко. Рядом со мной всегда была моя влиятельная мама, а Барак проводил свободное время, играя в баскетбол с группой друзей. Мы дружили с замечательными семейными парами, их дети дружили с нашими детьми, а с некоторыми семьями мы ездили на отдых. Но Валери была кем-то другим. Она стала старшей сестрой для каждого из нас, помогала нам отступать на шаг и беспристрастно решала все наши дилеммы. Она хорошо нас знала, ясно видела наши цели и защищала нас обоих.

Она была не уверена (и сказала мне об этом наедине), что баллотироваться в Сенат — хорошая идея для Барака. Поэтому я пошла на завтрак, уверенная в ее поддержке.

Но я ошибалась.

Эта сенатская гонка открывала перед ним огромные возможности, пояснил Барак в тот день. Он чувствовал, что у него есть реальный шанс. Действующий сенатор, Питер Фицджеральд, консервативный республиканец во все более демократическом штате, терял поддержку собственной партии. Стало очевидно, что на праймериз будет баллотироваться несколько кандидатов, а это означает, Бараку нужно только набрать большинство голосов на уровне демократической партии. Он заверил меня, что не станет расходовать деньги из нашего личного бюджета. Когда я спросила, как мы сможем себе позволить содержать две квартиры — в Вашингтоне и Чикаго, — он сказал: «Ну, я напишу другую книгу, она станет бестселлером и принесет кучу денег».

Я рассмеялась.

Барак — единственный из моих знакомых, кто думал, будто его книга может решить любые проблемы. Я в шутку называла его мальчиком из «Джека и бобового стебля», который отдает все семейные сбережения за горсть волшебных бобов и всем сердцем верит, что они сработают, когда никто другой в это не верит.

С другой стороны, логика Барака была пугающе неопровержимой. Я наблюдала за лицом Валери, пока он говорил, и понимала, что он набирает все больше и больше очков в ее глазах. У Барака был заготовлен ответ на каждое наше «а что, если…?». Я знала, его слова имеют смысл, хотя боролась с желанием подсчитать все дополнительные часы, которые он проведет вдали от нас. Не говоря уже о том, что в нашем будущем теперь замаячил призрак переезда в Вашингтон. Несмотря на то что мы годами спорили о том, как плохо влияет его политическая карьера на нашу семью, я все еще любила Барака и доверяла ему.

У него уже было две семьи. Он разрывался между нами с девочками и 200 000 избирателей из Саутсайда. Неужели делить его со всем штатом Иллинойс будет хуже? Я не знала. В любом случае я не могла преградить ему путь к чему-то большему.

В тот день мы заключили сделку. Валери согласилась спонсировать предвыборную кампанию Барака. Несколько наших друзей тоже решили пожертвовать на это свое время и деньги.

Я же дала добро во всеуслышание с одной важной оговоркой: если Барак проиграет, он навсегда уйдет из политики и найдет другую работу. В тот момент, как день выборов закончится неудачей, всему придет конец.

Самый настоящий конец.

Однако дальше произошла серия удачных для Барака событий. Во-первых, Питер Фицджеральд решил не баллотироваться на переизбрание, расчистив поле для таких относительных новичков, как мой муж. Затем, как ни странно, и лидер демократов, и будущий кандидат от республиканцев оказались втянуты в скандалы, связанные с их бывшими женами. До выборов оставалось всего несколько месяцев, а у Барака уже не было ни одного соперника-республиканца.

К тому же он провел отличную кампанию, многому научившись на своей неудаче на выборах в Конгресс. Он победил семь основных противников и заработал больше половины голосов. В поездках по штату, общаясь с потенциальными избирателями, Барак оставался тем же человеком, которого я знала дома: веселым и обаятельным, умным и подготовленным.

Его чрезвычайно многословные ответы на городских форумах и дебатах, казалось, только подчеркивали, что Барак практически создан для Сената. И тем не менее в дополнение ко всем его усилиям путь Барака к Сенату был выстлан четырехлистным клевером.

Все это произошло еще до того, как Джон Керри пригласил его в Бостон выступить с основным докладом на национальном съезде Демократической партии 2004 года. Керри, сенатор от Массачусетса, в тот момент был втянут в борьбу за пост президента с Джорджем Бушем-младшим.

Среди всего этого мой муж был практически никем, скромным законодателем штата, он никогда раньше не выступал перед пятнадцатитысячной толпой, которая соберется в Бостоне. Он никогда не пользовался телесуфлером, никогда не произносил речь в прямом эфире в прайм-тайм. Чернокожий новичок в бизнесе, который исторически считался исключительно белым. Он появился из ниоткуда со своим странным именем и странным прошлым и теперь надеялся найти общий язык со среднестатистическим демократом. Как позже заметят политические обозреватели, выбор Барака Обамы для выступления перед миллионной аудиторией был чистой авантюрой.

И все же в своеобразной и окольной манере в тот момент свершилось его предназначение. Я знала это, наблюдала, как мозг Барака работал без остановки. На протяжении многих лет я следила, как он впитывал книги, новости и идеи, пробуждаясь к жизни каждый раз, когда говорил с кем-то, предлагавшим крупицу нового опыта или знаний. Барак все это хранил. Как я теперь понимаю, он отчетливо представлял то, что строил. Я должна была отыскать этому место в нашей совместной жизни, должна была научиться сосуществовать с этим, пусть и неохотно. Иногда оно бесконечно меня раздражало, но я не могла закрывать на него глаза. Барак работал над задуманным тихо и тщательно, без перерыва с тех пор, как мы познакомились. И теперь, возможно, размер аудитории наконец-то соответствовал его масштабам. Барак был готов к этому. Оставалось только произнести речь.

«Должно быть, неплохая была речь», — часто повторяла я позже. Это наша с Бараком шутка, которую я постоянно использовала после того вечера — 27 июля 2004 года.

Я оставила девочек дома с мамой и полетела с Бараком в Бостон на выступление, оставшись за кулисами в конференц-центре, когда Барак вышел под жаркий свет рампы на глазах у миллионов людей. Он немного нервничал, и я тоже, хотя мы оба решили не показывать этого. Таков Барак. Чем больше на него давили, тем спокойнее он становился. Он писал речь в течение нескольких недель, работал над ней между голосованиями в Сенате Иллинойса. Он запомнил все слова и тщательно их зазубрил, до такой степени, что нуждался бы в телесуфлере только в случае, если бы сдали нервы и голова вмиг опустела. Но этого не случилось. Барак посмотрел на зрителей и в телекамеры и, будто запустив какой-то внутренний двигатель, просто улыбнулся и начал говорить.

В тот вечер он говорил семнадцать минут. Барак рассказал, кто он такой и откуда родом: о своем дедушке, который служил солдатом в армии Паттона, о бабушке, трудившейся на фабрике во время войны, об отце, который ребенком пас коз в Кении, о невероятной любви его родителей и их вере в то, как много хорошее образование может дать ребенку, выросшему без богатства и связей. Искренне и умело он представлял себя не аутсайдером, а скорее буквальным воплощением истории Америки. Он напомнил собравшимся, что страну нельзя просто поделить на красное и синее[1], что нас всех объединяет человечность и забота об обществе. Он призывал к надежде вместо цинизма. Он говорил с надеждой, излучал надежду, воспевал ее.

Это были семнадцать минут ловкого и легкого обращения Барака со словами, семнадцать минут его глубокого, ослепительного оптимизма. Когда он заканчивал, коротко представив Джона Керри и его напарника Джона Эдвардса, толпа уже была на ногах и ревела, взрываясь аплодисментами. Я вышла на сцену, ступив в ослепительный свет на высоких каблуках и в белом костюме, чтобы обнять и поздравить Барака, а затем развернуться и помахать вместе с ним рукой взбудораженной аудитории.

Зал искрился, наэлектризованный энергией, звук был абсолютно оглушительным. То, что Барак — хороший парень с большим умом и верой в демократию, больше ни для кого не было секретом. Я гордилась им, хотя и ничему не удивлялась. За этого парня я и выходила замуж. Я знала, на что он способен, с самого начала. Оглядываясь назад, я думаю, что именно в тот момент я и начала потихоньку отпускать мысль, будто он может изменить свой курс, будто он когда-нибудь будет принадлежать только мне и девочкам. Я практически слышала это в пульсации аплодисментов. *Еще, еще, еще.*

Реакция СМИ на выступление Барака Обамы была чрезмерной. «Я только что увидел первого черного президента», — за-

---

[1] Неофициальный цвет республиканской партии — красный, символ — слон (олицетворяет мудрость), цвет демократической партии — синий, символ — ослик (символ упорного преодоления препятствий и выносливости). — *Прим. ред.*

явил Крис Мэтьюс своим коллегам по NBC. На следующий день *Chicago Tribune* вышла с лаконичным заголовком на первой полосе: «Феномен». Мобильный телефон Барака звонил без перерыва. Кабельные эксперты окрестили его «рок-звездой», «проснувшимся знаменитым», будто он и не провел многие годы в труде до этого момента на сцене, будто речь создала его, а не наоборот. Тем не менее речь была началом чего-то нового — не только для него, но и для нас, всей нашей семьи. Нас подбросило на совершенно иной уровень влияния и затянуло в стремительный поток ожиданий других людей.

Все это казалось нереальным. И единственное, что я могла с этим сделать, — шутить.

«Должно быть, неплохая была речь», — говорила я, пожимая плечами, когда люди останавливали Барака на улице, чтобы попросить у него автограф или сказать, как сильно им понравились его слова. «Должно быть, неплохая была речь», — сказала я, когда мы вышли из ресторана в Чикаго и обнаружили, что перед дверьми собралась целая толпа. То же самое я сказала, когда журналисты начали спрашивать мнение Барака по всем важным национальным вопросам, когда вокруг него начали крутиться большие политические стратеги и когда через девять лет после публикации в прошлом почти незамеченные «Мечты моего отца» были переизданы в мягкой обложке и попали в список бестселлеров *New York Times*.

«Должно быть, неплохая была речь», — сказала я, когда сияющая, суетливая Опра Уинфри появилась в нашем доме, чтобы провести день, интервьюируя нас для своего журнала.

Что с нами происходило? Я не могла за этим уследить. В ноябре Барака избрали в Сенат США: он набрал 70% голосов по штату — самый большой отрыв в истории Иллинойса и самая убедительная победа среди всех сенатских гонок в стране в том году. Он добился огромного успеха среди чернокожих, белых и латиноамериканцев, мужчин и женщин, богатых и бедных, городских, пригородных и сельских жителей. В какой-то момент мы отправились в Аризону на короткий отдых, и даже там его сразу же окружили доброжелатели. Для меня это стало главным рубиконом его славы: теперь Барака узнавали даже белые.

Я взяла все, что осталось от моей нормальной жизни, и закуталась в нее с головой. Дома все было по-прежнему. С семьей и друзьями все было по-прежнему. С детьми — по-прежнему. Но в остальном все стало совсем по-другому. Барак теперь постоянно летал в Вашингтон и обратно. У него был офис в Сенате и квартира в ветхом здании на Капитолийском холме: маленькая спальня, уже заваленная книгами и бумагами, — нора Барака вдали от дома. Каждый раз, когда мы с девочками приезжали к нему, мы даже не притворялись, что хотим там остановиться, и вместо этого бронировали на четверых номер в отеле.

В Чикаго я придерживалась своей рутины. Спортзал, работа, дом, повторить. Посуда в посудомоечной машине. Уроки плавания, футбола, балета. Я держала прежний ритм. Барак теперь жил в Вашингтоне, выполнял задачи, которые появились в его жизни вместе с должностью сенатора, но я все еще оставалась собой, пока что жила своей нормальной жизнью.

Однажды я сидела в припаркованной машине у торгового центра на Клайборн-авеню и ела что-то из «Чипотле»[1] — просто проводила немного времени наедине с собой после рывка через BabyGap. И тут моя секретарь позвонила мне на мобильный, чтобы спросить, может ли она перенаправить звонок. На том конце была незнакомая женщина из Вашингтона, жена сенатора, которая уже несколько раз пыталась со мной связаться.

— Конечно, соединяйте, — сказала я.

Я услышала в трубке голос жены сенатора, приятный и теплый.

— Ну, здравствуйте! — сказала она. — Я так рада наконец поговорить с вами!

Я ответила, что тоже очень рада.

— Я звоню, чтобы поприветствовать вас, — сказала она, — и сообщить, что мы хотели бы пригласить вас на некое не совсем обычное мероприятие.

Она позвонила, чтобы пригласить меня в какую-то частную организацию, клуб, который, как я поняла, состоял в основном

---

[1] Сеть ресторанов мексиканской кухни. — *Прим. науч. ред.*

из жен важных людей в Вашингтоне. Они собирались вместе за обедом и обсуждали последние новости.

— Это хороший способ познакомиться с людьми, а я знаю, что знакомиться бывает нелегко, когда вы новичок в городе, — сказала она.

Меня еще ни разу не приглашали в клуб. Я смотрела, как мои школьные друзья катались на лыжах в клубах «Джека и Джилл». В Принстоне я иногда ждала Сюзанну, которая возвращалась домой, жужжа и хихикая, со своих клубных вечеринок. Думаю, половина адвокатов «Сидли» принадлежала разным загородным клубам. Я посетила множество клубов, собирая деньги для Public Allies и предвыборных кампаний Барака. В клубах быстро понимаешь, что люди там пресыщены деньгами. Принадлежность к такому клубу означала нечто большее, чем просто принадлежность.

Хорошее предложение, и все же я была рада от него отказаться.

— Спасибо, — сказала я. — Очень мило с вашей стороны подумать обо мне. Но на самом деле мы приняли решение, что я не буду переезжать в Вашингтон.

Я сказала ей, что у нас в школе в Чикаго учатся две маленькие девочки, а я очень привязана к своей работе. Объяснила, что Барак только начинает устраиваться в Вашингтоне и ездит домой, когда может. Я не упомянула только, что мы настолько привязались к Чикаго, что хотели купить здесь новый дом на роялти, начавшие поступать от возобновленных продаж книги Барака. А также о том, что он уже получил щедрое предложение по контракту на вторую книгу — неожиданный урожай волшебных бобов.

Жена сенатора замолчала, позволив себе легкую паузу. Затем мягко ответила:

— Знаете, это большое испытание для брака. Семьи распадаются.

Я почувствовала ее осуждение. Сама она много лет прожила в Вашингтоне. Подразумевалось, что она видела, как все начинает катиться по наклонной, когда супруг остается один. Подразумевалось, что я подвергаю семью опасности, будто есть только один правильный способ быть женой сенатора и мой — в корне неправильный.

Я еще раз поблагодарила ее, повесила трубку и вздохнула. Я изначально ничего этого не хотела. Теперь я, как и она, была женой американского сенатора — миссис Обама, как она называла меня во время разговора. Но это не означало, что теперь я должна была бросить все ради мужа. Честно говоря, я не хотела бросать вообще ничего.

Я знала, некоторые сенаторы-семьянины предпочли жить в своих родных городах, а не в Вашингтоне. Я знала, что Сенат, в котором из 100 членов 14 были женщинами, уже не такой старомодный, как раньше. И я считала слова незнакомой женщины о том, что я не права, раз хочу оставить детей в их школе, а сама остаться на своей работе, абсолютно бесцеремонными.

Через несколько недель после выборов я поехала с Бараком в Вашингтон на однодневную экскурсию для новоизбранных сенаторов и их супругов. В тот год нас было всего несколько человек, и после краткого знакомства политики разошлись в разные стороны, а супругов провели в другую комнату. У меня было много вопросов, ведь я знала, что политики и их семьи должны придерживаться строгих правил этикета госслужащего, диктующих каждый шаг: начиная с того, кто может дарить им подарки, заканчивая тем, из каких средств они должны оплачивать свои поездки в Вашингтон и из Вашингтона. Я думала, мы будем обсуждать, как справляться с лоббистами или каким образом можно законным образом собирать деньги для будущих кампаний. Но вместо этого нам подробно изложили историю архитектуры Капитолия, познакомили с китайскими изразцами, изготовленными специально для Сената, и пригласили на вежливый и многословный обед.

Наверное, все это было бы даже смешно, если бы я не взяла отгул и не оставила наших детей с мамой ради этой поездки. Раз уж я собиралась стать супругой политика, то хотела отнестись к этому серьезно. У меня не было никакого желания слишком сильно углубляться в его дела, но при этом я не хотела что-то испортить.

На самом деле Вашингтон смущал меня своими благопристойными традициями и трезвым самоуважением, своей белизной и мужественностью, дамами, обедающими в отдельной комнате. В основе моего замешательства лежал страх. Я так сильно не хотела во всем этом участвовать, но меня все равно затянуло. Я была миссис Обамой в течение последних двенадцати лет, но теперь это означало нечто другое. По крайней мере, в некоторых кругах звание «миссис Обамы» теперь звучало унизительным — миссис, которую оценивают по заслугам ее мистера. Я была женой Барака Обамы, политической рок-звезды, единственного чернокожего в Сенате — человека, который говорил о надежде и терпимости так проницательно и сильно, что теперь за ним всюду тянулся шлейф ожиданий.

Мой муж стал сенатором, но почему-то окружающие уже были готовы через это перепрыгнуть. Все хотели знать, будет ли он баллотироваться в президенты в 2008 году. Ни у кого не возникало сомнений в правильности вопроса. Его задавал каждый репортер. Его задавал каждый прохожий. Мои коллеги в больнице каждый день задерживались в дверях, небрежно роняли этот вопрос и ждали каких-нибудь свежих новостей из первых рук. Даже Малия, которой исполнилось шесть с половиной лет, захотела узнать ответ в день присяги Барака, когда надела розовое бархатное платье и встала рядом с отцом и Диком Чейни. Правда, в отличие от многих других, наша первоклассница была достаточно умна, чтобы понять, насколько все это преждевременно.

— Папа, ты собираешься стать президентом? — спросила она. — А разве тебе не нужно было сначала стать вице-президентом или типа того?

Я была полностью согласна с Малией. Я, прагматик, всегда советовала медленное продвижение к цели, методичное проставление галочек. Я была приверженцем долгого и разумного ожидания. Поэтому вздыхала с облегчением каждый раз, когда Барак давал отпор инквизиторам, скромно отбрасывал вопросы о президентстве и говорил, что единственное, что он планирует сделать, — это закатать рукава и упорно работать в Сенате. Он часто напоминал людям, что он всего лишь младший член партии меньшинства. Если бы в политике существовала скамейка запасных, он бы сидел именно там. Иногда Барак также добавлял, что у него двое детей, которых ему нужно воспитывать.

Это моя семья в праздничной одежде. Около 1965 года. Заметьте, Крейг заботливо держит меня за запястье, будто защищая от чего-то.

Мы выросли на верхнем этаже дома моей двоюродной бабушки Робби Шилдс — она на этой фотографии держит меня на руках. Робби несколько лет учила меня играть на фортепьяно, и мы, бывало, ссорились из-за упрямства, но благодаря ей я становилась лучше.

Мой отец, Фрейзер Робинсон, больше двадцати лет проработал в городской службе Чикаго, обслуживая бойлеры водоочистительной станции на берегу озера. Несмотря на то, что из-за рассеянного склероза папе было невероятно сложно ходить, он не пропустил ни одного рабочего дня.

Отцовский «Бьюик Электра 225» — двойка с четвертью, как мы его называли, — был его радостью и гордостью, а также служил источником множества счастливых воспоминаний. Каждое лето мы отправлялись на нем в отпуск в отель «Dukes Happy Holiday» в Мичигане, где и сделана эта фотография.

Когда я пошла в детский сад в 1969 году, мой район в Саутсайде Чикаго служил домом этнически разнообразным семьям среднего класса. Но когда большинство семей побогаче переехали за город — этот феномен обычно называют «бегством белых» — демография поменялась. К пятому классу разнообразие улетучилось. *Сверху*: группа в детском саду; я в третьем ряду, вторая справа. *Снизу*: пятый класс, я в третьем ряду, в центре.

Это я в Принстоне (*слева*). Я нервничала, собираясь в колледж, но нашла там много близких друзей, включая Сюзанну Алель (*сверху*), которая научила меня радоваться жизни.

Какое-то время мы с Бараком жили на втором этаже дома на Эвклид-авеню, где я выросла. Мы оба были молодыми юристами. Я только начала искать свой профессиональный путь, задаваясь вопросом, как делать значимую работу и при этом оставаться верной своим ценностям.

Наша свадьба 3 октября 1992 года, один из счастливейших дней в моей жизни. Вместо отца, который скончался за полтора года до этого, к алтарю меня повел Крейг.

Еще на ранней стадии наших отношений я знала, что Барак будет замечательным отцом. Он всегда любил детей. Когда в 1998 у нас появилась Малия, мы оба безумно ей обрадовались, и наши жизни изменились навсегда.

Саша родилась через три года после Малии. Наша семья дополнилась ее пухлыми щечками и неукротимым нравом. Рождественское путешествие на Гавайи стало важной традицией — каждый год мы воссоединялись с семьей Барака и наслаждались теплой погодой.

Между Малией и Сашей всегда была крепкая связь. И мое сердце до сих пор тает от их красоты.

Я три года проработала исполнительным директором организации «Public Allies», помогающей молодым людям построить карьеру в общественной сфере. На этой фотографии я (*справа*) с группой молодых общественных лидеров на встрече с мэром Чикаго, Ричардом М. Дэйли.

Позднее я стала работать в Медицинском центре Чикагского университета, где налаживала связи университета с местным сообществом и создавала систему, позволившую тысячам жителям Саутсайда получить медицинскую страховку.

Как работающая мама, чей муж постоянно в командировках далеко от дома, я хорошо знакома с проблемой, известной многим женщинам — как совместить семью и работу.

Я впервые встретила Валери Джаретт (слева) в 1991 году, когда она была заведующей персоналом в чикагской мэрии. Она быстро стала для нас с Бараком верной подругой и советницей. На этой фотографии мы на предвыборной кампании Барака в Сенат США в 2004 году.

Время от времени дети присоединялись к Бараку во время его поездок. Это Малия смотрит из окна автобуса, как ее отец произносит предвыборную речь в 2004 году.

Барак объявляет о выдвижении своей кандидатуры на пост президента в Спрингфилде, штат Иллинойс, в морозный февральский день 2007-го. Я купила Саше слишком большую розовую шапку и все время переживала, что она слетит, но каким-то образом все обошлось.

Мы на одном из мероприятий предвыборной кампании Барака, в окружении дюжины — если не больше — представителей прессы.

Мне нравилось участвовать в кампании, заряжаться энергией от встреч с избирателями по всей Америке. Но ритм выматывал. Я пользовалась любым удобным случаем, чтобы отдохнуть.

За несколько месяцев до основных выборов мне наконец дали доступ к самолету кампании, что в разы увеличило скорость моих передвижений и сделало путешествия намного веселее и легче. Здесь со мной команда (*слева направо*): Кристен Джарвис, Кэти Маккормик Леливелд, Чон Ритц (наша стюардесса в тот день) и Мелисса Винтер.

Джо Байден был отличным кандидатом в вице-президенты по многим причинам, включая то, что наши семьи прекрасно поладили. Мы с Джилл сразу стали обсуждать наше желание помочь семьям военных. Здесь мы все вместе в 2008, на перерыве во время кампании в Пенсильвании.

После напряженной весны и лета в предвыборной гонке я выступила на Национальной демократической конвенции 2008-го года в Денвере, где впервые рассказала свою историю перед огромной аудиторией в прайм-тайм. Малия и Саша поднялись ко мне на сцену, чтобы передать привет Бараку по видео.

4 ноября 2008 года — в ночь выборов — моя мама, Мэриэн Робинсон, сидела рядом с Бараком. Они молча следили за появлением результатов.

Малии было десять, а Саше семь, когда в январе 2009 года их отец принес присягу как президент. Маленькой Саше пришлось встать на платформу, чтобы ее видели во время церемонии.

Официально объявленные POTUS и FLOTUS (президентом и первой леди — *прим.*), мы с Бараком за один вечер посетили десять инаугурационных балов, исполнив первый танец на сцене каждого из них. Я валилась с ног после целого дня празднований, но это прекрасное платье от Джейсона Ву подарило мне энергию, а мой муж — мой лучший друг, мой партнер — сделал каждую нашу совместную минуту особенной.

Лора Буш вежливо пригласила меня и девочек на предварительный визит в Белый дом. Ее собственные дочери, Дженна и Барбара, тоже приехали туда, чтобы показать Саше и Малии самые веселые места в здании и научить использовать эту горку в коридоре по назначению.

Эта фотография маленькой Саши, прижавшейся личиком к пуленепробиваемому стеклу машины в нашу первую поездку в школу из Белого дома, трогает меня по сей день. Я все время волновалась, как этот опыт отразится на наших детях.

Нам понадобилось время, чтобы привыкнуть к постоянному присутствию агентов Службы безопасности США в наших жизнях, но со временем многие из них стали нашими друзьями.

Уилсон Джерман (на фото) впервые поступил на работу в Белый дом в 1957 году. Как и другой персонал резиденции, он с честью служил нескольким американским президентам.

Огород Белого дома был задуман как символ здорового питания и образа жизни, послужив отправной точкой для моей последующей масштабной инициативы «Давайте двигаться!» Но я люблю его еще и за то, что только здесь могу повозиться в земле с детьми.

Я хотела, чтобы в Белом доме каждый мог почувствовать себя как дома, и дети могли быть самими собой. Я надеялась, они увидят в нас отражение самих себя, ну и конечно не упустят шанса поиграть с первой леди в «часики».

Мы с Бараком питаем особую нежность к Королеве Елизавете, напоминающей Бараку его строгую бабушку. На протяжении многих визитов она демонстрировала, что человечность для нее намного важнее протокола и церемоний.

Встреча с Нельсоном Манделой подарила мне новый взгляд на вещи, в котором я так нуждалась через пару лет после начала нашей жизни в Белом доме: настоящие изменения происходят медленно, не за несколько месяцев или лет, а за несколько десятилетий и даже жизней.

Для меня объятие — верный способ разбить лед притворства и найти общий язык. Это я в Оксфорде, с девочками из лондонской школы Элизабет Гаррет Андерсон.

Я никогда не забуду дух оптимизма и стойкости, присущий военнослужащим и их семьям в медицинском центре «Уолтер Рид».

Мать Хадии Пендлтон, Клеопатра Кули-Пендлтон, сделала все правильно, но все равно не смогла защитить своего ребенка от ужасной гибели в результате уличной стрельбы. Встретив ее перед похоронами Хадии в Чикаго, я не могла поверить эту несправедливость.

Я старалась как можно чаще встречать девочек из школы. В этом одно из преимуществ жизни прямо над офисом.

Бараку всегда удавалось разделять работу и дом, почти каждый вечер поднимаясь на семейный ужин и умудряясь быть с нами «здесь и сейчас». В 2009 мы с девочками сломали последний барьер и пришли к Бараку в Овальный кабинет на его День рождения.

Мы исполнили свое обещание Малии и Саше: если Барак станет президентом, мы заведем собаку. Более того, мы завели двух. Бо (на фотографии) и Санни привнесли в нашу жизнь еще больше радости.

Каждую весну я надеялась, что мои напутственные речи вдохновят выпускников и помогут им увидеть силу в своей судьбе. На этом фото я готовлюсь выступить в Технологическом университете в Вирджинии в 2012 году. На заднем плане — Тина Тчен, моя неустанная помощница на протяжении пяти лет, занимается обычным делом — решает через смартфон кучу задач одновременно.

Собакам разрешалось бродить практически по всем помещениям Белого дома. Особенно им нравилось зависать в огороде и на кухне. Вот они в кладовой с одним из дворецких — Жоржем Давила — скорее всего, надеются, что им перепадет немного еды.

Мы глубоко благодарны служащим, которые устраивали наши жизни все эти восемь лет. Мы познакомились с их детьми и внуками, и праздновали вместе важные события, как на этой фотографии, сделанной в День рождения дворецкого Регги Диксона в 2012 году.

Быть Первой леди — значит, получать необычные привилегии и сталкиваться с необычными проблемами. Но мы с Бараком старались, чтобы у наших детей была хотя бы отчасти нормальная жизнь. *Сверху слева:* Малия, Барак и я поддерживаем баскетбольную команду Саши, «Vipers». *Сверху справа:* Девочки отдыхают в «Яркой звезде» — кодовое название самолета первой леди.

Мы стремились к тому, чтобы наши девочки могли делать то же, что и все остальные подростки. Например, учиться водить, даже если это означало брать уроки вождения под присмотром Секретной службы.

Четвертое июля (День независимости США — *прим.*) для нас особый праздник еще и потому, что в этот день у Малии День рождения.

Если я чему-то и научилась в жизни, так это высказывать свое мнение. Я всегда старалась говорить правду и проливать свет на истории людей, которые обычно оставались в тени.

В 2015 наша семья присоединилась к Джону Льюису и остальным легендам борьбы за гражданские права в честь пятнадцатой годовщины марша по мосту Эдмунда Петтаса в городе Сельма, штат Алабама. В тот день я напомнила себе, как далеко с тех пор продвинулась наша страна — и сколько еще нам предстоит пройти.

Но барабан уже бил, и его было невозможно остановить. Поздними вечерами Барак писал в блокнотах то, что потом станет «Дерзостью надежды», — размышления о его убеждениях и его видении страны. Он говорил мне, что действительно рад быть на этом месте, постепенно наращивать влияние и терпеливо ждать своей очереди выступить в совещательной какофонии Сената. Но затем разразилась буря.

Ураган «Катрина» обрушился на побережье Мексиканского залива Соединенных Штатов в конце августа 2005 года, разрушив дамбы в Новом Орлеане, затопив низменности, выбросив людей — в основном чернокожих — на крыши разрушенных домов. Его последствия оказались ужасающими: СМИ сообщали о больницах без резервного питания, отчаявшихся семьях, собранных в «Супердоме»[1], работниках экстренных служб, парализованных отсутствием снабжения. В конце концов погибло около тысячи восьмисот человек и более полумиллиона были вынуждены покинуть свои дома.

Трагедия усугубилась неумелыми действиями федерального правительства. Это была тяжелая ситуация, демонстрирующая существующее неравенство и незащищенность афроамериканцев и малоимущих всех рас.

Где было искать надежду?

Я смотрела выпуски новостей о «Катрине» с болью где-то в области живота, зная, что, если бы эта катастрофа разразилась в Чикаго, многих моих теть и дядь, кузенов и соседей постигла бы та же участь. Реакция Барака была не менее эмоциональной. Через неделю после урагана он полетел в Хьюстон, чтобы присоединиться к бывшему президенту Джорджу Бушу-старшему, Биллу и Хиллари Клинтон, его коллеге в Сенате. Они приехали к десяткам тысяч эвакуированных из Нового Орлеана, искавших убежище в «Астродоме»[2]. Этот опыт разжег в Бараке кое-что новое: ноющее чувство, что его усилий все еще недостаточно.

---

[1] Mercedes-Benz Superdome — спортивно-выставочный центр Нового Орлеана. — *Прим. науч. ред.*

[2] Спортивно-выставочный центр в Хьюстоне. — *Прим. науч. ред.*

К этой мысли я вернулась через год или около того, когда барабанный бой усилился, а давление на нас обоих стало невыносимым. Мы занимались своими обычными делами, но вопрос о том, будет ли Барак баллотироваться в президенты, постоянно электризовал воздух вокруг нас. *Сможет ли он? Будет ли он? Должен ли?* Летом 2006 года респонденты, заполнявшие открытые анкеты, называли его кандидатом в президенты, хотя Хиллари Клинтон стояла определенно на первом месте. Однако к осени рейтинг Барака начал расти частично благодаря публикации «Дерзости надежды» и множеству дополнительных информационных возможностей, появившихся в результате книжного тура. Рейтинги, по опросам, внезапно сравнялись или опередили рейтинги Эла Гора и Джона Керри, двух предыдущих кандидатов от демократов, что свидетельствовало о высоком потенциале. Я знала, Барак беседовал с друзьями, советниками и потенциальными спонсорами, давая понять, что рассматривает возможность баллотироваться. Но был один разговор, которого он избегал. Разговор со мной.

Барак, конечно, знал, что я чувствую. Мы постоянно говорили об этом, но не напрямую, а косвенно, будто обсуждая другое. Мы жили с ожиданиями других людей так долго, что они стали частью почти каждого нашего разговора. Неисчерпаемые возможности Барака сопровождали нас повсюду: когда он сидел с семьей за обеденным столом, ездил в школу с девочками или на работу со мной. Они были с нами, даже когда мы этого не хотели, добавляя нашей жизни странный оттенок. С моей точки зрения, мой муж уже и так многого добился. Если он и собирался подумать о том, чтобы баллотироваться в президенты, я надеялась, что он подойдет к этому вопросу разумно: станет медленно готовиться и ждать своего часа в Сенате, пока девочки не вырастут, — хотя бы до 2016 года.

С момента нашего знакомства мне казалось, будто Барак смотрит далеко за горизонт, по-своему представляя идеальный мир. А я хотела, чтобы муж хотя бы раз довольствовался тем, что имеет. Я не понимала, как он может смотреть на Сашу и Малию, пяти и восьми лет, с их косичками и постоянным смехом, и хотеть иного. Иногда мне было больно об этом думать.

Мы будто качались на качелях: мистер с одной стороны, миссис с другой. Теперь наша семья поселилась в хорошем кирпичном доме в георгианском стиле на тихой улице в районе Кенвуд, с широким крыльцом и высокими деревьями во дворе — именно на такие дома мы с Крейгом любили глазеть во время воскресных поездок на «Бьюике» моего отца.

Я часто думала об отце, о том, сколько он нам дал. Мне отчаянно хотелось, чтобы он был жив и увидел, как у нас все сложилось. Крейг стал очень счастлив, когда наконец оставил карьеру в инвестиционном банке и вернулся к своей первой любви — баскетболу. После нескольких лет работы ассистентом в Северо-Западном университете он стал главным тренером в Университете Брауна на Род-Айленде и женился на Келли Маккрам, красивой, практичной девушке с Восточного побережья, декане колледжа. Двое его детей выросли высокими и уверенными в себе — яркий показатель того, чего может достичь следующее поколение.

Я была женой сенатора, но, что гораздо важнее, я строила свою карьеру. Весной меня повысили до вице-президента Медицинского центра Чикагского университета. Последние два года я руководила развитием программы здравоохранения Саутсайда под названием South Side Healthcare Collaborative. Программа уже связала более полутора тысяч пациентов, обратившихся в наше отделение скорой помощи, с медицинскими учреждениями, которые регулярно оказывали им необходимую помощь вне зависимости от финансовых возможностей пациентов.

Моя работа многое для меня значила. В отделении скорой помощи нашей больницы я видела чернокожих с болезнями, которыми много лет никто не занимался, — например, диабетиков, чьи проблемы с кровообращением остались без внимания и потому теперь им предстояла ампутация ноги, — и не могла не думать о своем отце. О каждом медицинском назначении, которое он не выполнил, о каждом симптоме его склероза, который он преуменьшил, чтобы лишний раз не шуметь, не тратить деньги, не заполнять бумаг, не унижаться перед богатым белым врачом.

Мне нравилась моя работа и моя, пусть и не идеальная, жизнь. Когда Саша перешла в начальную школу, я почувствовала, что нахожусь в начале нового этапа, на грани того, чтобы снова разжечь свои амбиции и поставить перед собой новые цели.

Президентская кампания лишила бы меня всего этого. Я знала достаточно, чтобы понять это заранее. За последние одиннадцать лет мы с Бараком уже прошли через пять кампаний, и каждая из них заставляла меня все сильнее бороться за право на собственные приоритеты. Кампании всегда оставляли небольшие царапины в моей душе и на нашем браке. Я боялась, что президентская гонка ударит по нам еще сильнее. Барак будет отсутствовать гораздо дольше, чем во время службы в Спрингфилде или Вашингтоне: не по полторы недели, а целыми неделями, не 4—8 недель с перерывами, а целые месяцы.

Чем это обернется для нашей семьи? Как публичность повлияет на наших девочек?

Я сделала все возможное, чтобы не обращать внимания на шумиху вокруг Барака, которая не собиралась утихать. Новостные эксперты постоянно обсуждали его рейтинги. Дэвид Брукс, консервативный обозреватель *The New York Times*, опубликовал удивительное обращение под названием «Беги, Барак, беги»[1]. Теперь его узнавали почти везде, куда бы он ни пошел. Я же все еще была под благословенным куполом невидимости. Однажды в октябре, стоя в очереди в магазине, я заметила обложку журнала *Time* и тут же отвернулась: там был крупный план лица моего мужа рядом с заголовком «Почему Барак Обама может стать следующим президентом».

Я надеялась, в какой-то момент Барак сам положит конец спекуляциям, объявив себя вне конкуренции и направив внимание СМИ в другое русло. Но он этого не сделал. Он не хотел этого. Ему хотелось участвовать в гонке. Вот только я этого не желала.

Каждый раз, когда репортер спрашивал, присоединится ли он к президентской гонке, Барак отвечал просто: «Я все еще думаю об этом. Это должно быть семейным решением». Что было шифром для «только если Мишель мне позволит».

По ночам, когда Барак был в Вашингтоне, я лежала в посте-

---

[1] Беги, Барак, беги (*англ.* Run, Barack, Run) — то есть «участвуй в президентской гонке, Барак».

ли, чувствуя, будто осталась одна против всего мира. Я хотела, чтобы Барак больше времени проводил с семьей. Все остальные, казалось, хотели, чтобы его семьей стала вся страна. У него был собственный совет: Дэвид Аксельрод и Роберт Гиббс, два политических стратега, которые сыграли решающую роль в его избрании в Сенат; Дэвид Плуфф, еще один консультант фирмы Аксельрода; его директор по персоналу Пит Роуз; и Валери. Все они осторожно его поддерживали, но при этом ясно дали понять, что в президентской гонке невозможно участвовать вполсилы. Мы с Бараком оба должны быть всецело на борту.

Требования к нему казались просто невообразимыми. Продолжая выполнять абсолютно все, что входит в обязанности сенатора, он должен был создать и продолжать вести предвыборную кампанию, охватывающую оба побережья, разработать политическую платформу, а также собрать невероятную сумму денег. В мои же обязанности входила не просто молчаливая поддержка, но активное участие. От меня ожидали, что я постоянно буду держаться в центре внимания вместе с нашими детьми, одобрительно улыбаться и пожимать множество рук. Все должно было быть ради Барака, все должно служить его великой цели.

Даже Крейга, который так рьяно защищал меня с самого дня моего рождения, охватило волнение предстоящей предвыборной борьбы. Однажды вечером брат позвонил мне, чтобы прозондировать почву:

— Послушай, Миш, — начал он, как всегда, в баскетбольной манере. — Я знаю, что ты волнуешься, но, если у Барака есть шанс, он должен им воспользоваться. Ты же видишь это, да?

Это зависело от меня. Все зависело от меня. Боялась ли я или просто устала?

Хорошо это или плохо, но я влюбилась в человека с оптимистическим видением. Не наивного, не конфликтного и заинтригованного многогранностью мира. Как ни странно, его не пугал объем предстоящей работы. Он сказал, что боится расставаться со мной и девочками надолго, но при этом продолжал напоминать, что наша любовь в безопасности.

— Мы справимся, верно? — сказал Барак однажды вечером, когда мы сидели в его кабинете наверху, он держал меня за руку и наконец начал по-настоящему говорить о кампании. — Мы сильные и умные, как и наши дети. Все будет просто отлично. Мы можем себе это позволить.

Он имел в виду, что да, кампания дорого нам обойдется. Нам придется от многого отказаться: от времени, от возможности быть вместе, от приватности. Слишком рано предсказывать, сколько именно от нас потребуется, но, конечно, много. Для меня это было все равно что тратить деньги, не зная остатка на счету.

Насколько нас хватит? Каков наш предел? Что в итоге от нас останется? Сама неопределенность казалась угрозой, чем-то, что могло нас потопить. В конце концов, я выросла в семье, которая верила в предусмотрительность, проводила дома учения по пожарной безопасности и всегда приходила на работу заранее. Я выросла в рабочей среде, с отцом-инвалидом, и я знала цену предусмотрительности. Именно она может провести границу между стабильностью и нищетой. Рамки всегда казались узкими. Одна пропущенная зарплата может оставить вас без электричества; одно пропущенное домашнее задание может оставить вас позади всего класса и, возможно, вне стен колледжа.

В пятом классе я потеряла одноклассницу из-за пожара в ее доме, а затем смотрела, как угасает Сюзанна, не успев по-настоящему повзрослеть. Я знала, что мир может быть жестоким и нелогичным, а тяжелая работа не всегда дает положительные результаты. В будущем это ощущение только возрастет, но даже сейчас, сидя в нашем тихом кирпичном доме на нашей тихой улице, я хотела защитить то, что у нас было. Я хотела заботиться о наших девочках и забыть обо всем остальном, по крайней мере пока они не подрастут.

И все же у всего этого была обратная сторона, и мы с Бараком хорошо это понимали. Из своего привилегированного дома мы наблюдали за разрушениями от «Катрины». Мы видели родителей, которые пытаются удержать своих детей над водой, и афроамериканские семьи, старающиеся выстоять в чудовищных условиях в «Супердоме». Моя работа в разных организациях — от мэрии до Public Allies и университета — помогла мне увидеть, как часто бывает трудно обеспечивать самое необходимое: базовое медицинское обслуживание и жилье. Я видела тонкую грань, разделяющую успех и провал. Барак, со своей стороны, много времени провел в разговорах с рабочими, которых сокращали на заводах, с молодыми ветеранами войны, пытавшимися справиться с неизлечимыми травмами, и с матерями, которым надоело отправлять своих детей в плохие школы. Другими словами, мы понимали: нам до смешного повезло, и оба чувствовали себя обязанными не останавливаться на достигнутом.

Зная, что у меня действительно не было выбора, кроме как обдумать это, я наконец открыла дверь и впустила эту мысль в свой разум. Мы с Бараком обсуждали идею много раз, вплоть до нашей рождественской поездки на Гавайи. Некоторые из наших разговоров были громкими и слезливыми, некоторые — серьезными и позитивными. Продолжение диалога, который мы вели уже более семнадцати лет. *Кто мы такие? Что для нас важно? Чего мы можем добиться?*

В конце концов я согласилась, ведь я верила, что Барак может стать отличным президентом. Он уверен в себе. У него достаточный уровень интеллекта и дисциплины для этой работы. Его темперамент идеально подходил для того, чтобы вынести все трудности президентства, а его редкая степень сострадательности заставила бы его внимательно прислушиваться к нуждам страны. Он также был окружен хорошими, умными людьми, готовыми ему помочь.

Кто я такая, чтобы его останавливать? Как я могла поставить собственные потребности и даже потребности наших девочек выше возможности того, что Барак станет президентом, который сделает жизнь миллионов лучше?

Я согласилась, потому что любила его и верила в его способности.

А еще я согласилась, несмотря на болезненную мысль, которой не хотела ни с кем делиться: я не была уверена в том, что он доберется до финишной черты предвыборной гонки. Он так часто и страстно говорил об исцелении нашей страны, апеллируя к высшим идеалам, с которыми, по его мнению, должно рождаться большинство людей, — но я видела достаточно, чтобы смотреть на это скептически. В конце концов, Барак был черным в Америке. Я не думала, что он сможет победить.

16

С ТОЙ МИНУТЫ, КАК МЫ ДОГОВОРИЛИСЬ, что Барак будет участвовать в гонке, он стал похож на смазанное пятно, пиксельную версию человека, которого я знала. Барак должен был быть везде и сразу, прикладывая все больше и больше усилий. Начиная с Айовы, где меньше чем через год должны были начаться предвыборные состязания кандидатов от партий, Барак должен был быстро нанять персонал, привлечь спонсоров, которые смогут выписывать крупные чеки, и придумать, как заявить о себе наиболее резонансным способом. Его целью было попасть на радары населения и не сходить с них до самого Дня выборов. Предвыборные кампании можно и выиграть и проиграть на первых же ходах.

Всей операцией руководили два Дэвида, полностью преданных своему делу, — Аксельрод и Плуфф. Акс, как все его называли, обладал мягким голосом, учтивыми манерами и густыми усами, спускавшимися до верхней губы. Прежде чем заняться консультированием политиков и начать управлять пиар-кампанией Барака, он работал репортером в *Chicago Tribune*. Тридцатидевятилетний Плуфф с мальчишеской улыбкой и глубокой любовью к цифрам и стратегиям был главным менеджером кампании. Команда быстро пополнялась опытными людьми, нанятыми, чтобы заботиться о финансах и планировать предстоящие мероприятия.

У кого-то хватило мудрости предложить Бараку официально объявить о своей кандидатуре в Спрингфилде. Все согласились с тем, что имидж зарождающейся внутри Америки предвыборной кампании будет нас выгодно отличать от других, кампании — построенной с нуля, в основном новичками в политическом процессе. Это было краеугольным камнем надежд Барака. Годы работы в качестве общественного организатора показали ему, как много людей чувствовали себя лишенными голоса и прав в существующей модели демократии. Проект «Голосуй!» открыл Бараку глаза на то, чего можно достичь, если мотивировать этих граждан голосовать. Президентская кампания стала еще более серьезным испытанием для этой идеи. Сработает ли его видение в большем масштабе? Достаточно ли людей согласится помочь? Барак знал, что он необычный кандидат. И хотел провести необычную кампанию.

По плану Барак должен был объявить о своей кандидатуре со ступеней старого Капитолия штата — исторической достопримечательности, визуально более привлекательной, чем любой конференц-зал или стадион. Но это также означало, что он должен будет выступать на открытой площади в середине февраля, когда в штате Иллинойс часто бывает очень холодно. Решение показалось мне романтичным, но непрактичным и мало помогло увериться в команде, которая теперь более или менее управляла нашей жизнью. Я представляла, как мы с девочками пытаемся улыбаться, несмотря на снег и холодный ветер, а Барак силится казаться неуязвимым, а не замерзшим. Я представляла, сколько людей решит остаться дома в этот день, вместо того чтобы часами стоять на холоде. Я жила на Среднем Западе и знала, что погода может все испортить. Но я также знала, что Барак не мог позволить себе объявить о своем решении раньше.

Примерно за месяц до этого о своей кандидатуре объявила преисполненная уверенности в себе Хиллари Клинтон. Джон Эдвардс, бывший помощник Керри из Северной Каролины, начал кампанию еще месяцем раньше, выступив перед разрушенным ураганом «Катрина» домом в Новом Орлеане. В общей сложности девять демократов бросили фанты в шляпу. Поле было переполнено, конкуренция зашкаливала.

Команда Барака сильно рисковала с объявлением на открытом воздухе, но не мне было это исправлять. Я настояла, чтобы они по крайней мере установили на трибуне обогреватель, иначе Барак в сюжетах выпусков новостей может выглядеть неуверенно. В остальном я придержала язык. Я больше почти ничего не контролировала. Планировались митинги, разрабатывались стратегии, собирались добровольцы. Кампания шла полным ходом, и спрыгнуть с ее борта у нас уже не осталось никакой возможности.

Подсознательно, из чувства самосохранения, я сосредоточилась на том, что могла контролировать, а именно на поиске шапочек для Малии и Саши на день объявления. Я нашла для них новые зимние пальто, но не вспомнила о головных уборах вплоть до последнего момента.

Дата приближалась, я совершала торопливые набеги на универмаги Уотер-тауэр-плейс после работы, чтобы порыться в истощающемся запасе зимней одежды в середине сезона. До этого момента я беспокоилась только о том, чтобы Малия и Саша выглядели как дочери будущего президента, вместо того чтобы они были похожи на девочек, у которых вообще есть мать. В конце концов во время третьей вылазки я нашла две вязаные шапки: белую для Малии и розовую для Саши, обе из отдела взрослой одежды. Одна плотно прилегала к голове Малии, а другая свободно крутилась на пятилетней Саше. Конечно, эти шапочки вряд ли демонстрировали на показе высокой моды, но они были достаточно симпатичными, и, что более важно, должны были держать девочек в тепле, независимо от того, что готовила нам зима в Иллинойсе. Маленький, но все же триумф. Мой триумф.

День объявления — 10 февраля 2007 года — выдался ярким и безоблачным, сверкающим днем середины зимы, который выглядел намного лучше, чем чувствовался на самом деле. Температура воздуха опустилась до двенадцати градусов[1], дул легкий ветерок. Мы приехали в Спрингфилд накануне

---

[1] Автор имеет в виду 12 градусов по шкале Фаренгейта, что равно примерно минус 11 по Цельсию. — *Прим. науч. ред.*

и остановились в трехкомнатном номере отеля в центре города, на этаже, полностью арендованном под нужды кампании. Там же разместилась пара дюжин членов нашей семьи и друзей, прилетевших из Чикаго.

Мы уже начали ощущать давление предвыборной гонки. Объявление Барака случайно совпало с проведением форума «О состоянии дел в черном сообществе», который ежегодно проводил Тавис Смайли. Очевидно, он был оскорблен этим совпадением и ясно выразил свое неудовольствие предвыборному штабу, заявив, что этот шаг демонстрирует пренебрежение к афроамериканскому сообществу и в конечном итоге повредит кандидатуре Барака. Я удивилась, что первыми в нас выстрелили именно члены черного сообщества. Затем, всего за день до объявления, *Rolling Stone* опубликовал статью о Бараке — репортер посетил церковь Троицы в Чикаго. Мы все еще числились ее прихожанами, хотя после рождения девочек ходили туда все реже. В статье цитировалась сердитая и подстрекательская, произнесенная много лет назад проповедь преподобного Иеремии Райта относительно обращения с чернокожими в нашей стране — он намекал, что американцы больше заботятся о поддержании превосходства белых, чем о Боге.

Хотя сама статья была довольно положительной, обложка гласила: «Радикальные корни Барака Обамы». Мы знали, что консервативные СМИ быстро возьмут эту формулировку на вооружение. Это выглядело началом катастрофы, особенно накануне запуска кампании. Преподобный Райт должен был открывать выступление Барака, и тому пришлось позвонить священнику. Барак попросил преподобного выйти из центра внимания и вместо этого дать нам личное благословение за кулисами. Чувства Райта были задеты, сказал Барак, но при этом преподобный понимал, сколь высоки ставки, и заверил нас, что не станет зацикливаться на своей обиде и в любом случае поддержит.

В то утро меня осенило, что мы достигли момента, когда пути назад нет. Теперь наша семья на виду у всего американского народа. Этот день должен был стать грандиозным праздником начала кампании, к которому все готовились неделями. И, как любой параноик, я не могла избавиться от страха, что никто на него не придет. В отличие от Барака, я сомневалась и все еще цеплялась за свои детские страхи. А если мы недостаточно хороши? Возможно, все, что нам говорили, преувеличение. Возможно, Барак менее популярен, чем считала его команда. Вдруг его время еще не настало? Я попыталась отбросить все сомнения, когда мы вошли в боковую дверь здания старого Капитолия, все еще не видя происходящего снаружи. Чтобы выслушать инструктаж от персонала, я передала Сашу и Малию своей маме и Кайе Уилсон — «маме Кайе» — бывшей наставнице Барака, которая в последние годы стала второй бабушкой для наших девочек.

Мне сказали, что собралось достаточно много народа, люди начали приходить еще до рассвета. По плану Барак выходил первым, а через несколько минут мы с девочками должны были присоединиться к нему на трибуне. Нам предстояло подняться на несколько ступенек, а затем повернуться, чтобы помахать толпе. Я уже дала понять, что мы не останемся на сцене на все время его двадцатиминутного выступления. Невозможно уговорить двух маленьких детей сидеть смирно и притворяться, будто им интересно, в течение длительного времени. Для кампании Барака было бы только хуже, если бы его дочери выглядели скучающими, чихали или ерзали во время его речи. То же самое касалось и меня. Я знала, что должна была соответствовать стереотипу безукоризненно ухоженной, кукольной жены с нарисованной улыбкой и смотреть на мужа влажными глазами, ловя каждое его слово. Но это не я. Я могла поддержать, но не могла стать роботом.

После брифинга и минутной молитвы с преподобным Райтом Барак вышел поприветствовать собравшихся. До меня донесся рев толпы, встречавшей его. Я повернулась к Саше и Малие, начиная по-настоящему нервничать.

— Девочки, вы готовы? — спросила я.

— Мамочка, мне жарко, — сказала Саша, срывая свою розовую шапку.

— О, милая, это нельзя снимать. На улице холодно. — Я схватила шапку и натянула ей на голову.

— Но мы не снаружи, мы внутри, — сказала она.

Саша наш круглолицый маленький правдоруб. С ее логикой невозможно спорить. Я взглянула на одну из сотрудниц и попыталась мысленно телеграфировать молодой девушке, у которой почти наверняка не было собственных детей: «Боже мой, если мы не начнем сейчас, то потеряем этих двоих».

В знак милосердия она кивнула и указала нам на вход. Время пришло.

Я уже побывала на многих политических мероприятиях Барака и видела, как он взаимодействует с большими группами избирателей. Я принимала участие в предвыборных кампаниях, сборах средств и вечеринках. Я видела аудиторию, заполненную старыми друзьями и давними сторонниками. Но в Спрингфилде все оказалось иначе.

Мои нервы сдали, как только мы вышли на сцену. Я полностью сосредоточилась на Саше, чтобы убедиться, что она улыбается и не споткнется о собственные ноги.

— Посмотри вверх, милая, — сказала я, держа ее за руку. — Улыбнись!

Малия уже шла впереди нас, высоко подняв подбородок и широко улыбнувшись, когда догнала отца и замахала рукой. Когда мы наконец добрались до конца лестницы, я смогла разглядеть толпу. Или, по крайней мере, попытаться ее разглядеть. Наплыв был огромным. Оказалось, в тот день пришло более пятнадцати тысяч человек. Толпа охватывала нас трехсотградусной панорамой, начинающейся от Капитолия, и заражала нас своим энтузиазмом.

Я бы никогда не решила провести субботу на политическом митинге. Перспектива стоять в спортзале или аудитории средней школы, слушая высокие мысли, обещания и банальности, всегда была для меня лишена смысла. Зачем, спрашивала я себя, все эти люди пришли сюда? Зачем им надевать лишние носки и часами стоять на холоде? Я могу представить, что люди собираются в толпы в надежде услышать рок-группу, у которой знают каждую строчку каждой песни, или чтобы посмотреть снежный Суперкубок команды, за которой они следили с детства. Но политика? Я такого еще не видела.

До меня начало доходить, что мы и есть рок-группа. Мы и есть команда на Суперкубке. Меня захлестнуло внезапное чувство огромной, затмевающей все на свете ответственности. Мы были чем-то обязаны каждому из этих людей. Мы просили их поверить в нас и теперь должны были пронести их веру и энтузиазм через двадцать месяцев и пятьдесят штатов прямо в Белый дом. Раньше я никогда не думала, будто это возможно, но теперь подумала. Это был ответ демократии, поняла я, контракт, который люди подписывали один за другим. Сейчас *вы встали за нас, а потом мы будем стоять за вас*. Теперь у меня появилось еще пятнадцать тысяч причин желать Бараку победы.

С этого момента я стала полностью предана делу. Вся наша семья посвятила себя кампании, даже если все это нас немного пугало. Я еще не могла представить, что ждет меня впереди. Но мы были там, все четверо, стоя перед толпой и камерами, практически обнаженные, если не считать пальто на плечах и великоватой розовой шапки на крошечной голове.

Хиллари Клинтон была серьезным и грозным противником. Опрос за опросом она занимала первое место среди потенциальных избирателей-демократов. Барак отставал на десять или двадцать очков, а Эдвардс был еще на несколько очков позади Барака. Демократические избиратели знали Клинтонов и желали победы. У Клинтон было больше сторонников, чем у нас людей, которые могли правильно произнести имя моего мужа. Все мы — я, Барак и наша команда — задолго до объявления понимали, что, независимо от его политических дарований, афроамериканец по имени Барак Хусейн Обама всегда будет непростым выбором.

С этой проблемой мы столкнулись даже в черном сообществе. Как и я вначале, многие черные не могли заставить себя поверить, что у моего мужа есть реальный шанс на победу. Многие все еще не верили, что черный может добиться успеха в области, которая исторически считалась белой. И они решались на более безопасную ставку, выбирая следующего за ним кандидата. Одной из задач Барака было перетянуть на себя давнюю преданность черных избирателей Биллу Клинтону, который всегда был на короткой ноге с афроамериканским сообществом и сформировал там много связей. Барак уже завоевал доверие широкого круга избирателей по всему Иллинойсу, в том числе в сельских районах белых ферм в южной части штата. Он уже доказал, что может охватить все демографические группы, но многие люди еще этого не осознали.

На Барака был всегда направлен объектив критиков. Мы знали, что как черный кандидат он не мог позволить себе ошибиться. Чтобы быть наравне с остальными, ему приходилось делать все в два раза лучше них. Для Барака, как и для каждого кандидата не по фамилии Клинтон, единственное, что оставляло надежду на победу, — это собрать много денег и быстро начать их тратить в надежде, что активные действия уже на ранних праймериз позволят предвыборной кампании вырваться вперед и обогнать машину Клинтона.

Мы связывали надежды с Айовой. Именно там мы должны были либо победить, либо отступить. Штат, где проживало в основном сельское население и более 90 процентов белых, — любопытное место для старта национальных выборов и, возможно, не самое очевидное для самоопределения черного парня из Чикаго. Но такова была реальность. Президентские праймериз стартуют в Айове[1]. Члены обеих партий отдавали свои голоса на собраниях на уровне округов в середине зимы, и за этим следила вся страна. Если вас заметили в Де-Мойне и Дубьюке, значит, ваша кандидатура автоматически будет иметь значение в Орландо и Лос-Анджелесе. Мы также знали: если хорошо покажем себя в Айове, это продемонстрирует черным избирателям по всей стране, что в нас можно верить. Тот факт, что Барак был сенатором в соседнем Иллинойсе, давал ему некоторую известность и знание проблем района. Это убедило Дэвида Плуффа, будто у нас есть в Айове небольшое преимущество, на котором мы должны попытаться сыграть.

---

[1] Традиция существует с 1972 года. — *Прим. науч. ред.*

Значит, я должна была ездить в Айову почти каждую неделю, ловить ранние утренние рейсы United Airlines из О'Хары и делать по три или четыре остановки для нужд кампании в день. Я сразу сказала Плуффу, что хотя я и рада помочь кампании, но его команда должна вовремя доставлять меня в Чикаго, чтобы я успела уложить девочек спать. Мама согласилась сократить часы на работе и больше сидеть с детьми, пока я путешествую. Барак тоже проводил много времени в Айове, хотя мы редко появлялись там — или вообще хоть где-нибудь — вместе. Теперь я была так называемым суррогатом кандидата, дублером, который мог встречаться с избирателями в общественном центре в Айова-Сити, пока Барак проводил кампанию в Сидар-Фоллз или собирал деньги в Нью-Йорке. В одном помещении мы оказывались, только когда это было действительно необходимо.

Барак теперь путешествовал с целым роем внимательных помощников. Мне тоже выделялись средства, чтобы нанять собственный штат из двух человек. Учитывая, что я планировала участвовать в кампании только два или три дня в неделю, это показалось мне достаточным. Я понятия не имела, какая поддержка мне понадобится. Мелиссу Уинтер, мою первую сотрудницу, а позже начальницу моего штаба, рекомендовал секретарь Барака. Мелисса работала в офисе сенатора Джо Либермана на Капитолийском холме и была вовлечена в его вице-президентскую кампанию 2000 года. Я проводила собеседование с Мелиссой — сорокалетней блондинкой в очках — в нашей гостиной в Чикаго, и меня впечатлило дерзкое остроумие и почти навязчивая преданность деталям, что, как я понимала, будет крайне важно, когда я попытаюсь интегрировать кампанию в свой и без того напряженный рабочий график в больнице. Мелисса была сообразительной, умелой и быстрой. Кроме того, она достаточно хорошо разбиралась в политике, чтобы не обращать внимания на ее интенсивность и темп. Всего на несколько лет моложе, Мелисса казалась мне сверстницей и союзницей в большей степени, чем те молодые ребята, с которыми мне приходилось работать раньше. Она станет тем человеком, кому я доверю — и доверяю по сей день — буквально каждую часть своей жизни.

Кэти Маккормик Леливелд завершила наше маленькое трио, став моим директором по коммуникациям. Ей еще не было тридцати, а она уже участвовала в предвыборной кампании, а также работала на Хиллари Клинтон, когда та была первой леди, что делало ее опыт вдвойне актуальным. Энергичная, умная и всегда идеально одетая, Кэти отвечала за споры с репортерами и телевизионщиками, следила за тем, чтобы наши события были хорошо освещены в СМИ, а также — благодаря кожаному портфелю, в котором она всегда держала пятновыводитель, мятные леденцы, швейный набор и дополнительную пару нейлоновых чулок, — за тем, чтобы я оставалась в форме во время всех своих перелетов и мероприятий.

За эти годы я видела множество репортажей из Айовы о кандидатах в президенты, которые неловко подсаживаются за столы к непритязательным гражданам, пьют кофе в закусочных, глупо позируют перед статуей коровы из сливочного масла или жуют что-то жареное на городской ярмарке. Чего в этом было больше — работы с избирателями или просто эффектного выхода, — я не могу сказать.

Советники Барака пытались помочь мне раскрыть тайну Айовы, объясняя, что моя миссия — в первую очередь общение с демократами во всех уголках штата, я должна обращаться к небольшим группам, активизировать работу добровольцев и пытаться привлечь лидеров сообщества. Айовцы, говорили советники, серьезно относятся к своей роли политических законодателей моды. Они готовятся, изучая биографии и программы кандидатов, и задают серьезные политические вопросы. Они привыкли к осторожным ухаживаниям кандидатов, но их вряд ли можно завоевать улыбкой и рукопожатием. Некоторые из айовцев месяцами ждут личной беседы с каждым кандидатом, прежде чем наконец выбрать одного из них. Но мне не сказали, каким должно быть мое послание в Айове. Мне не дали ни сценария, ни тезисов, ни советов. Я решила, что сама разберусь.

Мое первое сольное мероприятие состоялось в начале апреля

в скромном доме в Де-Мойне. Несколько десятков человек собрались в гостиной, сидя на диванах и складных стульях, принесенных специально по этому случаю, в то время как другие сидели, скрестив ноги, на полу. Я осматривалась, готовясь заговорить. То, что я заметила, вероятно, не должно было меня удивить, но тем не менее я поразилась. На столиках были разложены такие же белые вязаные салфетки, что и у бабушки Шилдс. Я заметила фарфоровые статуэтки, выглядевшие точно так же, как те, что Робби держала на полках первого этажа дома на Эвклид-авеню. Мужчина в первом ряду тепло улыбался мне. Я была в Айове, но у меня было отчетливое ощущение, что я дома. Жители Айовы, как я поняла, похожи на Шилдсов и Робинсонов. Они не терпели дураков и не доверяли людям, строящим из себя невесть что. Они чуяли фальшивку за милю.

Я поняла: моя задача — быть собой. И так и сделала.

«Позвольте рассказать вам о себе. Меня зовут Мишель Обама, и я выросла на южной окраине Чикаго, в маленькой квартирке на верхнем этаже двухэтажного дома, очень похожего на этот. Мой отец работал на водоочистительной станции. Мама осталась дома, чтобы растить нас с братом».

Я говорила обо всем: о моем брате и ценностях, которые вложили в нас родители, о том самом крутом адвокате, которого я встретила на работе, о парне, укравшем мое сердце своей основательностью и своим видением мира, о человеке, который этим утром разбросал свои носки по всему дому и иногда храпел во сне. Я рассказала им о том, что продолжаю работать в больнице, о том, как мама забирает в этот день наших девочек из школы.

Я не приукрашивала свои чувства к политике. Политический мир не место для хороших людей, сказала я, объясняя, как сомневалась в том, должен ли Барак вообще баллотироваться. Я не знала, что публичность может сделать с нашей семьей. Но я стояла перед ними, ведь я верила в своего мужа и в то, что он может сделать. Я знала, как много он читает и как глубоко мыслит о разных вещах. Я сказала, что он тот самый умный и порядочный президент, которого я бы выбрала для страны, даже если бы и предпочла вместо этого держать Барака ближе к дому.

Шли недели, и я повторяла одну и ту же историю — в Давенпорте, Сидар-Рапидсе, Каунсил-Блафсе; в Су-Сити, Маршалтауне, Маскатине. В книжных магазинах, в профсоюзных залах, в доме для престарелых военных ветеранов; а по мере того как погода становилась теплее — на крылечках домов и в общественных парках. Чем больше я выступала, тем мой голос звучал увереннее. Мне нравилась моя история, и мне было комфортно ее рассказывать. Я говорила с людьми, которые, несмотря на разницу в цвете кожи, напоминали мою семью: почтовые служащие, мечтающие о большем, как Дэнди когда-то; учителя фортепиано, как Робби; домохозяйки, которые активно участвовали в родительских комитетах, как моя мама; синие воротнички, которые делали все для своих семей, так же как мой папа. Мне не нужно было репетировать или писать заметки. Я говорила только то, что искренне чувствовала.

В это время репортеры и даже некоторые знакомые начали задавать мне один тот же вопрос: каково это чернокожей женщине при росте 5 футов 11 дюймов[1], получившей образование в Лиге плюща, выступать в комнатах, заполненных преимущественно белыми айовцами? Насколько это странно?

Мне не нравился этот вопрос. Его всегда сопровождала застенчивая полуулыбка и интонация «поймите меня правильно», которую люди часто используют, приближаясь к теме расы. Я чувствовала, что наши ожидания не оправдались, раз все, на что обращают внимание, — это только наши внешние различия.

В ответ я почти всегда ощетинивалась, потому что этот вопрос совершенно противоречил моему опыту и, казалось, опыту людей, с которыми я встречалась, — опыту человека с вышитым кукурузном початком[2] на нагрудном кармане, опыту студента в черно-золотом пуловере, опыту пенсионерки, принесшей ведерко из-под мороженого, наполненное домашним печеньем с логотипом нашей кампании — восходящим солнцем — на

---

[1] 5 футов 11 дюймов — 1 м 84 см. — *Прим. науч. ред.*

[2] Такие рубашки могут надевать те, кто продает кукурузу или другие сельскохозяйственные продукты. — *Прим. науч. ред.*

глазури. Эти люди оставались после моей речи поговорить об объединявшем нас — сказать, что их отец тоже жил с рассеянным склерозом или что их бабушки и дедушки были такими же, как мои. Многие говорили, что никогда раньше не интересовались политикой, но что-то в нашей кампании заставило их почувствовать: оно того стоит. Они говорили, что собираются стать волонтерами в местном офисе и попытаются уговорить супруга или соседа пойти с ними.

Эти встречи казались естественными, настоящими. Я инстинктивно обнимала тех, кто пришел, а они крепко обнимали меня в ответ.

ПРИМЕРНО В ЭТО ВРЕМЯ Я ПОВЕЛА МАЛИЮ К ПЕДИАТРУ на плановый осмотр, который мы проводили каждые три-шесть месяцев, чтобы следить за ее врожденной астмой. Обострения не было, но доктор предупредил меня кое о чем еще: индекс массы тела Малии — показатель здоровья, который учитывает рост, вес и возраст, — начал ползти вверх. До кризиса еще далеко, сказал доктор, но лучше за этим последить. Если мы не изменим некоторые привычки, с течением времени это может стать реальной проблемой, увеличить риск высокого кровяного давления и диабета второго типа. Увидев мое потрясенное лицо, врач заверил меня, что эта проблема распространена и разрешима. Уровень детского ожирения растет по всей стране. Наш педиатр много раз сталкивался с ней среди пациентов, в основном афроамериканцев.

Эта новость сокрушила меня, будто камень, упавший в витраж. Я так старалась, чтобы мои дочери были счастливы и здоровы. Что я сделала не так? Что я за мать, если даже не заметила перемену?

Продолжая говорить с доктором, я начала понимать, что же произошло. Из-за частых поездок Барака удобство стало определяющим фактором. Мы стали чаще есть вне дома. У меня практически не осталось времени на готовку, поэтому я часто покупала готовую еду по дороге домой с работы. По утрам я упаковывала девочкам ланч-боксы с Lunchables и Capri Suns. В выходные мы обычно проезжали через «Макавто» после балета и перед футболом. Если бы мы делали только что-то одно из этого, проблемы бы не возникло, но вместе все эти факторы уже начали сказываться на здоровье.

Очевидно, что-то нужно было менять, но я не знала, как это сделать. Каждое решение требовало все больше и больше времени: время в продуктовом магазине, время на кухне, время, потраченное, чтобы порезать овощи или снять кожу с куриной грудки. Однако все это время, казалось, вообще исчезло из моей жизни.

Затем я вспомнила разговор с давней подругой в самолете несколько недель назад. Она упомянула, что они с мужем наняли молодого человека по имени Сэм Касс, который регулярно готовил у них дома здоровую пищу. По случайному совпадению оказалось, что мы с Бараком познакомились с Сэмом много лет назад через других друзей.

Я никогда бы не подумала, что найму повара для приготовления домашней еды. Для меня это было слишком буржуазно и наверняка вызвало бы скептический взгляд со стороны моих родственников из Саутсайда. Барак, владелец «Датсуна» с дыркой в полу, тоже не был в восторге от этой идеи; она не вписывалась ни в его укоренившийся образ жизни общественного организатора, ни в имидж, который он хотел продвигать в качестве кандидата в президенты. Но для меня это был единственный разумный выбор. От какой-то роли нужно было отказаться. Никто другой не мог запустить мои проекты в больнице. Никто другой не мог участвовать в предвыборной кампании в качестве жены Барака Обамы. Никто другой не мог заменить мать Малии и Саши. Но, может быть, Сэм Касс мог приготовить нам ужин?

Я наняла Сэма, чтобы тот приходил к нам домой пару раз в неделю, делал нам ужин на вечер и еще один, который я могла достать из холодильника и подогреть на следующий день. В доме Обама он чувствовал себя немного не в своей тарелке — белый двадцатишестилетний парень с блестящей бритой головой и вечной щетиной, — но девочки привыкли к его банальным шуткам так же быстро, как и к его стряпне. Он показал им, как нарезать морковь и бланшировать зелень, уводя нашу семью от флуоресцентного однообразия супермаркетов к ритму времен года. Он с благоговением ждал созревания свежего горошка весной и малины в июне. Он ждал, пока персики станут мягкими и сочными, и подавал их девочкам как замену конфетам. У Сэма также был свой взгляд на проблемы продовольствия и здравоохранения, а именно на то, зачем под девизом удобства пищевая промышленность продает уже готовую еду и как это влияет на здоровье нации. Я была заинтригована, понимая, что это связано с моим опытом работы в больнице и с компромиссами, на которые я пошла, пытаясь накормить семью, оставаясь работающей матерью.

Однажды вечером мы с Сэмом провели пару часов на кухне, обсуждая, как я могла бы использовать свою роль первой леди для решения некоторых из этих вопросов, если Бараку когда-нибудь удастся выиграть на выборах. Одна идея переросла в другую. Что, если бы мы выращивали овощи в Белом доме и говорили о пользе свежих продуктов? Что, если мы затем используем это как краеугольный камень для чего-то большего, целой инициативы по поддержанию здоровья детей, которая могла бы помочь родителям избежать некоторых ловушек?

Мы проговорили до позднего вечера. Я посмотрела на Сэма и вздохнула.

— Единственная проблема в том, что наш парень опустился на тридцать пунктов в опросах, — сказала я, и мы оба засмеялись. — Он никогда не победит.

Это были мечты, но мне они нравились.

Начало каждого дня предвыборной кампании давало старт новому забегу. Я все еще пыталась держаться за какую-то нормальность и стабильность, не только для девочек, но и для себя. Я брала с собой два «Блэкберри»[1] — один для рабо-

---

[1] Марка смартфона. — *Прим. ред.*

ты, другой для личной жизни и политических обязательств, которые теперь, к лучшему или худшему, тесно переплелись. Мои ежедневные телефонные разговоры с Бараком, как правило, были короткими и по фактам: *Где ты? Как дела? Как дети?* Мы оба уже отвыкли говорить об усталости или личных нуждах. В этом не было смысла, потому что мы все равно не могли о них позаботиться. Наша жизнь теперь напоминала тикающие часы.

На работе я делала все, что могла, чтобы не отставать. Иногда мне приходилось общаться с моими сотрудниками из госпиталя, сидя на захламленном заднем сиденье «Тойоты Короллы», принадлежавшей студенту-антропологу, который добровольно участвовал в предвыборной кампании в Айове, или из тихого уголка «Бургер Кинга» в Плимуте, штат Нью-Гемпшир. Через несколько месяцев после объявления в Спрингфилде при поддержке моих коллег я решила вернуться на неполный рабочий день, зная, что это мой единственный способ сохранить работу. Проводя вместе два или три дня в неделю, мы с Мелиссой и Кэти становились практически семьей, встречаясь в аэропорту по утрам и пробираясь через службу охраны, где каждый охранник знал мое имя. Меня стали чаще узнавать. В основном афроамериканки, кричащие «Мишель! Мишель!», когда я пробегала мимо них к воротам.

Вокруг что-то менялось, так постепенно, что поначалу это было трудно заметить. Иногда мне казалось, будто я плыву по неизведанной Вселенной, машу незнакомцам, которые ведут себя так, будто знают меня, и сажусь в самолеты, уносящие меня из моего обычного мира. Я становилась знаменитостью. Знаменитой женой политика, если быть точной, что делало положение вдвойне и втройне странным.

Работа на предвыборных мероприятиях стала похожа на попытку удержаться на ногах во время урагана. Я обнаружила, что благонамеренные, полные энтузиазма незнакомцы тянулись к моим рукам и касались волос, пытались всунуть мне ручки, камеры и младенцев без предупреждения. Я улыбалась, пожимала руки и слушала истории, все время пытаясь продвинуться вперед. В конце концов я выныривала с чужой помадой на щеках и отпечатками ладоней на блузке и выглядела так, словно только вышла из аэродинамической трубы.

У меня оставалось мало времени на рефлексию, но я тихо беспокоилась, что с ростом моей известности как жены Барака Обамы другие стороны жизни Мишель Обамы словно растворились. Журналисты редко спрашивали о моей работе. Конечно, они вставили «гарвардское образование» в мой профиль, но на этом все и заканчивалось. В нескольких новостных изданиях появились предположения о том, что свое повышение в больнице я не сама заработала, а получила благодаря политическому статусу моего мужа. Это было больно читать. В апреле Мелисса позвонила мне домой, чтобы сообщить о язвительной колонке, написанной Морин Дауд из *New York Times*. В ней она назвала меня «принцессой из Южного Чикаго», предположив, что я создаю образ избалованного Барака, когда публично рассказываю о том, как он не собрал свои носки или не положил масло обратно в холодильник. Для меня всегда было важно, чтобы люди видели в Бараке человека, а не какого-то таинственного спасителя. Морин Дауд, по-видимому, предпочла бы, чтобы я демонстрировала нарисованную улыбку и обожающий взгляд. Мне стало странно и грустно, потому что резкая критика исходила от другой женщины-профессионала, которая не потрудилась даже познакомиться со мной, но при этом отпускает такие циничные комментарии.

Я старалась не принимать это на свой счет, но иногда было трудно.

С каждым новым мероприятием, с каждой опубликованной статьей, с каждым проявлением нашей растущей силы мы становились более открытыми для атак. О Бараке ходили безумные слухи: будто он учился в радикальном мусульманском медресе и принес присягу Сенату на Коране. Будто он отказался произнести клятву верности флагу США. Будто он не кладет руку на сердце во время национального гимна. Будто в 1970-х у него был близкий друг-террорист. Ложь регулярно развенчивалась авторитетными изданиями, но все еще прорывалась через анонимные цепочки электронной почты. Лживую информацию рассылали друг другу не только конспирологи, но и невольно наши дяди, коллеги и соседи, которые не могли отделить факты от вымысла в интернете.

Мне не хотелось даже думать о том, в какой Барак опасности, не говоря уже о том, чтобы это обсуждать. Многих из нас поднимали с постели новости об убийствах. Кеннеди застрелили. Мартина Лютера Кинга-младшего застрелили. Рональда Рейгана застрелили. Джона Леннона застрелили. Чем больше любви ты получаешь, тем больше рискуешь. Но опять же, Барак черный. Риск для него не был чем-то новым.

— Его могут застрелить просто по пути на заправку, — напоминала я людям, когда они заговаривали об этом.

Начиная с мая Барак находился под охраной Секретной службы. Это был самый ранний срок в истории, на котором кандидату в президенты давали защиту: за полтора года до того, как он вообще мог стать избранным президентом, что говорило о природе и серьезности угроз в его адрес. Барак теперь путешествовал в гладких черных внедорожниках, предоставленных правительством, и следовал за командой одетых в костюмы мужчин и женщин с наушниками и оружием. Один из агентов постоянно дежурил на крыльце нашего дома.

Я же редко чувствовала себя в опасности. Мои выступления теперь привлекали больше людей. Если раньше я встречалась с двадцатью избирателями на скромных домашних вечеринках, то теперь беседовала с сотнями в школьных спортзалах. Сотрудники штаба из Айовы сообщили, что после моих выступлений, как правило, увеличивалось число наших сторонников (что измерялись подписанными «карточками сторонников», которые команда собирала и тщательно отслеживала). В какой-то момент штаб стал называть меня «Завершающая»[1] за мою способность склонять людей на сторону Барака.

Каждый день приносил новый урок о том, как работать более эффективно и не замедляться из-за болезни или других проблем. После того как мне пару раз подали сомнительную еду

---

[1] В командных играх — завершающая игру. — *Прим. науч. ред.*

в очаровательных придорожных закусочных, я научилась ценить стабильную уверенность в чизбургере из Макдоналдса. На ухабистых дорогах между маленькими городками я научилась защищать свою одежду от пятен, выбирая закуски, которые скорее рассыплются, чем потекут, зная, что мне нельзя фотографироваться с каплей хумуса на платье. Я приучила себя ограничивать потребление воды, понимая, что в дороге редко бывает время для похода в туалет. Я научилась спать под звуки грузовиков, мчащихся по Айове после полуночи, и (как это случилось в одном особенно тонкостенном отеле) игнорировать счастливую пару, наслаждающуюся первой брачной ночью в соседней комнате.

Со всеми этими взлетами и падениями я чувствовала, как первый год предвыборной кампании наполняется теплыми воспоминаниями и взрывами смеха. Я брала с собой Сашу и Малию как можно чаще. Они были выносливыми и счастливыми маленькими путешественницами.

В один из напряженных дней на открытой ярмарке в Нью-Гемпшире я ушла знакомиться с избирателями и пожимать руки, оставив девочек с одним из сотрудников штаба. Втроем они отправились исследовать аттракционы, прежде чем мы снова должны были встретиться и перегруппироваться для фотосессии в журнале. Примерно через час я заметила Сашу и запаниковала. Ее щеки, нос и лоб тщательно и аккуратно покрыли черно-белой краской. Она превратилась в панду и была от этого в полном восторге. Я тут же вспомнила о поджидавшей нас съемочной группе, о расписании, которое теперь точно будет нарушено, — но потом снова посмотрела на маленькое личико своей панды и выдохнула. Моя дочь была счастлива. Все, что я могла сделать, это рассмеяться и найти ближайший туалет, чтобы смыть краску.

Время от времени мы путешествовали всей семьей, вчетвером. Команда Барака арендовала кемпервэн на несколько дней, чтобы мы совершали предвыборные туры по маленьким городам Айовы, прерываясь на зажигательные партии в Uno[1] между

---

[1] Настольная карточная игра. — *Прим. ред.*

остановками. Мы провели целый день на ярмарке штата, катаясь на бамперных машинках и стреляя из водометов в надежде выиграть мягкие игрушки, в то время как фотографы боролись за место и тыкали объективами нам в лицо. Настоящее веселье началось после того, как Барак уехал в следующий пункт назначения, оставив нас с девочками свободными от армии репортеров, работников службы безопасности и персонала, который теперь двигался вместе с ним, сокрушая все на своем пути. Как только он ушел, мы отправились исследовать парк развлечений самостоятельно и с ветерком спустились на мешках с гигантской желтой надувной горы.

Неделю за неделей я возвращалась в Айову, наблюдая через иллюминатор, как сменяются времена года, как медленно зеленеет трава, как растет соя и кукуруза. Мне нравилась аккуратная геометрия полей, всплески цвета, которые оказывались амбарами, плоские окружные шоссе, тянущиеся прямо к горизонту. Я полюбила этот штат, даже если, несмотря на нашу работу, мне все еще казалось, что мы не сможем там победить.

Бо́льшую часть года Барак и его команда вкладывали ресурсы в Айову, но, согласно большинству опросов, он все еще шел вторым или третьим после Хиллари и Джона Эдвардса. Гонка казалась близкой, но Барак проигрывал. На национальном уровне картина выглядела еще хуже: Барак отставал от Хиллари на целых пятнадцать или двадцать очков — реальность, которой я поражалась каждый раз, когда проходила мимо кабельных новостей, ревущих в аэропортах или в ресторанах, где команда останавливалась на обед.

За несколько месяцев до этого я настолько устала от безжалостных комментариев на CNN, MSNBC и Fox News, что дома внесла эти каналы в черный список, вместо этого решив сесть на более устойчивую диету развлекательных телеканалов E! и HGTV[1]. В конце напряженного рабочего дня, скажу вам я, нет ничего лучше, чем посмотреть, как молодая пара находит

---

[1] Первая группа каналов — новостные каналы. Вторая группа — развлекательные. — *Прим. науч. ред.*

дом своей мечты в Нэшвилле или какая-нибудь невеста говорит «да» платью.

Честно говоря, я не верила ни экспертам, ни опросам. В глубине души я знала: они ошибаются. Климат внутри стерильных городских студий совсем не походил на царящий в церковных залах и реабилитационных центрах Айовы. Эксперты не встречались с командами добровольцев «Барак Старз» из старшей школы, которые приходили помогать кампании после футбольной тренировки или драмкружка. Они не держались за руку белой старушки, которая хотела лучшего будущего для своих внуков смешанной расы. Они, похоже, не знали и о растущем гиганте — увеличивающейся группе местных активистов. Мы были в процессе создания мощной сети, которая в конечном счете составила две сотни штатных сотрудников в тридцати семи офисах — крупнейшая кампания в истории Айовы.

На нашей стороне была молодежь. Наша организация подпитывалась идеализмом и энергией двадцатидвух-двадцатипятилетних парней, которые бросили все и поехали в Айову, чтобы присоединиться к кампании. Каждый из них нес тот особый дух, вдохновивший Барака стать общественным организатором в Чикаго много лет назад. Дух и навыки, никем еще не учтенные при опросах. Каждый раз, когда я приезжала, я чувствовала прилив надежды от общения с нашими сподвижниками, каждый вечер четыре или пять часов стучавших в двери и обзванивающих избирателей, создавая сети сторонников даже в самых крошечных и самых консервативных городах; наизусть заучивавших программные пункты моего мужа, адресованные фермерам или касающиеся усовершенствования иммиграционной системы.

Для меня молодые люди, управляющие нашими отделениями на местах, заключали в себе всю суть грядущего поколения лидеров. Они еще не разочаровались в жизни и были воодушевлены и едины. Они связывали избирателей напрямую с демократией — через отделения на улицах или веб-сайт, где они могли устраивать собственные встречи и проводить опросы. Как часто говорил Барак, то, чем мы занимались, касалось не только выборов. Речь шла о том, чтобы сделать политику лучше: менее зависящей от денег, более доступной и, в конечном счете, более обнадеживающей. Даже если мы не выиграем, мы все равно добьемся определенного прогресса. Так или иначе, работа будет иметь значение.

Когда в Айове снова начались холода, Барак знал, что у него есть последний шанс изменить ситуацию в лучшую сторону с помощью сильного выступления на ужине Джефферсона-Джексона, ежегодном ритуале демократической партии в каждом штате. В Айове он состоялся в начале ноября, примерно за восемь недель до январского предвыборного съезда демократической партии, и освещался национальными СМИ. В начале вечера каждый кандидат должен был произнести речь — без заметок и без телесуфлера, — стараясь привлечь как можно больше избирателей на свою сторону. По сути, это была огромная битва за болельщиков.

В течение нескольких месяцев комментаторы местных новостей сомневались, что Айова встанет на защиту Барака во время собрания, намекая, что такой энергичный и необычный кандидат вряд ли сможет преобразовать энтузиазм в голоса. Нашим ответом на это стала толпа сторонников на ужине Джефферсона-Джексона. Около трех тысяч наших сторонников съехались со всего штата, показывая, что мы организованны и активны — больше, чем кто-либо ожидал.

В тот вечер на сцене Джон Эдвардс прошелся по Клинтон, в завуалированных выражениях высказавшись о важности искренности и надежности. Ухмыляющийся Джо Байден признал впечатляющую и шумную явку сторонников Обамы сардоническим: «Привет, Чикаго!» Простуженная Хиллари также не упустила возможности уколоть Барака. «Перемены — это всего лишь слово, — сказала она, — до тех пор, пока у вас не хватает сил и опыта претворить их в жизнь».

Барак говорил в ту ночь последним. Он выступил в защиту своего главного послания: наша страна стоит на рубеже определяющего момента. У нее наконец-то есть шанс выйти за рамки не только страха и неудач администрации Буша, но и поляризованной политики, которая велась задолго до этого, в том числе, конечно, во время администрации Клинтона. «Я не хочу тратить следующий год или следующие четыре года, повторяя битвы из 90-х, — сказал он. — Я не хочу противопоставлять Красную Америку Синей Америке, я хочу быть президентом Соединенных Штатов Америки».

Зал взорвался аплодисментами. Я посмотрела на сцену с огромной гордостью. «Америка, наш час настал, — сказал Барак. — Наш час настал». Его выступление в ту ночь придало кампании импульс, катапультировав Барака вперед. Он стал лидировать примерно в половине опросов в Айове и только набирал обороты перед предстоящим съездом партии.

После Рождества, когда до окончания кампании в Айове оставалось около недели, нам показалось, что в холодную зиму Де-Мойна мигрировала половина Саутсайда. Появились мама и мама Кей. Приехали мой брат и Келли с детьми. Приехал Сэм Касс. Валери, которая присоединилась к кампании ранее осенью в качестве советника Барака, приехала вместе со Сьюзен и отрядом моих подруг с их мужьями и детьми. Я была тронута, когда увидела там своих коллег из больницы, наших друзей из Sidley & Austin, профессоров права, которые преподавали вместе с Бараком. Помня золотое правило кампании «используй каждый момент», все они стали нам помогать сделать последний рывок: информировать местные отделения, ходить к избирателям в нулевую температуру, разговаривать с Бараком и напоминать людям об электоральных мероприятиях. Кампания усилилась еще сотнями помощников, которые съезжались в Айову со всей страны на финишную неделю, они останавливались дома у местных активистов. Для встречи с избирателями все они каждый день ездили по маленьким городкам и по дорогам, покрытым гравием, добирались в самые отдаленные районы штата.

Сама я почти не бывала в Де-Мойне, проводила по пять-шесть мероприятий в день, которые заставляли меня мотаться туда-сюда по штату с Мелиссой и Кэти в арендованном минивэне, за рулем которого меняли друг друга волонтеры. Барак также был в разъездах с выступлениями, он уже практически охрип.

Независимо от того, как далеко мы должны были уезжать, я каждый день возвращалась в Residence Inn в Уэст-Де-Мойне, наш домашний отель, к восьми часам вечера, чтобы уложить Малию и Сашу спать. Они, конечно, едва замечали, что меня нет рядом, потому что весь день проводили в окружении двоюродных братьев и сестер, друзей и нянь, играли в игры в гостиничном номере и ездили на экскурсии по городу. Однажды вечером я открыла дверь, надеясь плюхнуться на кровать и провести несколько минут в тишине, и нашла наш номер полностью усыпанным кухонной утварью. На покрывале валялись скалки, на маленьком столике — грязные разделочные доски, на полу — кухонные ножницы. Абажуры и экран телевизора были покрыты белой пылью... неужели мукой?

— Сэм научил нас делать пасту! — объявила Малия. — Мы немного увлеклись.

Я рассмеялась. Я волновалась, как девочки перенесут свой первый рождественский отпуск вдали от прабабушки на Гавайях. Но, к счастью, мешок муки в Де-Мойне оказался прекрасной заменой пляжного полотенца в Вайкики.

Через несколько дней, в четверг, съезд партии начал свою работу. Мы с Бараком зашли в фудкорт в центре города Де-Мойн в обеденный перерыв, а затем отправились по местам собраний, чтобы поприветствовать как можно больше избирателей. Поздно вечером мы присоединились к семье и друзьям за ужином, благодаря их за поддержку в течение всех этих сумасшедших одиннадцати месяцев с момента объявления кандидатуры Барака в Спрингфилде. Я раньше встала из-за стола, чтобы вернуться к себе в номер и подготовиться к выступлению Барака, выступлению победителя или выступлению побежденного, но уже через несколько мгновений Кэти и Мелисса ворвались ко мне с новостями из штаба кампании: «Мы победили!»

Мы были вне себя от радости и кричали так громко, что в нашу дверь даже постучались сотрудники охраны, чтобы узнать, все ли у нас в порядке.

В одну из самых холодных ночей в году рекордное число айовцев — почти вдвое больше, чем четыре года назад, — пришли в районные участки. Барак победил среди белых, черных и молодых. Более половины избирателей никогда раньше даже не участвовали в выборах, и именно эта группа людей, вероятно, и помогла обеспечить победу Барака. Ведущие новостных телеканалов наконец-то добрались до Айовы и теперь пели дифирамбы этому политическому вундеркинду, который с легкостью победил машину Клинтонов, а также бывшего кандидата в вице-президенты.

В тот вечер во время победной речи Барака, когда мы вчетвером — Барак, я, Малия и Саша — стояли на сцене Хай-Ви-холла, я чувствовала себя великолепно. Даже немного раскаивалась. Может быть, подумала я, все, о чем Барак говорил эти годы, действительно возможно. Все эти его поездки в Спрингфилд, все его разочарования из-за того, что он делает недостаточно, весь его идеализм, вся его искренняя вера в то, что люди попросту не способны пройти мимо ценностей, которые они разделяют, сама идея того, что в политике можно чего-то добиться, — возможно, все это правда.

Мы добились чего-то исторического, чего-то монументального — не только Барак, не только я, но и Мелисса, Кэти, Плуфф, Аксельрод и Валери, и каждый молодой сотрудник, каждый доброволец, каждый учитель и фермер, пенсионер и старшеклассник, которые проголосовали в ту ночь за что-то новое.

Было уже за полночь, когда мы с Бараком отправились в аэропорт, чтобы покинуть Айову, зная, что не вернемся туда в течение нескольких месяцев. Мы с девочками возвращались домой, в Чикаго, на работу и в школу. Барак летел в Нью-Гемпшир, где до праймериз оставалось меньше недели.

Айова изменила всех нас. Мне, в частности, она подарила настоящую веру. Теперь мы должны были поделиться ей со всей остальной страной. В ближайшие дни наши активисты из Айовы разъедутся по другим штатам — Неваде и Южной Каролине, Нью-Мексико, Миннесоте и Калифорнии — и продолжат распространять уже подтвержденную весть о том, что перемены возможны.

17

Когда я училась в первом классе, один мальчик ударил меня кулаком в лицо. Кулак просто вылетел из ниоткуда, как комета. Мы выстроились в очередь на обед, обсуждая темы, актуальные для шестилеток и семилеток, — кто быстрее бегает и почему у цветных карандашей такие странные названия, — и вдруг меня ударили. Не знаю почему. Я забыла имя мальчика, но помню, как ошеломленно на него посмотрела. Нижняя губа сразу распухла, глаза горели от слез. Слишком потрясенная, чтобы злиться, я убежала домой к маме.

Мальчик получил выговор от учителя. В школу пришла мама, чтобы лично взглянуть на обидчика и оценить, какую угрозу он представляет. Саутсайд, который, должно быть, гостил в тот день у нас дома, ощетинился и настоял на том, чтобы поехать с ней. Меня не посвятили в детали, но между взрослыми состоялся какой-то разговор. Мальчику назначили наказание. Я получила от него стыдливые извинения, а от взрослых — указание больше о нем не беспокоиться.

— Этот мальчик просто был напуган и зол из-за того, что не имело к тебе никакого отношения, — сказала мама позже за приготовлением ужина и покачала головой, словно давая понять, что знает больше, чем готова рассказать. — У него куча своих проблем.

Так мы обычно и разговаривали о буллерах[1]. В детстве это было легко понять: буллеры — трусы, внутри они просто испуганные люди. Я замечала это в Диди, агрессивной девчонке из моего квартала, и в Дэнди, моем дедушке, который бывал груб даже со своей женой. Они нападали, потому что чувствовали себя обиженными. Их лучше было избегать, а если это не удавалось, давать отпор. По словам моей матери, которая, наверное, предпочла бы, чтобы на ее надгробии высекли девиз «Живи и дай жить другим», главное — не принимать оскорбления или агрессию буллеров близко к сердцу.

Иначе от нее можно действительно пострадать.

Но настоящим испытанием для меня это стало гораздо позже. Когда мне было чуть за сорок и я пыталась помочь своему мужу стать президентом, я часто вспоминала тот день в очереди за обедом в первом классе: смущение от неожиданного нападения, то, как больно получить по лицу без предупреждения.

Бóльшую часть 2008 года я провела в попытках не принимать удары близко к сердцу.

Я начну со счастливых воспоминаний, которых у меня много. За четыре месяца до финального этапа выборов, в День независимости, Малии исполнилось десять лет, мы приехали в Бьютт, штат Монтана. Бьютт — крепкий орешек. Город, ведущий свою историю с горнодобывающих шахт, расположенный в юго-западной части Монтаны. Его окаймляет темная линия Скалистых гор, которую видно издалека. Бьютт был определяющим городом, который, как надеялась вся команда, решал нашу судьбу во всем штате. Монтана проголосовала за Джорджа Буша-младшего на последних выборах и при этом избрала губернатора из числа демократов. Казалось, Бараку просто суждено побывать в этом месте.

Расписание Барака было плотнее, чем когда-либо. За Бараком

---

[1] Буллинг — букв., травля. Выражается в форме физического нападения или словесных оскорблений. Буллер — инициатор или активный участник травли. — *Прим. ред.*

постоянно наблюдали, его обсуждали и оценивали. Обращали внимание на то, в каких штатах он бывал, в каких закусочных завтракал и какой бекон заказывал с яичницей. Теперь за ним повсюду следовали 25 представителей прессы, заполняя всю заднюю часть самолета предвыборного штаба, а также все коридоры и столовые отелей маленьких городков. Они следовали за ним от остановки до остановки, увековечивая на бумаге каждый его шаг. Если кандидат в президенты простудился — писали об этом. Если он сделал дорогую стрижку или попросил дижонскую горчицу в TGI Fridays (как опрометчиво поступил Барак пару лет назад, и это послужило в итоге поводом для заголовка в *New York Times*), об этом сообщали, а затем трактовали сотнями способов в интернете. Неужели кандидат слаб? Неужели он сноб? Фальшивка? Настоящий американец?

Мы понимали, что это часть процесса — проверка на то, у кого хватит мужества стать лидером и символом своей страны. Похоже на ежедневный рентген, многократное сканирование на предмет любых признаков ошибки. Американцы не выберут вас, если сначала не изучат всю биографию, включая участие в общественных организациях, выбор профессии и налоговые декларации. Такое пристальное внимание Америки, возможно, было более интенсивным и открытым для манипуляций, чем когда-либо. Мы входили в эпоху монетизации кликов. Facebook только недавно сделался мейнстримом. Twitter еще был относительно новым явлением. У большинства взрослых американцев появился смартфон, а у большинства смартфонов — камера. Мы стояли на пороге совершенно нового мира, и я не уверена, что кто-то из нас это понимал.

Барак теперь пытался заручиться поддержкой не только избирателей-демократов, но и всей Америки. После прошедших в Айове кокусов[1], столь же изнурительных и ужасных, сколь вдохновляющих и судьбоносных, Барак и Хиллари Клинтон провели зиму и весну 2008 года, сражаясь за каждый голос, за честь быть кандидатом, который заслужил доверие своих избирателей. (Джон Эдвардс, Джо Байден и другие претенденты

---

[1] Ко́кус — собрание сторонников или членов политической партии.

выбыли к концу января.) Оба кандидата постоянно обгоняли друг друга, пока Барак в середине февраля не занял лидирующую позицию с небольшим, но в конечном счете решающим отрывом.

— Папа уже президент? — спрашивала меня Малия в течение нескольких последующих месяцев, когда мы стояли на той или иной сцене, вокруг гремела праздничная музыка, а юный ум дочери был не в состоянии понять ничего, кроме главной цели. — Ладно, а теперь он — президент?

— Нет, милая, еще нет.

Только в июне Хиллари признала, что ей не хватает голосов для победы. Ее промедление растратило драгоценные ресурсы, не позволив Бараку вовремя переключиться на борьбу со своим республиканским оппонентом Джоном Маккейном. Давний сенатор от Аризоны стал предполагаемым кандидатом от Республиканской партии еще в марте и баллотировался как герой войны с историей двухпартийности и основательным опытом в области национальной безопасности. Это означало, что он будет вести себя совсем не как Джордж Буш-младший.

Четвертого июля мы были в Бьютте с двумя целями — теперь почти все наши действия имели двойную цель. Предыдущие четыре дня Барак провел в Миссури, Огайо, Колорадо и Северной Дакоте. У него почти не было времени на то, чтобы сойти с предвыборных рельсов и отметить день рождения Малии, он не мог исчезнуть из поля зрения избирателей в самый знаковый для страны праздник[1]. Поэтому мы полетели к Бараку. Своего рода попытка убить двух зайцев — провести семейный праздник на виду у публики. Сводная сестра Барака Майя и ее муж Конрад полетели с нами вместе со своей дочерью Сухайлой — милой четырехлетней малышкой.

Любой родитель ребенка, рожденного в большой праздник, знает, что грань между семейным торжеством и национальными гуляниями — очень зыбкая. Добрые жители Бьютта, казалось, тоже об этом знали. На витринах магазинов вдоль главной улицы они развесили плакаты «С днем рождения, Малия!». Про-

---

[1] 4 июля — День независимости США. — *Прим. перев.*

хожие выкрикивали ей добрые пожелания, перекрывая грохот басовых барабанов и флейт, наигрывающих «Янки Дудл», в то время как наша семья с трибун наблюдала за городским парадом в честь Дня независимости. Все, с кем мы встречались, с добротой относились к девочкам и с уважением к нам, даже когда признавались, что голосовать за любого демократа стало бы для них нарушением традиции на грани сумасшествия.

Позже в тот день команда нашей предвыборной кампании устроила пикник с видом на горы Континентального раздела. Это мероприятие должно было превратиться в митинг нескольких сотен наших местных сторонников, а также своего рода празднование дня рождения Малии. Меня тронуло то, сколько людей пришло на встречу, но в то же время я испытывала какое-то более личное и неотступное чувство, не имевшее с этим ничего общего. Меня переполняла нежность материнства. Ощущение быстротечности времени, когда вы вдруг замечаете, что ваши дети уже наполовину выросли, их руки и ноги из пухлых превращаются в тонкие и длинные, а взгляд становится мудрее.

Для меня четвертое июля 2008 года было самой важной чертой, которую мы когда-либо переступали: десять лет назад мы с Бараком вышли из роддома, думая, будто что-то знаем об этом мире, когда на самом деле еще ничего о нем не знали.

Я посвятила бо́льшую часть последнего десятилетия попытке найти баланс между семьей и работой, понять, как постоянно присутствовать в жизни Малии и Саши, дарить им больше любви и при этом оставаться хорошим сотрудником больницы. Но ось сместилась: теперь я пыталась совместить воспитание детей с чем-то совершенно иным и намного более запутанным — с политикой, Америкой и стремлением Барака к важным делам. Масштаб происходившего в жизни Барака, требования кампании и внимание к нашей семье росли все быстрее и быстрее. После кокусов в Айове я решила уйти из больницы, понимая, что уже не могу работать там в полную силу и быть эффективной. Кампания полностью меня поглотила. Я была слишком занята, чтобы даже забрать из офиса свои вещи или произнести прощальную речь. Теперь я работала матерью и женой на полный день. Правда, у жены была цель, а у матери — желание защитить своих детей от поглощения этой целью. Больно уходить с работы, но выбора не осталось: семья нуждалась во мне, и это важнее.

Итак, на пикнике в Монтане группа незнакомцев спела «С днем рождения тебя» Малии, которая сидела на траве с гамбургером на тарелке. Я знала, избирателям нравились наши дочери, наша близость с детьми. Но я часто задумывалась, как на все это смотрели сами дети. Я пыталась подавить чувство вины. На следующие выходные состоится настоящая вечеринка в честь дня рождения — множество друзей Малии придут с ночевкой в наш дом в Чикаго. Никакой политики. А на вечер 4 июля мы запланировали уединенное празднество в отеле. Тем не менее, когда днем девочки бегали по площадке для пикника, а мы с Бараком пожимали руки и обнимали потенциальных избирателей, я задалась вопросом, каким дочки запомнят этот день.

Я наблюдала за Сашей и Малией скрепя сердце. Как и меня, посторонние люди теперь называли их по имени, прикасались к ним и фотографировали. Зимой правительство решило, что мы с девочками уязвимы, и предоставило нам охрану службы безопасности. Теперь, когда Саша и Малия отправлялись с моей мамой в школу или в летний лагерь, служба безопасности следовала за ними во второй машине.

На пикнике у каждого из нас под боком был свой агент, который мог выследить любой признак угрозы и незаметно вмешаться, если кто-то из доброжелателей переусердствует и слишком сильно нас обнимет. К счастью, девочки, казалось, видели в агентах не столько охранников, сколько взрослых друзей, новых членов растущей семьи, с которой мы путешествовали, отличающихся от остальных только наушниками и молчаливой бдительностью. Саша вообще называла их «секретными людьми».

Девочки разряжали напряженную обстановку предвыборной кампании, хотя бы потому что не так сильно были заинтересованы в ее результате. И для меня, и для Барака то, что они рядом, было большим облегчением — дочери напоминали: наша семья значит больше, чем подсчет сторонников или взлет рейтинга по опросам. Ни одна из девочек не обращала внимания на шум, царивший вокруг ее отца. Они не стремились сделать демократию лучше или попасть в Белый дом. Чего они действительно хотели (очень-очень хотели) — так это щенка. Девочки любили играть в пятнашки и карточные игры с сотрудниками штаба и взяли за правило находить магазин мороженого в каждом новом месте, где бы ни оказались. Все остальное для них было просто шумом.

По сей день мы с Малией все еще смеемся над одной историей. Малии было восемь лет, когда однажды ночью Барак, движимый ответственностью, задал вопрос перед сном.

— Что ты думаешь о том, чтобы папа баллотировался в президенты? — спросил он. — Как ты считаешь, это хорошая идея?

— Конечно, папочка! — ответила она, чмокнув его в щеку.

Решение Барака участвовать в гонке изменит почти всю ее жизнь, но откуда девочке было об этом знать? Она просто перевернулась на другой бок и заснула.

В Бьютте мы посетили музей горного дела, устроили битву на водяных пистолетах и попинали футбольный мяч по траве. Барак произнес короткую речь и пожал обычное количество рук, но при этом умудрился постоянно находиться рядом с нами. Саша и Малия карабкались на него, хихикая и развлекая своим лепетом. Я смотрела, как светится его улыбка, и восхищалась способностью блокировать отвлекающие факторы и просто быть отцом при любом удобном случае. Барак болтал с Майей и Конрадом и обнимал меня одной рукой за плечи, когда мы переходили с места на место.

Мы никогда не оставались одни. Нас окружали сотрудники предвыборного штаба, охранники, журналисты, ожидавшие интервью, зеваки с фотоаппаратами. Теперь это стало для нас нормой. В ходе кампании наши жизни настолько подчинились расписанию, что нам оставалось только наблюдать, как наше право на личную жизнь медленно ускользает из рук. Мы с Бараком передали почти каждый аспект жизни кучке двадцатилетних сотрудников — очень умных и способных, конечно, но вряд ли понимающих, насколько больно нам было отказываться от контроля над собственной жизнью. Если мне что-то было нужно в магазине, я должна была попросить сходить за этим другого. Если я хотела поговорить с Бараком, мне приходилось посылать запрос на встречу через одного из его молодых секретарей.

Иногда в моем календаре появлялись события и мероприятия, о которых я даже не подозревала.

Но мы постепенно учились жить более открыто, принимая реальность такой, какая она есть.

Вечером в Бьютте мы вчетвером — я, Барак и девочки — дали телевизионное интервью, чего прежде не делали. Обычно мы настаивали на том, чтобы держать прессу на расстоянии от детей, ограничиваясь фотографиями, а затем только публичными мероприятиями. Не знаю, что заставило нас сказать «да» в тот раз. Насколько я помню, предвыборный штаб подумал, что было бы неплохо дать возможность общественности познакомиться с Бараком ближе, узнать какой он отец, и я не увидела в этом вреда. В конце концов, Барак любил наших детей. Он любил всех детей. Именно поэтому он станет великим президентом.

Минут пятнадцать мы вчетвером разговаривали в парке на скамейке, которую задрапировали какой-то тканью, чтобы придать ей более праздничный вид, с Марией Менунос из *Access Hollywood*. Малия заплела волосы в косу, а Саша надела красное платье. Как всегда, они были обезоруживающе милы. Менунос вела себя очень любезно и поддерживала непринужденную беседу, пока Малия, младший профессор семьи, серьезно обдумывала каждый вопрос. Она сказала, что ей иногда бывает неловко, когда папа пытается пожать руку ее друзьям, а также что однажды он заблокировал дверь нашего дома, прислонив к ней свой чемодан, собранный в поездку. Саша делала все возможное, чтобы сидеть спокойно и сосредоточенно, и прервала интервью только один раз, повернувшись ко мне, чтобы спросить: «А когда нам дадут мороженое?» Все остальное время она слушала сестру, иногда вставляя в ее речь не совсем подходящие детали. «У папы раньше было афро!» — в какой-то момент взвизгнула она, и мы все рассмеялись.

Несколько дней спустя интервью вышло в эфир в четырех частях на АВС. Многие СМИ встретили его с восторгом и осветили с заголовками типа «Приоткрыт покров тайны над дочерями Обамы» и «Две маленькие дочки Обамы рассказывают все». Внезапно комментарии двух маленьких детей — Малии и Саши — подхватили газеты по всему миру.

Мы с Бараком тут же пожалели о сделанном. Конечно, в интервью не было ничего непристойного: манипулятивных вопросов, особо личных подробностей. И тем не менее мы чувствовали, что сделали неправильный выбор, позволив нашим детям публично высказываться задолго до того, как они могли действительно понимать, что говорят. Видео не могло бы навредить Саше или Малии. Но теперь оно вышло в мир и будет жить вечно в интернете. Мы взяли двух маленьких девочек, которые не выбирали такую жизнь, и, не подумав, скормили их ненасытной утробе.

К этому времени я уже кое-что знала об этой утробе. Мы постоянно жили под пристальным взглядом, и это окрашивало жизнь в странные тона. Опра Уинфри присылала мне ободряющие сообщения. Стиви Уандер, кумир моего детства, играл на мероприятиях нашей кампании, шутил и называл меня по имени, как будто мы знали друг друга целую вечность. Такое внимание сбивало с толку: по моему мнению, мы недостаточно сделали, чтобы его заслужить. Конечно, нас толкала вверх идея Барака, но не обошлось и без помощи многообещающего, символичного исторического момента. Избрание Америкой первого чернокожего президента многое бы сказало не только о самом Бараке, но и обо всей стране. Для многих людей и по многим причинам это имело большое значение.

Бараку, конечно, доставалось больше всех — общественного восхищения и неизбежного пристального взгляда в спину. Чем популярнее вы становитесь, тем больше у вас ненавистников. Это неписаное правило, особенно в политике, где вкладывают деньги в исследования биографий конкурентов — нанимают следователей, которые роются в прошлом кандидатов, выискивая что-нибудь, похожее на грязь.

Мы с мужем устроены по-разному, поэтому один из нас выбрал политику, а другой — нет. Барак знал о слухах, ядовитым паром поднимающихся над кампанией, но они его редко беспокоили. Барак пережил много кампаний. Он готовился, изучал политическую историю. К тому же он вообще не из тех, кого легко сбить с толку или с курса такими абстрактными вещами, как сомнение или обида.

Я же, напротив, только начинала изучать тонкости публичной жизни. Я считала себя уверенной, успешной женщиной, но при этом оставалась девочкой, которая говорила всем, что собирается стать педиатром, и гналась за идеальной посещаемостью в школе. Другими словами, меня все еще волновало, что обо мне подумают люди. Я провела всю молодость в поисках одобрения, послушно собирая золотые звезды и избегая запутанных социальных ситуаций. Со временем я научилась не измерять самооценку количеством стандартных достижений, но все еще верила, что, если буду работать усердно и честно, смогу избежать травли и останусь самой собой.

Однако это убеждение вот-вот рухнет.

После победы Барака в Айове мое стремление рассказать всем о нашей предвыборной кампании стало более страстным и увеличилось до размеров толпы, выходившей на митинги в нашу поддержку. Я перешла от встреч с сотнями людей к встречам с тысячами и больше. Я помню, мы с Мелиссой и Кэти подъехали к месту одного мероприятия в Делавэре и увидели очередь длиной в пять рядов, растянувшуюся по всему кварталу. Я была ошеломлена и счастлива. Каждый раз я поражалась тому, сколько энтузиазма и участия люди привносили в кампанию Барака. Меня глубоко трогал их вклад, усилия, которые прилагали обычные граждане, чтобы помочь Бараку.

Для своей агитационной речи, основанной на положительном опыте выступления в Айове, я разработала гибкую структуру, позволяющую не пользоваться телесуфлером и не беспокоиться об отступлении от темы. Я не оттачивала формулировки и, конечно, никогда не была и не буду столь красноречива, как мой муж, но я говорила от всего сердца. Я описывала, как мои первоначальные сомнения относительно кампании неделя за неделей испарялись и вместо них приходило воодушевляющее и обнадеживающее чувство.

Многие, как и я, переживали за своих детей и свое будущее. И многие, как и я, верили, что Барак единственный кандидат, способный действительно что-то изменить.

Барак хотел вывести американские войска из Ирака. Он хотел отменить снижение налога на роскошь, введенное Джорджем Бушем-младшим. Он хотел сделать медицину доступной для всех американцев. Это была амбициозная программа, но каждый раз, входя в аудиторию к нашим активным сторонникам, я видела, что мы как нация могли забыть о наших различиях и позволить изменениям свершиться. В этих аудиториях царило чувство собственного достоинства, атмосфера единения людей разного цвета кожи. Оптимизм заряжал меня энергией. Я летела на его волне, повторяя: «Надежда возвращается!»

Однажды в феврале, в Висконсине, Кэти позвонили из пиар-службы Барака и сообщили, что у нас возникла проблема. Несколько часов назад в Милуоки я, очевидно, высказалась противоречиво. На самом деле речь ничем не отличалась от той, которую я только что закончила произносить в Мэдисоне, и от тех, с которыми я выступала в течение нескольких месяцев. Раньше с ней не возникало проблем. Почему они должны появиться сейчас?

Немного позже мы увидели, что произошло. Кто-то взял запись моего сорокаминутного выступления и вырезал десятисекундный кусок, вырвав мои слова из контекста и сделав на них акцент.

Внезапно появился клип, нарезанный из моих выступлений в Милуоки и Мэдисоне — сфокусированный на моменте, когда я говорила, о том, как воодушевлена происходящим. Полная версия сказанного звучала так: «В этом году мы поняли, что надежда возвращается! И позвольте сказать вам кое-что. Впервые за всю взрослую жизнь я действительно горжусь своей страной. Не только потому, что Барак добился успеха, но и потому, что я вижу, как люди жаждут перемен. Я отчаянно хотела, чтобы наша страна двигалась в этом направлении, хотела не чувствовать себя столь одинокой от безысходности и разочарования. И теперь я увидела людей, которые жаждут объединиться для решения основных, общих для всех проблем, — и я горжусь этим. Я чувствую, насколько мне повезло быть частью и даже свидетелем этого».

Но почти все это было вырезано, включая мои слова о надежде, единстве и то, как я тронута. Нюансы исчезли; фокус направился на одну-единственную фразу. Эта фраза из клипов —

которые теперь набирали популярность на консервативных радио и телевизионных ток-шоу — по словам нашей команды, звучала так: «Впервые за всю взрослую жизнь я действительно горжусь своей страной».

Мне не требовалось включать новости, чтобы понять, как оппоненты это повернули. *Она — не патриотка. Она всегда ненавидела Америку. Вот кто она на самом деле. Все остальное — просто показуха.*

Это был первый удар, который, похоже, я сама на себя навлекла. Пытаясь говорить откровенно, я забыла, насколько взвешенной должна быть каждая фраза. Я сама невольно устроила ненавистникам пир из десяти слов. Как и в первом классе, я этого не ожидала.

Я вылетела домой в Чикаго, чувствуя себя виноватой и подавленной. Я знала, что Мелисса и Кэти тихо отслеживают негативные комментарии через BlackBerry, но стараются не делиться ими со мной, понимая, что это только ухудшит ситуацию. Мы втроем работали вместе бо́льшую часть года, преодолевая больше миль, чем могли сосчитать, постоянно подгоняли время, чтобы я могла успеть вернуться домой к детям перед сном. Мы появлялись в аудиториях по всей стране, ели больше фастфуда, чем хотели, и выступали на сборах средств в настолько богатых домах, что нам было трудно сдерживать себя и не таращиться по сторонам. В то время как Барак и его команда путешествовали на чартерных самолетах и в удобных туристических автобусах, нам приходилось снимать обувь в медленно движущихся очередях на проверку личного багажа в аэропортах, летать экономклассом United и Southwest и полагаться на добрую волю волонтеров, доставлявших нас на мероприятия, между которыми нередко были сотни миль.

В целом мы проделали отличную работу. Я видела, как Кэти со стула командовала фотографами вдвое старше себя и отчитывала репортеров, задававших неуместные вопросы. Я наблюдала, как Мелисса составляет мое детальное расписание, планируя по несколько мероприятий кампании в день, как она выстукивает сообщения на BlackBerry, чтобы предотвратить потенциальные проблемы и убедиться, что я не пропускаю школьную пьесу, день рождения старого друга или поход в спортзал. Они обе выкладывались на полную, пожертвовав своей личной жизнью, чтобы я попыталась сохранить хоть какое-то подобие своей.

Я сидела в самолете и думала, что каким-то образом испортила все это четырнадцатью глупыми словами.

Дома, уложив девочек спать и отправив маму отдыхать на Эвклид-авеню, я позвонила Бараку на мобильный. Это было накануне праймериз в Висконсине, и, согласно опросам общественного мнения, конкуренция там зашкаливала.

Барак лидировал со слабым, но растущим отрывом по опросам делегатов национального съезда, но Хиллари запустила рекламную кампанию, критикующую Барака по всем пунктам, начиная от его плана здравоохранения и заканчивая тем, что он редко соглашался участвовать в дебатах с ней. Ставки казались высокими. Команда Барака Обамы не могла его подвести. Я извинилась за то, что произошло с моей речью.

— Я понятия не имела, что делаю что-то не так, — сказала я. — Я уже несколько месяцев говорю одно и то же.

Барак в ту ночь ехал по трассе между Висконсином и Техасом. Я почти слышала, как он пожимает плечами на другом конце провода.

— Это все потому, что послушать тебя приходит такая толпа, — сказал он. — Ты популярна, а это значит, на тебя объявили небольшую охоту. Это в порядке вещей.

Как и почти каждый раз, когда мы говорили, Барак поблагодарил меня за время, которое я отдаю кампании, добавив, что ему очень жаль, что мне приходится иметь дело с какими-то последствиями.

— Я люблю тебя, дорогая, — сказал он мне, прежде чем повесить трубку. — Я знаю, это тяжело, но скоро все пройдет. Все всегда проходит.

ОН БЫЛ ОДНОВРЕМЕННО И ПРАВ, И НЕ ПРАВ. 19 февраля 2008 года Барак выиграл праймериз в Висконсине с хорошим отрывом — казалось, я не причинила ему никакого вреда. И в тот же день Синди Маккейн уколола меня в своем выступлении на митинге, сказав: «Я горжусь своей страной. Не знаю, слышали ли вы подобные слова раньше, — я очень горжусь своей страной». По формулировке CNN, мы открыли «патриотический клапан» — и блогеры сделали то, что делают блогеры. Но примерно через неделю бо́льшая часть суматохи вроде бы поутихла. Мы с Бараком дали несколько комментариев для прессы, уточнив, что я горжусь тем, что многие американцы участвуют в нашей кампании, обзванивают соседей, разговаривают с жителями своих районов, что уверенность наших сторонников в их влиянии на демократическую систему растет и это для меня важнее всего. И мы продолжили свою работу. Я старалась осторожнее выбирать слова, но мой посыл оставался неизменным. Я испытывала гордость и воодушевление. Тут ничего не изменилось.

И все же пагубное семя было посеяно — меня стали воспринимать как недовольную и слегка враждебно настроенную женщину, лишенную ожидаемого уровня изящества. Мы не знаем, от кого исходили слухи и комментарии — от политических противников Барака или от кого-то еще, — но сплетни и односторонние комментарии всегда весьма прямолинейно намекали на расу, чтобы вызвать у избирателей самые темные и уродливые страхи. *Не позволяйте черным взять верх. Они не такие, как вы. Их «хорошо» — не такое, как ваше.*

ABC News подлили масла в огонь, запустив двадцать девять часов проповедей преподобного Иеремии Райта, в которых он делал грубые и неподобающие выпады в сторону белой Америки, с негодованием и яростью обвинял белых во всех смертных грехах. Мы с Бараком пришли в ужас, увидев отражение худших, параноидальных черт человека, который венчал нас и крестил наших детей.

У нас обоих были родственники, смотревшие на другую расу сквозь призму раздраженного недоверия. Я на протяжении десятилетий жила с кипящим негодованием Дэнди, которому не давали продвижения по службе из-за цвета кожи, и с тревогой Саутсайда о том, что в белых районах его внуков поджидает опасность. Барак слушал, как Тут, его белая бабушка, делала бесцеремонные этнические обобщения и даже признавалась своему черному внуку, что иногда боится проходить мимо черных на улице. В течение многих лет мы сосуществовали с ограниченностью некоторых старших родственников. Мы понимали, что никто не совершенен, особенно из взрослевших во время сегрегации. Возможно, поэтому мы и не обратили внимания на наиболее абсурдные части проповедей преподобного Райта, даже если присутствовали на них. Нас просто потрясли самые экстремальные выдержки из его речей в новостях. Все это напоминало, что искажения нашей страны в отношении расы могут быть двусторонними, а подозрения и стереотипы работают в обоих направлениях.

Тем временем кто-то откопал мою дипломную работу в Принстоне, написанную более двух десятилетий назад, — я исследовала, как афроамериканские выпускники относились к своей расе и идентичности после пребывания в Принстоне. По каким-то причинам, которых мне не понять, консервативные СМИ усмотрели в этой работе секретный манифест «черной силы», надвигающуюся угрозу. Как будто в двадцать один год, вместо того чтобы получить пятерку по социологии и место в Гарвардском юридическом, я вынашивала план Нэта Тёрнера[1] свергнуть власть белого большинства и теперь наконец получила шанс привести его в исполнение через своего мужа.

«Мишель Обама ответственна за фиаско Иеремии Райта?» — гласил подзаголовок онлайн-колонки авторства Кристофера Хитченса. Он ворвался в мое студенчество и сделал вывод, что в то время я находилась под влиянием черных радикальных мыслителей и, кроме того, была дерьмовым писателем. «Было бы ошибкой сказать, что этот текст тяжело читать, — писал Хитченс. — Его вообще нельзя "прочитать" в строгом смысле этого слова. Он не написан ни на одном из известных человечеству языков».

Меня изображали не просто как чужака, а как совершенно «иного», пришельца, чью речь совершенно невозможно разобрать. Конечно, это мелочное и смехотворное оскорбление, но насмешки над моим интеллектом, маргинализация моего юного

---

[1] Нэт Тёрнер (англ. Nat Turner) — американский чернокожий раб, возглавлявший крупнейшее восстание рабов в штате Виргиния 21 августа 1831 года, в результате которого погибло 60 белых людей и по меньшей мере 100 черных рабов. — *Прим. пер.*

«я» несли в себе угрозу другого рода. Мы с Бараком теперь были слишком известными, чтобы стать невидимыми, но если бы люди приняли нас за пришельцев и захватчиков — наш потенциал мог бы быстро испариться. Посыл, который наши противники часто повторяли, пусть и завуалированно: *этим людям не место среди нас*. На сайте новостного агрегатора Drudge Report появилась фотография Барака в тюрбане и традиционной сомалийской одежде, подаренной ему в бытность сенатором в ходе официального визита в Кению — и это возродило старые слухи, будто он был тайным мусульманином. Несколько месяцев спустя интернет разразится еще одной анонимной сплетней, на этот раз ставящей под сомнение гражданство Барака. Говорили, что Барак родился не на Гавайях, а в Кении, и это лишало его возможности стать президентом.

Во время праймериз в Огайо и Техасе, в Вермонте и Миссисипи я продолжала говорить об оптимизме и единстве, чувствуя позитивный настрой слушателей, объединенных идеей перемен, на предвыборных мероприятиях. Однако нелестные, противоречащие друг другу комментарии, казалось, только привлекали ко мне больше внимания. На *Fox News* обсуждали мой «воинственный гнев». В интернете распространялись нелепые и совершенно ложные слухи о якобы существующей видеозаписи, на которой я называю белых людей «снежками». В июне, когда Барак наконец стал главным кандидатом от демократов, я встретила его на сцене в Миннесоте, игриво подняв кулачок, который затем фигурировал во всех заголовках как, по мнению одного из комментаторов *Fox*, «террористический кулак», намекая, что мы опасны. Новостная строка на том же телеканале описала меня как «мамочку Обама», вызывая в сознании зрителей клише о черном гетто и снова подразумевая инаковость, которая на этот раз поставила меня вне моего собственного брака.

Я устала — не физически, а морально. Все эти удары причиняли боль, даже если я понимала, что на самом деле они не имели ко мне никакого отношения. Они создавали мультяшную версию меня — сеющую хаос женщину, о которой я постоянно слышала, но никогда не встречала — слишком высокая, слишком сильная, готовая-кастрировать-Годзиллу жена политика Мишель

Обама. К моему ужасу, даже друзья иногда осыпали меня советами, которые я должна была передать менеджерам кампании Барака, или требовали, чтобы я успокоила их после дурных новостей обо мне, Бараке или состоянии предвыборной кампании. Когда поползли слухи о так называемой «записи со снежком», одна подруга, хорошо меня знающая, позвонила, уверенная, что это правда. Мне пришлось потратить добрых полчаса, убеждая ее, что я не превратилась в расистку, и, когда разговор закончился, я повесила трубку совершенно без сил.

Мне казалось, я не смогу все это победить, никакая вера или тяжелый труд не помогут одолеть недоброжелателей и их попытки меня скомпрометировать. Я была черной и сильной женщиной, что для некоторых людей, сохранивших определенный склад ума, означало только «злой». Это еще одно разрушительное клише, которое веками использовалось для того, чтобы вытеснить женщин, представителей меньшинств, за периметр социума, бессознательный сигнал нас не слушать.

Я действительно немного злилась, отчего мне становилось еще хуже — будто я исполняла пророчество ненавистников. Стереотипы удивительным образом могут функционировать как настоящие ловушки. Сколько «злых черных женщин» пойманы в капкан этого выражения? Когда тебя не слушают, разве ты не попытаешься говорить громче? Если тебя описывают как злую или эмоциональную, разве это не усилит твою злость и эмоциональность?

Меня измучила подлость, сбило с толку то, насколько близко к сердцу я ее принимала, и то, что я не могла от нее избавиться. Где-то в мае Республиканская партия Теннесси выпустила онлайн-видео, в котором моя фраза из Висконсина была смонтирована с видео избирателей, говорящих что-то вроде: «Господи, да я горжусь тем, что я американец, с тех пор как был ребенком». На сайте NPR появилась статья с заголовком: «Мишель Обама — полезное приобретение или головная боль?» Ниже жирным шрифтом было написано то, что, по-видимому, вызывало обо мне много споров: «Освежающе честная или слишком прямолинейная?» И: «Ее внешность — царственная или пугающая?»

Если честно, это очень обидно.

Иногда я винила во всем кампанию Барака. Я понимала, что веду себя активнее, чем супруги многих кандидатов, это делало меня более удобной мишенью для атак. Инстинктивно мне хотелось нанести ответный удар, выступить против лжи и несправедливых обобщений или заставить Барака дать какой-то комментарий, но его команда продолжала твердить, что лучше не отвечать, идти вперед и продолжать подставлять другую щеку. «Это всего лишь политика», — повторяли они, как мантру, словно мы ничего не могли с этим поделать, словно мы все переехали в новый город на новой планете под названием Политика, где не действовали обычные правила.

Каждый раз, когда настроение падало, я пережевывала унизительную мысль: я этого не хотела. Мне никогда не нравилась политика. Я оставила работу, посвятила себя кампании, а теперь я «головная боль»? Куда подевалась моя сила?

Сидя в нашей кухне в Чикаго воскресным вечером, когда Барак появился дома на одну ночь, я позволила разочарованию выплеснуться наружу.

— Мне необязательно все это делать, — сказала я ему. — Если я причиняю вред кампании, тогда зачем я там нужна?

Я объяснила, что мы с Мелиссой и Кэти уже не справлялись с объемом запросов СМИ и всей работой, которую нужно было проделывать, чтобы переезжать с места на место с нашим ограниченным бюджетом. Я не хотела ничего портить, я хотела продолжать поддерживать мужа, но у нас не хватало на это времени и ресурсов. И я устала быть беззащитной перед пристальным вниманием к своей персоне, устала быть кем-то совершенно другим.

— Я могу просто остаться дома и сидеть с детьми, если так будет лучше, — сказала я Бараку. — Я стану обычной женой, которая появляется только на больших мероприятиях и всем улыбается. Может быть, так будет проще для всех.

Барак слушал сочувственно. Я видела, что он устал, ему не терпелось подняться наверх и немного поспать. Иногда я приходила в бешенство от того, как стирались для нас границы между семейной и политической жизнью. Его дни были заполнены решением проблем за доли секунды и сотнями взаимодействий. Я не хотела быть еще одной проблемой, с которой Барак должен был бороться, но, с другой стороны, мое существование теперь полностью подчинялось ему.

— Ты гораздо больше ценность, чем головная боль, Мишель, ты должна это понимать, — грустно сказал он. — Но, если ты хочешь остановиться или притормозить, я пойму. Ты можешь делать все, что захочешь.

Он сказал мне, что я не должна чувствовать себя обязанной ему или его кампании. И если я решу продолжать, но при этом нуждаюсь в большей поддержке и ресурсах, он придумает, как их получить.

Это меня утешило, хотя и не сильно. Я все еще чувствовала себя только что избитой первоклассницей в очереди на обед.

Но на этом мы закончили и отправились спать.

Вскоре после этого в офисе Дэвида Аксельрода в Чикаго я села с ним и Валери, чтобы просмотреть видео некоторых моих публичных выступлений. Теперь я понимаю, это была попытка показать мне, какие части процесса я могу контролировать. Дэвид и Валери похвалили меня за усердную работу и за то, как эффективно мне удалось сплотить сторонников Барака. Но затем Акс приглушил звук, убрав мой голос, чтобы мы могли более внимательно посмотреть на язык тела и особенно на выражение лица.

Что я увидела? Я увидела себя, я говорила с напряжением и осуждением и никогда не расслаблялась. Я апеллировала к трудностям, с которыми сталкиваются многие американцы, а также к неравенству в школах и системе здравоохранения. Мое лицо отражало серьезность того, что я считала поставленным на карту, того, насколько важным был выбор, который предстояло сделать нашей нации.

Но все это в глазах общественности было слишком серьезно, слишком сурово — по крайней мере, для женщины. Я увидела свое лицо так, как его мог бы увидеть незнакомец, не льстя себе. Я поняла, почему оппозиция так успешно скармливала публике образ взбешенной гарпии. Это был, конечно, другой стереотип, другая ловушка. Самый простой способ проигнорировать женский голос — объявить его руганью.

Никто не критиковал Барака за то, что он казался слишком серьезным или недостаточно улыбался. Однако я была женой, а не кандидатом, от меня ждали чего-то более легкого и пушистого. Если вы еще сомневаетесь в том, как относятся к женщинам в политике, посмотрите на то, как часто Нэнси Пелоси, умного и жесткого спикера Палаты представителей, изображают мегерой, или на то, что пришлось вытерпеть Хиллари Клинтон, когда эксперты кабельных каналов и комментаторов перевирали и оборачивали против нее каждый шаг кампании. Против Хиллари безжалостно использовали ее гендер, отталкиваясь от худших стереотипов. Ее объявляли деспотом, пилой, стервой. Ее голос называли визгом, смех — ржанием. Хиллари была противницей Барака, так что я не чувствовала в тот момент к ней особенного тепла, но при этом не могла не восхищаться ее способностью встать и продолжать бороться, несмотря на мизогинию.

Я вместе с Аксом и Валери смотрела запись, а на глаза наворачиваются слезы. Я расстроилась. Теперь я поняла, что в политике есть еще и перформативная часть, которую мне пока не удалось освоить. А ведь я выступала с этими речами уже больше года. Теперь я поняла, что лучше всего общаться с людьми в небольших помещениях, вроде тех, что были в Айове. В больших залах труднее передать тепло. Толпы требовали более четких лицевых сигналов, над которыми мне нужно было работать. Теперь, когда оказалось уже слишком поздно, я была потрясена.

Валери, подруга уже на протяжении пятнадцати лет, сжала мою руку.

— Почему вы не говорили со мной об этом раньше? — спросила я. — Почему никто не попытался помочь?

Ответ заключался в том, что никто не обращал на это внимания. Складывалось впечатление, будто у меня все хорошо, пока не стало плохо. Только теперь, когда я сделалась проблемой, меня вызвали в кабинет Акса.

Для меня это был поворотный момент. Предвыборный штаб должен служить исключительно кандидату, а не его супруге или семье. И хотя сотрудники Барака уважали меня и ценили мой вклад, они никогда не давали мне указаний. До этого момента никто из кампании не потрудился поехать со мной или появиться на моих мероприятиях. Я никогда не проходила медиатренинг или подготовку к выступлению. Я поняла, что никто не будет за мной присматривать, если я не настою на этом.

Зная, что внимание ко мне будет только усиливаться, когда мы перейдем к последним шести месяцам кампании, мы наконец решили, что мне требуется реальная помощь. Если я собираюсь и дальше поддерживать кампанию наравне с кандидатом, мне нужна такая же поддержка, как ему. Я должна защищать себя, лучше организовывать мероприятия и требовать ресурсы, необходимые для этой работы. В последние недели праймериз штаб Барака расширил мою команду, включив в нее координатора и личную помощницу — Кристен Джарвис, добродушную бывшую сотрудницу Барака из его команды в Сенате, чье спокойствие должно было удерживать меня на плаву в стрессовых ситуациях, — плюс серьезную, политически подкованную специалистку по коммуникациям Стефани Каттер. Работая с Кэти и Мелиссой, Стефани помогла мне отточить мое послание и презентацию, подготовив к главной речи, которую я должна была произнести в конце лета на национальном съезде Демократической партии. Кроме того, нам наконец-то предоставили доступ к самолету кампании, что помогло мне работать более оперативно и эффективно. Теперь я могла общаться с прессой во время полетов, делать прическу и макияж по пути на мероприятие или брать Сашу и Малию с собой без дополнительной платы.

Все это облегчило мою жизнь, я стала чаще улыбаться, а постоянное напряжение несколько ослабло.

Когда мы планировали публичные выступления, Стефани посоветовала мне играть на сильных сторонах и не забывать о том, о чем я больше всего любила говорить: о любви к мужу и детям, прочной связи с работающими матерями и чикагских корнях, которыми я гордилась. Она знала, что я люблю пошутить, и рекомендовала не сдерживаться. Другими словами, быть собой — это нормально. Вскоре после конца праймериз я приняла предложение выступить приглашенной соведущей в программе The View[1] и провела счастливый и энергичный час с Вупи Голдберг, Барбарой Уолтерс и другими ведущими перед живой аудиторией. Я рассказала о нападках, но посмеялась над историями с девочками, кулачками и неприятностями из-за колготок. Я почувствовала легкость, по-новому овладела своим голосом. Шоу вызвало в целом положительные комментарии. На мне было черно-белое платье за 148 долларов, которое вдруг начали покупать и другие женщины.

Я оказывала влияние и начинала получать от этого удовольствие, чувствовала себя все более открытой и оптимистичной. Я пыталась научиться у американцев чему-то и для себя. По всей стране я проводила круглые столы, фокусируясь на проблеме «работа и семья» — том, что мне было особенно интересно. Самое тягостное впечатление на меня произвели встречи с семьями военнослужащих, в большинстве своем в группах были женщины, но иногда попадались и мужчины.

«Расскажите мне о своей жизни», — просила я. И слушала истории часто совсем юных женщин с младенцами на руках. Жены военных описывали, как им приходилось переезжать по восемь или больше раз и начинать все сначала, устраивая детей на уроки музыки и факультативные занятия. Трудно приходилось и в плане карьеры: например, учительница не смогла сразу найти работу, потому что в новом штате ее сертификат преподавателя был недействителен; мастера маникюра и физиотерапевты столкнулись с аналогичными проблемами. Многие молодые родители с трудом находили доступные по цене детские сады и ясли. И все это, конечно, омрачалось тем, что любимый человек на двенадцать месяцев или больше отправлялся в Кабул, или Мосул, или на авианосце в Южно-Китайское море. Встреча с супругами военных заставила меня по-новому взглянуть на свои проблемы. Их жертвы были намного больше моих. Я сидела на встречах, сосредоточенная и несколько озадаченная тем, что так мало знаю о жизни военных. Я поклялась себе, что если Бараку посчастливится быть избранным, то я найду способ поддержать их семьи.

Все это придало мне энергии на последний этап кампании

---

[1] Дневное ток-шоу телеканала ABC. — *Прим. ред.*

Барака и Джо Байдена, приветливого сенатора из Делавэра, который официально пойдет на выборы вторым кандидатом, баллотируясь на должность вице-президента. Я осмелела и вновь следовала инстинктам, окруженная единомышленниками. На публичных мероприятиях я старалась чаще лично общаться с людьми, будь то небольшая группа или многотысячная толпа, за кулисами или через веревочное ограждение. Когда избиратели увидели меня вживую, они поняли, что карикатуры не соответствуют действительности. Ненавидеть вблизи гораздо труднее.

Я провела лето 2008 года, двигаясь все быстрее и работая все усерднее, убежденная в том, что принесу пользу Бараку. К концу августа я впервые работала со спичрайтером — одаренной молодой женщиной Сарой Гурвиц, которая помогла сформировать мои идеи в жесткую структуру семнадцатиминутной речи. После нескольких недель тщательной подготовки я вышла на сцену Пепси-Центра в Денвере и предстала перед живой аудиторией в 20 000 человек и телевизионной аудиторией в несколько миллионов, готовая рассказать миру, кто я такая.

Меня представил мой брат Крейг. Мама сидела в первом ряду VIP-ложи, немного ошеломленная тем, какой масштаб принимают наши жизни. Я говорила об отце: о его смирении, его покорности и о том, как все это сформировало меня и Крейга. Я старалась дать американцам как можно более личное представление о Бараке и его благородном сердце. Когда я закончила, люди аплодировали и аплодировали, а я испытала облегчение, зная, что наконец изменила представление избирателей о себе.

Это был безусловно важный момент — грандиозный, публичный и по сей день набирающий просмотры на YouTube. Но именно из-за размаха он казался мне до странного незначительным. Мой взгляд на вещи менялся, словно свитер, который медленно выворачивают наизнанку. Сцены, публика, софиты, аплодисменты. Все это становилось более нормальным, чем я могла себе представить. Настоящую жизнь не репетировали, не фотографировали, она скрывалась в моментах, когда никто не выступал и никто не судил и когда еще были возможны настоящие сюрпризы, — в моментах, когда без предупреждения можно почувствовать, как на вашем сердце открывается крошечный замочек.

Для этого нам нужно мысленно вернуться в Бьютт, штат Монтана, четвертого июля. День подходил к концу, летнее солнце наконец-то скрылось за западными горами, вдали начали взрываться фейерверки. Мы остановились на ночь в отеле Holiday Inn Express недалеко от автомагистрали. Барак уезжал в Миссури на следующий день, а мы с девочками отправлялись домой в Чикаго. Мы все очень устали. Мы провели парад и пикник. Познакомились практически с каждым жителем города Бьютт. И теперь наконец собирались устроить небольшой праздник только для Малии.

На тот момент мне казалось, что праздник не удался — день рождения был лишь мигом в водовороте кампании. Мы собрались в освещенном флуоресцентными лампами конференц-зале с низким потолком подвального этажа отеля с Конрадом, Майей и Сухайлой, горсткой сотрудников штаба, близких дочери, и, конечно, агентами службы безопасности, которые всегда были рядом, несмотря ни на что. У нас было несколько воздушных шаров, торт из магазина, десять свечей и ведро мороженого. Подарки, купленные и упакованные не мной. Атмосфера не то чтобы пренебрежения, но и не праздника. Это был слишком долгий день. Мы с Бараком обменялись мрачными взглядами, признавая, что потерпели неудачу.

Но праздник, как и многое другое, вопрос восприятия. Мы с Бараком сосредоточились только на ошибках и недостатках, находя их отражение в унылой комнате и импровизированной вечеринке. Но Малия искала другое — и нашла. Добрые лица любящих близких, большой глазированный торт, младшую сестру и кузину рядом, Новый год впереди. Она провела весь день на свежем воздухе. Она видела парад. Завтра она полетит на самолете.

Малия подошла к Бараку и забралась к нему на колени.

— Это, — объявила она, — мой самый лучший день рождения!

Дочка не заметила, что наши глаза наполнились слезами и у половины людей в зале перехватило дыхание. Потому что она была права. И вдруг мы все это увидели. В тот день ей исполнилось десять лет, и все было прекрасно.

18

Четыре месяца спустя, 4 ноября 2008 года, я отдала свой голос за Барака. Рано утром мы отправились на избирательный участок в спортзале начальной школы Бьюла Шузмита, всего в нескольких кварталах от нашего дома в Чикаго. Мы взяли с собой Сашу и Малию, готовых сразу отправиться на уроки. Даже в день выборов — особенно в день выборов — пойти в школу хорошая идея. Школа — это норма, школа — это положительные эмоции. Мы прошли мимо рядов фотографов и телекамер в спортзал, вокруг обсуждали историческое значение происходящего. А я радовалась, что упаковала дочерям ланч-боксы.

Каким будет этот день? Долгим. Остального никто из нас не знал.

Барак, как и всегда в самые напряженные моменты, был очень спокоен. Он поздоровался с работниками избирательного участка, взял свой бюллетень и легко пожал руку каждому встречному. Думаю, в этом был смысл. Сейчас от него практически ничего не зависело.

Мы стояли плечом к плечу у избирательных стоек, девочки пытались рассмотреть, что каждый из нас делает.

Я уже много раз голосовала за Барака — на праймериз, на финальных этапах выборов на уровне штата и общенациональных, — и этот раз ничем особенно не выделялся. Голосование для меня было привычкой, здоровым обязательным ритуалом. Родители брали меня с собой на избирательные участки, когда я была ребенком, и я взяла себе за правило брать Сашу и Малию с собой, надеясь донести важность и обыденность этого акта.

Рядом с мужем я невольно становилась свидетельницей закулисных интриг политиков и приближенных к власти людей. Я понимала, что даже небольшое количество голосов на каждом избирательном участке могло повлиять не только на итог голосования, но и на систему ценностей. Оставшиеся дома избиратели позволяли другим решать, чему наших детей научат в школах, какой будет система здравоохранения и отправим ли мы солдат на войну. Голосование — это просто и невероятно эффективно.

В тот день я несколько секунд смотрела на имя мужа в бюллетене для выборов президента Соединенных Штатов. После почти 21 месяца предвыборной кампании, атак и усталости оставалось сделать только это.

Барак глянул на меня и рассмеялся.

— Все еще не определилась? — сказал он. — Нужно еще немного времени?

Если бы не волнение, день выборов можно было бы рассматривать как своего рода мини-отпуск, сюрреалистическую паузу между прошлым и будущим. Ты прыгнул, но не приземлился. Ты еще не знаешь грядущего. После стольких месяцев высокого темпа время замедляется и мучительно ползет. Вернувшись домой, я принялась играть роль хозяйки для семьи и друзей, которые зашли к нам поболтать и помочь скоротать время.

В какой-то момент Барак отправился играть в баскетбол с Крейгом и некоторыми друзьями в ближайшем спортивном зале. Это стало своего рода традицией дня выборов. Барак больше всего любил поиграть в баскетбол, чтобы успокоиться.

— Только не позволяй никому сломать ему нос, — сказала я Крейгу, когда они вдвоем вышли за дверь. — Ему еще выступать на телевидении после этого, ты же знаешь.

— Умеешь ты найти способ сделать меня ответственным за все, — ответил Крейг так, как может только брат. А потом они ушли.

Если верить опросам общественного мнения, Барак должен был готовиться к победе. Но он работал над двумя речами для вечера — одна на случай победы, другая — признание поражения. Мы уже достаточно хорошо разбирались в политике и избирательном процессе, чтобы трезво оценивать ситуацию. Мы знали о феномене под названием «эффект Брэдли», названном в честь афроамериканского кандидата Тома Брэдли, который баллотировался на пост губернатора Калифорнии в начале 1980-х годов. Опросы показывали, что Брэдли лидирует, но он проиграл в день выборов, удивив всех и преподав миру урок о нетерпимости, поскольку та же картина повторялась в течение многих лет по всей стране в громких избирательных кампаниях с участием чернокожих кандидатов. Когда речь шла о расовых меньшинствах, избиратели часто во время опросов скрывали свои предубеждения, выражая их только у приватной стойки для голосования.

На протяжении всей кампании я снова и снова спрашивала себя, действительно ли Америка готова избрать черного президента, достаточно ли сильна наша страна, чтобы преодолеть расовые предрассудки. Мы собирались это узнать.

Всеобщие выборы были менее изнурительными, чем битва на праймериз. Джон Маккейн добавил себе трудностей, выбрав губернатора Аляски Сару Пэйлин в качестве кандидата в вице-президенты. Неопытная и неподготовленная, она быстро стала национальной мишенью для шуток. А потом, в середине сентября, нас настигли катастрофические новости. Экономика США начала выходить из-под контроля, когда *Lehman Brothers*, один из крупнейших инвестиционных банков страны, резко перевернулся кверху брюхом. Титаны Уолл-стрит, как теперь понял весь мир, годами накапливали прибыль за счет необеспеченных ипотечных кредитов. Акции резко упали. Кредитные рынки замерли. Пенсионные фонды исчезли.

Именно Барак был нужен стране в этот момент. Ему предстояло выполнить работу, которая и так-то не была легкой, а благодаря финансовому кризису стала экспоненциально сложнее. Я трубила об этом уже больше полутора лет по всей Америке: мой муж спокоен и готов. Сложности его не пугают. Его мозг способен разобраться во всех тонкостях. Конечно, я предвзята. И была бы даже рада проиграть выборы и вернуться к прежней жизни. Но все же я чувствовала, что мы как страна действительно нуждались в помощи Барака. Пора перестать думать о такой условности, как цвет кожи. Было бы просто глупо в тот момент не выбрать Барака на эту должность. И тем не менее в наследство ему достанется хаос.

Когда наступил вечер, мои пальцы онемели, по телу пробегала легкая дрожь. Я не могла есть. Я потеряла интерес к болтовне с мамой или друзьями, которые заходили ко мне. В какой-то момент я поднялась наверх, чтобы немного побыть наедине с собой.

Барак, как оказалось, тоже сбежал туда, явно нуждаясь в одиночестве.

Барак сидел за столом и просматривал текст победной речи в маленьком, заваленном книгами кабинете, примыкающем к нашей спальне, — в его Норе. Я подошла и начала разминать мужу плечи.

— У тебя все в порядке? — спросила я.

— Да.

— Устал?

— Нет, — улыбнулся Барак, словно пытаясь доказать, что это правда.

Только вчера нам сообщили, что Тут, 86-летняя бабушка Барака, уже несколько месяцев болевшая раком, скончалась на Гавайях. Пропустивший прощание со своей матерью, Барак твердо решил присутствовать на похоронах Тут. Мы с детьми навестили ее в конце лета, и он снова поехал к бабушке один десять дней назад. Сошел с предвыборной трассы, чтобы побыть рядом и подержать ее за руку. Я подумала о том, как это печально. Барак потерял мать в самом начале политической карьеры, через два месяца после того, как объявил о своем выдвижении в сенат штата. Теперь, когда он достиг вершины, его бабушки не будет рядом, чтобы увидеть это. Люди, которые вырастили его, исчезли.

— Я горжусь тобой, что бы ни случилось, — сказала я. — Ты сделал так много хорошего.

Барак поднялся и обнял меня.

— И ты тоже, — сказал он, притягивая меня ближе. — Мы оба хорошо справились.

Все, о чем я могла думать, — это сколько всего ему еще предстоит вынести.

После семейного ужина дома мы оделись и поехали в центр города, чтобы дождаться результатов выборов с семьей и друзьями в номере отеля Hyatt Regency. Сотрудники предвыборного штаба были в другой части отеля, пытаясь подарить нам какое-то подобие уединения. Джо и Джилл Байден арендовали собственные апартаменты для друзей и семьи через холл от нас.

Первые результаты пришли около 18:00 по центральному времени: Кентукки за Маккейна, Вермонт за Барака. Затем Западная Виргиния проголосовала за Маккейна, а после этого и Южная Каролина. Моя уверенность немного пошатнулась, хотя ничего удивительного в этом не было. По словам Акса и Плуффа, которые постоянно входили и выходили из комнаты, докладывая каждую крупицу полученной информации, все разворачивалось так, как они и предсказывали. Хотя новости были в целом положительными, последнее, что я хотела слышать, — болтовня о политике. Мы все равно уже ничего не контролировали, так какой в этом смысл? Мы прыгнули и теперь, так или иначе, приземлились. Мы видели по телевизору, что тысячи людей уже собирались в Грант-парке, в миле или около того от нас на берегу озера, где ход голосования транслировался на экранах Jumbotron и где Барак позже появится, чтобы произнести одну из своих двух речей. Полицейские стояли на каждом углу, катера водной полиции патрулировали озеро, над головой шумели вертолеты. Казалось, весь Чикаго затаил дыхание в ожидании новостей.

Коннектикут проголосовал за Барака. Затем Нью-Гемпшир проголосовал за Барака. Как и Массачусетс, Мэн, Делавэр и округ Колумбия. Когда Иллинойс тоже проголосовал за Барака, до нас стали доноситься гудки автомобилей и взволнованные крики с улицы. Я нашла стул возле двери в номере и села, глядя прямо перед собой. В комнате стало почти тихо, нервные переговоры политической команды сменились выжидательным, почти трезвым спокойствием. Справа от меня на диване сидели дочки в красно-черных платьях, а слева — Барак. Он где-то бросил пиджак, а сам он занял место на диване рядом с моей матерью, на которой в тот вечер были элегантный черный костюм и серебряные серьги.

— Вы готовы к этому, бабушка? — спросил ее Барак.

Всегда немного отстраненная, мама просто искоса взглянула на него и пожала плечами, вызвав у них обоих улыбку. Позже, однако, она расскажет мне, как была поражена, так же как и я, его уязвимостью. Америка привыкла видеть в Бараке самоуверенного и сильного человека, но мама понимала всю серьезность его трансформации, то, в каком одиночестве он окажется. Этот человек, у которого больше не осталось ни отца, ни матери, вот-вот будет избран лидером свободного мира.

В следующий раз, когда я посмотрела на них, они с Бараком держались за руки.

Было ровно десять часов, когда в Сети начали мелькать фотографии моего улыбающегося мужа с новостями о том, что Барак Хусейн Обама станет сорок четвертым президентом Соединенных Штатов. Мы все вскочили на ноги и инстинктивно закричали. Наш предвыборный штаб ворвался в комнату, как и Байдены, и все бросались из одного объятия в другое. Это было сюрреалистично. Я чувствовала себя так, словно поднялась над собственным телом и просто наблюдаю за его реакцией.

Он сделал это. Мы все это сделали. Это казалось почти невероятным, но победа Барака была убедительной.

Я почувствовала себя так, словно нашу семью вдруг выбросило в странную подводную Вселенную. Все казалось медленным, расплывчатым и слегка искаженным, хотя мы двигались быстро и по точному плану. Агенты службы безопасности пригласили нас пройти в грузовой лифт, затем мы поспешили к заднему выходу из отеля и в ожидающий внедорожник. Я наконец задышала полной грудью, когда мы вышли на улицу? Я поблагодарила человека, который держал открытой дверь, когда мы проходили мимо? Неужели я улыбалась? Не знаю. Я все еще пыталась по-лягушачьи выплыть в реальность. Думаю, отчасти это усталость дала о себе знать. Это был, как мы и думали, очень длинный день. По лицам дочерей я видела, что они хотят спать. Я подготовила их к следующей части вечера, объяснив, что независимо от того, выиграет папа или проиграет, у нас будет большой шумный праздник в парке.

Теперь мы скользили в полицейском кортеже вдоль Лейк-Шор-драйв, на юг к Грант-парку. Я сотни раз ездила по этой дороге. Автобусные поездки из Уитни Янг, предрассветный путь в спортзал. Это был мой город, такой знакомый, каким вообще могло быть хоть какое-то место на земле, и все же в ту ночь он казался другим. Небывало тихим, будто мы зависли во времени и пространстве, как во сне.

Малия смотрела на все это из окна внедорожника.

— Папа, — сказала она почти извиняющимся тоном. — На дороге никого нет. Я не думаю, что кто-то придет на твой праздник.

Мы с Бараком переглянулись и рассмеялись. Именно тогда мы поняли, что наши машины были единственными на улице. Барак стал теперь избранным президентом. Секретная служба все расчистила, перекрыв целый участок Лейк-Шор-драйв, все перекрестки на нашем маршруте — стандартная мера предосторожности для президента, как мы скоро поймем. Но для нас это было в новинку.

Все было в новинку.

Я обняла Малию за плечи.

— Все уже там, милая, — сказала я. — Не волнуйся, они нас ждут.

Так оно и было. Более 200 000 человек собрались в парке, чтобы увидеть нас. Мы услышали выжидательный гул толпы, когда вышли из машины. Нас проводили под белые тенты, установленные перед входом в парк и образующие туннель, ведущий к сцене. Друзья и родственники собрались, чтобы поздравить нас, только теперь, согласно протоколу службы безопасности, они находились за веревочным ограждением. Барак обнял меня, как будто хотел убедиться, что я все еще здесь.

Через несколько минут мы вчетвером вышли на сцену. Я держала за руку Малию, а Барак — Сашу. Я заметила несколько вещей одновременно. Вокруг сцены была возведена стена из толстого пуленепробиваемого стекла. И я видела океан людей, многие из которых размахивали маленькими американскими флагами. Мой мозг ничего не мог понять. Все казалось слишком большим.

Я мало что помню из речи Барака. Мы с Малией и Сашей наблюдали за ним из-за кулис, когда он произносил свои слова, окруженный стеклянными щитами, нашим городом и уверенностью более чем 69 млн голосов. Я запомнила чувство комфорта, необычное спокойствие той необычно теплой ноябрьской ночи на берегу озера в Чикаго. После стольких месяцев активной кампании и агитационных встреч со скандирующими толпами избирателей, атмосфера в Грант-парке казалась иной. Мы стояли перед гигантской массой ликующих и одновременно задумчивых американцев. Я слышала тишину. Мне казалось, что я могу разглядеть каждое лицо в толпе. Во многих глазах стояли слезы.

Может быть, я только вообразила это спокойствие, или для всех нас оно просто стало следствием позднего часа. В конце концов, уже почти полночь. И все мы ждали этого момента. Очень, очень долго.

Становясь чем-то бо́льшим

19

Не существует самоучителя «Как быть первой леди Соединенных Штатов». Формально это не работа и не официальное звание. Оно не подразумевает зарплаты и служебной инструкции. Это что-то вроде мотоциклетной коляски при транспорте президента, и к тому времени, как я в нее залезла, в ней побывали уже сорок три женщины, поступавшие по-разному.

Я знала лишь немного о предыдущих первых леди и о том, что они делали. Джеки Кеннеди обновила интерьер Белого дома. Розалин Картер присутствовала на заседаниях в администрации президента, Нэнси Рейган попала в какую-то неприятную ситуацию, принимая в подарок дизайнерские платья, а Хиллари Клинтон высмеивали за то, что она взяла на себя некоторые обязанности в администрации мужа. Пару лет назад, обедая в Сенате США с мужьями и женами сенаторов, я наблюдала — наполовину в шоке, наполовину в благоговении — за тем, как Лора Буш безмятежно и с улыбкой позировала для официальных фотографий с сотней разных людей, ни разу не потеряв самообладания и не нуждаясь в перерыве. Первые леди появлялись в новостях, пили чай с супругами иностранных сановников, посылали официальные поздравления по праздникам и надевали красивые платья на государственные обеды. А в одной или двух сферах старались занять ведущие позиции.

Меня будут оценивать по другим критериям. Как первая леди-афроамериканка, ступившая в Белый дом, я была «иной» почти по умолчанию. Если мои белые предшественницы получали на все благословение автоматически, то в случае со мной вряд ли будет так же. В ходе предвыборной кампании я поняла, что должна стать лучше, быстрее, умнее и сильнее. Благословение мне придется заслужить. Я боялась, что многие американцы не увидят во мне свое отражение, им не будет близка моя история. Знала, что меня начнут критиковать, не дожидаясь, пока я освоюсь в новой роли. И если дело бы дошло до осуждения, я оказалась бы уязвима перед необоснованными страхами и расовыми стереотипами, оставшимися в общественном бессознательном, готовыми всплыть на поверхность при первом же слухе или инсинуации.

Я была польщена и взволнована ролью первой леди, но ни на секунду не заблуждалась, будто с легкостью соскользну в гламурную жизнь. Никому, в чье самоопределение входят слова «первый» и «черный», не может быть легко. Я стояла у подножия горы и должна была взобраться на нее для своего же блага.

Все это возродило старый внутренний вопрос и ответ на него. Он оставался со мной со времен средней школы, когда я появилась в Уитни Янг, охваченная сомнением. Уверенность, как я поняла тогда, должна идти изнутри. Я уже много раз повторяла себе эти слова, преодолевая разные вершины.

Достаточно ли я хороша? Да, достаточно.

Семьдесят шесть дней между выборами и инаугурацией были временем, когда я должна была начать создавать образ первой леди. Вырвавшись из корпоративного права ради более значимой для меня общественной работы, я знала, что буду счастлива, активно работая над достижением реальных результатов. Я намеревалась сделать то, что обещала супругам военных во время предвыборной кампании, — дать возможность быть услышанными и получить поддержку. К тому же меня посетила идея разбить садик возле Белого дома и стремление улучшить здоровье и питание детей в масштабах страны.

Я не хотела заниматься этим между делом. Я намеревалась прибыть в Белый дом с тщательно продуманной стратегией и сильной командой сторонников. Если я и вынесла какой-то урок из всех мерзостей предвыборной кампании, из мириада способов, которыми меня пытались списать со счетов как злую или недостойную женщину, так тот, что общественное мнение заполняет любые пустоты. Если вы не будете заниматься самоопределением, вас быстро и неточно определят другие. Меня не интересовала пассивная роль, я не ждала, что команда Барака направит меня. Пройдя через горнило прошлого года, я знала, что никогда больше не позволю себя бить.

Мысли о том, что мне предстоит сделать, неслись вскачь. Не было ни малейшего шанса спланировать переход. Преждевременные действия расценили бы как самонадеянность. Но такой любительнице планировать, как я, трудно было усидеть на месте, так что все мы немного ускорились. Моим главным приоритетом стала забота о Саше и Малие. Я хотела, чтобы они устроились как можно быстрее и удобнее, а это означало, что мы должны были быстро обговорить детали нашего переезда и найти им новую школу в Вашингтоне, в которой они будут счастливы.

Через шесть дней после выборов я полетела в Вашингтон, договорившись о встрече с администраторами нескольких разных школ. При нормальных обстоятельствах я бы сосредоточилась исключительно на учителях и культуре каждого места, но в тот момент мы были далеко за пределами нормальности. В нашей жизни появились важные факторы: протоколы службы безопасности, аварийные эвакуационные выходы и стратегии защиты частной жизни наших детей, на которых теперь сфокусировалось внимание всей нации. Обстоятельства усложнились. В происходящее было вовлечено больше людей, а значит, требовалось провести намного больше переговоров, прежде чем принять хоть какое-то решение.

К счастью, я смогла сохранить ключевых сотрудниц — Мелиссу, Кэти и Кристен, — и они продолжали работать со мной во время перехода. Мы немедленно приступили к логистике переезда нашей семьи, занялись наймом сотрудников — планировщиков, экспертов по политике, специалистов по коммуникациям — для моего будущего офиса в восточном крыле и работы в семейной резиденции. Одной из первых сотрудниц была Джослин Фрай, моя старая подруга с юридического факультета, обладательница фантастического аналитического ума, которая согласилась стать моим директором по политике, помочь с управлением моими инициативами.

Барак тем временем работал над наймом сотрудников в свой офис и совещался с различными экспертами о путях спасения экономики. К настоящему времени более 10 млн американцев были безработными, а автомобильная промышленность вошла в опасное пике. По тому, как сжимались челюсти моего мужа после этих разговоров, я могла сказать, что ситуация хуже, чем большинство американцев могли себе представить. Барак получал аналитические справки от разведки, посвящающие его в опасные секреты страны: скрытые угрозы, тихие союзы и тайные операции, о которых общественность практически ничего не знала.

Теперь, когда служба безопасности должна была защищать нас долгие годы, агентство выбрало официальные кодовые имена. Барак был «Ренегатом», а я — «Ренессансом». Девочкам разрешили выбрать себе имена из заранее утвержденного списка аллитеративных вариантов. Малия стала «Рэдианс», а Саша выбрала «Роузбад». (Моя мама позже получит собственное неофициальное кодовое имя «Рейндэнс»[1].)

При живом общении агенты Службы безопасности почти всегда называли меня «мэм». «Сюда, мэм. Пожалуйста, отойдите, мэм». И: «Мэм, ваша машина скоро будет здесь».

Что еще за «мэм»? — хотелось мне спросить поначалу. «Мэм» в моем представлении — пожилая женщина с хорошей сумочкой, отличной осанкой и практичным туфлями. «Мэм», видимо, сидела где-то поблизости.

Но оказалось, что мэм — это я. Меня теперь звали «мэм». Это тоже было частью большого сдвига, частью нашего сумасшедшего перехода.

---

[1] Radiance — великолепная; Rosebud — бутон розы; Raindance — танец дождя. — *Прим. науч. ред.*

Обо всем этом я и думала по пути в Вашингтон на встречу с администраторами школ. После одной из встреч я вернулась в Национальный аэропорт Рейгана, чтобы встретиться с Бараком, который должен был прилететь чартерным рейсом из Чикаго. Как и положено по протоколу для избранного президента, действующий президент и миссис Буш пригласили нас заглянуть в Белый дом и назначили встречу, которая должна была совпасть с моей поездкой в школу. Я ждала в частном терминале, когда самолет Барака приземлится. Рядом со мной сидел Корнелиус Сауфхолл, один из агентов, возглавлявший мою охрану.

Корнелиус был широкоплечим бывшим футболистом колледжа и раньше охранял президента Буша. Как и все мои агенты, он был умным и сверхосведомленным человеком-сенсором. Даже когда мы оба смотрели, как самолет Барака вырулил на взлетную полосу и остановился примерно в двадцати ярдах от нас, Корнелиус заметил кое-что раньше меня.

— Мэм, — сказал он, когда в наушнике появилась новая информация, — теперь ваша жизнь изменится навсегда.

Когда я вопросительно посмотрела на него, он добавил:

— Просто подождите.

Затем он указал направо, и я повернулась, чтобы посмотреть. Точно по сигналу из-за угла вынырнуло нечто невообразимое: змеящаяся армия автомобилей, включавшая в себя фалангу полицейских машин и мотоциклов, несколько черных внедорожников, два бронированных лимузина с американскими флагами на капотах, спецавтомобиль химзащиты, антитеррористическое подразделение с демонстративно выставленными автоматами, скорую помощь, автомобиль с мигалками, оборудованный детекторами для обнаружения вероятных воздушных целей, несколько микроавтобусов и еще одну группу полицейского сопровождения. Президентский кортеж. Он был по крайней мере в двадцать автомобилей длиной. Они двигались в организованном строю, машина за машиной, прежде чем наконец тихо остановились. Лимузины встали прямо перед самолетом Барака.

Я повернулась к Корнелиусу.

— А машина с клоунами там есть? — сказала я. — Серьезно, и с этим он теперь всегда будет ездить?

Он улыбнулся:

— Да, каждый день на протяжении всего президентского срока, — сказал он. — Так это все и будет выглядеть.

Я окинула взглядом это зрелище: тысячи и тысячи фунтов металла, отряд коммандос, все пуленепробиваемое. Я еще не понимала, что половина защиты Барака скрыта от глаз. Не знала, что рядом с ним всегда дежурит вертолет, готовый эвакуировать президента в любой момент, что снайперы располагаются на крышах домов вдоль маршрутов, по которым он путешествовал, что личный врач всегда будет с Бараком — вдруг возникнут медицинские проблемы, или что в автомобиле, в котором едет Барак, должен быть специальный контейнер с запасом крови соответствующего типа на случай, если понадобится переливание. Через несколько недель, незадолго до инаугурации Барака, президентский лимузин будет модернизирован до новой модели — названной «Зверь» — семитонного танка, замаскированного под роскошный автомобиль, оснащенного скрытыми пушками со слезоточивым газом, неразрывными шинами и герметичной системой вентиляции, предназначенной для того, чтобы вывезти президента в случае биологической или химической атаки.

Теперь я была замужем за одним из самых охраняемых людей на земле. Это было одновременно облегчением и огорчением.

Я посмотрела на Корнелиуса, который махнул рукой в сторону лимузина.

— Теперь вы можете идти, мэм, — сказал он.

Я БЫЛА В БЕЛОМ ДОМЕ ВСЕГО ОДИН РАЗ, пару лет назад. Через офис Барака в Сенате я записала себя, Малию и Сашу на специальную экскурсию во время одного из наших визитов к нему в Вашингтон, полагая, что это будет весело. Экскурсии по Белому дому, как правило, проводятся самостоятельно, но в тот раз куратор Белого дома провел нашу небольшую группу по его коридорам и общественным залам.

Мы смотрели на хрустальные люстры, свисавшие с высокого потолка Восточного зала, где устраивались пышные балы и приемы, и рассматривали красные щеки невозмутимого Джорджа Вашингтона на массивном портрете в золоченой раме. Благодаря нашему гиду мы узнали, что в конце восемнадцатого века первая леди Абигейл Адамс использовала огромный зал для сушки белья и что десятилетия спустя, во время Гражданской войны, там были расквартированы отряды армии Союза. В Восточном крыле проходили свадьбы многих дочерей первых лиц. Гробы Авраама Линкольна и Джона Ф. Кеннеди тоже стояли там до похорон.

Я мысленно перебирала имена всех президентов, пытаясь сопоставить то, что я помнила из уроков истории, с реальными семьями, которые ходили по этим залам. Восьмилетняя Малия поражалась в основном размерам помещений, в то время как Саша в свои пять лет делала все возможное, чтобы ничего не трогать. Она мужественно держала себя в руках, когда мы переходили из Восточного зала в Зеленый с нежными изумрудношелковыми стенами за рассказом о Джеймсе Мэдисоне и войне 1812 года, а затем и в Голубой зал с французской мебелью за рассказом о свадьбе Гровера Кливленда. Но когда наш гид спросил, не проследуем ли мы теперь за ним в Красный зал, Саша посмотрела на меня и захныкала обиженным тоном детсадовца:

— О не-е-ет, еще один *ЗАЛ*!

Я быстро шикнула на нее и одарила материнским взглядом «не смущай меня».

Но если честно, как ее винить? Белый дом — это действительно огромное место. 132 комнаты, 35 ванных комнат и 28 каминов, расположенных на шести этажах. И все это настолько пропитано историей, что ни один тур не сможет ее охватить. Честно говоря, трудно представить себе, что там происходит на самом деле. Где-то на нижнем уровне правительственные служащие входили и выходили из здания, а наверху президент и первая леди жили со своими шотландскими терьерами в семейной резиденции. Но мы стояли тогда в другой части дома, в застывшем во времени, похожем на музей месте, где символы жили и имели значение, — в месте, где сохранялось наше наследие.

Два года спустя я снова вошла туда, но на этот раз через другую дверь и вместе с Бараком. Теперь это было нашим будущим домом.

Президент и госпожа Буш приветствовали нас в дипломатическом приемном зале, недалеко от Южной лужайки. Первая леди тепло пожала мне руку.

— Пожалуйста, зовите меня Лора, — сказала она.

Ее муж приветствовал нас с присущим ему техасским великодушием, которое, казалось, подавляло любые политические обиды. На протяжении всей кампании Барак часто и подробно критиковал руководство президента, обещая избирателям исправить многие вещи, которые он считал ошибками. Буш как республиканец, естественно, поддерживал кандидатуру Джона Маккейна. Но при этом он поклялся сделать передачу президентской власти самой гладкой в истории, поручив каждому департаменту исполнительной власти подготовить документы для новой администрации. Даже сотрудники первой леди собирали контакты, расписания и образцы корреспонденции, чтобы мне было на что опереться, выполняя общественные обязанности, которые перешли ко мне вместе с титулом. За всем этим скрывалась доброта и искренняя любовь к Родине, которой я восхищаюсь.

Хотя президент Буш не говорил об этом прямо, могу поклясться, что видела следы облегчения на его лице, ведь он знал: его срок полномочий подходит к концу, он пробежал эту гонку и скоро может отправиться домой в Техас. Пришло время впустить следующего президента.

Когда наши мужья ушли в Овальный кабинет, чтобы поговорить, Лора повела меня к частному лифту с деревянными панелями, предназначенному для первой семьи, которым очень по-джентльменски управлял афроамериканец в смокинге.

Мы поднялись на два этажа в семейную резиденцию, и Лора спросила, как поживают Саша и Малия. Ей было шестьдесят два года, и она воспитывала двух старших дочерей в Белом доме. Бывшая школьная учительница и библиотекарь, Лора использовала свои полномочия первой леди для поддержки образования и защиты учителей.

Она одарила меня теплым взглядом голубых глаз.

— Как вы себя чувствуете? — спросила она.

— Немного ошеломлена, — призналась я.

Она улыбнулась с выражением, похожим на сострадание.

— Я понимаю. Поверьте мне, понимаю.

В тот момент я была не в состоянии полностью уяснить значение ее слов, но позже часто вспоминала об этом: мы с Бараком присоединились к странному и очень маленькому сообществу, состоящему из Клинтонов, Картеров, двух семей Бушей, Нэнси Рейган и Бетти Форд. Они были единственными людьми на земле, знавшими, с чем нам придется столкнуться. Они на себе испытали все уникальные радости и трудности жизни в Белом доме. Какими бы разными мы ни были, мы всегда разделяли эту связь.

Лора провела меня по всей резиденции, показав комнату за комнатой. Частная территория Белого дома занимает около 20 тысяч квадратных футов[1] на двух верхних этажах главного здания — исторического, с белыми колоннами, которое вы знаете по фотографиям. Я увидела столовую, где обедали первые семьи, и заглянула в опрятную кухню, где уже готовили ужин повара. Осмотрела гостевые комнаты на верхнем этаже как место, где могла бы жить моя мать, если бы нам удалось уговорить ее переехать к нам. (Там также располагался небольшой тренажерный зал — место, от которого Барак и президент Буш пришли в наибольший восторг во время мужской версии тура.) Мне было очень интересно посмотреть на спальни, которые, по моему мнению, лучше всего подойдут для Саши и Малии. Они находились прямо по коридору от основной спальни.

Важнее всего — чтобы девочкам было здесь комфортно и уютно. Если отбросить помпезность и обстоятельства — сказочную нереальность переезда в большой дом с поварами, боулингом и бассейном, — мы с Бараком делали то, чего не хотел бы делать ни один родитель: вытаскивали детей в середине года из школы, которую они любили, забирали их от друзей и запихивали в новый дом и новую школу без особых церемоний. Я постоянно

---

[1] 1858 кв. м. — *Прим. ред.*

об этом думала, хотя меня немного утешало знание того, что другие матери и дети успешно проделывали это раньше.

Лора провела меня в красивую, наполненную светом комнату рядом с главной спальней, которая традиционно использовалась как гардеробная первой леди. Оттуда было видно розарий и окно Овального кабинета. Хиллари Клинтон, по словам Лоры, показала ей тот же вид, когда она впервые посетила Белый дом восемь лет назад. А за восемь лет до этого ее свекровь Барбара Буш указала на этот вид Хиллари. Я выглянула в окно, напомнив себе, что являюсь частью скромного континуума.

В ближайшие месяцы я почувствую всю силу связи с этими женщинами. Хиллари любезно поделилась со мной мудростью по телефону, рассказав о своем опыте выбора школы для Челси. У меня состоялась встреча с Розалин Картер и телефонный разговор с Нэнси Рейган — обе тепло предлагали свою поддержку. Лора любезно пригласила меня вернуться с Сашей и Малией через пару недель после первого визита, когда ее собственные дочери, Дженна и Барбара, были в Белом доме, чтобы показать моим детям все, что им там понравится, — от плюшевых сидений кинотеатра до способов скольжения по наклонному коридору на верхнем этаже.

Все это очень воодушевляло. Я уже с нетерпением ждала дня, когда смогу передать эти премудрости следующей первой леди.

Мы переехали в Вашингтон сразу после нашего традиционного рождественского отпуска на Гавайях, чтобы Саша и Малия могли начать учебу, как только их новые одноклассники вернутся с зимних каникул.

До инаугурации оставалось еще около трех недель, и нам пришлось остановиться в номерах на верхнем этаже отеля Hay-Adams в центре города. Наши комнаты выходили окнами на площадь Лафайет и Северную лужайку Белого дома, откуда было видно, как ко дню инаугурации и парада в его честь устанавливали трибуны и металлические ограждения. На здании напротив отеля кто-то повесил большой плакат с надписью: «Добро пожаловать, Малия и Саша!» У меня перехватило дыхание от этого зрелища.

После долгих исследований, двух визитов и многочисленных бесед мы решили записать наших дочерей в одну из школ сети Sidwell Friends, частную Quaker-школу[1] с отличной репутацией. Саша стала второклассницей в младшей школе в пригороде Бетесда, штат Мэриленд[2], а Малия — пятиклассницей в главном кампусе, который находится в тихом квартале всего в нескольких милях к северу от Белого дома. Обеих девочек должен был сопровождать кортеж с группой вооруженных агентов службы безопасности. Некоторые из них должны были дежурить за дверями классов и следовать за Малией и Сашей на каждую перемену, игру и физкультуру.

Теперь мы жили как бы за стеклом, закрытые, по крайней мере частично, от внешнего мира. Я не могла вспомнить, когда в последний раз одна ходила по делам или гуляла в парке просто для удовольствия. Все мои перемещения теперь требовали долгих согласований как безопасности, так и графика. Невидимая стена, которая медленно формировалась вокруг нас в ходе предвыборной кампании, теперь окончательно закрылась, поскольку известность Барака росла. Стало необходимо устанавливать границы между нами и широкой общественностью — а в некоторых случаях между нами и нашими друзьями и членами семьи. Находиться в пузыре было странно, и не то чтобы мне это нравилось, но я понимала, что все это во благо. С регулярным полицейским эскортом наши машины больше не останавливались на светофорах. Мы редко входили или выходили из парадной двери здания — вместо этого нас проводили через служебный или грузовой вход сбоку. С точки зрения службы безопасности, чем меньше мы были на виду, тем лучше.

---

[1] Quaker school — англиканская школа, основанная Томасом Сидвеллом в 1883 году. В школе придерживаются принципов англиканской церкви. — *Прим. науч. ред.*

[2] Штат Мерилэнд — штат, граничащий с американской столицей, городом Вашингтоном. — *Прим. науч. ред.*

Я все еще надеялась, будто жизнь за стеклом для Саши и Малии может быть другой, будто они могут оставаться в безопасности, но при этом не ограничивать себя, будто их диапазон действий будет больше, чем наш. Я хотела, чтобы они завели настоящих друзей — любящих их не за то, что они дочери Барака Обамы. Я хотела, чтобы они учились, чтобы у них были приключения, чтобы они ошибались и начинали сначала. Я надеялась, школа для них станет своего рода убежищем, местом, где они смогут быть самими собой. Sidwell Friends подошли нам по многим причинам, включая тот факт, что в этой школе училась Челси Клинтон, когда ее отец был президентом. Персонал знал, как защитить частную жизнь высокопоставленных студентов, там уже оборудовали специальные помещения для охраны Малии и Саши — а значит, наше пребывание не сильно ударит по бюджету школы. Но больше всего мне нравился дух этого места. Согласно философии англиканской церкви, жизнь одного человека не должна цениться выше жизни другого. Это казалось мне здоровым противовесом суете, теперь окружавшей отца моих дочерей.

В первый день школы мы с Бараком позавтракали в нашем гостиничном номере вместе с Малией и Сашей, прежде чем помочь им надеть зимние пальто. Барак не мог не дать несколько советов, как пережить первый день в новой школе (продолжайте улыбаться, будьте добрее, слушайте своих учителей), добавив наконец, когда дочери надели свои фиолетовые рюкзачки: «И ни при каких обстоятельствах не ковыряйте в носу!»

Мама присоединилась к нам в коридоре, и мы спустились на лифте вниз.

Снаружи отеля служба безопасности установила тент, чтобы мы не попались на глаза фотографам и телевизионщикам. Они разместились у входа, пытаясь поймать в кадр нашу семью. Приехав только накануне вечером из Чикаго, Барак надеялся проделать весь путь до школы с девочками, но знал, что это создаст слишком много трудностей. Его кортеж был слишком велик. Он стал слишком неповоротливым. Когда Саша и Малия обняли папу на прощание, я заметила на его лице сожаление.

Мы с мамой сопровождали девочек в их новом «школьном автобусе» — черном внедорожнике с дымчатыми окнами из пуленепробиваемого стекла. Я пыталась изобразить уверенность, улыбалась и шутила с детьми, но ощущала некую нервозность. Сначала мы добрались до кампуса средней школы, где мы с Малией, в окружении агентов службы безопасности, поспешили пробраться сквозь строй журналистов. После того как я отвела Малию к ее новой учительнице, кортеж доставил нас в Бетесду, где я повторила тот же путь с маленькой Сашей, выпустив ее в милый класс с низкими столами и широкими окнами, — я молилась, чтобы для нее это место оказалось безопасным и счастливым.

Затем я вернулась к кортежу и под надежной защитой поехала обратно к Хэй-Адамсу. У меня впереди был напряженный день, каждая минута заполнена встречами, но мысленно я оставалась с девочками. Как они проводят время? Что они там едят? На них пялятся или ведут себя спокойно, позволяя девочкам чувствовать себя как дома? Позже меня довел до слез снимок Саши, сделанный репортерами утром. Думаю, Сашу сфотографировали, когда я высаживала Малию, в то время как Саша ждала в машине с моей мамой. Дочка прижимала свое круглое личико к окну и смотрела наружу широко раскрытыми глазами. Она разглядывала фотографов и зевак, и непонятно, о чем она думала, но выражение лица было очень сосредоточенное.

Мы так много требовали от дочерей. Эта мысль не давала мне покоя не только весь тот день, но и долгие месяцы и годы.

Темпы перехода не замедлялись ни на миг. Меня бомбардировали сотнями вопросов, требовали срочных решений. Мне предлагали выбрать все, от банных полотенец и зубной пасты до средства для мытья посуды и пива для резиденции в Белом доме. Мне нужно было определиться с нарядами для церемонии инаугурации и балов, которые последуют за ней, и выяснить логистику для 150 или около того наших близких друзей и родственников, приезжающих из города в качестве гостей. Я делегировала все, что могла, Мелиссе и другим членам команды. Мы наняли Майкла Смита, талантливого дизайнера интерьеров, найденного через чикагского друга. Майкл должен был помочь нам с мебелью и интерьером резиденции и Овального кабинета.

Избранному президенту выделялось 100 000 долларов из федерального бюджета на расходы по переезду и новый интерьер, но Барак настоял, чтобы мы заплатили за все сами, используя остатки гонорара за его книгу. Он всегда был таким, сколько я его знала: чересчур бдительным, когда речь заходит о деньгах и этике, и придерживающимся более высоких стандартов, чем даже продиктованные законом. В черном сообществе есть старая максима: *Вам нужно быть в два раза лучше всех, чтобы достичь хотя бы половины того, что есть у них.* Как первую афроамериканскую семью в Белом доме, нас рассматривали в качестве представителей нашей расы. Мы знали, что любая ошибка или упущение будет расценена как нечто большее, чем промах.

В общем, меня меньше занимали обновление интерьера и планирование инаугурации, чем выяснение, чего я смогу добиться в своей новой роли. Как я поняла, на самом деле мне ничего *не нужно* было делать. Отсутствие инструкций к работе означало: к ней не предъявляют требований, и это давало мне свободу выбора повестки дня. Я хотела убедиться, что любые мои усилия послужат широким целям новой администрации.

К моему великому облегчению, обе дочери вернулись домой счастливыми после первого дня в школе — так же как и после второго и третьего. Саша впервые в жизни принесла домашнее задание. Малия уже записалась в хор средней школы. Дети из других классов иногда оглядывались на девочек, но в целом вели себя нормально.

После этого поездки кортежа в Sidwell Friends становились все более и более рутинными. Примерно через неделю девочки почувствовали себя достаточно комфортно, чтобы ездить в школу без меня, в сопровождении моей мамы и сократившегося штата охраны.

Моя мама не хотела ехать с нами в Вашингтон, но я ее уговорила. Девочки нуждались в ней. Я нуждалась в ней. Мне нравилось думать, что она тоже нуждается в нас. В течение последних нескольких лет она почти каждый день присутствовала в нашей жизни. Мамина практичность ложилась бальзамом на сердце. Хотя в свои семьдесят один она никогда не жила нигде, кроме Чикаго, и ей не хотелось покидать Саутсайд и свой дом на Эвклид-авеню. («Я люблю этих людей, но при этом я люблю и свой дом, — без обиняков сказала она репортеру после выборов. — Белый дом напоминает мне музей, а как вообще можно спать в музее?»)

Я попыталась объяснить, что если она переедет в Вашингтон, то встретит много интересных людей и ей не придется больше готовить или убираться, а на верхнем этаже резиденции у нее будет больше места, чем дома. Но все это ничего для нее не значило. Моя мать невосприимчива ко всякого рода гламуру и шумихе.

В конце концов я позвонила Крейгу.

— Ты должен поговорить с мамой ради меня, — попросила я. — Пожалуйста, убеди ее.

Каким-то образом это сработало. Крейг хорошо умеет убеждать, когда это необходимо.

Моя мать останется с нами в Вашингтоне на все следующие восемь лет. Она утверждала, что переезжает на время, что она останется, только пока девочки не устроятся. Она отказалась жить за «стеклянной стеной» при постоянном присутствии агентов службы безопасности, избегала репортеров, чтобы не говорить лишнего и не оставлять следов. Она очаровала обслуживающий персонал Белого дома, настояв на том, чтобы самой заниматься стиркой своего белья, и в течение многих лет проскальзывала в резиденцию и обратно, когда ей было нужно. Мама спокойно выходила за ворота и направлялась в ближайшую аптеку или супермаркет, когда требовалось, заводила новых друзей и регулярно ходила с ними на ланч. Всякий раз, когда незнакомец замечал, что она очень похожа на мать Мишель Обамы, она просто вежливо пожимала плечами и отвечала: «Да, мне часто это говорят», — и продолжала заниматься своими делами. Как и всегда, моя мать поступала по-своему.

На инаугурацию съехалась вся моя семья. Мои тети, дяди и двоюродные братья. Наши друзья из Гайд-парка приехали вместе с моими подругами и их супругами. Все привезли своих детей. Мы запланировали два праздника — для больших и для маленьких — на неделе инаугурации, включая детский концерт, отдельный обед для детей, который состоится во время традиционного обеда в Капитолии сразу после присяги, поиск сокровищ и детскую вечеринку в Белом доме, когда взрослые отправятся на инаугурационные балы.

Одним из приятных событий последних нескольких месяцев предвыборной кампании стало естественное и гармоничное сближение нашей семьи с семьей Джо Байдена. Хотя Барак и Джо были политическими соперниками всего несколько месяцев назад, между ними быстро возникло естественное взаимопонимание. Оба они могли легко переключаться с серьезности работы на легкость общения с семьей.

Мне сразу же понравилась Джилл, жена Джо. Я восхищалась ее мягкой стойкостью и трудовой этикой. Джилл вышла замуж за Джо и стала мачехой двух его сыновей в 1977 году, через пять лет после того, как его первая жена трагически погибла в автокатастрофе вместе с их маленькой дочерью. Позже у Джилл и Джо родилась собственная дочь. Джилл недавно получила докторскую степень и преподавала английский язык в государственном колледже в Делавэре все годы, которые Джо был сенатором, а также в течение обеих его президентских кампаний. Мы обе искали новые способы поддержать семьи военнослужащих. Мы обе были эмоционально связаны с этим вопросом: Бо Байден, старший сын Джо, служил в Ираке в составе Национальной гвардии. Ему предоставили короткий отпуск, чтобы он мог поехать в Вашингтон и увидеть, как его отец будет приведен к присяге в качестве вице-президента.

А еще у Байденов было пятеро внуков, все такие же общительные и скромные, как Джо и Джилл. Они появились на национальном съезде Демократической партии в Денвере и сразу приняли в свою шумную компанию Сашу и Малию, пригласив девочек на ночевку в гостиничный номер Джо. Дети были слишком счастливы, чтобы обращать внимание на политику вместо новых друзей. Мы всегда радовались, если дети Байденов оказывались рядом.

День инаугурации выдался холодным, температура благодаря ветру ощущалась как 15 градусов[1]. Утром мы с Бараком пошли в церковь с девочками, моей мамой, Крейгом и Келли, Майей, Конрадом и мамой Кайей. Люди начали собираться на аллее Национального молла[2] еще до рассвета, укутываясь потеплее в ожидании инаугурации. Как бы холодно мне ни было в тот день, я навсегда запомнила, сколько людей простояли под открытым небом гораздо больше часов, чем я, убежденные, что оно того стоит. Позже мы узнали, что почти 2 млн человек наводнили Национальный молл, прибыв со всех концов страны. Море разнообразия, энергии и надежды простиралось более чем на милю от Капитолия США мимо памятника Вашингтону.

После церкви мы с Бараком направились в Белый дом, чтобы присоединиться к Джо и Джилл, президенту Бушу, вице-президенту Дику Чейни и их женам. Мы собрались на кофе и чай, прежде чем отправиться вместе в Капитолий для приведения к присяге. До этого Барак получил коды авторизации, давшие доступ к ядерному арсеналу страны и необходимую информацию по протоколам их использования. С этого момента, куда бы он ни пошел, за ним неотступно следовал военный помощник, несущий сорокапятифунтовый[3] портфель с кодами аутентификации запуска и сложными устройствами связи, часто называемыми «чемоданчик с ядерной кнопкой». Все это было тяжелой ношей.

Для меня церемония инаугурации стала еще одним из тех странных, замедленных моментов, масштаб которых настолько велик, что сложно осознать происходящее. Нас провели в отдельную комнату в Капитолии перед церемонией, чтобы девочки могли перекусить, а Барак — провести несколько минут

---

[1] 15 градусов по Фаренгейту равны минус 9 по Цельсию. — *Прим. ред.*

[2] Национальный молл в Вашингтоне — комплекс разнообразных памятников и музеев в историческом центре Вашингтона. — *Прим. науч. ред.*

[3] 20,4 кг. — *Прим. ред.*

наедине со мной, потренироваться класть руку на маленькую красную Библию, которая 150 лет назад принадлежала Аврааму Линкольну. В тот же самый момент наши друзья, родственники и коллеги сели на свои места снаружи. Позже мне пришло в голову, что это был, вероятно, первый раз в истории, когда так много цветных людей сидели на VIP-местах на американской инаугурации перед публикой и всемирной телевизионной аудиторией.

Мы с Бараком понимали, насколько значимым был этот день для многих американцев, особенно для тех, кто являлся частью движения за гражданские права. Барак настоял на том, чтобы включить в число гостей летчиков из Таскиги[1], вошедших в историю афроамериканских пилотов и солдат, которые сражались во Второй мировой войне. Он также пригласил «Девятку из Литл-Рока» — девятерых чернокожих, которые в 1957 году, школьниками, одними из первых проверили решение Верховного суда по делу Брауна против Совета по образованию[2]. Они поступили в полностью белую среднюю школу в Арканзасе и выдержали много месяцев жестокости и унижений во имя высшей цели. Теперь они были уже пожилыми гражданами, их волосы поседели, а плечи ссутулились под тяжестью опыта прошедших десятилетий, который они вынесли ради будущих поколений. Барак часто говорил: он стремился подняться по ступеням Белого дома, потому что «Девятка из Литл-Рока» осмелилась подняться по ступеням Центральной средней школы. Из всех исторических общностей, к которым мы принадлежали, эта была, пожалуй, самой важной.

---

[1] Летчики из Таскиги — первые военные летчики-афроамериканцы. — *Прим. науч. ред.*

[2] Оливер Браун и др. против Совета по образованию Топики (*англ.* Oliver Brown et al. v. Board of Education of Topeka et al.) — судебный процесс, закончившийся решением Верховного суда США в 1954 году, которое признало противоречащим конституции раздельное обучение чернокожих и белых школьников. Решение явилось важным событием в борьбе против расовой сегрегации в США. — *Прим. перев.*

Почти ровно в полдень того же дня мы с нашими дочерями предстали перед всей страной. Я помню лишь самые незначительные детали: как солнце падало на лоб Барака, как в толпе воцарилась почтительная тишина, когда председатель Верховного суда Джон Робертс начал церемонию. Саша, слишком маленькая для того, чтобы ее можно было заметить среди моря взрослых, гордо встала на скамеечку для ног, желая оставаться на виду. Я помню, каким свежим был воздух. Я подняла Библию Линкольна, и Барак положил на нее левую руку, в паре коротких предложений поклявшись защищать Конституцию США и торжественно согласившись взять на себя все заботы о стране. Это звучало очень веско и в то же время радостно. Такой же будет и инаугурационная речь, которую затем произнесет Барак.

— В этот день, — сказал он, — мы собрались здесь, потому что выбрали надежду вместо страха, единение вокруг общей цели вместо конфликтов и раздоров.

Эта истина вновь и вновь отражалась в лицах людей, которые собрались, чтобы быть свидетелями происходящего, хоть и дрожали от холода. Люди были везде, насколько хватало глаз. Они заполняли каждый дюйм Национального молла, стояли вдоль дороги, по которой затем пройдет парад. Мне казалось, наша семья вот-вот упадет в их объятия. В тот день мы заключили договор. У вас есть мы; у нас есть вы.

МАЛИЯ И САША БЫСТРО ПОНЯЛИ, что значит постоянно быть на виду. Я заметила это, как только мы забрались в президентский лимузин и поползли к Белому дому, возглавляя инаугурационный парад. К этому моменту мы с Бараком уже простились с Джорджем и Лорой Буш, помахав им рукой, когда они взлетали с Капитолия на вертолете морской пехоты, и успели пообедать. На обед, проходивший в отделанном мрамором зале Капитолия, нам с парой сотен гостей, включая членов новой администрации, Конгресса и судей Верховного суда, подали утиную грудку. Девочки праздновали вместе с детьми Байденов, двоюродными братьями и сестрами в соседней комнате, их угощали любимыми куриными палочками и макаронами с сыром.

Я удивилась, как прекрасно дети держались на протяжении всей церемонии инаугурации: не ерзали, не сутулились и не забывали улыбаться. Несколько тысяч людей наблюдали с обочин дороги и по телевизору, как наш кортеж пробирался по Пенсильвания-авеню, хотя затемненные окна и мешали заглянуть внутрь. Когда мы с Бараком вышли, чтобы пройти вместе с парадом небольшой участок маршрута и помахать публике, Малия и Саша остались в теплой кабине движущегося лимузина. Им показалось, что они наконец-то были одни и не на виду.

Когда мы с Бараком забрались обратно в машину, девочки уже задыхались от смеха, расслабившись после церемонности. Они сбросили шапочки, взъерошили волосы, щекотали друг друга, мечась по салону. Наконец, устав, они растянулись на сиденьях и проехали остаток пути с поднятыми вверх ногами, врубив на стерео Бейонсе, как в старые добрые времена.

Мы с Бараком испытали какое-то сладостное облегчение. Мы стали Первой семьей, но при этом остались самими собой.

Когда день инаугурации начал подходить к концу, солнце скрылось и температура воздуха упала еще ниже. Барак и я вместе с неутомимым Джо Байденом провели следующие два часа на специально построенной небольшой трибуне перед Белым домом, наблюдая, как оркестры и декорированные платформы из всех пятидесяти штатов проплывают мимо нас по Пенсильвания-авеню. В какой-то момент я перестала чувствовать пальцы ног, хотя закутала ступни в плед, который кто-то мне дал. Один за другим наши гости извинялись и уходили готовиться к вечерним балам.

Было почти семь часов вечера, когда последний оркестр наконец закончил маршировать и мы с Бараком прошли через темноту в Белый дом, впервые в качестве его жителей. За день персонал проделал необыкновенную работу, сверху донизу очистив дом от вещей Бушей и разместив наши. Всего за пять часов служащие пропарили ковры, чтобы предотвратить у Малии аллергию на собак бывшего президента. Привезли и расставили нашу мебель и цветы. Когда мы поднялись вверх на лифте, наша одежда уже была аккуратно развешена в шкафах, а кухонная кладовая заполнена нашей любимой едой. Дворецкие Белого дома, которые обслуживали резиденцию, — в основном афроамериканцы нашего возраста или старше — уже ждали нас, готовые помочь со всем, что нужно.

Я слишком замерзла, чтобы действовать. Менее чем через час мы должны были присутствовать на первом из десяти инаугурационных балов. Я помню, что наверху почти не увидела знакомых лиц, дворецких я еще не знала. В тот момент, когда я шла по длинному коридору мимо множества закрытых дверей, меня захлестнуло одиночество. Последние два года меня постоянно окружали люди. Мелисса, Кэти и Кристен всегда были рядом. А теперь я внезапно осталась одна. Дети уже ушли в другую часть дома, чтобы весело провести вечер. Моя мама, Крейг и Майя остановились с нами в резиденции, но в тот момент уже уехали на ночные торжества. Меня ждал парикмахер; мое платье висело на вешалке. Барак исчез, чтобы принять душ и надеть смокинг.

Это был невероятный, символический день для нашей семьи и, я надеюсь, для всей страны, но это был также своего рода ультрамарафон. У меня осталось всего около пяти минут, чтобы понежиться в теплой ванне и перезагрузиться перед дальнейшими событиями. Затем я съела несколько кусочков бифштекса с картошкой, которые приготовил Сэм Касс. Мне уложили волосы, обновили макияж, а затем я надела шелковое шифоновое платье цвета слоновой кости, которое выбрала для этой ночи. Его специально для меня создал молодой дизайнер Джейсон Ву. Платье было на одно плечо, по всей длине на нем вышили изящные цветы из органзы, каждый — с крошечным кристаллом в центре, а широкая юбка ниспадала до пола.

До сих пор я очень редко надевала вечерние платья, но творение Джейсона Ву совершило маленькое чудо, заставив меня почувствовать себя мягкой, красивой и снова открытой миру, как раз в тот момент, когда я уже было решила, что мне нечего ему показать. Платье помогло мне ощутить реальность произошедшего, всего того, что казалось призрачной мечтой. Все метаморфозы, которые приключились с моей семьей, превратили меня если не в полноценную принцессу бального зала, то, по крайней мере, в женщину, способную подняться еще на одну ступень. Теперь я была FLOTUS[1] — первой леди Соединенных Штатов — для POTUS-а[2] Барака. Пришло время это отпраздновать.

Вечером мы с Бараком отправились на «Городской бал», первый в истории бал, доступный для широкой аудитории, на котором Бейонсе — настоящая Бейонсе — потрясающе, во всю мощь голоса исполнила классический R&B хит «At Last» для нашего первого танца. Оттуда мы перешли на «Бал родных штатов президента», затем на «Бал главнокомандующего», затем на «Молодежный бал» и еще шесть за ним. Наши визиты на всех балах были относительно короткими и похожими друг на друга: оркестр играл «Hail to the Chief», Барак произносил короткую речь, затем мы пытались выразить нашу признательность тем, кто пришел, и под общими взорами снова и снова танцевали под «At Last».

Каждый раз, когда я подходила к мужу, его взгляд успокаивал меня. Мы так и остались «ниткой с иголкой», инь-и-ян дуэтом, которым были в течение двадцати лет, все еще связанные глубокой, земной любовью. Это единственное, что я всегда готова была показать.

Через несколько часов я еле держалась на ногах.

Лучшей частью вечера должна была стать последняя — частная вечеринка для пары сотен наших друзей в Белом доме. Именно там мы наконец-то смогли бы расслабиться, выпить шампанского и перестать беспокоиться о том, как выглядим. А я, конечно, должна была снять обувь.

Мы добрались туда около двух часов ночи. Мы с Бараком прошли по мраморному полу, ведущему в Восточный зал, и об-

---

[1] FLOTUS (*англ.* First Lady of the United States) — первая леди Соединенных Штатов. — *Прим. перев.*

[2] POTUS (*англ.* President of the United States) — президент Соединенных Штатов. — *Прим. перев.*

наружили, что вечеринка в полном разгаре: напитки льются рекой, а элегантно одетые люди кружатся под сверкающими люстрами. Уинтон Марсалис и его оркестр играли джаз на маленькой сцене в глубине зала. Я увидела друзей почти из каждого периода своей жизни — из Принстона, из Гарварда, из Чикаго, — а также целое изобилие Робинсонов и Шилдсов. С этими людьми я хотела посмеяться и сказать: *Как, черт возьми, мы все сюда попали?*

Но сил не было. Я дошла до финишной черты. И при этом с тревогой думала о будущем, зная, что на следующее утро — всего через несколько часов — мы должны были отправиться на Национальный молебен, а после этого встретить двести представителей общественности, которые прибудут в Белый дом. Барак посмотрел на меня и прочитал мои мысли.

— Ты не обязана это делать, — сказал он. — Все в порядке.

Гости вечеринки уже направлялись ко мне. Вот подошел спонсор. А вот мэр большого города. «Мишель! Мишель!» — звали гости, но я так устала, что готова была расплакаться.

Когда Барак перешагнул порог зала и быстро растворился среди гостей, я замерла на долю секунды, а затем развернулась и убежала. У меня не осталось сил даже на то, чтобы принести «искренние извинения» первой леди или даже просто помахать друзьям. Вместо этого я быстро зашагала прочь по толстому красному ковру, игнорируя агентов, которые последовали за мной, игнорируя все вокруг. Я нашла лифт в резиденцию, поднялась туда, прошла по незнакомому коридору в незнакомую комнату, скинула обувь и платье и упала в нашу непривычную новую кровать.

20

Меня часто спрашивают, каково это — жить в Белом доме. Это немного похоже на жизнь в шикарном отеле; вот только кроме вас и вашей семьи в нем больше нет гостей. Повсюду стоят свежие цветы, их заменяют на новые почти каждый день. Само здание — очень старое и немного пугающее. Стены и полы толстые и поглощают все звуки. В огромных окнах стоят пуленепробиваемые стекла. Окна нельзя открывать из соображений безопасности, что только добавляет тишины. Дом содержится в безупречной чистоте. Его обслуживает штат официантов, шефов, горничных, флористов, электриков, маляров и садовников, и все они вежливы и бесшумны. Каждый стремится держаться тише воды, ожидая, когда вы выйдете из ванной, чтобы незаметно проскользнуть в нее и сменить полотенца или поставить новые гардении в вазу у изголовья вашей кровати.

Комнаты просто огромные. Даже ванные и подсобные помещения намного больше всех, что я когда-либо видела. Для нас с Бараком стало сюрпризом то, сколько мебели пришлось убрать из каждой комнаты, чтобы сделать их уютнее. В нашей спальне размещалась не только огромная кровать — на прекрасных четырех столбиках, с балдахином пшеничного цвета, — но еще и камин, и зона отдыха с диваном, кофейным столиком и парой кресел с высокой спинкой. В жилой части дома пять ванных комнат, по одной на каждого из нас, плюс еще десять.

У меня помимо стенного шкафа была роскошная гардеробная, из которой Лора Буш показала мне вид на Розовый сад. Через некоторое время гардеробная станет чем-то вроде моего личного кабинета — там я смогу спокойно почитать, поработать и посмотреть телевизор в футболке и домашних штанах, в благословенной дали от чужих глаз.

Я понимала, насколько нам повезло жить в таких условиях. Главная спальня жилой зоны больше, чем вся наша квартира на втором этаже дома на Эвклид-авеню. Рядом с дверью в спальню висела картина Моне, а в столовой стояла бронзовая скульптура Дега. Я — девчонка из Саутсайда, а теперь мои дочери спали в комнатах, отделанных под руководством высококлассного дизайнера, и заказывали на завтрак еду у шеф-повара.

От этих мыслей голова шла кругом.

Я пыталась изменить порядки этого места. Сообщила горничным, что наши девочки должны сами каждое утро заправлять свои постели, как они делали это в Чикаго. Я также наказала Малии и Саше вести себя как обычно: быть вежливыми, всегда говорить «спасибо» и не просить больше, чем то, что им действительно нужно или что они не могут достать сами. Мне было важно, чтобы наши дочери не ощущали давления формальностей Белого дома. Да, вам можно играть в мяч в коридоре, сказала я им. Да, можно заходить на кухню в поисках перекуса. Я сделала так, чтобы им не пришлось спрашивать разрешения поиграть во дворе. Однажды после снегопада девочки катались по Южной лужайке на пластиковых подносах, которые дали им работники кухни, — для меня было утешением увидеть это.

На самом деле мы с девочками выступали лишь группой поддержки, бенефициарами всех привилегий и роскоши, которых удостоился Барак. Мы так важны только потому, что от нас зависит его счастье. Мы под такой защитой, потому что, если окажемся в опасности, он не сможет мыслить трезво и руководить нацией. Белый дом, как быстро понимаешь, обеспечивает максимально благоприятные условия для жизни и эффективной работы одного-единственного человека — президента. Барака постоянно окружали люди, чья работа заключалась в том, чтобы носиться с ним, как с хрустальной вазой. Иногда казалось, нас отбросило на пару веков назад — во времена, когда весь дом вертелся вокруг нужд одного мужчины; а я совсем не хотела, чтобы мои дочери усвоили подобный взгляд на жизнь. Бараку тоже было некомфортно под столь пристальным вниманием, но повлиять на это он не мог.

50 сотрудников отвечали на его почту. Возле Барака всегда находились вертолетчики военно-морских сил США, готовые доставить его куда понадобится, и шесть человек, собиравших в толстые блокноты оперативную информацию, чтобы президент всегда был в курсе последних событий и принимал обоснованные решения. Команда поваров следила за его питанием, а несколько сотрудников, закупающих продукты, защищали нас от любого вида продовольственного саботажа. Они анонимно забегали в разные магазины и делали припасы, не раскрывая, на кого работают.

Сколько я его знаю, Барак никогда не получал удовольствия от шопинга, приготовления еды или уборки. Он не из тех людей, которые держат в подвале инструменты и снимают стресс после работы приготовлением домашнего ризотто или стрижкой живой изгороди. Избавиться от этих забот для него было настоящим счастьем, хотя бы потому, что освобождало мозг для работы над гораздо более глобальными проблемами, которых перед ним стояло немало.

Самое забавное — три персональных адъютанта, в обязанности которых входило содержать в порядке гардероб, убеждаться в том, что его ботинки до блеска начищены, рубашки отпарены, а спортивная одежда всегда чиста и отглажена. Образ жизни Барака в Белом доме, конечно, весьма отличался от образа жизни в Норе.

— Видишь, какой я теперь аккуратный? — сказал мне Барак однажды за завтраком, лучась весельем. — Заглядывала в мою гардеробную?

— Заглядывала, — сказала я, улыбаясь в ответ. — Но в этом нет ни малейшей твоей заслуги.

В ПЕРВЫЙ ЖЕ МЕСЯЦ СВОЕГО ПРЕБЫВАНИЯ НА ПОСТУ Барак подписал Закон о справедливой оплате труда Лилли Ледбеттер[1], который должен был защищать работников от дискриминации по причинам пола, расы или возраста. Распорядился прекратить применение пыток на допросах и предпринял попытку (в конечном счете безуспешную) в течение года расформировать тюрьму в Гуантанамо[2]. Пересмотрел правила этики, регулирующие взаимодействие сотрудников Белого дома с лоббистами, и, самое важное, сумел протолкнуть в Конгрессе законопроект о мерах по стимулированию экономики, хотя ни один республиканец из Палаты представителей так за него и не проголосовал. Мне казалось, он в ударе. Перемены, которые Барак обещал, становились реальностью.

В качестве дополнительного бонуса он стал вовремя приходить на ужин.

Мы с девочки ужасно обрадовались изменениям, которые принесла нам жизнь в Белом доме с президентом Соединенных Штатов по сравнению с жизнью в Чикаго с отцом, который служил в далеком Сенате и постоянно баллотировался на более высокий пост. Наконец-то у нас появился доступ к папе. Теперь его жизнь стала более упорядоченной. Он, конечно, по-прежнему работал нелепое количество часов, но ровно в 6:30 вечера садился в лифт и поднимался наверх, чтобы поужинать со всей семьей, даже если потом ему вновь приходилось возвращаться в Овальный кабинет.

---

[1] Закон о справедливой оплате труда Лилли Ледбеттер (*англ.* Lilly Ledbetter Fair Pay Act) — первый законопроект, подписанный президентом США Бараком Обамой (29 января 2009 года). — *Прим. науч. ред.*

[2] Тюрьма в Гуантанамо (*англ.* Guantanamo Bay detention camp) — исправительный лагерь для лиц, обвиняемых правительством США в терроризме. Заключенные объявляются «вражескими комбатантами» и могут находиться в лагере бессрочно. В Гуантанамо к заключенным применяются пытки, в том числе в виде утопления, лишения сна, избиения. Заключенных, которые дали признательные показания под пытками, казнят. — *Прим. науч. ред.*

Моя мама иногда присоединялась к нам за ужином. У нее было собственное расписание: она всегда спускалась, чтобы поздороваться, прежде чем отвести Малию и Сашу в школу, но в основном предпочитала оставлять нас одних, вместо этого ужиная на застекленной террасе, прилегающей к ее спальне, под шоу Jeopardy![1]. Даже когда мы просили ее остаться, она обычно отмахивалась. «Вам нужно побыть вместе», — говорила она.

Первые несколько месяцев в Белом доме я старалась быть очень внимательной. Я сразу усвоила: жить в Белом доме — достаточно дорого. Мы не платили за аренду жилой площади и коммунальные услуги и не беспокоились о зарплатах персонала, но тем не менее покрывали прочие расходы на проживание, к которым все время добавлялись новые, учитывая, в каком изысканном отеле мы оказались. Ежемесячно мы получали подробный счет за каждый прием пищи и рулон туалетной бумаги. Мы платили за каждого гостя, оставшегося на ночь или присоединявшегося к нам за обедом. Поэтому, учитывая мишленовские стандарты и глубокое желание угодить президенту наших поваров, мне приходилось тщательно следить за тем, что подавалось к столу. Когда Барак небрежно замечал, что ему нравится вкус экзотического фрукта, поданного на завтрак, или особый вид суши на обеденной тарелке, кухонный персонал принимал это к сведению и добавлял в регулярное меню. Только позже, изучая счета, мы понимали, что некоторые из этих продуктов за большие деньги доставлялись к нашему столу из-за рубежа.

Внимательнее всего мне приходилось присматривать за Малией и Сашей. Я следила за их настроением, расспрашивала о самочувствии и о том, как идут дела с другими детьми. Я старалась не слишком бурно реагировать, когда девочки говорили, что у них появился новый друг, но внутри ликовала. Я уже поняла, что организовывать игры или детские праздники в Белом доме — очень непросто, но мы постепенно узнавали, как здесь все работает.

---

[1] Jeopardy! — американская телевизионная игра-викторина, автором которой является Мерв Гриффин. — *Прим. науч. ред.*

Мне разрешили пользоваться личным BlackBerry, но посоветовали ограничить контакты только десятью самыми близкими друзьями, которые любили и поддерживали меня, независимо от обстоятельств. Моими связями с общественностью по-прежнему занималась Мелисса, теперь мой надежный начальник штаба. Она знала обстоятельства моей жизни лучше, чем кто-либо другой. Мелисса поддерживала связь со всеми моими кузенами и друзьями из вузов. Мы давали ее номер телефона и адрес электронной почты вместо моего, и все вопросы направлялись к ней. Однако знакомые и дальние родственники постоянно появлялись с новыми просьбами. Не мог бы Барак выступить на выпускном? Не могла бы я произнести речь для некоммерческой организации? Не могли бы мы прийти на вечеринку или сбор средств? Бо́льшая часть приглашений шла от чистого сердца, но их все равно было слишком много.

В логистике повседневной жизни наших девочек мне часто приходилось полагаться на молодых сотрудников. Моя команда встретилась с учителями и директорами в «Сидвэлл» и записала все важные даты школьных событий, объяснив, как реагировать на запросы СМИ и стоит ли обсуждать в классе политику и повестку дня. Когда девочки начали строить планы вне школы, мой личный ассистент (или «бодимэн», как его называют на политическом жаргоне) собрал номера телефонов всех родителей, согласовав поездки в дома новых друзей. Как и в Чикаго, я старалась знакомиться со всеми родителями подруг девочек. Несколько мам я пригласила на обед, с другими увиделась на школьных мероприятиях. Естественно, встречи часто бывали неловкими. Я знала, что новым знакомым требуется пара минут, чтобы забыть свои представления обо мне и Бараке — все, что они думали, будто знают обо мне из телевизора или новостей, — и увидеть просто маму Малии или Саши.

Неловко объяснять, что, прежде чем Саша сможет прийти на день рождения маленькой Джулии, секретная служба должна проверить ее дом. Неудобно требовать номер социального страхования от любого родителя или воспитателя, который собирался привезти к нам другого ребенка. Все это неприятно, но необходимо. Мне не нравилось, что каждый раз, когда я встречала кого-то нового, мне приходилось преодолевать эту маленькую пропасть, но я с облегчением видела, что для Саши и Малии все обстояло иначе. Они выскакивали, чтобы поприветствовать школьных друзей, которых приводили в Зал дипломатических приемов — или Дипзал, как мы его называли, — хватали их за руки и, хихикая, убегали внутрь. Наша известность смущает детей не дольше нескольких минут. После этого они просто хотят повеселиться.

Мне и моей команде требовалось запланировать и провести серию традиционных вечеринок и ужинов, начиная с Губернаторского бала — торжественного гала-концерта, который каждый февраль проходит в Восточном зале. То же самое касалось ежегодного «Катания пасхальных яиц»[1] — открытого семейного праздника, который проводится с 1878 года с участием тысяч людей. Еще я должна была посетить весенние обеды в честь супругов из Конгресса и Сената — приемы, на которых Лора Буш невозмутимо улыбалась, позируя для официальных снимков с гостями.

Меня эти мероприятия отвлекали от, как я надеялась, более важной работы. Но я хотела бы привнести в них что-то свое или хотя бы модернизировать. В целом же, я считала, жизнь в Белом доме должна идти своим чередом, не теряя ни одной из установленных традиций. Со временем мы с Бараком повесили на стены абстрактные картины и работы афроамериканских художников и смешали антиквариат и современную мебель. В Овальном кабинете Барак поменял бюст Уинстона Черчилля на бюст Мартина Лютера Кинга-младшего, а также позволил неизменно

---

[1] Катание пасхальных яиц в Белом доме (англ. The White House Easter Egg Roll) — мероприятие в честь Пасхи, которое проводится на следующий день после пасхального воскресенья. На нем приглашенные дети, соревнуясь, катают яйца поварешками по лужайкам вокруг Белого дома, а потом члены Первой семьи читают им вслух детские сказки. — *Прим. науч. ред.*

одетым в смокинги дворецким Белого дома одеваться комфортно — например, в хаки и поло, — когда мы не планировали никаких публичных мероприятий.

Мы с Бараком хотели демократизировать Белый дом, сделать его менее элитарным и более открытым. На мероприятия я приглашала обычных людей, а не только привычных к смокингу. Мне хотелось наполнить пространство вокруг себя детьми, потому что дети все улучшают. Я надеялась сделать «Катание пасхальных яиц» доступнее, пригласив на него городских школьников и детей военных наравне с детьми и внуками членов Конгресса и другими VIP-персонами. К тому же я решила, что, раз мне придется постоянно обедать (в основном) с женами членов администрации президента и сенаторов, я имею право пригласить их присоединиться ко мне в городе для работы над социальными проектами.

Я знала, что для меня важнее всего. Я не хотела быть просто хорошо одетым украшением Белого дома, которое только и делает, что появляется на вечеринках и разрезает ленты. Я хотела трудиться ради важной цели. Первой моей настоящей целью, решила я, будет огород.

У меня никогда не было огорода, но благодаря Сэму Кассу и нашим совместным усилиям по оздоровлению рациона семьи я знала: клубника созревает в июне, чем темнее листья у салата-латука, тем больше в них полезных веществ, и сделать в духовке чипсы из кейла[1] — не так уж трудно. Я посмотрела, как мои дочери едят салат из весеннего горошка и макароны с цветной капустой и сыром, и поняла, что до недавнего времени бо́льшая часть наших знаний о еде приходила из рекламы всего упакованного, замороженного или иным образом обработанного для удобства. Пищевая промышленность продает товары через трескучие джинглы[2] или упаковку, рассчитанную на измученного родителя, мчащегося через магазин. Никто не рекламирует све-

---

[1] Сорт кудрявой листовой капусты. — *Прим. ред.*

[2] Элемент видеорекламы — короткая музыкальная фраза с вокальной пропевкой. — *Прим. ред.*

жую, здоровую пищу — приятный хруст свежей моркови или несравненную сладость помидора, сорванного прямо с куста.

Моим ответом стал огород на территории Белого дома, и я надеялась, это даст сигнал к началу чего-то большего. Администрация Барака сосредоточилась на том, чтобы сделать систему здравоохранения доступнее, а я с помощью огорода параллельно транслировала послание о здоровом образе жизни. Стартовый тест, пробный запуск, который должен был определить, чего я могу добиться в качестве первой леди. Я хотела буквально обрести почву под ногами на этой новой должности. Огород должен был стать своего рода открытой мастерской — местом, где дети могли узнать что-то новое о выращивании овощей. На первый взгляд мой огород казался простейшим и аполитичным, безобидным и невинным предприятием первой леди с лопатой. Это нравилось советникам Западного крыла Барака, которые постоянно беспокоились об «оптике», то есть о том, как все воспримут люди.

Но дело было не только в этом. Я планировала использовать огород в качестве стартовой площадки для масштабного разговора с родителями о питании, особенно в школах, что в идеале привело бы к обсуждению того, как производится, маркируется и какое влияние на наше здоровье оказывает пища. Затрагивая эти темы в Белом доме, я бросала неявный вызов гигантским корпорациям пищевой промышленности и производства напитков и тому, как они десятилетиями вели свой бизнес.

По правде говоря, я не знала, как все это сделать, — но хотела выяснить. Поэтому поручила Сэму Кассу, который присоединился к персоналу Белого дома, первые шаги.

Мой оптимизм могла умерить только политика. Теперь мы жили в Вашингтоне, где постоянно шла уродливая борьба красных против синих, которой я годами старалась избегать, даже когда Барак решил работать внутри нее. С тех пор как он стал президентом, это противостояние практически управляло каждым его днем. Неделями ранее, перед инаугурацией, консервативный радиоведущий Раш Лимбо прямо заявил: «Я надеюсь, Обама потерпит неудачу». Я с ужасом наблюдала, как республиканцы в Конгрессе последовали его примеру и стали подвергать сомнению каждое усилие Барака остановить экономический кризис, отказываясь поддержать меры, которые сократят налоги и сохранят или создадут миллионы рабочих мест. В день его вступления в должность, согласно некоторым данным, американская экономика рушилась так же быстро — или даже быстрее, — чем в начале Великой депрессии. Только за январь мы потеряли почти 750 000 рабочих мест. Пока Барак призывал партии к сотрудничеству, взывал к мысли, что в душе американцы едины, а не разобщены, Республиканская партия предпринимала все усилия, чтобы доказать его неправоту, — даже перед лицом страшной национальной катастрофы.

Об этом я и думала вечером 24 февраля, во время обращения Барака к членам Конгресса на совместном заседании палат. На этом мероприятии недавно вступивший в должность президент в зале Палаты представителей произносит речь, столь же значимую, как ежегодное послание «О положении страны». Это выступление — возможность озвучить свои цели на предстоящий год судьям Верховного суда, членам администрации, военным генералам и членам Конгресса, кроме того, речь транслируется в прямом эфире в прайм-тайм. Традиционно во время выступления законодатели устраивают шоу, выражают согласие с президентом или неодобрение, либо вскакивая на ноги в продолжительных овациях, либо угрюмо оставаясь на своих местах.

В тот вечер я сидела на балконе между четырнадцатилетней девочкой, которая написала сердечное письмо президенту, и обходительным ветераном войны в Ираке. Мы ждали приезда моего мужа. Мы видели бо́льшую часть зала. Это необычный взгляд на руководителей нашей страны с высоты птичьего полета — океан белых мужчин в темных костюмах. Отсутствие этнического многообразия, честно говоря, постыдное для современной мультикультурной страны, бросалось в глаза. Драматичнее всего это сказывалось на республиканцах. В Конгрессе заседало всего семь цветных республиканцев, среди них ни одного афроамериканца и только одна женщина. В целом четыре из пяти членов Конгресса были мужчинами.

Через несколько минут зрелище началось раскатом грома — стук молотка и призыв сержантов к оружию. Толпа встала и аплодировала более пяти минут кряду, пока избранные лидеры проталкивались ближе к проходу. В центре бури, окруженный группой агентов службы безопасности, перед пятящимся оператором, шел Барак. Он пожимал руки и сиял улыбкой, медленно пробираясь через зал к подиуму.

Я видела этот ритуал много раз по телевизору, в другое время и с другими президентами. Но, когда я смотрела на мужа, стоящего внизу, среди толпы, внезапно осознала реальность объема его будущей работы и того факта, что ему предстоит завоевать расположение больше половины Конгресса, чтобы ее выполнить.

Речь Барака была подробной и отрезвляющей. Он признал плохое состояние экономики, продолжающиеся войны, угрозу террористических атак и гнев многих американцев, считающих, что правительство несправедливо помогает банкам — виновникам финансового кризиса. Барак старался быть реалистом, но не упустил случая дать своим слушателям надежду, напомнив о стойкости нашей нации, о нашей способности восстанавливаться после трудных времен.

Я видела с балкона, что члены Конгресса из числа республиканцев бо́льшую часть времени упрямо и рассерженно просидели сидя, скрестив руки на груди и нарочито нахмурившись. Они выглядели словно дети, которые не добились своего. Я поняла, что они воспротивятся любым действиям Барака, хорошо это для страны или плохо. Они будто забыли, что до хаоса нас довел именно президент-республиканец. Казалось, больше всего на свете они просто желали Бараку потерпеть неудачу. Клянусь, наблюдая за ними со своего места, я не понимала, как ему со всем этим справиться.

В ДЕТСТВЕ Я СМУТНО ПРЕДСТАВЛЯЛА СЕБЕ, что такое «лучшая жизнь». Ходила в гости к сестрам Гор и завидовала тому, сколько у них было места — их семье принадлежал целый дом. Я думала, если моя семья сможет позволить себе машину получше, это будет кое-что значить. Я не могла не замечать, у кого из друзей было больше браслетов или Барби, чем у меня, или кто покупал одежду в торговом центре, а не сшитую мамой по выкройкам из журнала *Butterick*[1]. В детстве вы учитесь сравнивать задолго до того, как понимаете размер или ценность. Но, в конце концов, если вам повезет, вы узнаете, что сравнивали совершенно неправильно.

Теперь мы жили в Белом доме. Я очень медленно, но привыкала к этому — не потому, что для меня легко свыкнуться с огромным пространством и роскошью, а потому, что именно в этом месте моя семья теперь спала, ела, смеялась и жила. В комнатах девочек мы выставили растущую коллекцию безделушек, которые Барак привозил домой из многочисленных путешествий: снежные шары Саши и брелоки Малии. Мы немного изменили интерьер, добавив к традиционным люстрам более современное освещение и ароматические свечи, сделавшие это место более похожим на дом. Я никогда не принимала нашу удачу или комфорт как должное, но гораздо больше начала ценить человечность резиденции.

Даже моя мама, пекущаяся о том, чтобы следовать музейным формальностям Белого дома, вскоре поняла, что в нем есть и другие вещи, которые можно оценить по достоинству. Это место полно людей, не так уж сильно отличающихся от нас. Некоторые дворецкие работали в Белом доме по много лет, ухаживали за каждой новоприбывшей семьей. Их спокойное достоинство напоминало двоюродного дедушку Терри, который жил внизу, когда я росла на Эвклид-авеню, и подстригал наш газон в наглухо зашнурованных ботинках и брюках на подтяжках.

Я старалась сделать так, чтобы наше общение с персоналом основывалось на взаимном уважении и чтобы служащие не чувствовали себя невидимками. Если дворецкие и интересовались политикой, если и были преданы той или иной партии, то держали это при себе. Они всегда старались уважать нашу частную жизнь, но при этом вели себя открыто и приветливо, и постепенно мы сблизились. Они инстинктивно чувствовали, когда мне нужно было дать немного пространства, а когда мож-

---

[1] *Butterick* — американский журнал с выкройками, который издается с 1867 года. — *Прим. науч. ред.*

но мягко пошутить. Они часто болтали о любимых спортивных командах на кухне, там же рассказывали мне о последних сплетнях среди персонала или о подвигах своих внуков, пока я просматривала утренние заголовки. Если вечером по телевизору показывали студенческий баскетбольный матч, Барак иногда заходил к ним ненадолго, посмотреть. Саша и Малия полюбили веселую атмосферу кухни, проскальзывали туда, чтобы сделать коктейли или попкорн после школы. Многие сотрудники попали под очарование моей матери и часто останавливались, чтобы поболтать с ней на террасе.

Мне потребовалось некоторое время, чтобы начать узнавать телефонных операторов Белого дома по голосам, когда они звонили мне утром или связывали меня с кабинетами Восточного крыла, но вскоре и с ними мы познакомились и подружились. Мы болтали о погоде, я шутила, что мне часто приходилось вставать на несколько часов раньше Барака, чтобы сделать прическу перед официальными событиями. Эти короткие разговоры в некотором смысле добавляли в мою жизнь «нормальности».

Один из самых опытных дворецких, седовласый афроамериканец Джеймс Рэмси, служил в Белом доме еще со времен администрации Картера. Время от времени Рэмси с гордой улыбкой протягивал мне последний номер журнала *Jet*[1]: «Вы на обложке, миссис Обама».

Жизнь лучше, когда в ней есть человеческое тепло.

Я РАЗМЫШЛЯЛА, НАСКОЛЬКО НАШ НОВЫЙ ДОМ НЕСЛЫХАННО БОЛЬШОЙ и величественный, ровно до тех пор, пока в апреле не поехала в Англию и не встретила ее величество королеву.

Это была наша первая совместная с Бараком международная поездка со времен выборов. Мы вылетели в Лондон бортом но-

---

[1] *Jet* — журнал для афроамериканских читателей. Был основан в 1951 году Джоном Х. Джонсоном из Johnson Publishing Company в Чикаго, штат Иллинойс, как американский еженедельник. В настоящее время существует только в цифровом формате. — *Прим. науч. ред.*

мер один, чтобы Барак мог присутствовать на встрече Большой двадцатки, или G20, — лидеров, представляющих крупнейшие экономики мира. Собрание проводилось в исторический момент. Экономический кризис в Соединенных Штатах отозвался разрушительной рябью по всему миру, отправив мировые финансовые рынки в штопор. Саммит G20 также ознаменовал дебют Барака в качестве президента на мировой арене — поэтому, как часто бывало в первые месяцы пребывания у власти, предстояло навести порядок за предшественником. В данном случае — проглотить разочарование мировых лидеров, когда Соединенные Штаты упустили возможность контроля безрассудных банкиров и предотвращения глобальной катастрофы.

Будучи уверенной в том, что Саша и Малия уже освоились в школе, я оставила их с мамой на эти несколько дней. Я знала, она немедленно ослабит мои обычные правила: рано ложиться спать и доедать все овощи, поданные на ужин. Маме нравилось быть бабушкой, особенно когда ей удавалось отбросить мою строгость в пользу собственного легкого стиля, намного более свободного, чем в нашем с Крейгом детстве. Девочки обожали, когда бабушка была за главную.

В этот раз саммит G20 принимал Гордон Браун, премьер-министр Великобритании. Мероприятие включало целый день встреч в конференц-центре Лондона, но, как это часто случалось, когда мировые лидеры появлялись там на официальных мероприятиях, королева также пригласила всех в Букингемский дворец для церемониального приветствия. Из-за тесных отношений Америки и Великобритании, а также, я полагаю, из-за того, что мы с Бараком были новичками на международной арене, нас попросили прибыть во дворец пораньше для частной аудиенции с королевой перед большим приемом.

Излишне говорить, что у меня не было опыта встреч с королевской семьей. Мне дали понять, что я могу либо сделать реверанс, либо пожать королеве руку. Я знала, мы должны называть ее «ваше величество», а ее мужа, принца Филиппа, герцога Эдинбургского, — «ваше королевское высочество». Но кроме этого я понятия не имела, чего ожидать, когда кортеж проехал через высокие железные ворота у входа во дворец, мимо толпившихся у ограды зевак, мимо группы охранников и королевского горниста, через внутреннюю арку и вверх во двор, где нас ожидали хозяева дома.

Оказалось, Букингемский дворец неописуемо большой. В нем 775 залов, и он в пятнадцать раз больше Белого дома. В последующие годы нам с Бараком посчастливилось еще несколько раз побывать там в гостях. В последующих поездках мы останавливались в роскошной спальне на первом этаже дворца под присмотром придворных лакеев и фрейлин, посещали официальный банкет в Бальном зале и ели золотыми вилками и ножами. Во время экскурсии гид сказал нам: «это наш Голубой зал» и указал на огромное помещение в пять раз больше нашего Голубого зала. А однажды главный привратник королевы провел меня, мою маму и дочерей через Дворцовый розарий, благоухающий тысячами безупречных цветов. Розарий занимал почти акр земли, что сделало несколько розовых кустов за пределами нашего Овального кабинета, которыми мы всегда гордились, немного менее впечатляющими. Букингемский дворец — захватывающий и непостижимый одновременно.

В тот первый визит нас сопроводили в личные апартаменты королевы и провели в гостиную, где они с принцем Филиппом уже ждали нас. Королеве Елизавете II тогда было восемьдесят два года, она миниатюрная и грациозная, с нежной улыбкой и белыми волосами, царственно зачесанными со лба. Туалет королевы составляли бледно-розовое платье, жемчуг и черная сумочка, аккуратно перекинутая через руку. Мы пожали друг другу руки и сфотографировались. Королева вежливо осведомилась, как мы перенесли смену часовых поясов, и пригласила присесть. Я не помню точно, о чем мы говорили после этого: немного об экономике и положении дел в Англии, а также о различных встречах Барака.

Практически любую формальную встречу окружает неловкость, которую, по моему опыту, нужно научиться преодолевать. Я сидела с королевой, и мне пришлось буквально выбраться из собственной головы — перестать анализировать великолепие обстановки и сбросить оцепенение, охватившее меня в ту же секунду, как я лицом к лицу столкнулась с самой настоящей легендой. Я видела лицо ее величества прежде десятки раз — в книгах по истории, по телевидению и на монетах, — но здесь она присутствовала во плоти, пристально на меня смотрела и задавала вопросы. Она держалась с искренней добротой, и я старалась отвечать ей тем же. Королева была живым символом и хорошо справлялась с этой ролью, но при этом оставалась таким же человеком, как и все мы. Она мне сразу понравилась.

Позже в тот день мы с Бараком кружились на дворцовом приеме и ели канапе вместе с другими лидерами G20 и их супругами. Я разговаривала с Ангелой Меркель и Николя Саркози. Встречалась с королем Саудовской Аравии, президентом Аргентины, премьер-министрами Японии и Эфиопии. Я изо всех сил пыталась запомнить, кто из какой страны и кто чей супруг, старалась поменьше открывать рот, чтобы не наговорить лишнего. В целом это было достойное, дружеское мероприятие и напоминание о том, что даже главы государств способны поговорить о детях и пошутить о британской погоде.

Ближе к концу вечеринки я повернула голову и обнаружила, что королева Елизавета вынырнула рядом со мной и мы внезапно остались вдвоем в переполненной комнате. На ней была пара белоснежных перчаток, и она выглядела такой же свежей, как и несколько часов назад, когда мы впервые встретились. Королева улыбнулась мне.

— Вы такая высокая, — заметила она, склонив голову набок.

— Ну, — сказала я, рассмеявшись, — эти туфли добавляют мне пару дюймов. Но да, я и правда высокая.

Королева взглянула на мои черные туфли от Джимми Чу и покачала головой.

— Эта обувь — сплошное недоразумение, не так ли? — сказала она, с некоторым разочарованием указав на собственные черные туфли.

Я призналась королеве, что у меня болят ноги. Она сказала, что у нее тоже. Мы переглянулись с одинаковым выражением лица. Что-то вроде: «Когда же все это топтание на месте с мировыми лидерами наконец закончится?» И после этого она разразилась совершенно очаровательным смехом.

В тот момент мне вдруг стало совершенно неважно, что она иногда носила бриллиантовую корону, а я прилетела в Лондон на президентском самолете; мы были просто двумя усталыми женщинами, страдающими от неудобных туфель. Затем я сделала то, что инстинктивно делаю каждый раз, когда чувствую связь с новым человеком: открыто выразила свои чувства. Я ласково положила руку королеве на плечо.

В тот момент я не думала, что, по мнению общественности, совершаю грандиозную ошибку. Я прикоснулась к королеве Англии, а это, как я вскоре узнаю, абсолютно *запрещено*. Наше общение на приеме засняли на камеру, и в ближайшие дни по СМИ во всем мире разлетелось: «Брешь в протоколе!» «Мишель Обама осмелилась обнять королеву!»

Это возродило старые слухи эпохи предвыборной кампании о том, что я — неотесанная деревенщина и совершенно не владею стандартной элегантностью первой леди. Но хуже всего то, что своим поступком я отвлекла внимание от дипломатических усилий Барака за границей. Я старалась не реагировать на критику. Если я и нарушила правила в Букингемском дворце, то по крайней мере поступила по-человечески. Осмелюсь сказать, королева не возражала, потому что, когда я дотронулась до нее, она придвинулась ближе, легко коснувшись моей спины рукой в перчатке.

На следующий день Барак отправился на обсуждение экономической ситуации, а я — в школу для девочек. Это финансируемая правительством средняя школа в пригороде Ислингтона, недалеко от нескольких кварталов муниципальной застройки, которые в Англии называют «государственным жильем». Более 90 процентов из девятисот учениц школы были чернокожими или из этнического меньшинства; пятая часть — дочери иммигрантов или политических беженцев. Я хотела туда попасть, потому что это этнически разнообразная школа с ограниченными финансовыми ресурсами и выдающимися академическими успехами. Но мне требовалась уверенность в том, что, когда я посещаю новое место в качестве первой леди, я действительно его посещаю — а значит, могу встретиться с учащимися или живущими там, а не только с теми, кто ими управляет. За границей у меня были возможности, которых не было у Барака. Я могла избежать встреч и заседаний с лидерами стран и найти новые способы привнести немного теплоты в формальные визиты и стремилась делать это в каждой зарубежной поездке, начиная с Англии.

Тем не менее я оказалась совершенно не готова к тому, что почувствовала, попав в школу Элизабет Гаррет Андерсон. Меня провели в аудиторию, где около двухсот студенток собралось посмотреть, как выступают их сверстницы, а затем послушать, что я скажу. Школа названа в честь врача-новатора, ставшей первой женщиной-мэром в Англии. Само здание непримечательное — квадратный кирпичный дом на невзрачной улочке. Но когда я устроилась на складном стуле, чтобы посмотреть сцену из шекспировской пьесы, современный танец и прекрасное хоровое исполнение песни Уитни Хьюстон, — что-то внутри дрогнуло. Я провалилась в свое прошлое.

Достаточно было оглянуться на лица присутствующих в зале, чтобы понять: несмотря на все их достоинства, девочкам придется приложить немало усилий, чтобы их заметили.

Там сидели девочки в хиджабах, девочки, для которых английский был вторым языком, девочки с кожей всех оттенков коричневого. Я знала, им предстоит пробиваться через навязанные стереотипы и все возможные определения, прежде чем появится хоть малейший шанс на самоопределение. Им придется побороть свою невидимость — атрибут бедной цветной женщины. Им нужно много трудиться, чтобы обрести свой голос, чтобы их не подавили и не сбили с ног. Они будут биться даже за возможность просто учиться.

Но их лица дышали надеждой, и мое теперь тоже. Тихое откровение: они были мной прежней. А я — ими, какими они могут стать. Энергия, которую я ощущала там, могла обогнуть все препятствия. Это сила воли девятисот девочек.

Когда представление закончилось, я вышла к кафедре, едва сдерживая эмоции. Бросила взгляд на свои заметки, но поняла, что потеряла к ним интерес — поэтому просто посмотрела на девочек и начала говорить. Пусть я и приехала издалека, сказала я, пусть и ношу странный титул первой леди Соединенных Штатов, я больше похожа на них, чем они думали. Я тоже из рабочего района, меня воспитывали в любящей семье со скромным доходом, и я рано осознала, что школа — это место, в котором я могу найти себя, а образование — то, ради чего стоит работать, то, что поможет мне двигаться вперед.

Я была первой леди чуть больше двух месяцев. Я чувствовала себя подавленной темпом происходящего, недостойной всего этого гламура, переживающей из-за детей, неуверенной в своей цели. Некоторые части публичной жизни заставили меня отказаться от своей личности, чтобы стать ходячим и говорящим символом нации.

Но, разговаривая с девочками, я ясно почувствовала нечто совершенно другое — как мое старое «я» входит в новую роль.

Достаточно ли я хороша? Да, достаточно, как и все вы.

Я сказала ученицам Элизабет Гаррет Андерсон, что они глубоко меня тронули. Сказала, что жизнь каждой из них — драгоценна, ведь так оно и было. И, закончив речь, я обняла каждую девочку, до которой смогла дотянуться.

Дома, в Вашингтоне, наступила весна. Солнце всходило раньше и задерживалось подольше. Склон Южной лужайки постепенно зарастал яркой и пышной зеленью. Из окон резиденции я видела красные тюльпаны и лавандово-виноградные гиацинты, окружавшие фонтан у подножия холма. Мы с командой последние два месяца работали над тем, чтобы воплотить мою идею огорода в жизнь, но это было нелегко. Во-первых, пришлось убедить Службу национальных парков и команду Белого дома отдать нам участок одного из самых знаменитых газонов в мире. Само предложение поначалу встретило сопротивление. Прошло несколько десятилетий с тех пор, как по инициативе Элеанор Рузвельт посадили Сад победы Белого дома, и никто, казалось, не был заинтересован в повторении. «Они считают нас сумасшедшими», — сказал однажды Сэм Касс.

Но в конце концов мы добились своего. Сначала нам выделили крошечный участок земли, спрятанный за теннисными кортами, рядом со складом инструментов, но, к его чести, Сэм боролся за лучшее место и наконец обеспечил себе угловой участок площадью в тысячу сто квадратных футов[1] в залитой солнцем части Южной лужайки, недалеко от Овального кабинета и качелей, недавно установленных для девочек. Мы согласовали все это со службой безопасности, чтобы убедиться: наша работа не нарушит работы датчиков или линий визирования, необходимых для защиты территории. Затем провели тесты, чтобы определить, достаточно ли в почве питательных веществ и не содержит ли она таких токсичных элементов, как свинец и ртуть.

И только после этого смогли начать.

Через несколько дней после возвращения из Европы я приняла группу студентов «Бэнкрофта» — двуязычной начальной школы в северо-западной части города. Несколько недель назад мы с ними уже подготовили почву лопатами и мотыгами. Теперь те же самые дети вернулись, чтобы помочь мне с посадками. Наш клочок земли находился недалеко от южной ограды вдоль улицы E, где часто толпились туристы, желающие взглянуть на Белый дом. Я радовалась, что теперь огород тоже будет частью их вида.

По крайней мере, надеялась когда-нибудь радоваться. С огородом не знаешь наверняка, что получится, — вырастет ли у тебя хоть что-нибудь. Мы пригласили СМИ, чтобы осветить посадку, а также позвали на помощь всех поваров Белого дома вместе с Томом Вилсаком, министром сельского хозяйства Барака. Все должны были видеть, что мы делаем. Оставалось только подождать результатов. «Честно говоря, — сказала я Сэму еще до того, как все пришли, — лучше бы наш план сработал».

В тот день я стояла на коленях с группой пятиклассников и занималась саженцами, прихлопывая землю вокруг хрупких стеблей. После того как мои европейские наряды в прессе разобрали по ниточкам (на встречу с королевой я надела кардиган, что журналисты сочли не меньшим скандалом, чем прикосновение), я с облегчением опустилась на колени на землю в легкой

---

[1] 102 кв. м. — *Прим. ред.*

куртке и повседневных брюках. Дети спрашивали об овощах и моих текущих делах, а также «где президент?» и «почему он не помогает?». Однако через некоторое время большинство из них утратили к этому интерес, сосредоточившись на садовых перчатках и земляных червях. Мне нравилось проводить время с детьми. На протяжении всего срока пребывания в Белом доме это будет бальзамом на сердце, способом на мгновение сбежать от забот первой леди и от постоянной тревоги о том, за что меня на этот раз осудят. Дети позволяли мне снова почувствовать себя самой собой. Для них я была не частью шоу, а просто милой, высоковатой леди.

Мы посадили салат и шпинат, фенхель и брокколи. Посеяли морковь и капусту, лук и горох. А еще ягодные кусты и много зелени. Я не знала, что из всего этого выйдет, точно так же, как не знала, что выйдет из нашего пребывания в Белом доме, что ждет страну или кого-то из этих милых детей вокруг. Все, что мы могли сделать, — это верить в плодотворность усилий, в то, что благодаря солнцу и дождю со временем сквозь землю и грязь пробьется что-то хорошее.

21

Однажды субботним вечером в конце мая Барак пригласил меня на свидание. Все четыре месяца своего президентства он целыми днями работал над выполнением обещаний, данных избирателям во время предвыборной кампании; но теперь он выполнял обещание, данное мне. Мы поехали в Нью-Йорк, чтобы поужинать и сходить в театр.

Долгие годы в Чикаго наши свидания были неотъемлемой, священной частью каждой недели, традицией, которую мы защищали, несмотря ни на что. Я обожаю разговаривать с мужем через маленький столик в зале с приглушенным светом. Всегда обожала и, думаю, всегда буду. Барак — хороший слушатель, терпеливый и вдумчивый. Мне нравится, как он откидывает голову назад, когда смеется. Я люблю легкость его взгляда, доброту его сердца. Неспешный вечер за едой и бокалом вина всегда был нашим способом обратиться к началу, к первому жаркому лету, когда между нами впервые пробежал электрический ток.

Для нью-йоркского свидания я надела черное коктейльное платье, накрасила губы и уложила волосы в элегантную прическу. От перспективы побега с мужем я чувствовала приятное волнение. За последние несколько месяцев мы часто посещали обеды и выступления в Кеннеди-центре, но почти всегда с официальным визитом и в окружении большого количества посторонних. Этот вечер мы проведем вдвоем.

На Бараке был темный костюм без галстука. Ближе к вечеру мы поцеловали дочерей и маму, рука об руку пересекли Южную лужайку и забрались в «Марин-1», президентский вертолет, который доставил нас на базу ВВС «Эндрюс». Затем на небольшом самолете ВВС мы вылетели в аэропорт Кеннеди, а оттуда — вертолетом на Манхэттен. Для обеспечения нашей безопасности все передвижения, как всегда, были тщательно спланированы нашими помощниками и сотрудниками службы безопасности.

Барак (с помощью Сэма Касса) выбрал ресторан рядом с парком Вашингтон-сквер. Он знал, что это место — небольшое милое заведение Blue Hill — должно мне понравиться из-за акцента на продуктах местного производства. Когда мы проезжали последний отрезок пути от вертолетной площадки в Нижнем Манхэттене до Гринвич-Вилладж, я заметила огни полицейских машин, которые перекрыли улицы, и почувствовала укол вины за то, что наше присутствие в городе испортило многим людям субботний вечер.

Нью-Йорк пробуждает во мне чувство благоговейного трепета. В нем достаточно места и работы, чтобы удовлетворить любое эго. Я вспомнила, как с широко раскрытыми глазами впервые проезжала по нему с Черни, моей наставницей из Принстона. Барак испытывал к этому городу еще более глубокие чувства. Дикая энергия и разнообразие Нью-Йорка идеально подошли для его интеллекта и воображения много лет назад, когда он был студентом Колумбийского университета.

В ресторане нас проводили к столику в укромном уголке зала, пока остальные посетители старались на нас не таращиться. Никто не скрывал нашего присутствия. Любой, пришедший после нас, должен был пройти проверку металлодетектором службы безопасности президента — быстрый процесс, но все же неловкий. Я почувствовала еще один укол.

Мы заказали мартини и стали болтать. После четырех месяцев в качестве POTUS и FLOTUS мы все еще перестраивались — выясняя, как одной стороне нашей личности наладить контакт с другой и что все это значит для нашего брака. Теперь в сложной жизни Барака не осталось ни одной детали, которая не влияла бы на мою жизнь, а значит, у нас появилось много общих тем для разговора — например, то, что его команда решила запланировать зарубежную поездку на время летних каникул у детей или то, что никто не слушал начальника моего штаба на утренних совещаниях в Западном крыле. Но я старалась избегать таких обсуждений, не только этим вечером, но и вообще. Если у меня возникали вопросы к происходящему в Западном крыле, я обычно передавала их Бараку через своих сотрудников, делая все возможное, чтобы не допустить дела Белого дома в наше личное пространство.

Иногда Бараку хотелось поговорить о делах, но чаще всего он тоже избегал этой темы. Бо́льшая часть его работы была совершенно изнурительной, проблемы казались огромными и часто неразрешимыми. General Motors находилась в нескольких днях от подачи заявления о банкротстве. Северная Корея только что провела ядерные испытания, и Барак вскоре должен был отправиться в Египет, чтобы выступить с важным обращением, протянув руку помощи мусульманам всего мира. Земля вокруг него, казалось, не переставала дрожать. Каждый раз, когда старые друзья заходили в Белый дом, они смеялись над тем, с какой страстью мы с Бараком расспрашивали их о работе, детях, хобби, о чем угодно. Мы оба намного меньше интересовались обсуждением тонкостей нашего нового статуса и больше — сплетнями и новостями из дома. Мы скучали по обычной жизни.

Мы ели, пили и разговаривали при свечах, наслаждаясь пусть и иллюзорным, но все же ощущением, будто нам удалось сбежать. Белый дом — удивительно красивое и спокойное место, своего рода крепость, замаскированная под дом, и, с точки зрения агентов секретной службы, было бы идеально, если бы мы вообще никогда не выходили за его пределы. И даже в самом доме агентам больше нравилось, когда мы пользовались лифтом вместо лестницы, чтобы свести к минимуму риск споткнуться. Если бы у Барака или у меня была назначена встреча в Блэр-Хаусе по другую сторону уже перекрытой Пенсильвания-авеню, нас попросили бы воспользоваться кортежем, вместо того чтобы пройтись на свежем воздухе.

Мы уважали их бдительность, но иногда чувствовали себя как в тюрьме. Мне бывало непросто сбалансировать свои желания с требованиями безопасности. Если кто-то из семьи хотел выйти на балкон Трумэна — прекрасную дугообразную террасу, которая смотрит на Южную лужайку, и единственное полуприватное открытое пространство в Белом доме, — нам требовалось сначала предупредить об этом секретную службу, чтобы они перекрыли часть улицы Е, откуда был виден балкон, расчистив ее от стаек туристов, собирающихся за воротами в любое время дня и ночи. Я много раз хотела посидеть там, но потом передумывала, понимая, какие хлопоты это вызовет; сколько экскурсий я испорчу только из-за того, что хочу выпить чашку чая на свежем воздухе.

Из-за того, что каждый наш шаг так сильно контролировался, мы с Бараком резко стали намного меньше двигаться — и попали в зависимость от маленького спортзала на верхнем этаже резиденции. Барак проводил на беговой дорожке около часа ежедневно, пытаясь восполнить недостаток физической активности. Я тоже тренировалась каждое утро, часто с Корнеллом, который был нашим тренером в Чикаго и теперь ради нас половину времени жил в Вашингтоне, приезжал по крайней мере несколько раз в неделю, чтобы потренировать нас с плиометрикой[1] и дополнительным весом.

Мы с Бараком всегда находили, о чем поговорить, и помимо государственных дел. За ужином мы болтали об уроках флейты Малии; о неизменной преданности Саши ее потрепанному одеялку, которое она накидывала на голову перед сном. Я рассказала смешную историю о том, как визажист недавно пытался и не смог приклеить накладные ресницы моей маме перед фотосессией, Барак наклонил голову и засмеялся — как всегда.

Кроме того, у нас в доме появился новый ребенок — семимесячный, совершенно неугомонный щенок португальской водяной собаки по кличке Бо, подарок нашей семье от сенатора Теда Кеннеди и выполнение обещания, которое мы дали дочерям во время предвыборной кампании. Девочки играли с ним в прятки на Южной лужайке, скрываясь за деревьями и выкрикивая его имя, а Бо бежал по траве на звуки их голосов. Мы все полюбили Бо.

---

[1] Тренировки с прыжками и/или ударами. — *Прим. ред.*

Когда мы закончили ужинать и собрались уходить, все поднялись и зааплодировали, что показалось мне одновременно милым и совершенно излишним. Возможно, часть зала просто обрадовалась, что мы уходим.

Мы с Бараком создавали досадную помеху любой нормальной ситуации. Острее всего мы ощутили это, когда кортеж пронесся по Шестой авеню к Таймс-сквер, где несколько часов назад полиция оцепила целый квартал перед театром. Театралы теперь стояли в очереди, чтобы пройти через металлодетекторы, которых обычно не было, а исполнителям пришлось ждать начала спектакля дополнительные сорок пять минут из-за проверки безопасности.

Пьеса была великолепна — драма Августа Уилсона[1] из «Питтсбургского цикла» о временах Великой миграции, когда миллионы афроамериканцев покинули юг и хлынули на Средний Запад, как это сделали мои родственники с обеих сторон. Сидя в темноте рядом с Бараком, я была захвачена происходящим, немного поплакала и на короткое время растворилась в исполнении актеров и чувстве тихого удовлетворения оттого, чтобы временно быть не на работе, а просто со всеми вместе в нормальном мире.

Когда мы поздно вечером летели обратно в Вашингтон, я поняла, что мы еще не скоро снова решимся на подобное. Политические оппоненты Барака раскритиковали его за то, что он взял меня в Нью-Йорк на спектакль. Республиканская партия выпустила пресс-релиз еще до нашего возвращения домой, заявив, что наше свидание дорого обошлось налогоплательщикам, — и эта новость разошлась по всем кабельным новостям. Команда Барака спокойно призвала нас обращать больше внимания на политическую сторону действий, заставляя меня по-

---

[1] Август Уилсон (*англ.* August Wilson) — американский драматург, чья работа включала серию из десяти пьес «Питтсбургский цикл», за которые он получил две Пулитцеровские премии за драму. Каждая пьеса в этой серии написана об отдельном десятилетии и отражает комические и трагические аспекты афроамериканского опыта XX века. — *Прим. науч. ред.*

чувствовать себя еще более виноватой и эгоистичной за то, что я улучила редкий момент и провела время наедине с мужем.

Но дело было даже не в этом. Критики будут всегда. Республиканцы никогда не успокоятся. Пристальное внимание отныне правит нашей жизнью.

Дело в том, что это свидание как будто подтвердило наши как лучшие, так и худшие теории. Лучшие — мы все еще могли провести вместе романтический вечер, словно много лет назад, до того как политическая жизнь Барака взяла верх над личной. Мы все еще могли, даже будучи первой парой, чувствовать близость и связь, наслаждаться едой и спектаклем в городе, который оба так любили. Гораздо печальнее было разглядеть в нашем плане эгоизм, поняв, что для его исполнения потребовались часы дополнительной работы сотрудников службы безопасности и местной полиции. Это потребовало дополнительных усилий наших работников, сотрудников театра, официантов в ресторане, людей, чьим машинам запретили проезжать по Шестой авеню. Часть нашей новой ноши. От любых наших решений теперь зависело слишком много людей, чтобы хоть какие-то из них были легкими.

С БАЛКОНА ТРУМЭНА ОТКРЫВАЛСЯ ВИД на юго-западный угол лужайки, где подрастал огород. Для меня это было удивительное зрелище — миниатюрный Эдем в процессе становления. Спирали молодых усиков и полувзрослых побегов, едва поднявшиеся над землей стрелки лука и морковная ботва, плотно-зеленые пятна шпината с ярко-красными и желтыми цветами по краям. Мы выращивали еду.

В конце июня та самая первая команда огородников из начальной школы «Бэнкрофт» присоединилась ко мне на первом сборе урожая — постоять на коленях в грязи, поотрывать листья салата и стручки гороха от стеблей. На этот раз детей развлекал щенок Бо, большой любитель огорода. Бо прыгал вокруг деревьев, а потом растягивался кверху животом на солнце между грядками.

В тот день Сэм и школьники приготовили салат из свежесобранного латука и гороха, который мы съели с печеной курицей, а затем закусили кексами с садовыми ягодами. За десять недель огород произвел более девяноста фунтов[1] овощей — при расходах всего в 200 долларов на семена и удобрения.

Огород был популярным, но я понимала, что его недостаточно. Я знала, за мной наблюдают с определенным предвкушением — особенно женщины, и, возможно, особенно работающие женщины, которым было интересно, похороню ли я свое образование и управленческий опыт ради того, чтобы вписаться в предписанную первой леди нишу, устланную чайными листьями и розовым бельем. Покажу ли я, на что способна.

Независимо от того, чем я занималась, я кого-нибудь разочаровывала. Предвыборная кампания научила, что каждое мое движение и выражение лица можно трактовать дюжиной различных способов. Я была либо суровой и злой, либо, с огородом и посылом о здоровом питании, разочарованием феминисток, считавших, что мне недостает характера. За несколько месяцев до избрания Барака я сказала в интервью, что в Белом доме собираюсь сосредоточиться на роли «мамы во главе семьи». Я обронила это вскользь, но на фразу обратили внимание и растиражировали ее в прессе. Некоторые американцы приняли это, на своем опыте зная, сколько организованности и драйва требуется для воспитания детей. Другие, напротив, тихо возмутились, решив, что как первая леди я не буду делать ровным счетом ничего, кроме пластилиновых фигурок со своими детьми.

На самом деле я намеревалась заниматься всем одновременно: целенаправленно работать и заботиться о детях — так же, как и всегда. С единственной разницей, что теперь за мной наблюдало огромное количество людей.

Сперва я предпочитала действовать тихо. Хотела методично составить новый, подробный план и подождать, пока не буду полностью в нем уверена, прежде чем представить его обще-

---

[1] 90 фунтов = 40,8 кг. — *Прим. ред.*

ственности. Как я сказала сотрудникам, я предпочитаю идти вглубь, а не разбрасываться, когда дело доходит до принятия решений. Иногда я чувствовала себя лебедем — моя работа отчасти состоит в том, чтобы безмятежно скользить по поверхности озера, непрестанно двигая ногами под водой. Интерес и энтузиазм, которые мы вызвали огородом, — позитивный отклик в прессе, письма, поступающие со всей страны, — только подтвердили, что я смогу поднять шумиху вокруг хороших идей. Теперь же я хотела заняться проблемой поважнее и подтолкнуть общественность к более сложным решениям.

На момент вступления Барака в должность почти у трети американских детей диагностировали избыточный вес или ожирение. За последние три десятилетия показатели детского ожирения утроились. Рекордное количество детей страдали повышенным кровяным давлением и сахарным диабетом второго типа. Высшие армейские чины сообщали, что ожирение является одной из самых распространенных причин дисквалификации служащих.

Корни проблемы крылись во всех аспектах семейной жизни, начиная с высоких цен на свежие фрукты и заканчивая сокращением финансирования спортивных и оздоровительных программ в государственных школах. Телевизор, компьютеры и видеоигры состязались за детское время, и в некоторых районах оставаться в помещении было безопаснее, чем играть на улице, как мы с Крейгом в детстве. Во многих малообеспеченных районах больших городов не было продуктовых магазинов. Покупателям в сельской местности также мало повезло с доступом к свежим продуктам. Между тем размеры порций в ресторанах и закусочных увеличивались. Реклама сладких хлопьев, полуфабрикатов для разогрева в микроволновке и гигантских объемов пищи загружалась непосредственно в головы детей через мультфильмы.

Однако попытка улучшить хотя бы одну часть продовольственной системы вызвала бы враждебную реакцию. Захоти я объявить войну сладким газировкам, которые продавали детям, против этого, вероятно, выступили бы не только крупные компании по производству напитков, но и фермеры — поставщики кукурузы, используемой во многих подсластителях. Выскажись я в пользу более здоровых школьных обедов — поставила бы себя под угрозу столкновения с лобби корпораций, диктовавших, какая еда должна оказываться на подносах четвероклассников. Долгие годы эксперты и защитники общественного здравоохранения проигрывали битву с более организованными и лучше финансируемыми предприятиями пищевой промышленности и производства напитков. Школьные обеды в Соединенных Штатах — бизнес стоимостью шесть миллиардов долларов в год.

Тем не менее мне казалось, что сейчас самое подходящее время для перемен. Я не первая и не единственная заинтересовалась этим вопросом. По всей Америке набирало силу движение за здоровое питание. Фермеры экспериментировали в городах по всей стране. Республиканцы и демократы решали проблему на государственном и местном уровнях, инвестируя в здоровый образ жизни, строя больше тротуаров и общественных садов — в доказательство того, что у обеих партий все же есть точки соприкосновения.

В середине 2009 года мы с небольшой командой начали координировать свои действия с политиками Западного крыла и встречаться с экспертами внутри и за пределами правительства для разработки плана. Мы решили сфокусироваться на работе с детьми.

Очень непросто, и в бытовом, и политическом смысле, заставить взрослых изменить привычки. Мы были уверены, что больше шансов помочь детям с раннего возраста по-другому взглянуть на еду и физические упражнения. И кто мог поспорить с нами, раз мы действительно заботились о детях?

Мои собственные дети были на летних каникулах. Я решила три дня в неделю работать первой леди, а остальное время приберегать для семьи. Вместо того чтобы отправлять девочек в дневные лагеря, я организовала «Лагерь Обамы». Мы приглашали нескольких друзей девочек и проводили для них местные экскурсии, знакомили с областью, в которой они жили. Мы съездили в Монтичелло[1] и Маунт-Вернон[2] и исследовали пещеры в долине Шенандоа. Мы посетили Бюро гравировки и печати, — посмотрели, как делаются доллары, — и дом Фредерика Дугласа[3] в юго-восточной части Вашингтона, чтобы узнать, как бывший раб может стать ученым и героем. Какое-то время я требовала от девочек писать небольшие отчеты после каждой экскурсии, резюмируя узнанное, но в конце концов они начали протестовать, и я отказалась от этой идеи.

Мы планировали прогулки на раннее утро или конец дня так часто, как только могли, чтобы служба безопасности очистила место до нашего прибытия, не вызвав при этом слишком много неудобств. Мы все еще были помехой — хотя и не такой серьезной без Барака. Я старалась избавить девочек от чувства вины. Я хотела, чтобы наши дочери могли двигаться с той же свободой, что и другие дети.

Однажды, в начале года, я даже поссорилась из-за этого с секретной службой. Несколько школьных друзей пригласили Малию спонтанно съездить с ними за мороженым. По соображениям безопасности ей не разрешалось перемещаться в машинах других семей, а поскольку наши с Бараком дни были расписаны по минутам на несколько недель вперед, Малии пришлось ждать целый час, пока руководитель ее службы безопасности приедет из пригорода, что, конечно же, вызвало кучу извинений по телефону и задержало всех участников поездки.

Именно от таких ограничений я и пыталась избавить дочерей. Я не могла сдержать раздражения. Для меня это не имело никакого смысла. Наши агенты стояли практически в каждом коридоре Белого дома. Я выглянула в окно и увидела машины

---

[1] Монтичелло — усадьба Томаса Джефферсона, третьего президента США и автора Декларации независимости. Находится в 188 км от Вашингтона. — *Прим. науч. ред.*

[2] Маунт-Вернон — родовое поместье Джорджа Вашингтона. Находится в 24 км от Вашингтона. — *Прим. науч. ред.*

[3] Фредерик Дуглас — американский писатель, просветитель. Один из самых известных борцов за права чернокожего населения Америки. — *Прим. науч. ред.*

секретной службы, припаркованные на круговой подъездной дорожке. Но Малия не могла просто отправиться к друзьям с моего разрешения. Ничего нельзя было сделать без командира ее отряда по безопасности.

— Семьи так не живут и за мороженым так не ходят, — сказала я. — Если ты собираешься защищать ребенка, ты должен быть таким же мобильным, как ребенок.

Я продолжала настаивать на том, чтобы агенты пересмотрели протоколы и в будущем Малия и Саша могли безопасно покинуть Белый дом без серьезных усилий по планированию. Это была еще одна попытка выстроить свои границы. Мы с Бараком уже смирились с тем, что в наших жизнях не осталось места спонтанности и капризам. Но мы хотели сохранить эту возможность для наших девочек.

В какой-то момент предвыборной кампании Барака люди стали обращать внимание на мою одежду. Или, по крайней мере, СМИ стали обращать внимание на мою одежду, что заставило модных блогеров сделать то же самое и спровоцировало поток интернет-комментариев. Я не знаю, почему это произошло, — возможно, потому что я высокая и не боюсь смелых узоров.

Если я надевала балетки вместо каблуков, об этом сообщали в новостях. Мой жемчуг, мои пояса, кардиганы, платья от J. Crew, мой, по-видимому, смелый выбор белого цвета для платья на инаугурацию — все это мгновенно вызывало бурю обсуждений и комментариев. Я надела темно-лиловое платье без рукавов на выступление Барака в Конгрессе и черное платье-футляр без рукавов для официальной фотосессии в Белом доме, и мои руки попали во все заголовки. В конце лета 2009 года мы с семьей поехали в Большой каньон, и меня раскритиковали за безвкусицу из-за фотографии в шортах, сделанной во время спуска по трапу Air Force One (при 106-градусной жаре[1], прошу заметить).

---

[1] 106 градусов по Фаренгейту = 41 градус Цельсия. — *Прим. ред.*

Казалось, моя одежда значила больше, чем все, что я говорю. В Лондоне, спустившись со сцены, до слез растроганная своей речью перед ученицами школы имени Элизабет Гаррет Андерсон, я узнала, что первым вопросом, адресованным репортером одному из моих сотрудников, было: «Кто сделал ее платье?»

Это меня огорчало, но я попыталась все переосмыслить и черпать силу в ситуации, в которой я бы предпочла не оказываться. Если люди листали журналы только ради того, чтобы оценить мою одежду, я надеялась, они заметят рядом со мной семью военного, прочитают, что я говорю о здоровье детей. Когда *Vogue* предложил поместить меня на обложку журнала вскоре после избрания Барака, наша команда долго обсуждала, не покажется ли это слишком легкомысленным или высокомерным людям, страдающим от экономического кризиса, но в конце концов мы решили согласиться. Каждый раз, когда цветная женщина появляется на обложке журнала, это важный жест. Кроме того, я настояла на том, чтобы самой выбрать, во что я буду одета, и надела для фотосессии платья Джейсона Ву и Нарцисо Родригеса, одаренного латиноамериканского дизайнера.

Я разбиралась в моде, но совсем немного. Как работающая мама, я действительно была слишком занята, чтобы думать о своем гардеробе. В ходе предвыборной кампании я делала бо́льшую часть покупок в бутике в Чикаго, где мне посчастливилось встретить молодую консультантку по имени Мередит Куп. Мередит, выросшая в Сент-Луисе, хорошо разбиралась в дизайнерах, а также обладала чувством цвета и текстуры. После избрания Барака я смогла убедить ее переехать в Вашингтон в качестве моего личного помощника и стилиста. Ко всему прочему, мы быстро подружились.

Пару раз в месяц Мередит закатывала несколько больших вешалок с одеждой в мою гардеробную, и мы проводили час или два за примеркой, составляя комплекты для выходов по расписанию на ближайшие недели. Я сама оплачивала всю одежду и аксессуары — за исключением некоторых платьев от кутюр, которые надевала на официальные мероприятия. Эти наряды мне предоставляли дизайнеры, а впоследствии я пожертвовала их в Национальный архив, согласно правилам этикета Белого дома.

Я старалась быть непредсказуемой в выборе одежды, чтобы никто не мог приписать моему стилю политический подтекст. Тонкая грань. Я должна была выделяться, но не затмевать других, вписываться, но не исчезать. При этом я знала, что меня как черную женщину будут критиковать как за дорогостоящие вещи премиум-брендов, так и за чересчур экономичные. Я их миксовала. Носила юбку от Michael Kors с футболкой из Gap. Один день надевала что-то из Target, а другой — от Дианы фон Фюрстенберг. Я хотела привлечь внимание к американским дизайнерам, особенно не слишком известным, даже если это расстраивало дизайнеров старой гвардии, включая Оскара де ла Рента, который, как писали, выражал недовольство тем, что я никогда не носила его творения. Для меня выбор одежды был просто способом использовать общественное мнение и привлечь внимание к восходящим звездам.

Общественное мнение управляло всем в политическом мире, и я учитывала его в каждом наряде. Это требовало времени, размышлений и денег — больше денег, чем я когда-либо тратила на одежду. Еще это требовало тщательной работы Мередит, особенно для отбора гардероба в зарубежные поездки. Стилист часами отбирала дизайнеров, цвета и стили, чтобы отдать должное жителям стран, которые мы посещали. Мередит делала покупки для Саши и Малии перед публичными мероприятиями, что тоже стоило нам немалых денег. Но общественность не сводила с девочек глаз. Я много раз завистливо вздыхала, наблюдая за тем, как Барак достает из шкафа один и тот же темный костюм и отправляется на работу, даже в расческе не нуждается. Единственная модная дилемма, которую ему приходилось разрешать перед выходом в свет, — надеть пиджак или нет. Пойти в галстуке или без?

Мы с Мередит старались подготовиться ко всему. Меряя новое платье в гардеробной, я приседала, делала выпады и вращала руками, просто чтобы быть уверенной, что смогу в нем двигаться. Если платье слишком стесняло движения — я вешала его обратно. В путешествия я обязательно брала резервные наряды на случай изменений в погоде и графике, не говоря уже о кошмарных сценариях, связанных с пролитым вином или сломанными молниями. Я также вскоре поняла: важно всегда, несмотря ни на что, брать с собой платье, подходящее для похорон, потому что Барака иногда без предупреждения вызывали на церемонию прощания с солдатами, сенаторами и мировыми лидерами.

Я стала сильно зависеть от Мередит, а также от Джонни Райт, быстро говорящей и громко смеющейся ураганной стилистки, и Карла Рэя, тихого и дотошного визажиста. Они трое (моя «трифекта») каждый день придавали мне заряд уверенности, чтобы я могла выходить на публику. Все мы знали, что промах приведет к шквалу насмешек и неприятных комментариев. Я никогда не думала, что стану нанимать имиджмейкеров, и поначалу эта идея казалась неприятной. Но я быстро узнала правду, о которой никто не говорит: сегодня практически у каждой публичной женщины — политика, селебрити, кого угодно — есть свои Мередит, Джонни и Карл. Это практически требование, установленная плата за наши двойные стандарты.

Как другие первые леди делали себе прически и макияж, как подбирали одежду? Я не знаю. Несколько раз в течение первого года в Белом доме я ловила себя на том, что беру в руки книги предыдущих первых леди или их биографии и снова и снова откладываю. Я просто не хотела знать, чем похожа, а чем отличаюсь от них.

В сентябре я обедала с Хиллари Клинтон в столовой жилой части Белого дома. После избрания Барак, к моему легкому изумлению, выбрал Хиллари в качестве своего госсекретаря. Им удалось уйти от разногласий первичной предвыборной борьбы и построить продуктивные рабочие отношения. Она откровенно рассказала мне, что недооценивала, насколько страна была не готова к проактивной, работающей первой леди. Будучи первой леди Арканзаса, Хиллари трудилась партнером в юридической фирме, а также помогала своему мужу в реформировании систем здравоохранения и образования. Однако, приехав в Вашингтон с теми же амбициями и энергией, она была решительно отвергнута и приговорена общественностью к позорному столбу за то, что взялась за реформу здравоохранения. Нация с оглушительной, жестокой откровенностью сказала ей: мы выбрали твоего мужа, а не тебя. Первым леди не место в Западном крыле. Хиллари попыталась сделать слишком много и слишком быстро и врезалась прямо в стену.

Я старалась почаще напоминать себе об этой стене, учиться на опыте других первых леди и не вмешиваться в дела Западного крыла напрямую. Вместо этого я полагалась на своих сотрудников, которые ежедневно общались с командой Барака, обменивались советами, синхронизировали наши графики и пересматривали планы. На мой взгляд, советники президента иногда слишком зацикливаются на внешности. Когда я решила отрезать челку, мои сотрудники сначала обкатали эту идею на сотрудниках Барака, просто чтобы убедиться, что ни у кого из-за этого не возникнет проблем.

Поскольку страна была в тяжелой экономической ситуации, команда Барака следила за тем, чтобы в Белом доме не было сделано ни одной веселой или легкомысленной фотографии. Это меня не устраивало. Я по своему опыту знала, что даже в трудные времена, может быть, особенно в трудные времена, смеяться все равно можно. Хотя бы ради детей. Моя команда долго спорила с отделом Барака по связям с общественностью, когда я решила затеять Хэллоуин для детей в Белом доме. Западное крыло — особенно Дэвид Аксельрод, теперь старший советник в администрации президента, и пресс-секретарь Роберт Гиббс — думали, что праздник воспримут как дорогостоящую показуху и потенциально это может оттолкнуть общественность. «Оптика просто плохая», как они выразились. Я не согласилась, утверждая, что вечеринка на Хэллоуин для местных детей и детей военных, которые никогда раньше не видели Белый дом, стала бы очень даже подходящим применением крошечного развлекательного бюджета Управления по социальным вопросам.

Акс и Гиббс так полностью и не согласились, но в какой-то момент просто уступили. В конце октября, к моему великому удовольствию, на лужайке перед Белым домом поставили тысячефунтовую[1] тыкву. Духовой оркестр скелетов играл джаз, а с северного портика спускался гигантский черный паук. Я стояла перед Белым домом в костюме леопарда — черные брюки, пятнистый топ и кошачьи ушки на ободке, — а Барак, не большой любитель костюмов и до того, как «оптика» стала иметь значение, — был рядом в скучном свитере. (Гиббс, к его чести, появился в костюме Дарта Вейдера, готовый повеселиться.) Мы раздавали сумки с печеньем, сухофруктами и коробками M&M's, украшенными печатями с президентской эмблемой. Более двух тысяч маленьких принцесс, Мрачных жнецов[2], пиратов, супергероев, призраков и футболистов шли навстречу по лужайке. Мне показалось, «оптика» была в самый раз.

Огород менялся от сезона к сезону, и мы учились всевозможным тонкостям. Мы выращивали бледные и безвкусные дыни. Терпели проливные дожди, смывавшие верхний слой почвы. Птицы закусывали нашей черникой; жуки охотились за огурцами. Каждый раз, когда что-то шло не так, мы призывали на помощь Джима Адамса, садовода Службы национальных парков, нашего главного садовника, и Дейла Хейни, управляющего территорией Белого дома. По их советам вносили в работу небольшие корректировки и продолжали, наслаждаясь общим изобилием. В тарелках теперь часто появлялись брокколи, морковь и капуста, выращенные на Южной лужайке. Мы жертвовали часть каждого урожая «Кухне Мириам» — местной некоммерческой организации, помогающей бездомным. Мы также мариновали овощи и дарили их приезжим чиновникам вместе с банками меда из наших новых ульев. Среди персонала огород стал предметом гордости. Те, кто раньше его критиковал, быстро стали поклонниками. Для меня огород служил простым, процветающим и здоровым символом любви и веры, красивым и в то же время мощным. Он делал людей счастливее.

---

[1] Около 453 кг. — *Прим. ред.*

[2] М р а ч н ы й ж н е ц — англоязычное название образа смерти. — *Прим. науч. ред.*

В течение предыдущих нескольких месяцев мы с сотрудниками Восточного крыла встречались с экспертами и детскими врачами, чтобы разработать план дальнейшей работы. Мы хотели информировать родителей, помочь им выбрать здоровое питание для своих семей. Мы хотели сделать рацион в школах более здоровым, надеялись упростить доступ населения к полезным продуктам и стремились изобрести больше возможностей для физической активности молодежи. Зная, что то, как мы представим нашу работу, столь же значимо, как и все остальное, я снова заручилась помощью Стефани Каттер. Она консультировала Сэма Касса и Джоселин Фрай, чтобы помочь им оформить наш проект, а моей команде по связям с общественностью я поручила создать привлекательный образ кампании.

Все это время Западное крыло, по-видимому, беспокоилось о моих планах. Там решили, что я собираюсь стать нянькой, грозящей нации пальцем, в то время как финансовая помощь правительства, оказанная банкам и автомобильным компаниям с неоднозначной репутацией, заставляла американцев с особым недоверием относиться ко всему, что можно было назвать вмешательством государства в экономику.

Моя цель, однако, состояла в том, чтобы сделать нашу инициативу не просто государственным делом. Я усвоила урок Хиллари и решила оставить политику Бараку и сосредоточить усилия в другом месте. Когда дело дошло до общения с руководителями производителей безалкогольных напитков и поставщиками школьных обедов, я подошла к ним с человеческой точки зрения, а не с государственной — мы будем сотрудничать, вместо того чтобы бороться. И я хотела говорить с реальными семьями, с мамами, папами и особенно детьми.

Мне неинтересно следовать принципам политического мира или появляться в утренних выпусках воскресных новостных программ. Вместо этого я давала интервью медицинским журналам, ориентированным на родителей и детей. Я крутила хула-хуп на Южной лужайке, чтобы показать, что физические упражнения — это весело, и выступила качестве гостя на «Улице Сезам», поговорила с Элмо и Большой птицей об овощах.

Всякий раз, беседуя с журналистами на огороде Белого дома, я упоминала, что многим американцам не так просто купить свежие продукты в своем районе, и отмечала расходы на здравоохранение, связанные с ростом уровня детского ожирения. Я хотела убедиться, что мы заинтересовали всех, кто нам нужен, чтобы сделать инициативу успешной и предупредить возражения. Имея это в виду, мы спокойно встречались с владельцами бизнесов, врачами и членами Конгресса. Мы собирали фокус-группы, чтобы протестировать брендинг, и заручились бесплатной помощью PR-специалистов для тонкой настройки сообщения.

В феврале 2010 года я наконец решила поделиться своими идеями. В холодный полдень вторника, когда округ Колумбия выбирался из-под снежных завалов, я встала за кафедру в Парадной столовой Белого дома в окружении детей, сотрудников администрации президента, спортсменов и мэров, лидеров в области медицины, образования и производства продуктов питания, а также множества представителей СМИ, чтобы с гордостью объявить о нашей инициативе, названной «Давайте двигаться!». Она призвана была покончить с эпидемией детского ожирения за одно поколение.

Важнее всего то, что мы не просто давали пустые обещания. Реальная работа шла полным ходом. В тот же день Барак подписал меморандум о создании первой в своем роде федеральной целевой группы по детскому ожирению, а три крупные корпорации — поставщики школьных обедов — объявили, что сократят в блюдах количество соли, сахара и жира. Американская ассоциация производства напитков пообещала улучшить маркировку ингредиентов. Мы привлекли Американскую академию педиатрии, чтобы побудить врачей сделать индекс массы тела стандартом ухода за детьми, и убедили Disney, NBC и Warner Bros. транслировать объявления[1] и инвестировать в специальные программы, которые поощряют детей выбирать здоровый образ жизни. Лидеры двенадцати различных профессиональных спор-

---

[1] Мишель Обама имеет в виду, что компании будут транслировать объявления на общественных началах, бесплатно. — *Прим. науч. ред.*

тивных лиг также согласились продвигать кампанию «Играй 60 минут в день», чтобы помочь детям больше двигаться.

И это было только начало. В планах у нас числилось: привлечь продавцов овощей и фруктов в городские кварталы и сельские районы, называемые «продовольственными пустынями»; добиться более точной маркировки состава на упаковке продуктов; перестроить старую пищевую пирамиду, чтобы она стала более доступной и соответствовала текущим исследованиям в области рациона. Мы работали над тем, чтобы привлечь бизнес-сообщество к ответственности за принятие решений по вопросам, влияющим на здоровье детей.

Я знала: для реализации потребуются целеустремленность и организованность, но именно это мне и нравилось. Мы взяли ответственность за проработку огромной проблемы, но у нас было преимущество в виде больших ресурсов. Все, казавшееся странным в моем новом существовании, — слава, ястребиное внимание, уделяемое моему образу, неопределенность описания моих обязанностей — можно использовать для достижения реальных целей. Наконец у меня появилась возможность показать, на что я способна.

22

Однажды весенним утром нас с Бараком и девочками позвали спуститься из резиденции на Южную лужайку. Незнакомый человек ждал на подъездной дорожке. У него было дружелюбное лицо и усы с проседью, придававшие благородный вид. Он представился Ллойдом.

— Мистер президент, миссис Обама, — сказал Ллойд. — Мы подумали, что вам с девочками нужно немного сменить обстановку, и решили устроить небольшой детский зоопарк. — Он широко улыбнулся. — Еще ни для одной Первой семьи не делали ничего подобного.

Он махнул налево, и мы развернулись. Примерно в тридцати ярдах[1], в тени кедров, сидели четыре огромные, красивые кошки. Лев, тигр, гладкая черная пантера и стройный пятнистый гепард. Я не заметила ни ограждений, ни поводков. Хищников ничто не удерживало. Странно. Вот уж что действительно поможет нам сменить обстановку.

— Спасибо, это так любезно с вашей стороны. — Я надеялась, это прозвучало искренне. — Но скажите, — Ллойд, не так ли? — там правда нет забора или чего-то в этом роде? Разве это не опасно для детей?

— Ну да, конечно, мы думали об этом, — сказал Ллойд, — но решили, что вашей семье больше понравится, если животные

---

[1] 27,5 м. — *Прим. ред.*

смогут свободно двигаться, как в диких условиях. Поэтому мы дали им успокоительное для вашей безопасности. Они не причинят вреда. — Он ободряюще махнул нам. — Давайте, подходите ближе. Наслаждайтесь!

Мы с Бараком взяли Малию и Сашу за руки и пошли по все еще влажной от утренней росы траве Южной лужайки. Животные были даже огромнее, чем я думала. Апатичные и мускулистые, они били хвостами по земле, пристально следя за тем, как мы приближаемся. Я никогда не видела ничего подобного четырем кошкам, лежащим на одной линии. Лев слегка пошевелился, когда мы приблизились. Я заметила, что пантера следит за нами, а тигр слегка прижал уши. Затем, без предупреждения, из тени выскочил гепард и с поразительной скоростью устремился прямо на нас.

Я запаниковала, схватила Сашу за руку и кинулась с ней обратно по лужайке к дому в надежде, что Барак и Малия сделают то же самое. Судя по шуму, остальные животные тоже объявили на нас охоту.

Ллойд стоял в дверях с невозмутимым видом.

— Я думала, вы дали им успокоительное! — крикнула я.

— Не волнуйтесь, мэм, — отозвался он, — для такого сценария у нас есть отдельный план!

Ллойд отступил в сторону, и мимо него в дверь протиснулись агенты секретной службы с оружием, заряженным дротиками с транквилизатором. Саша выскользнула из моих рук.

Я обернулась и с ужасом увидела, что мою семью преследуют дикие животные, а диких животных преследуют агенты, палящие из ружей.

— Это и есть ваш план? — взвыла я. — Вы что, издеваетесь?

В ту же секунду гепард зарычал и бросился на Сашу, выпустив когти. Один из агентов выстрелил в него и промахнулся, но напугал животное настолько, что оно отклонилось от курса и вернулось обратно. На долю секунды я почувствовала облегчение, но потом увидела: из правой руки Саши торчит бело-оранжевый дротик транквилизатора.

Я вскочила на постели с бешено колотящимся сердцем, мокрая от пота, и обнаружила, что муж лежит рядом, уютно свернувшись калачиком. Мне приснился очень плохой сон.

Мне все время казалось, что наша семья будто постоянно играет в «падение на доверие», мы летим спиной в чьи-то объятия. Я не сомневалась в надежности аппарата, созданного для нашей поддержки в Белом доме, но все же чувствовала себя уязвимой. Все, начиная с безопасности наших дочерей и заканчивая планом моих перемещений, полностью контролировалось другими людьми, многие из которых по меньшей мере на двадцать лет моложе меня. На Эвклид-авеню меня воспитывали самостоятельной. Учили брать на себя ответственность за свою жизнь, но теперь это казалось почти невозможным. Все делалось за меня. Перед тем как я выходила из дома, сотрудники заранее проезжали по маршруту, рассчитывая будущий путь до минуты и заранее внося в него походы в туалет. Агенты развозили девочек в гости. Горничные стирали грязное белье. Я больше не водила машину и не брала с собой наличные и ключи от дома. На мои телефонные звонки отвечали помощники, организовывая совещания и делая заявления от моего имени.

Все это было чудесно и очень помогало сосредоточиться на более важных делах. Но иногда это оставляло меня — любительницу контролировать все до мельчайших деталей — с чувством, будто я полностью потеряла управление. Вот в этот-то момент в сны и прокрадывались львы и гепарды.

К тому же наши жизни были полны незапланированных событий. Каждый день случалось что-то не поддающееся планированию. Когда вы замужем за президентом, вам приходится быстро понять, что мир — это хаос, а катастрофы случаются без предупреждения. В любой момент спокойствие могут нарушить видимые и невидимые силы, в любой момент могут появиться новости, которые нельзя игнорировать. Землетрясение, опустошившее Гаити. Уплотнительное устройство, взорвавшееся на глубине 5000 футов под нефтяной вышкой у берегов Луизианы, выброс миллионов баррелей сырой нефти в Мексиканский залив. Революция в Египте. Уличный стрелок, открывший огонь на стоянке супермаркета в Аризоне, — он убил шестерых и покалечил конгрессвумен.

Всё значимое, важное. Каждое утро я читала подборку новостей, присланную сотрудниками, и знала, что Барак обязан реагировать на каждый пункт. Его обвинят в событиях, которые он не мог контролировать, заставят решать проблемы в далеких странах, будут ждать, когда он заткнет дыру на дне океана. Работа президента состояла в том, чтобы упорядочивать хаос в решения — каждый день недели, каждую неделю года.

Я изо всех сил старалась не допустить, чтобы бушующая неопределенность мира влияла на мою работу в качестве первой леди, но иногда это было невозможно. То, как мы с Бараком вели себя перед лицом нестабильности, теперь многое значило. Мы представляли целую нацию и были обязаны не отсиживаться в стороне, а шагать вперед и присутствовать на месте трагедий, трудностей или смятения. Мы служили ролевыми моделями разумности, сострадания и последовательности. После того как разлив нефти компании BP — самый огромный разлив за всю историю США — наконец-то удалось остановить, многие американцы еще долго были напуганы, считали, что Мексиканский залив — небезопасное место для отдыха, и это сильно сказалось на состоянии местной экономики. Поэтому мы всей семьей поехали во Флориду, где Барак взял Сашу с собой поплавать. Вскоре в прессе появилась фотография, на которой они оба радостно плескались в прибое. Маленький жест с большим смыслом: *Если он доверяет воде, то и вы можете.*

Выезжая на место трагедии, вместе или порознь, мы призывали американцев не проходить мимо чужих страданий. Я всегда старалась подчеркнуть вклад медицинских работников, педагогов и добровольцев — тех, кто делал больше остальных, когда дела шли плохо.

Я прилетела на Гаити с Джилл Байден через три месяца после землетрясения 2010 года, и мое сердце сжалось при виде пирамид из обломков, под которыми оказались похоронены заживо десятки тысяч людей: матери, деды, дети. Мы зашли в несколько переоборудованных автобусов, где местные художники проводили арт-терапию с детьми, оказавшимися без крова. Несмотря на свои потери, эти дети все еще были полны надежды благодаря окружающим их взрослым.

Горе и стойкость идут рука об руку. Будучи первой леди, я убеждалась в этом десятки раз.

Я как можно чаще старалась выезжать в военные госпитали, где американские военные восстанавливались после ранений. В первый раз, когда я отправилась в Национальный военно-медицинский центр Уолтера Рида, расположенный менее чем в десяти милях[1] от Белого дома, я провела там около четырех часов вместо положенных 90 минут.

«Уолтер Рид», как правило, вторая или третья остановка для раненых военнослужащих, эвакуированных из Ирака и Афганистана. Многим оказывали первую помощь в зоне боевых действий, а затем отправляли на лечение в военное медицинское учреждение в Ландштуле, Германия, прежде чем доставить самолетом в Соединенные Штаты. Некоторые служащие оставались в «Уолтере Риде» всего несколько дней. Другие — несколько месяцев. В больнице работали первоклассные военные хирурги, там занимались реабилитацией после самых тяжелых ранений. Благодаря более совершенной бронезащите американские военнослужащие теперь могли пережить взрывы, которые раньше убивали. Это хорошая новость. Плохая новость: за десять лет двух военных конфликтов с внезапными атаками и скрытыми взрывными устройствами ранения были тяжелыми и многочисленными.

Как ни старайся, невозможно подготовиться к встречам в военных госпиталях и «Домах Фишера» — квартирах, где одноименная благотворительная организация бесплатно размещала семьи военных, чтобы те могли ухаживать за любимыми. Я выросла, мало что зная о военных. Отец отслужил два года в армии задолго до моего рождения. Пока Барак не начал кампанию, я не имела никакого отношения к упорядоченной суете армейских баз или скромным домам военнослужащих. Война для меня была ужасающей, но абстрактной. Пейзажи, которые я не могла себе вообразить, люди, которых не знала. Такой взгляд на войну — это роскошь.

В фойе больницы я обычно встречалась со старшей медсестрой, которая вручала мне комплект медицинской одежды и советовала дезинфицировать руки каждый раз, когда я вхожу в палату. Прежде чем открыть новую дверь, медсестра коротко

---

[1] 16 км. — *Прим. ред.*

пересказывала мне историю служащего и его или ее ситуацию. Пациента заранее спрашивали, желает ли он встретиться со мной. Некоторые отказывались, может быть, потому, что слишком плохо себя чувствовали, а может быть, и по политическим причинам. В любом случае, я все понимала. Меньше всего мне хотелось быть обузой.

Мои визиты длились ровно столько, сколько хотели военнослужащие. Это были частные разговоры, без представителей прессы или сотрудников больницы. Настроение — от мрачного до светлого. Я рассматривала баннеры или фотографии на стенах, мы говорили о спорте, о родных штатах, наших детях или об Афганистане и о том, через что прошел военный. Иногда мы обсуждали, что им нужно и чего им совсем не нужно. Чаще всего к последнему относилась чужая жалость.

На одной из дверей висел красный плакат с надписью черным маркером. Он говорил сам за себя:

ВНИМАНИЕ ВСЕМ, КТО ВХОДИТ СЮДА:
Если вы хотите войти в эту палату в слезах или чтобы пожалеть меня за мои ранения, то лучше ступайте в другое место. Свои ранения я получил, выполняя работу, которую люблю, для людей, которых люблю, во имя свободы страны, которую люблю всей душой. Я невероятно сильный и быстро восстановлюсь.

Это и есть стойкость. Надпись отражает великий дух самодостаточности и гордости, присущий военным в разных частях мира. Однажды я говорила с человеком, который уехал в зарубежную командировку молодым и здоровым, оставив беременную жену, и вернулся парализованным, не в силах пошевелить ни руками, ни ногами. Пока мы разговаривали, их ребенок — крошечный новорожденный с розовым личиком — лежал, завернутый в одеяло, на его груди. В другой раз я познакомилась с военнослужащим, которому ампутировали ногу. Он задал мне кучу вопросов о службе безопасности и жизнерадостно объявил, что после демобилизации надеялся стать агентом, но, учитывая травму, теперь должен придумать новый план.

И потом были семьи. Я знакомилась с женами и мужьями, матерями и отцами, кузенами и друзьями, сидящими у изголовий больничных коек. Эти люди нередко ставили на паузу собственные жизни, чтобы побыть рядом. Иногда они оказывались единственными в палате, с кем можно пообщаться, поскольку их любимый человек неподвижно лежал рядом во сне или под сильнодействующими препаратами. Семьи несли свой крест. В некоторых было уже несколько поколений военнослужащих, а другие оказывались юными девушками, обручившимися прямо перед началом военных действий, — и теперь их будущее приняло неожиданный, непростой оборот. Я даже не могу сосчитать, со сколькими матерями я плакала. Их горе настолько невыносимо, что все, что мы могли сделать, — это обняться и молча молиться сквозь слезы.

Я преклоняюсь перед увиденным. Я больше никогда не встречала такой силы духа и преданности, как в тех палатах.

Однажды в Сан-Антонио, штат Техас, я заметила волнение в коридоре военного госпиталя. Медсестры суетливо забегали в палату, куда я собиралась войти. «Он не останется в постели», — услышала я чей-то шепот. В палате я обнаружила широкоплечего молодого человека из техасской деревни с сильными ожогами и множественными ранениями по всему телу. Он явно испытывал мучительную боль, срывал простыни и пытался спустить ноги на пол.

Нам понадобилась минута, чтобы понять, что он делает. Несмотря на боль, он пытался встать и отдать честь жене своего главнокомандующего.

В начале 2011 года Барак упомянул Усаму бен Ладена. Мы только что закончили ужин, и Саша с Малией убежали делать уроки, оставив нас вдвоем в столовой резиденции.

— Мы думаем, что знаем, где он, — сказал Барак. — Можно попытаться вытащить его, но у нас нет гарантий.

Бен Ладен — самый разыскиваемый преступник в мире — скрывался от правосудия в течение многих лет. Поймать или ликвидировать его было одним из главных приоритетов Барака при вступлении в должность. Я знала: это много значит для народа, для многих тысяч военнослужащих, годами защищавших нас от Аль-Каиды, и особенно для тех, кто потерял близких 11 сентября[1].

По мрачному тону Барака я поняла, что предстоит решить еще много проблем. Обстоятельства явно давили на него, но лучше было не задавать слишком много вопросов и не настаивать, чтобы он выложил мне все детали. Мы всегда соблюдали границы в отношении профессиональных дел друг друга. Я знала, Барак стал проводить много времени в окружении советников. У него был доступ ко всем видам сверхсекретной информации и к вопросам национальной безопасности, и он не нуждался в моих советах. Я надеялась, что время, которое муж проводит со мной и девочками, останется для него передышкой — пусть работа и по-прежнему рядом, ведь мы буквально «жили над магазином»[2].

Барак, всегда старавшийся отделять дом от работы, не отвлекался, когда проводил время с нами. Мы научились этому вместе с течением времени, пока наша работа занимала все больше времени и становилась все напряженнее. В этом случае необходимо устанавливать границы и охранять их. Никто из нас не приглашал на ужин бен Ладена, гуманитарный кризис в Ливии и республиканцев из «Движения чаепития»[3]. У нас были дети,

---

[1] Террористические акты 11 сентября 2001 года (иногда именуемые просто 9/11) — серия четырех координированных террористических актов-самоубийств, совершенных в Соединенных Штатах Америки членами террористической организации Аль-Каида при поддержке Саудовской Аравии. Помимо 19 террористов, в результате атак погибло 2977 человек. — *Прим. перев.*

[2] Жить над магазином (англ. To live above the shop) — английский фразеологизм, означает «работать там же, где живешь». — *Прим. науч. ред.*

[3] Движение чаепития (англ. Tea Party movement) — оппозиционное правительству Барака Обамы консервативно-либертарианское политическое движение в США, возникшее в 2009 году как серия протестов, вызванных в том числе актом 2008 года о чрезвычайной экономической стабилизации и рядом реформ в области медицинского страхования. — *Прим. науч. ред.*

а детям нужно пространство, где они могут спокойно высказываться и расти. Время, проведенное с семьей, — это время, когда большие заботы и неотложные дела резко сжимаются до нуля, уступая место маленьким. Мы с Бараком ужинали, слушая рассказы с детской площадки школы «Сидуэлл» или подробности исследовательского проекта Малии об исчезающих видах животных. Для нас это было важно. Дети это заслужили.

Тем не менее работа копилась даже во время перерывов на еду. Через плечо Барака я видела коридор, где помощники бросали на кофейный столик ночные отчеты — обычно в середине ужина. Это часть традиций Белого дома: каждый вечер нам доставляли две папки, одну для меня и другую, гораздо более толстую, в кожаном переплете, — для Барака. В них лежали документы, которые мы должны были успеть прочитать за ночь.

Уложив детей спать, Барак обычно исчезал в Зале соглашения со своей папкой, а я брала свою в гардеробную, где проводила час или два по утрам и вечерам, просматривая документы от корки до корки. Обычно там были записки от персонала, проекты предстоящих выступлений и предложения по моим инициативам.

Через год после запуска «Давайте двигаться!» мы получили первые результаты. Мы объединились с различными фондами и поставщиками продуктов питания, чтобы разместить 6000 салат-баров в школьных столовых, наняли поваров, чтобы помочь школам подавать здоровые и вкусные блюда. Walmart, в то время крупнейший продуктовый ретейлер в стране, присоединился к нам, пообещав сократить количество сахара, соли и жира в продуктах питания и снизить на них цены. Мы привлекли мэров пятисот городов по всей стране, чтобы те взяли на себя обязательства по борьбе с детским ожирением на местном уровне.

Весь 2010 год я упорно трудилась над тем, чтобы протолкнуть через Конгресс новый законопроект о детском питании, расширяющий доступ к здоровой, высококачественной пище в государственных школах и впервые за тридцать лет увеличивающий федеральные субсидии на школьное питание. Как бы я ни стремилась оставаться вне политики и политических решений, это был важный для меня бой — за этот закон можно выйти на ринг. Я часами обзванивала сенаторов и делегатов, пытаясь убедить их, что наши дети заслуживают лучшего. Я бесконечно говорила об этом с Бараком, его советниками и всеми готовыми слушать. Новый закон должен был добавить свежих фруктов и овощей, цельного зерна и нежирных молочных продуктов примерно в 43 млн обедов, которые ежедневно подавали в школах. Он регулировал нездоровую пищу, которую детям продавали через торговые автоматы на школьной территории, а также финансировал создание школьных огородов и использование местных продуктов. Для меня все это было просто хорошим делом — мощным и гарантировавшим результаты способом борьбы с детским ожирением.

Барак и его советники также сильно помогли продвижению законопроекта. Когда республиканцы получили контроль над Палатой представителей на промежуточных выборах, Барак сделал это своим приоритетом, зная, что теперь у него меньше влияния на радикальные перемены в законодательстве. В начале декабря, перед заседанием нового Конгресса, законопроект преодолел последние препятствия. Одиннадцать дней спустя я с гордостью стояла рядом с Бараком, когда он подписывал наш билль в окружении учеников начальной школы.

— Если бы я не смог принять этот законопроект, — позже шутил Барак с журналистами, — я бы спал на диване.

Я снова пыталась взрастить новое, как на огороде, — сеть защитников, хор голосов, выступающих за здоровье детей. Моя работа дополнила успех Барака в создании «Закона о доступном здравоохранении» 2010 года, значительно расширившего доступ к медицинскому страхованию для всех американцев. Теперь я сосредоточилась на том, чтобы сдвинуть с мертвой точки проект под названием «Объединенные силы» — на этот раз в сотрудничестве с Джилл Байден, чей сын Бо недавно благополучно вернулся после службы в Ираке. Этот проект должен был поддержать Барака как главнокомандующего.

Зная, что военные и их семьи заслуживают большего, чем символические благодарности, мы с Джилл и командой работали над конкретными мерами для поддержки военных и того, чтобы общественность больше о них узнала. Барак ускорил события, в начале года проведя общегосударственный аудит и попросив агентства найти новые способы поддержки семей военнослужащих. Я же тем временем обратилась к самым влиятельным бизнесменам страны, взяв с них слово нанимать больше ветеранов и супругов военных. Джилл собирала обещания от колледжей и университетов адаптировать учителей и профессоров к нуждам детей военных. Мы хотели бороться со стигматизацией психических проблем военнослужащих и планировали убедить голливудских сценаристов и продюсеров брать больше военных историй для фильмов и телешоу.

Эти проблемы решить было непросто, но возможно. Чего не скажешь о тех, что лишали моего мужа сна, заставляли проводить за рабочим столом ночи напролет. Бараку лучше всего думалось ночью. Именно в эти тихие часы он смотрел на все свежим взглядом, впитывал новую информацию и делал пометки на обширной ментальной карте. Его помощники заходили в Зал договора по несколько раз за вечер, чтобы доставить еще больше папок с бумагами, над которыми сотрудники допоздна корпели в офисах внизу. Если Барак был голоден, ему приносили маленькое блюдо с инжиром или орехами. К счастью, он больше не курил, хотя и часто жевал никотиновую жвачку. Почти целую неделю он просиживал за рабочим столом до часу или до двух ночи, читая документы, переписывая речи и отвечая на электронные письма под тихий гул спортивного канала по телевизору. Барак всегда делал перерыв, чтобы поцеловать меня и девочек перед сном.

Я уже привыкла к его нескончаемой работе. Мы с девочками и раньше в течение многих лет делили Барака с его избирателями, а теперь с более 300 млн американцев. Оставляя его одного в Зале договора по вечерам, я иногда задавалась вопросом, имеют ли они хоть малейшее представление о том, как им повезло.

Перед сном, обычно в час ночи, он читал письма от простых граждан. С самого начала президентства Барак попросил сотрудников включать в его папку для бумаг десять писем от избирателей, отобранных из ежедневно поступавших 15 000 писем и имейлов. Он внимательно изучал каждое и оставлял на полях пометки, по которым сотрудники могли подготовить ответ или передать записку секретарю кабинета министров. Барак читал письма от солдат. Заключенных. Раковых больных, которые изо всех сил пытались оплатить медицинское обслуживание, и должников, у которых отняли дома. От гомосексуалов, которые надеялись когда-нибудь законно заключить брак, и республиканцев, которые думали, будто он разрушает страну. От мам, дедушек и маленьких детей. Он читал письма людей, ценивших то, что он делал, и людей, которые давали ему понять, что он идиот.

Чтение этих писем было частью обязанностей, пришедших вместе с клятвой. У Барака была тяжелая работа в одиночестве — самая тяжелая и одинокая в мире, как мне часто казалось, — но он знал, что обязан оставаться открытым и ничего не скрывать. Когда весь дом спал, Барак опускал барьеры и впускал к себе всех.

По вечерам в понедельник и среду Саша, которой уже исполнилось десять лет, тренировалась с командой по плаванию в фитнес-центре Американского университета, в нескольких милях от Белого дома. Я иногда ходила на ее тренировки, стараясь незаметно проскользнуть в маленькую комнату рядом с бассейном, откуда родители могли наблюдать за детьми через окно.

Провести меня по оживленному спортивному комплексу в тренировочные часы пик было непростой задачей для агентов службы безопасности, но они хорошо справлялись. Я же стала экспертом в быстрой ходьбе с опущенным взглядом в общественных местах. Вихрем проносилась мимо студентов университета, занятых силовыми тренировками и зумбой. В одних случаях никто меня не замечал. В других я кожей чувствовала вызванное моим присутствием волнение. Люди шептали и кричали друг другу: «Эй, это Мишель Обама!» Но все это были просто круги по воде, они быстро стихали. Я была как привидение — вот я здесь, и вот меня нет, прежде чем окружающие успевали что-то осознать.

Во время тренировок места у бассейна обычно пустовали, за исключением разве что нескольких, занятых другими родителями, лениво болтающими или смотрящими в айфоны в ожидании, когда дети закончат. Я находила тихое место, садилась и сосредотачивалась на плавании.

Я обожала смотреть на своих дочерей в контексте их собственных миров — без Белого дома, без родителей, в пространствах и отношениях, которые они выбирали для себя сами. Саша была сильной пловчихой, увлекалась брассом и стремилась овладеть баттерфляем. Она носила темно-синюю купальную шапочку и цельный купальник и старалась на каждом заплыве. Периодически она останавливалась, чтобы выслушать замечания тренера или весело поболтать с товарищами по команде во время перерыва.

Для меня не существовало большей радости, чем быть в эти минуты едва заметным сторонним наблюдателем и смотреть, как девочка — наша девочка — чудесным образом становится независимой и цельной личностью. Мы взяли дочерей с собой в этот странный и сложный мир Белого дома, не зная, как он на них повлияет. У нас с Бараком была уникальная возможность показать им историю вблизи. Когда зарубежные поездки Барака совпадали со школьными каникулами, мы путешествовали всей семьей. Летом 2009 года мы взяли дочерей в поездку, которая включала посещение Кремля в Москве и Ватикана в Риме. За семь дней они встретились с российским президентом, посетили Пантеон и римский Колизей и прошли через «Врата невозврата» в Гане — отправную точку для бесчисленного количества африканцев, проданных в рабство.

Конечно, для них это было чересчур, но я поняла, что каждый ребенок осмыслил увиденное со своей точки зрения. Саша вернулась домой из летнего путешествия к началу третьего класса. На родительском собрании в «Сидуэлле» осенью я наткнулась на короткое эссе «Как я провела лето» ее авторства. Оно висело среди таких же, написанных одноклассниками, на стене. «Я ездила в Рим и встретила папу, — написала Саша. — У него не хватало половины большого пальца».

Я не могу сказать, как выглядит большой палец папы Бенедикта XVI и все ли с ним в порядке. Но мы свозили наблюдательную, деловитую восьмилетнюю девочку в Рим, Москву и Аккру, и вот что она привезла оттуда. Ее взгляд на историю в тот момент не поднимался выше ее роста.

Как бы мы ни старались создать буфер между Малией, Сашей и опасными аспектами работы Барака, я знала, что детям еще через многое предстоит пройти. Они переживали события мирового масштаба совсем не так, как большинство других детей. Новости иногда разворачивались прямо под крышей их дома, а отца часто вызывали на место чрезвычайных происшествий национального масштаба. А также, несмотря ни на что, часть населения постоянно открыто его оскорбляла. Для меня это был еще один вид львов и гепардов, подходивших слишком близко.

Зимой 2011 года, как раз когда Барак выдвинул кандидатуру на переизбрание, появились новости о том, что ведущий реалити-шоу и нью-йоркский предприниматель Дональд Трамп намерен в 2012 году баллотироваться в президенты от республиканской партии. Тогда казалось, Трамп просто создает вокруг себя шумиху, появляясь на кабельных телеканалах, чтобы поскандалить, некомпетентно покритиковать внешнюю политику Барака и открыто поставить под сомнение тот факт, что Барак является гражданином США. Во время предыдущей кампании так называемые рожденцы верили, будто свидетельство о рождении Барака на Гавайях — подделка и на самом деле он рожден в Кении. Теперь Трамп активно возрождал эти слухи во все более нелепых заявлениях по телевидению, настаивая, что объявление 1961 года в газете Гонолулу о рождении Барака сфабриковано и что никто из одногруппников в детском саду его не помнит. Новостные агентства — особенно консервативные — радостно накачивали воздух в беспочвенные заявления ради кликов и рейтингов.

Все это было безумно и подло, конечно, и только продемонстрировало скрытую нетерпимость и ксенофобию Трампа, однако представляло для нас реальную опасность. Трамп пытался дать повод фанатикам, и я боялась их реакции. Время от времени служба безопасности докладывала об угрозах, и я понимала, что некоторым людям действительно стоит только дать повод. Я старалась не волноваться, но иногда ничего не могла с собой поделать. Что, если кто-то с неустойчивой психикой зарядит пистолет и поедет в Вашингтон? Что, если он найдет наших девочек? Дональд Трамп своими громкими и безрассудными заявлениями ставил под угрозу безопасность моей семьи. И за это я никогда его не прощу.

Однако у нас не было другого выбора, кроме как отринуть страх, довериться структуре, созданной специально для нашей защиты, и просто продолжать жить. Люди много лет пытались выставить нас «чужаками». Мы делали все возможное, чтобы подняться над их ложью и искажениями, веря: однажды то, как мы с Бараком прожили наши жизни, покажет, кем мы были на самом деле. Я искренне переживала за нашу безопасность с того момента, когда Барак впервые решил баллотироваться в президенты. «Мы молимся, чтобы вас никто не обидел», — говорили люди, пожимая мне руку на предвыборных мероприятиях. Я слышала это от граждан всех рас, происхождений и возрастов. Они напоминали мне, как много в нашей стране доброты и щедрости. «Мы молимся за вас и вашу семью каждый день».

Я хранила их слова в сердце. Я чувствовала защиту миллионов прекрасных людей, молившихся за нашу безопасность. Но мы с Бараком полагались и на свою веру. Теперь мы редко ходили в церковь, в основном потому, что все наши походы превратились в реалити-шоу с орущими репортерами. С тех пор как пристальное внимание к речам преподобного Иеремии Райта добавило проблем первой президентской кампании Барака, а его политические противники пытались использовать религию в качестве оружия — утверждая, что Барак был «тайным мусульманином», — мы решили не выпускать веру за стены дома. Мы молились каждый вечер перед ужином и организовали нескольких уроков воскресной школы для дочерей в Белом доме. Мы не присоединились ни к одной церкви в Вашингтоне, потому что не хотели, чтобы наш прошлый приход, церковь Троицы в Чикаго, подвергся за это нападкам. Но это была жертва. Я скучала по теплу духовной общины. Каждую ночь перед сном я оборачивалась и видела, как Барак лежит с закрытыми глазами на другой стороне кровати и тихо молится.

Спустя несколько месяцев после того, как слухи о рождении Барака стали набирать обороты, ноябрьским пятничным вечером на закрытой части проспекта Конституции припарковался некий мужчина. Из окна автомобиля он нацелил на верхние этажи Белого дома полуавтоматическую винтовку и начал стрелять. Одна пуля попала в окно Желтого овального зала, где я любила пить чай. Другая застряла в раме, и третья срикошетила от крыши. Нас с Бараком тем вечером не было дома, Малии тоже, но Саша и моя мама были там, пусть и остались целы и невредимы. Потребовались недели, чтобы заменить баллистические стекла в Желтом овальном зале, и я ловила себя на том, что смотрю на широкую круглую дырку от пули и думаю, насколько мы уязвимы.

В общем, я понимала, что нам было бы лучше не признавать ненависть и не зацикливаться на риске, даже когда его намеренно вызывали другие. Малия вскоре присоединилась к сборной старшей школы по теннису, тренировавшейся на кортах на Висконсин-авеню. Однажды во время тренировки к ней подошла мать другого студента и указала на оживленную дорогу рядом с площадкой.

— Тебе здесь не страшно? — спросила она.

Моя дочь по мере взросления училась отстаивать себя, разными способами укреплять личные границы.

— Если вы имеете в виду, думаю ли я о своей смерти каждый день, — ответила она как можно более вежливо, — то мой ответ — нет.

Через пару лет та мама подошла ко мне на родительском собрании в школе и передала сердечную записку с извинениями, сказав, что сразу поняла свою ошибку. Ей не стоило взваливать на плечи ребенка заботы, с которыми он ничего не мог поделать. Для меня важно, что она так много думала об этом. Она услышала в ответе Малии стойкость и уязвимость — эхо того, с чем мы жили и что мы пытались держать в узде. Она поняла: единственное, что наша дочь могла со всем этим сделать в тот день и в каждый день после него, — вернуться на корт и снова ударить по мячу.

Каждая проблема, конечно, относительна. Мои дети росли с большим количеством привилегий и в большем изобилии, чем другие семьи вообще могли себе представить. Прекрасный дом, еда на столе, преданные взрослые и ничего кроме поощрения и ресурсов, когда дело доходило до учебы. Я вкладывала все, что у меня было, в Малию и Сашу и в их развитие, но при этом не могла забывать и о своих обязанностях первой леди. Я чувствовала, что должна сделать больше для детей вообще и для девочек в частности.

Отчасти это желание диктовалось реакцией большинства людей на историю моей жизни. Их удивляло, что простая черная девочка проскочила через университеты Лиги плюща и руководящие должности и приземлилась в Белом доме. Да, моя жизненная траектория была нестандартной, но она и не могла быть обычной. Я часто оказывалась единственной цветной женщиной — или вообще единственной женщиной — за столом бизнес-переговоров, на заседаниях совета директоров или ином VIP-собрании. Я была первой и хотела убедиться, что не останусь в одиночестве и за мной последуют другие.

Как говорит моя мама, откровенный враг любых преувеличений в отношении меня, Крейга и наших достижений: «Они никакие не особенные. В Саутсайде полно таких детей». Нам оставалось только помочь остальным детям попасть на наше место.

Я понимала: самое важное в моей истории лежало не на поверхности достижений, а в глубине, во множестве маленьких способов, которыми я поддерживала себя на протяжении всех этих лет, и в людях, помогавших мне поверить в себя. Я помню их всех, каждого подтолкнувшего меня вперед, сделавших все возможное, чтобы привить меня от оскорблений и унижений, с которыми я должна была столкнуться там, куда отправляюсь. В места, созданные для — и посредством — людей, не бывших ни черными, ни женщинами.

Я думала о своей двоюродной бабушке Робби, о ее высоких стандартах игры на фортепиано и о том, как она научила меня поднимать подбородок и вкладывать всю душу в игру на детском рояле, даже если до этого я играла лишь на маленьком пианино со сломанными клавишами. Я думала об отце, который научил меня боксировать и играть в футбол наравне с Крейгом. А также о мистере Мартинесе и мистере Беннете, учителях в Брин-Мор, никогда не отвергавших моего мнения. О маме, моей самой верной поддержке, чья бдительность спасла меня от прозябания в унылом подвале во втором классе. В Принстоне была Черни Брасуэлл, поощрявшая меня и всегда дававшая новую пищу для размышлений. А во время первых шагов в карьере меня подбадривали, среди прочих, Сьюзен Шер и Валери Джаррет — они все еще оставались моими хорошими подругами и коллегами. Они показали мне, каково быть работающей матерью, и последовательно открывали разные двери, уверенные, что мне есть что предложить.

Большинство этих людей никогда не знали друг друга и, наверное, никогда бы не встретились. Со многими я уже потеряла связь. Но они всегда были моими верными спутниками. Это мои сторонники, мои верующие, личный евангельский хор, поющий: *«Да, малышка, ты это сделала!»* — до самого конца.

Я никогда этого не забуду. Я пыталась, даже будучи младшим юристом, оплатить свой долг, поощряя любознательность в молодых людях и вовлекая их во взрослые разговоры. Если помощница юриста задавала мне вопрос о своем будущем, я впускала ее в кабинет и делилась рассказом о своем путешествии или давала какой-нибудь совет. Если кто-то хотел, чтобы ему подсказали путь или помогли наладить контакт, я делала все возможное. Позже, во время работы в Public Allies, я увидела преимущества более структурированного, персонального наставничества. Я знала из собственного жизненного опыта, что, когда кто-то проявляет неподдельный интерес к вашему обучению и развитию, пусть даже всего по десять минут в день, это дает плоды. Особенно для женщин, для меньшинств и всех, кого общество запросто может проигнорировать.

Поэтому я запустила программу лидерства и наставничества в Белом доме, пригласила двадцать девочек из первого и второго года обучения старших школ Вашингтона на ежемесячные встречи, которые включали неформальные беседы, экскурсии, занятия по финансовой грамотности и консультирование в выборе карьеры. Бóльшую часть программы мы провели за закрытыми дверями, чтобы не втягивать девочек в борьбу со СМИ.

Мы нашли для каждой девочки-подростка наставницу, которая должна была построить с ней доверительные отношения, поделиться своими ресурсами и историей своей жизни. Валери стала наставницей. Крис Комерфорд, первая женщина — шеф-повар Белого дома, стала наставницей. Джилл Байден тоже, как и многие другие женщины из штаба Восточного и Западного крыла. Студенток направляли в программу директора школ и учителя, и девочки оставались с нами до тех пор, пока не заканчивали учебу. У нас были девочки из военных семей, из семей иммигрантов, мама-подросток, девочка, жившая в приюте для бездомных. Умные, любознательные молодые женщины. Такие же, как я. Такие же, как мои дочери. Я наблюдала за тем, как девочки заводили дружбу и приходили к взаимопониманию друг с другом и со взрослыми вокруг. Я часами беседовала с ними в большом кругу, жевала попкорн и обменивалась мыслями о поступлении в колледж, внешности и мальчиках. Ни одну тему не обходили вниманием. Мы много смеялись. Больше всего я надеялась, что в будущее они возьмут с собой именно это: легкость, чувство общности, храбрость говорить и быть услышанными.

Я хотела для них того же, чего для Саши и Малии, — чтобы, научившись чувствовать себя комфортно в Белом доме, девочки продолжали чувствовать себя комфортно и уверенно в любой комнате, за любым столом и в любой группе людей.

Мы жили «за стеклом» уже более двух лет, и я продолжала искать способы максимально увеличить этот периметр. Мы с Бараком приглашали в Белый дом все больше гостей, особенно детей, надеясь сделать величие дома более инклюзивным, немного оживить его формальности и традиции. Каждый раз, когда к нам с государственными визитами приезжали иностранные чиновники, мы звали местных школьников, чтобы они могли немного разбавить помпезность официальных церемоний и попробовать еду на государственном ужине. Когда на вечернее представление приходили музыканты, мы просили их появиться пораньше, чтобы провести молодежный мастер-класс. Мы хотели подчеркнуть важность приобщения детей к искусству, показать, что это не роскошь, а необходимость для их кругозора. Я наслаждалась тем, как старшеклассники общались с современными артистами, такими как Джон Леджeнд, Джастин Тимберлейк и Элисон Краусс, а также легендарными Смоки Робинсон и Патти Лабелль. Для меня это был возврат к корням, к основам моего воспитания: джаз в доме Саутсайда, фортепианные концерты и кружок оперетты моей двоюродной бабушки Робби, семейные поездки в музеи в центре города. Я знала, как сильно искусство и культура могут повлиять на развитие ребенка. И это позволило мне почувствовать себя дома. Мы с Бараком покачивались в такт в первом ряду на каждом концерте. Даже мама, которая обычно держалась подальше от публичных мероприятий, всегда спускалась на государственный этаж, когда на нем звучала музыка.

Мы проводили вечера танца и других видов искусства, часто приглашали современных артистов. В 2009 году мы устроили первый в истории вечер устной поэзии в Белом доме, и на нем молодой композитор Лин-Мануэль Миранда встал и поразил всех отрывком из своего нового произведения. Он описал его как «концептуальный альбом о жизни человека, который, по-моему, является воплощением хип-хопа... Это министр финансов Александр Гамильтон»[1].

Я пожала ему руку и сказала: «Эй, удачи с Гамильтоном».

Каждый день вокруг происходило столько всего. Гламур, превосходство, опустошение, надежда шли с нами рука об руку, и при этом у нас было двое детей, которые пытались вести собственную жизнь отдельно от происходящего дома. Я делала все, что могла, чтобы не отгораживать себя и девочек от остального мира.

Моя цель оставалась прежней — отыскать остатки нормальности и вписать в нее хоть какие-то части своей жизни. В сезон

---

[1] Речь идет о «Гамильтоне» (англ. Hamilton) — американском мюзикле о жизни одного из отцов-основателей США, Александра Гамильтона, на либретто, музыку и слова Лин-Мануэля Миранды. В дальнейшем мюзикл заслужит огромное признание критиков и кассовый успех. — *Прим. перев.*

футбола и лакросса я ездила на домашние игры Саши и Малии и садилась на трибуны рядом с другими родителями, вежливо отказывая всем, кто просил сфотографироваться, но при этом с радостью с ними болтая. Когда Малия начала играть в теннис, я в большинстве случаев смотрела ее матчи через окно машины секретной службы, припаркованной рядом с кортом, не желая привлекать к себе внимания. Только когда все заканчивалось, я выходила, чтобы ее обнять.

В присутствии Барака нам всем приходилось отказываться от нормальной жизни и легкости передвижения. Он посещал школьные и спортивные мероприятия девочек когда мог, но его возможности слиться с толпой были ограничены, — а присутствие охраны непросто скрыть. Они обязаны оставаться на виду. Так они посылают миру ясный сигнал, что никто не навредит президенту Соединенных Штатов. По понятным причинам я этому радовалась. Но, сравнивая нашу жизнь с жизнью нормальных семей, нельзя было не хотеть немного большего.

Эта же мысль пришла в голову Малии, когда мы с ней и Бараком направлялись на одно из Сашиных мероприятий в младшей школе «Сидуэлл». Мы втроем пересекли открытый внутренний двор, прошли мимо группы детсадовцев на переменке, которые раскачивались на рукоходах и бегали вокруг деревянной детской площадки. Я не уверена, что маленькие дети заметили отряд снайперов службы безопасности, одетых во все черное, со штурмовыми винтовками, на крыше школы, но Малия заметила. Она перевела взгляд со снайперов на детсадовцев, а потом на отца.

— Правда, пап? — сказала она. — Серьезно?

Бараку в ответ оставалось только улыбнуться и пожать плечами. Он в любом случае не мог относиться к работе несерьезно.

Конечно, мы никогда не выходили за стеклянную стену. Стена двигалась вместе с каждым из нас по отдельности. Благодаря нашим прошлым разговорам со службой безопаности Саша и Малия смогли посещать бар-мицвы[1] друзей, мыть машины для

---

[1] Бар-мицва — обряд религиозного совершеннолетия для мальчиков в иудаизме. *Бат-мицва* — то же для девочек. — *Прим. ред.*

школьного сбора средств и даже тусоваться в торговом центре — правда, всегда с агентами и даже иногда с моей мамой, но, по крайней мере, теперь девочки были столь же мобильными, как их сверстники. Агенты Саши, включая Бет Селестини и Лоуренса Такера — которого все называли Л. Т., — стали любимчиками в Сидуэлле. Дети умоляли Л. Т. покачать их на качелях на переменах. Семьи часто присылали для агентов дополнительные кексы на дни рождения детей.

Все мы привязались к нашим агентам. Сперва моей безопасностью заведовал Престон Фэйрлэмб, а позже — Аллен Тейлор, который был со мной еще во времена предвыборной кампании. На публике они выглядели молчаливыми и очень сосредоточенными, но всякий раз, когда мы оказывались за кулисами или в самолете, немного расслаблялись, рассказывали истории и шутили. Я их дразнила «добряк с каменным лицом». За эти часы и мили, проведенные вместе, мы стали настоящими друзьями. Мы вместе оплакивали их потери и праздновали важные события в жизни их детей. Я всегда осознавала серьезность работы агентов, жертвы, на которые они шли ради моей безопасности, и никогда не принимала это как должное.

Как и дочери, я старалась, чтобы частная жизнь протекала в стороне от официальной. Я обнаружила, что есть способы не привлекать к себе внимания, когда это необходимо, чему способствовала готовность СБ идти на компромиссы. Вместо того чтобы ехать в кортеже, мне иногда разрешали путешествовать в универсале без опознавательных знаков и с меньшим эскортом. Время от времени мне удавалось совершать молниеносные забеги по магазинам, приходя и уходя, прежде чем кто-либо мог действительно меня узнать. После того как Бо мастерски выпотрошил и разорвал в клочья все собачьи игрушки, купленные персоналом, я лично поехала с ним в PetSmart в Александрии. Одно короткое утро я смогла наслаждаться анонимностью, выбирая лучшие жевательные игрушки, пока Бо, столь же довольный прогулкой, как и я, топтался рядом на поводке.

Каждый раз, когда я могла съездить куда-то без суеты, это была маленькая победа, проявление свободной воли. В конце концов, я была человеком деталей. Я еще не забыла, как приятно вычеркивать мелочи из списка покупок. Примерно через полгода после похода в PetSmart я совершила головокружительный инкогнито-забег по местному универмагу Target в бейсболке и солнцезащитных очках. Охранники надели шорты и кроссовки и даже не взяли наушники, чтобы не выделяться, следуя за мной и моей помощницей Кристин Джонс по магазину. Мы прошли по каждому отделу. Я купила крем для лица от Oil of Olay и зубные щетки. Мы также взяли влажные салфетки и стиральный порошок для Кристин, пару игр для Саши и Малии. И впервые за несколько лет мне удалось самой выбрать открытку Бараку на нашу годовщину.

Я вернулась домой в отличном настроении. Иногда даже самые незначительные события казались невероятными.

Время шло, и я добавляла к рутине новые приключения. Я начала выбираться на ужины с друзьями в рестораны или к ним домой. Иногда я ходила в парк и подолгу гуляла вдоль реки Потомак. Во время этих прогулок агенты двигались впереди и позади меня, но незаметно и на расстоянии. Годами позже я стала покидать Белый дом ради тренировок, заглядывая в SoulCycle и студии Solidcore по всему городу, проскальзывая в залы в последнюю минуту и уходя, как только урок заканчивался, чтобы никого не беспокоить. Самым расслабляющим занятием оказалось катание на горных лыжах. У меня было мало опыта в этом виде спорта, но он быстро стал моей страстью. В первые два года нашего пребывания в Вашингтоне, несмотря на необычайно суровые зимы, я несколько раз выезжала на день с девочками и парой друзей в крошечную горнолыжную зону с точным названием Liberty Mountain[1], недалеко от Геттисберга. Там мы могли надеть шлемы, шарфы и очки и слиться с толпой. Я скользила вниз по лыжному склону, будучи на улице, в движении и оставаясь неузнанной — все сразу. Для меня это было как полет.

Важнее всего — слиться с толпой. Это способ почувствовать себя собой, остаться Мишель Робинсон из Саутсайда в огромном вихре истории. Я связала старую жизнь с новой, личные дела с общественной работой. В Вашингтоне у меня появились новые

---

[1] Liberty Mountain — букв. Гора Свободы. — *Прим. перев.*

подруги: пара мам одноклассников Саши и Малии и несколько сотрудниц Белого дома. Их мало заботили моя фамилия или домашний адрес, а больше то, какой я человек. Забавно, как быстро можно сказать, кто действительно хочет быть рядом с вами, а кто просто собирается потом хвастаться знакомством. Мы с Бараком иногда говорили об этом за ужином с Сашей и Малией — о том, как некоторые люди, дети и взрослые, нетерпеливо кружили по нашей орбите, рвались в друзья. Мы их называли «жаждущими».

Я давно научилась держать настоящих друзей поблизости. Я все еще была глубоко привязана к кругу женщин, с которыми мы собирались на субботние игры много лет назад, в Чикаго, с сумками для подгузников, когда наши дети бросали еду со своих высоких стульчиков, а мы так уставали, что постоянно хотели плакать. Подруги помогли мне продержаться, занося продукты, когда у меня не было времени сходить в магазин, отводя девочек на уроки балета, когда я работала или мне просто требовалась передышка. Некоторые из них запрыгивали в самолеты, чтобы присоединиться ко мне в самые бесславные дни кампании и дружески поддержать, когда я больше всего в этом нуждалась. Женская дружба, как скажет вам любая женщина, строится из тысячи маленьких добрых дел, подобных этим, которыми мы обмениваемся снова и снова.

В 2011 году я стала целенаправленно инвестировать и реинвестировать в дружбу, объединяя старых и новых друзей. Каждые несколько месяцев я приглашала двенадцать или около того ближайших подруг провести со мной выходные в Кэмп-Дэвиде, лесистом, похожем на летний лагерь президентском убежище примерно в шестидесяти милях от Вашингтона в горах Северного Мэриленда. Я называла эти собрания «курсами молодого бойца», отчасти потому, что несколько раз в день заставляла всех со мной упражняться (и в какой-то момент попыталась запретить вино и закуски, но эту идею быстро отвергли), но в основном потому, что мне нравится идея строгого отношения к дружбе.

Мои подруги — как правило, успешные, чрезвычайно занятые женщины, у многих из них напряженная семейная жизнь и тяжелая работа. Я понимала, что им не всегда легко вот так уезжать. Но в этом и был смысл. Мы все привыкли жертвовать собой ради наших детей, супругов и работы. За годы, проведенные в попытках сбалансировать свою жизнь, я поняла, что менять приоритеты и заботиться только о себе время от времени — нормально. Мне было более чем приятно размахивать этим знаменем от имени моих подруг. Я хотела создать причину — и даже традицию — для целой группы женщин, чтобы те могли обратиться к детям, супругам и коллегам и сказать: *«Простите, ребята, я делаю это для себя».*

Выходные на «курсах молодого бойца» стали способом укрыться от внешнего мира, наладить связь и зарядиться энергией. Мы останавливались в уютных, обшитых деревянными панелями домиках в лесу, жужжали по округе на гольф-карах и катались на велосипедах. Мы играли в вышибалы, отжимались и принимали позы «собаки мордой вниз». Иногда я приглашала с собой нескольких молодых сотрудниц и наблюдала удивительное: Сьюзен Шер, которой было под шестьдесят, ползает по полу рядом с Маккензи Смит, моей двадцатилетней планировщицей, футболисткой из университетской команды. Мы ели здоровую пищу, приготовленную поварами Белого дома. Упражнялись под наблюдением моего тренера Корнелла и нескольких морских офицеров с детскими личиками, которые ко всем нам обращались «мэм». Мы много двигались и говорили, говорили и говорили. Объединяли наши мысли и опыт, советовали и рассказывали забавные истории, а иногда просто придавали одной из нас уверенности в том, что тот, кто безжалостно потрошил ее в данный момент, был совсем не единственным подростком или невыносимым боссом. Мы просто слушали друг друга. Прощаясь в конце каждого уик-энда, обещали, что как можно скорее повторим.

Подруги всегда возвращали меня к жизни. Они исправляли мое настроение каждый раз, когда я была подавлена, расстроена или подолгу не видела Барака. Они придавали мне уверенности, когда все вокруг меня осуждали, когда всё, начиная от цвета лака для ногтей и заканчивая размером моих бёдер, разбирали на публике. И они помогли мне пережить большие тревожные волны, которые иногда накатывали без предупреждения.

В первое воскресенье мая 2011 года я отправилась ужинать с двумя подругами в ресторан в центре города, оставив девочек на попечении мамы и Барака дома. Выходные выдались особенно насыщенными. У Барака в тот день намечался шквал совещаний, и мы провели вечер субботы на ужине для Ассоциации корреспондентов Белого дома, где Барак отпустил несколько остроумных шуток по поводу знаменитого шоу Дональда Трампа Celebrity Apprentice и его теориях о месте рождения Барака. Я не видела Трампа со своего места, но он присутствовал. Во время монолога Барака новостные операторы нацелили на Трампа камеры: он просто закипал под своей каменной маской.

Воскресный вечер получался, как правило, спокойным и свободным. Девочки обычно уставали после целой недели занятий спортом и непрерывного общения. Барак, если ему везло, иногда мог попасть на дневной раунд гольфа на поле военно-воздушной базы «Эндрюс» и немного расслаблялся.

Я вернулась домой около 10 часов. Как и всегда, у двери меня встретил дворецкий. Уже в тот момент я могла сказать, что что-то происходит, почувствовав ненормальный уровень активности на первом этаже Белого дома. Я спросила дворецкого, знает ли он, где президент.

«По-моему, он наверху, мэм, — сказал служащий, — готовит обращение к нации».

Так я и поняла, что это наконец свершилось. Я знала: момент уже близко, но не знала точно, как именно все будет. Последние два дня я пыталась вести себя совершенно нормально, притворяясь, будто не знаю, что вот-вот должно произойти что-то очень опасное и важное. После нескольких месяцев сбора информации на высоком уровне и недель тщательной подготовки, после брифингов по вопросам безопасности, оценки рисков и вынесения окончательного решения, в 7000 милях от Белого дома, под покровом темноты, элитная команда морских котиков США штурмовала таинственный комплекс в Абботтабаде, Пакистан, в поисках Усамы бен Ладена.

Когда я была в коридоре, Барак вышел из нашей спальни. Он надел костюм с красным галстуком, в Бараке бурлил адреналин.

Барак уже несколько месяцев находился под давлением этого решения.

— Мы взяли его, — сказал он. — И никто не пострадал.

Мы обнялись. Усама бен Ладен мертв. Никто из американцев не погиб. Барак пошел на огромный риск, который мог стоить ему президентства, но все получилось хорошо.

Новость уже разлетелась по всему миру. Люди заполонили улицы вокруг Белого дома, высыпали из ресторанов, гостиниц и жилых домов и огласили ночной воздух радостными криками. Громкий, ликующий шум разбудил Малию. Толпу было слышно даже через баллистические стекла окон, предназначенные для того, чтобы оставлять все звуки снаружи.

Но в ту ночь не было никакого «внутри» или «снаружи». Люди вышли на улицы в разных городах и странах под влиянием внезапного желания оказаться рядом с другими. Мы все были связаны друг с другом не только патриотизмом, но и общим горем 11 сентября, и годами волнений, что нас атакуют снова.

Я подумала о каждой военной базе, которую когда-либо посетила, о солдатах, которые пытались оправиться от боевых ран, о тех, кто отправлял своих родных так далеко для защиты страны, о тысячах детей, потерявших родителей в тот ужасный, печальный день. Я знала, что ни одну из этих потерь уже невозможно восполнить. Ничья смерть не заменит жизнь. И я не уверена, что чья-то гибель вообще может быть поводом для праздника. Но в ту ночь Америка отмечала свое освобождение. Мы выстояли.

23

Время постоянно петляло и прыгало так, что его было невозможно отследить или измерить. Каждый день переполняли события. Каждые неделя, месяц и год, проведенные в Белом доме, были забиты до отказа. В пятницу я с трудом вспоминала, как прошли понедельник и вторник. Иногда садилась ужинать и задавалась вопросом, где и что я ела на обед. И даже сейчас это не всегда просто. Скорость слишком велика, а время для размышлений — ограничено. Еще до полудня я могла провести два официальных мероприятия, несколько встреч и фотосессию. Иногда я за день посещала несколько штатов, или говорила с 12 000 людей, или прыгала вместе с четырьмястами детьми на Южной лужайке, прежде чем облачиться в элегантное платье для вечернего приема. В дни, свободные от официальных дел, я заботилась о Саше и Малии, а затем возвращалась «наверх» — к прическам, макияжу и гардеробу. Снова в водоворот общественного внимания.

Когда подходил срок переизбрания Барака в 2012 году, я не могла позволить себе отдых. Я все еще зарабатывала хорошее к себе отношение. Я часто думала о том, чем и кому я обязана. Я была частью истории, но не истории президентов или первых леди. Я никогда не принимала историю Джона Куинси Адамса[1]

---

[1] Джон Куинси Адамс (*англ.* John Quincy Adams) — шестой президент США, старший сын второго президента США Джона Адамса. — *Прим. науч. ред.*

так близко к сердцу, как историю Соджурны Трут[1]. Жизнь Вудро Вильсона[2] никогда не трогала меня так, как жизнь Гарриет Табмен[3]. Борьба Розы Паркс[4] и Коретты Скотт Кинг[5] была мне ближе, чем борьба Элеоноры Рузвельт[6] и Мэйми Эйзенхауэр[7]. Я была частью их истории так же, как частью истории мамы и бабушек. Ни одна из этих женщин не могла представить себе жизнь, подобную моей, но они верили, что их настойчивость

---

[1] Соджурна Трут (англ. Sojourner Truth, урожденная Изабелла Баумфри) — американская аболиционистка и феминистка, рожденная в рабстве. Известна своей речью «Разве я не женщина?», произнесенной в 1851 году. — *Прим. науч. ред.*

[2] Томас Вудро Вильсон (англ. Thomas Woodrow Wilson) — 28-й президент США. Известен также как историк и политолог. Лауреат Нобелевской премии мира 1919 года. — *Прим. науч. ред.*

[3] Гарриет Табмен (англ. Harriet Tubman, урожденная Араминта Росс) — американская аболиционистка, борец против рабства и за социальные реформы в США. Всего в 1850-х лично помогла сбежать более 300 рабам и воодушевила на бегство еще тысячи. — *Прим. науч. ред.*

[4] Роза Ли Паркс (англ. Rosa Lee Parks, урожденная Rosa Lee McCauley) — американская общественная деятельница, зачинательница движения за права чернокожих граждан США. 1 декабря 1955 года отказалась уступить белому пассажиру место в автобусе, хотя по законам сегрегации должна была это сделать. Ее поступок и последующий арест спровоцировали бойкот автобусных линий города, который перерос в расцвет движения против сегрегации под руководством Мартина Лютера Кинга. Конгресс США удостоил Розу эпитета «Мать современного движения за гражданские права». — *Прим. науч. ред.*

[5] Коретта Скотт Кинг (англ. Coretta Scott King) — жена, а затем вдова известного борца за права чернокожих в США Мартина Лютера Кинга. Вместе с мужем получила известность как одна из первых афроамериканских правозащитниц. — *Прим. науч. ред.*

[6] Элеонора Рузвельт (англ. Eleanor Roosevelt) — американская общественная деятельница, супруга президента США Франклина Делано Рузвельта. Играла значительную роль в политической карьере мужа, особенно после 1921 года. — *Прим. науч. ред.*

[7] Мэйми Эйзенхауэр (англ. Mamie Eisenhower) — жена президента Дуайта Эйзенхауэра и первая леди США с 1953 по 1961 год. — *Прим. науч. ред.*

в конце концов даст плоды для кого-то вроде меня. Я хотела, чтобы мир видел во мне их отражение, хотела прославлять их жизни своей.

Поэтому для меня было так важно ничего не испортить. Хотя я считалась популярной первой леди, я не могла избавиться от чувства, будто люди постоянно меня критикуют и делают обо мне предположения, основываясь на цвете кожи. Поэтому я снова и снова репетировала речи с помощью телесуфлера в углу кабинета. Я сильно давила на планировщиков и команду, чтобы убедиться, что каждое из наших событий пройдет гладко и вовремя. Еще сильнее я давила на своих политических советников, чтобы продолжать расширять охват «Давайте двигаться!» и «Объединенных сил». Я сосредоточилась на том, чтобы не упустить ни одной из возможностей, но иногда мне приходилось напоминать себе просто дышать.

Мы с Бараком знали, что впереди нас ждут месяцы предвыборной кампании, требующие дополнительных поездок, дополнительных стратегий и дополнительных забот. Невозможно было не волноваться. И, конечно, это стоит огромных денег (Барак и Митт Ромни, бывший губернатор Массачусетса, который в конечном итоге станет кандидатом от республиканцев, в конце концов соберут более миллиарда долларов, чтобы сохранить свои кампании на конкурентоспособном уровне). И ответственность лежала огромная. Выборы определят все — от судьбы нового закона о здравоохранении до того, будет ли Америка участвовать в глобальной программе по борьбе с изменением климата. Все, работавшие в Белом доме, жили в подвешенном состоянии, не зная, останемся ли мы на второй срок. Я старалась даже не думать о том, что Барак может проиграть выборы, но в нас обоих жило семя страха, которому мы не осмеливались дать право голоса.

Особенно болезненным для Барака выдалось лето 2011 года. Группа упрямых республиканцев в Конгрессе отказалась санкционировать выпуск новых государственных облигаций — относительно рутинный процесс, известный как повышение потолка госдолга, — до тех пор, пока он не урежет государственное финансирование программ «Социальное обеспечение»,

«Медикэйд»[1] и «Медикэр»[2]. Барак сопротивлялся, ведь подобные меры навредили бы людям, нуждающимся в помощи. Ежемесячные отчеты о рабочих местах от Министерства труда демонстрировали последовательный, но вялый рост — показатель, что страна еще не полностью восстановилась после кризиса 2008 года. Многие винили в этом Барака. После смерти Усамы бен Ладена его рейтинги резко возросли, достигнув двухлетнего пика, но всего через несколько месяцев, после скандала с потолком долга и тревоги о новой рецессии, упали до минимума.

Когда началась вся эта суматоха, я была в Южной Африке с визитом доброй воли, запланированным несколькими месяцами ранее. Саша и Малия только что закончили учебный год и смогли присоединиться ко мне вместе с моей мамой и детьми Крейга, Лесли и Эйвери, уже подростками. Я собиралась выступить с основным докладом на спонсируемом США форуме для молодых африканских женщин-лидеров со всего континента. Мы также заполнили расписание общественными мероприятиями, связанными со здравоохранением и образованием, и встречами с местными руководителями и работниками консульства США. После короткого визита в Ботсвану мы должны были встретиться с ее президентом и заехать в общественную клинику для ВИЧ-больных, а затем быстро насладиться сафари перед поездкой домой.

Мы погрузились в атмосферу Южной Африки. В Йоханнесбурге посетили музей апартеида, а потом потанцевали и почитали книги с маленькими детьми в общественном центре одного из черных поселений к северу от города. На футбольном стадионе в Кейптауне встретились с общественными организаторами и медицинскими работниками, которые использовали молодежные спортивные программы, чтобы просвещать детей о ВИЧ/СПИДе. Затем нас представили архиепископу Десмонду Туту,

---

[1] «М е д и к э й д» (*англ.* Medicaid) — американская государственная программа, частично покрывающая стоимость услуг медицинской помощи гражданам с ограниченным доходом. Осуществляется с 1965 года. — *Прим. науч. ред.*

[2] «М е д и к э р» (*англ.* Medicare) — это национальная программа медицинского страхования в США для граждан от 65 лет и старше, а также лиц с ограниченными физическими возможностями. — *Прим. науч. ред.*

легендарному богослову и активисту, помогавшему ликвидировать апартеид в Южной Африке. Туту, широкоплечему мужчине с блестящими глазами и сдержанным смехом, было семьдесят девять лет. Услышав, что я приехала на стадион ради популяризации фитнеса, он настоял на том, чтобы несколько раз отжаться со мной перед толпой ликующих детей.

Эти несколько дней в Южной Африке я чувствовала, будто плыву. Визит был очень далек от моей первой поездки в Кению в 1991 году, когда я разъезжала с Бараком в мататусе и толкала сломанный «Фольксваген» Аумы вдоль пыльной дороги. Мое чувство наверняка на одну треть состояло из джетлага и на две трети из чего-то более глубокого и радостного. Мы будто попали в большие перекрестные потоки культуры и истории, внезапно напомнившие о том, как незначительны наши жизни в широкой ленте времени.

Увидев лица семидесяти шести молодых женщин, выбранных для участия в форуме лидеров за их важную работу, направленную на улучшение качества жизни в общинах, я едва сдержала слезы. Они подарили мне надежду. Я почувствовала себя старой в лучшем смысле этого слова. 60 процентов населения Африки в то время были моложе двадцати пяти лет. Все женщины, присутствующие на форуме, были моложе тридцати, а некоторые даже младше шестнадцати. Они создавали некоммерческие организации, обучали других женщин предпринимательству и рисковали попасть в тюрьму, сообщая о коррупции в правительстве. А теперь их знакомили, обучали и поощряли. Я надеялась, это придаст им сил.

Самый сюрреалистический момент, однако, наступил ранним утром второго дня нашего путешествия. Мы с семьей были в штаб-квартире Фонда имени Нельсона Манделы в Йоханнесбурге вместе с Грасой Машел, известной гуманисткой и женой Манделы, когда нам сообщили, что сам Мандела будет рад принять нас в своем доме неподалеку.

Разумеется, мы сразу же отправились туда. Нельсону Манделе в то время было девяносто два. В начале года его госпитализировали с проблемами в легких. Мне сказали, он редко принимает гостей. Барак познакомился с ним шесть лет назад, будучи сенатором, когда Мандела посетил Вашингтон. С тех пор Барак держал фотографию с их встречи в рамке на стене своего кабинета. Даже дети — Саша, десяти лет, и Малия, которой скоро должно было исполниться тринадцать, — понимали, насколько это важно. Даже вечно невозмутимая мама выглядела немного ошеломленной.

На земле тогда не жил ни один человек, оказавший более значимое влияние на мир, чем Нельсон Мандела, — по крайней мере, по моим меркам. В 1940-х годах, будучи юношей, он впервые присоединился к Африканскому национальному конгрессу и смело бросил вызов полностью белому южноафриканскому правительству и его укоренившейся расистской политике. В сорок четыре года его заковали в кандалы и посадили в тюрьму за общественную деятельность, а в семьдесят один, в 1990 году, наконец выпустили на свободу. Пережив двадцать семь лет в заключении и изоляции, в то время как многих его друзей пытали и убили при режиме апартеида, Мандела решил не бороться, а вести переговоры с правительственными лидерами. Благодаря ему Южная Африка совершила чудесный мирный переход к истинной демократии и в конечном итоге сделала его своим первым президентом.

Мандела жил на зеленой пригородной улице в здании в средиземноморском стиле, за бетонными стенами масляного цвета. Граса Машел провела нас через двор в тени деревьев, домой, где в широкой, залитой солнцем комнате сидел ее муж. У Манделы были редкие белоснежные волосы и коричневая батиковая рубашка. Кто-то укрыл его колени белым одеялом. Его окружало несколько поколений родственников, каждый из которых тепло нас поприветствовал. Что-то в ярком освещении комнаты, в дружелюбии семьи и косой улыбке патриарха напомнило мне о доме моего дедушки Саутсайда. Я нервничала, но теперь расслабилась.

Я не уверена, что сам патриарх понял, кто мы такие и почему стоим рядом. Он был уже очень стар, его внимание рассеялось, а слух ослаб.

— Это *Мишель Обама*, — сказала Граса Машел, наклонившись к его уху. — Жена президента США!

— О, прекрасно, — пробормотал Нельсон Мандела. — Прекрасно.

Он посмотрел на меня с неподдельным интересом, хотя на моем месте мог быть кто угодно. Очевидно, он дарил равную степень тепла и внимания каждому, кто попадался на его пути. Моя встреча с Манделой была одновременно сдержанной и глубокой — возможно, именно молчание придало ей такой глубины. Самые важные слова его жизни уже были произнесены; его речи и письма, книги и протестные лозунги оставили след не только в его личной истории, но и в мировой. В тот короткий миг я ощутила достоинство и дух человека, который добивался равенства там, где его не существовало.

Я все еще думала о Манделе пять дней спустя, когда мы летели обратно в Соединенные Штаты над Африкой, держа курс на северо-запад, а затем, долгой темной ночью, через Атлантику. Саша и Малия вытянулись под одеялами рядом с двоюродными братьями; моя мама дремала в соседнем кресле. Чуть дальше в самолете персонал и агенты секретной службы смотрели фильмы и пытались немного поспать. Гудели двигатели. Я чувствовала себя одновременно одинокой и не одинокой. Мы направлялись домой — домой, в странный, знакомый Вашингтон, округ Колумбия, с его белым мрамором и противоборствующими идеологиями, со всем, что нам еще предстояло преодолеть. Я подумала о молодых африканских женщинах, которых я встретила на форуме лидеров. Все они теперь возвращались в свои общины, чтобы продолжить работу, настойчиво преодолевая любые препятствия на своем пути.

Мандела попал в тюрьму за свои принципы. Он скучал по растущим детям, а потом по внукам. И все это — без горечи и с верой в то, что в какой-то момент в его стране восторжествуют лучшие человеческие качества. Он терпеливо и невозмутимо работал и ждал, когда это произойдет.

Я летела домой, окрыленная этой мыслью. Жизнь преподала мне урок: прогресс и перемены происходят медленно. Не за два года, не за четыре, даже не за всю жизнь. Мы сеяли семена перемен, плоды которых могли никогда не увидеть. Нам требовалось набраться терпения.

Трижды за осень 2011 года Барак предлагал законопроекты, которые могли создать тысячи рабочих мест для американцев, в частности путем привлечения в штаты денег, чтобы нанять больше учителей и спасателей. И трижды республиканцы блокировали их еще до стадии голосования.

— Наша главная цель, — заявил год назад журналисту лидер меньшинства в Сенате Митч Макконнелл, излагая цели своей партии, — чтобы Обама был президентом только один срок.

Вот и все. Конгрессмены-республиканцы посвятили себя провалу Барака. Управление страной и рабочие места не являлись для них приоритетом. Гораздо важнее вернуть себе власть.

Меня это деморализовало, приводило в бешенство, иногда просто сокрушало. Это политика, да, но в ее самой капризной и циничной форме, действующая в полном отрыве от важных целей. Меня переполняли эмоции, которые Барак не мог себе позволить. Он оставался предан своей работе и по большей части непоколебим, объезжал кочки и шел на компромисс, где это было возможно, цеплялся за трезвый «кто-то-же-должен-это-сделать» вид оптимизма, который всегда вел его вперед. Барак занимался политикой уже пятнадцать лет. Мне он представлялся старым медным котлом — обожженным, помятым, но все еще блестящим.

Вернуться к предвыборной кампании — что мы с Бараком и сделали осенью 2011 года — стало для нас бальзамом на душу. Кампания вывезла нас из Вашингтона и вернула в общины по всей стране, в места типа Ричмонда и Рино, где мы могли обнять своих избирателей и пожать руки, выслушать идеи и проблемы. Это был шанс почувствовать народную энергию, важную составляющую демократии в представлении Барака, и напомнить себе, что американские граждане по большей части гораздо менее циничны, чем их избранные лидеры. Мы просто хотели, чтобы американцы вышли и проголосовали. Я была разочарована тем, что миллионы людей остались дома во время промежуточных выборов 2010 года, фактически передав Бараку разделенный Конгресс, который едва мог принять хоть один закон.

Несмотря на трудности, у нас находилось много поводов для оптимизма. К концу 2011 года последние американские солдаты покинули Ирак; в Афганистане постепенно сокращалась численность войск. Кроме того, вступили в силу основные положения закона «О доступной помощи», в соответствии с которыми молодым людям разрешалось дольше пользоваться страховыми полисами родителей[1], а компании освобождались от покрытия пожизненной страховки пациентов. Все это — движение вперед, напоминала я себе, шаги на пути к великим целям.

Хотя поражения Барака пыталась добиться целая политическая партия, мы сохраняли позитивный настрой и продолжали работу. Это немного напомнило мне случай, когда мама из «Сидуэлла» спросила Малию, не боится ли она за свою жизнь на теннисном корте. Что остается, кроме как выйти и ударить по мячу?

Так что мы просто трудились. Мы оба. Я снова бросилась в свои инициативы. Мы продолжали добиваться результатов под знаменем «Давайте двигаться!». Мы с командой убедили сеть ресторанов Darden[2] — материнскую компанию, стоящую за Olive Garden и Red Lobster, — внести изменения в меню и способы приготовления пищи. Рестораторы пообещали сократить калории, уменьшить содержание соли и предложить более здоровые варианты детского питания. Мы обратились к руководителям компаний — их совести и здравому смыслу, — убедив в том, что в Америке повышается культура еды и тот, кто опередит события, получит неплохую прибыль. Darden подавал американцам 400 млн блюд каждый год. При таких масштабах даже небольшие изменения — например, убрать привлекательные фотографии запотевших стаканов с содовой из детского меню — могли повлиять на ситуацию в стране.

Полномочия первой леди — любопытная вещь, столь же обтекаемая, как и сама роль, — но я научилась их использовать. Я не обладала исполнительной властью. Не командовала войсками и не занималась официальной дипломатией. Традиции требовали, чтобы от меня исходил мягкий свет преданности президенту, а народ утешался тем, что я не бросаю вызов. Но

---

[1] Согласно новому закону, родители могут оставлять в семейном медицинском полисе ребенка до достижения им 26 лет. — *Прим. науч. ред.*

[2] Darden restaurants владеет и управляет более чем 2100 ресторанами, имеющими разные названия. — *Прим. науч. ред.*

я начала понимать, что при осторожном обращении этот свет мог превратиться в мощный прожектор. Моя власть исходила из человеческого любопытства — черная первая леди, построившая карьеру, будучи матерью двоих детей. Люди хотели знать все о моей одежде, обуви и прическах — значит, при этом они могли узнавать и о том, где я нахожусь и почему. Я училась связывать свое послание с внешностью и управлять таким образом общественным вниманием. Я могла надеть интересное платье, пошутить и нескучно рассказать о содержании соли в детском рационе. Могла публично поблагодарить компанию, активно нанимающую членов семей военнослужащих. А могла принять упор лежа, чтобы посоревноваться в отжиманиях с Эллен Дедженерес[1] в прямом эфире (и выиграть, заработав вечное право злорадствовать) для продвижения проекта «Давайте двигаться!».

Я — дитя мейнстрима, и в этом мое преимущество. Барак несколько раз называл меня «публичным Джо»[2] и просил оценить свои предвыборные лозунги и стратегии, ведь я с радостью погружаюсь в поп-культуру. Хотя иногда я попадала в места для избранных, типа Принстона и «Сидли и Остин», а теперь еще и время от времени надевала бриллианты и бальное платье, я не переставала читать журнал *People* и не отказывалась от любви к хорошим ситкомам. Я смотрела Опру и Эллен гораздо чаще, чем «Встречу с прессой» или «Лицом к лицу с нацией», и по сей день ничто не радует меня больше, чем мыльная опера.

Поэтому я замечала новые способы установить с избирателями контакт — способы, которых не видели Барак и его советники из Западного крыла. Вместо того чтобы давать интервью крупным газетам или кабельным новостным телеканалам, я стала общаться с популярными мамочками-блогерами — с огромной женской аудиторией. Наблюдая за тем, как молодые сотрудники обращаются со смартфонами, и замечая, что Малия и Саша читают новости и общаются со школьными друзьями через соцсети, я поняла: там у меня тоже есть возможность высказаться. Я на-

---

[1] Эллен Дедженерес — актриса, популярная телеведущая. — *Прим. ред.*

[2] Устойчивое выражение: простой, обычный человек. — *Прим. науч. ред.*

писала первый твит осенью 2011 года для продвижения «Объединенных сил», а затем наблюдала за его путешествием сквозь безграничный эфир, где люди теперь проводили так много времени.

Это было откровением. Все это — откровение. Я обнаружила, что, используя мягкую силу, я могу быть сильной.

Если репортеры с телекамерами хотели всюду следовать за мной, значит, я могла показать им интересные места. Например, они могли прийти посмотреть, как мы с Джилл Байден красим стену в неприметном доме в северо-западной части Вашингтона. В двух леди с малярными валиками вроде бы нет ничего интересного, но это просто приманка. Мы привели журналистов к порогу дома сержанта Джонни Агби, военного медика. Ему было двадцать пять, когда его вертолет атаковали в Афганистане, сломав Агби позвоночник и повредив мозг, что потребовало длительной реабилитации в «Уолтер Риде». Теперь первый этаж его дома полностью переоборудовали для перемещения на инвалидной коляске — расширили дверные проемы, опустили кухонную раковину — совместными усилиями некоммерческой организации «Восстановимся вместе» и компанией, которая владела Sears и Kmart[1]. Дом Агби — тысячный, который они перестроили для нуждающихся в помощи ветеранов. Камеры запечатлели все: солдата, его дом и атмосферу доброжелательности и энергичности. Репортеры взяли интервью не только у меня и Джилл, но и у сержанта Агби, и у тех, кто делал настоящую работу. По-моему, общественное внимание и должно фокусироваться именно на этом.

В ДЕНЬ ВЫБОРОВ — 6 НОЯБРЯ 2012 ГОДА — я осталась наедине со своими страхами. Мы с Бараком и девочками были в Чикаго, дома на Гринвуд-авеню, в ловушке мучительного ожидания, примет нас народ или отвергнет. Это голосование казалось тяжелее, чем любое другое, через которое мы прошли, — как всенародное обсуждение не только политической деятельности Барака и состояния страны, но и его характера и са-

---

[1] Крупнейшие сетевые магазины. — *Прим. науч. ред.*

мого нашего присутствия в Белом доме. Наши дочери уже обрели там круг преданных друзей, нормальную жизнь, которую мне не хотелось снова переворачивать с ног на голову. Я столько вложила в это, отдала более четырех лет жизни нашей семьи, что невозможно было не принимать все на свой счет.

Кампания измотала нас даже сильнее, чем я ожидала. Я работала над своими инициативами и старалась не отставать от родительских обязанностей вроде школьных собраний и проверки домашних заданий, а также выступала на мероприятиях кампании в среднем в трех городах в день три дня в неделю. Темп Барака был еще более изнурительным. Опросы неизменно показывали лишь незначительное преимущество над Миттом Ромни. Что еще хуже, Барак взорвался в ходе их первых дебатов в октябре, спровоцировав одиннадцать часов непрерывных споров спонсоров кампании и советников. Усталость не сходила с лиц наших трудолюбивых сотрудников. Они не говорили этого прямо, но всех их, конечно, волновало, что Барак может быть вынужден покинуть пост в течение нескольких следующих месяцев.

Все это время Барак оставался спокойным, хотя я видела, что с ним сделало президентство. В последние недели он выглядел немного бледным и даже более худым, чем обычно, непрестанно жевал свою никоретту. Мне, его жене, было непросто наблюдать, как он пытался успеть все одновременно: унять тревоги, завершить кампанию и управлять Америкой. Последнее означало, помимо всего прочего, отвечать на террористический захват американских дипломатов в Бенгази, Ливия, и управлять восстановлением Восточного побережья после урагана «Сэнди», который разнес его на кусочки всего за неделю до выборов.

Когда избирательные участки на Восточном побережье начали закрываться, я поднялась на третий этаж нашего дома, где мы организовали своего рода парикмахерскую и косметический салон, чтобы привести себя в порядок перед публичной частью предстоящей ночи. Мередит приготовила одежду для нас с мамой и девочек. Джонни и Карл делали мне прическу и макияж. В соответствии с традицией Барак уже поиграл в баскетбол и теперь сидел в офисе, внося последние штрихи в речь.

У нас был телевизор на третьем этаже, но я намеренно его не

включала. Все новости, хорошие или плохие, я хотела услышать непосредственно от Барака, Мелиссы или кого-то еще из близких. Болтовня ведущих новостей с интерактивными картами избирательных участков всегда действовала мне на нервы. Мне не нужны подробности. Я просто хотела знать, что чувствовать.

На Востоке было уже больше восьми вечера, а это означало появление первых результатов. Я взяла свой BlackBerry и отправила электронные письма Валери, Мелиссе и Тине Тчен, которая в 2011 году стала моей новой начальницей штаба, спросив, что они знают.

Подождала пятнадцать минут, потом тридцать, но никто так и не ответил. В комнате царила странная тишина. Мама на кухне внизу читала журнал. Мередит готовила девочек к вечеру. Джонни водил утюжком по моим волосам. Это я параноик или люди стараются не смотреть мне в глаза? Неужели они каким-то образом узнали то, чего не знала я?

Прошло еще немного времени, и у меня начала взрываться голова. Я теряла равновесие. Не осмеливалась включить новости, внезапно решив, что они будут ужасными. Я уже привыкла справляться с негативными мыслями, придерживаясь позитивного курса. Хранила свою уверенность в маленькой цитадели, высоко на холме собственного сердца. Но с каждой новой минутой, пока BlackBerry дремал у меня на коленях, я чувствовала, как стены крепости рушатся и ее захватывают сомнения. Может быть, мы недостаточно усердно работали. Может быть, мы не заслужили второго срока. Руки дрожали.

Я уже была готова упасть в обморок, когда Барак рысцой взбежал по лестнице, широко улыбаясь. Его тревоги уже давно остались позади.

— Мы надираем им задницы, — сказал он, удивившись, что я этого еще не знала. — В целом все закончилось.

Оказалось, внизу все это время царило радостное волнение, а телевизор в подвале постоянно сообщал хорошие новости. На моем BlackBerry пропала связь, поэтому никто не получил мои сообщения, а мне не дошли новости от друзей. Я позволила себе застрять в собственной голове. Никто не знал, что я волнуюсь, даже люди, которые в тот момент находились со мной в одной комнате.

Барак выиграл везде, кроме одного штата. За него голосовала молодежь, меньшинства и женщины, как и в 2008 году. Несмотря на попытки республиканцев помешать ему и его президентству, его курс все-таки одержал верх. Мы попросили у американцев разрешения продолжать работу — закончить ее на сильной ноте, — и мы получили его. Какое облегчение. *Достаточно ли мы хороши? Да, достаточно.*

Позже позвонил Митт Ромни, чтобы признать поражение. Мы нарядились и поднялись на сцену: мы вчетвером, много конфетти и радость от еще четырех лет.

После переизбрания появилась успокаивающая определенность. Нам дали еще немного времени для достижения целей, а значит, мы могли терпеливо ждать прогресса. Мы знали, что нас ждет в будущем, и я этому радовалась. Мы не меняли Саше и Малии школу; наши сотрудники оставались на своих рабочих местах; наши идеи все еще имели значение. И, что приятнее всего, по истечении четырех лет мы действительно со всем покончим. Больше никаких предвыборных кампаний, никаких стратегических сессий, опросов, дебатов или рейтингов — никогда. Наконец-то показался горизонт политической жизни

Правда, будущее преподнесет нам сюрпризы — и радостные, и трагичные. Еще четыре года в Белом доме означали четыре года на первом плане в качестве живых символов, реагирующих на все происходящее в стране. Одна из центральных идей предвыборной кампании заключалась в том, что нам все еще хватает энергии и дисциплины для этой работы, нам хватает духу продолжать. И теперь в нашу сторону на всех парах неслось будущее — даже быстрее, чем мы предполагали.

Пять недель спустя в начальную школу «Сэнди Хук» в Ньютауне, штат Коннектикут, вошел вооруженный человек и принялся расстреливать детей. Едва я закончила произносить короткую речь через улицу от Белого дома, меня отвела в сторону Тина — рассказать о случившемся. Пока я произносила речь, в ее смартфоне и смартфонах ее коллег появлялись заголовки. Все пытались скрыть эмоции и ждали, пока я закончу.

Новость настолько ужасающая и печальная, что я едва могла понять, о чем Тина говорит.

Она сказала, что уже связалась с Западным крылом. Барак один в Овальном кабинете. «Он просит вас приехать, — сказала Тина. — Прямо сейчас».

Мой муж нуждался во мне. Это первый и единственный раз за все восемь лет, когда он попросил меня зайти в середине рабочего дня и мы оба перестроили расписания, чтобы поддержать друг друга. Обычно мы отделяли работу от дома, но трагедия в Ньютауне разбила все окна и снесла преграды — как у нас, так и у многих других людей.

Когда я вошла в Овальный кабинет, мы с Бараком молча обнялись. Сказать было нечего. Не осталось слов.

Немногие знают, что президент видит почти все. По крайней мере, у него есть доступ к любой информации, связанной с благосостоянием страны. Будучи любителем фактов, Барак всегда стремился знать как можно больше. Он старался создать обширную и детальную картину каждой ситуации — даже трагической, — чтобы отреагировать на нее. Он считал это частью своего долга, ради которого его и избрали, — смотреть, а не отводить взгляд; твердо стоять на ногах, когда остальные падают.

К тому времени, как я его увидела, Бараку уже расписали ужасное преступление в «Сэнди Хуке» во всех красках. Он слышал о лужах крови на полу кабинетов и о телах двадцати первоклассников и шести учителей, разорванных на части выстрелами из полуавтоматической винтовки. Его шок и отчаяние, конечно, не сравнятся с тем, что испытали спасатели, бросившиеся к зданию, чтобы эвакуировать выживших в бойне. Это ничто по сравнению с чувствами родителей, которые стояли на холоде снаружи в мучительном ожидании и молились, чтобы снова увидеть своего ребенка. И это ничто по сравнению с горем тех, кто ждал напрасно.

Но все же эти образы навсегда запечатлелись в сердце Барака. Я видела в его глазах: он разбит, в нем осталось мало веры. Он начал было описывать произошедшее, но потом остановился, чтобы избавить меня от лишней боли.

Как и я, Барак глубоко и искренне любит детей. Он прекрасный отец, он регулярно приводил детей на экскурсию в Овальный кабинет. Просил подержать младенцев. Светился от счастья всякий раз, когда приходил на школьную ярмарку знаний или молодежное спортивное мероприятие. Прошлой зимой, начав добровольно работать помощником тренера в «Гадюках», Сашиной сборной средней школы по баскетболу, Барак получил совершенно новый источник радости.

Близость к детям всегда делала его жизнь легче. Барак не хуже остальных знал, сколько надежд погребено вместе с этими двадцатью юными жизнями.

Твердо стоять на ногах после Ньютауна было, наверное, самой трудной задачей в его жизни. Когда Малия и Саша вернулись из школы, мы с Бараком встретили их в резиденции и крепко обняли, пытаясь скрыть, насколько все это время жаждали к ним прикоснуться. Было трудно понять, о чем говорить и о чем не говорить нашим дочерям. Родители по всей стране задавались тем же вопросом.

Позже Барак провел пресс-конференцию внизу, пытаясь подобрать слова, которые могли бы послужить нации хоть малейшим утешением. Он вытирал слезы перед бешено щелкающими камерами новостных телеканалов, понимая, что на самом деле утешения не существует. Президент мог лишь предложить людям решимость — которую, как он предполагал, поддержат граждане и законодатели по всей стране — предотвратить новые массовые убийства, приняв разумные законы о продаже оружия.

Я смотрела, как он выступал, но сама была не готова. За последние четыре года в роли первой леди я часто произносила слова утешения. Я молилась с теми, чьи дома уничтожил торнадо в Таскалусе, штат Алабама, разрушив целые улицы в одно мгновение, будто здания строили из спичек. Я обнимала мужчин, женщин и детей, потерявших близких во время войны в Афганистане, от рук экстремиста, расстрелявшего армейскую базу в Техасе, и из-за стрельбы на улицах рядом с их домами. В предыдущие четыре месяца я навещала переживших массовые расстрелы в кинотеатре в Колорадо и в сикхском храме в Висконсине. Это каждый раз меня опустошало. У истоков чужой боли я всегда старалась оставаться спокойной и открытой, чтобы служить опорой, внимательной и заботливой.

Но, когда Барак отправился в Ньютаун, чтобы выступить на молитвенном бдении, посвященном жертвам, через два дня после трагедии, я не смогла заставить себя присоединиться. Я не послужила бы никому опорой. Я была первой леди почти четыре года, и на этот срок пришлось слишком много убийств. Слишком много бессмысленных, предотвратимых смертей — и слишком мало действий. Я не понимала, как можно утешить родителей, чьих детей застрелили в школе.

Вместо этого, как и многие другие родители, я вцепилась в своих собственных дочерей в порыве страха и любви. Приближалось Рождество, и Сашу вместе с несколькими другими детьми пригласили присоединиться к московской балетной труппе для двух спектаклей «Щелкунчик», которые проходили в тот же день, что и поминальная служба в Ньютауне. Барак успел проскользнуть в задний ряд и посмотреть генеральный прогон перед отъездом в Коннектикут. Я пошла на вечернее шоу.

Балет оказался сверхъестественно прекрасным, как всегда и бывает с этой историей, с принцем в залитом лунным светом лесу и кружащимися сладостями. Саша играла мышь в черном трико с пушистыми ушами и хвостом. Она танцевала, пока расписные сани скользили по сверкающему искусственному снегу под нарастающие звуки симфонической музыки. Я не отводила от нее взгляда и радовалась всем своим существом. Саша стояла на сцене с блестящими глазами, будто не веря, ослепленная головокружительной сказочностью происходящего. Это действительно было нереально. И она была достаточно юна, чтобы хотя бы на мгновение полностью отдаться происходящему, позволив себе двигаться в этом раю, где никто не разговаривал, и все танцевали, и скоро должно было настать Рождество.

П‌ОТЕРПИТЕ ЕЩЕ НЕМНОГО, ВЕДЬ ЛЕГЧЕ НЕ СТАНЕТ. Вот если бы Америка была простым местом с простой историей, если бы я могла рассказывать все через призму разумного и милого. Если бы мы никогда не оступались. И если бы каждая трагедия заканчивалась искуплением...

Но Америка совсем не такая, и я тоже. Я не собираюсь придавать этой истории идеальную форму.

Второй срок Барака оказался во многом легче, чем первый. Мы многому научились за предыдущие четыре года, наняли нужных людей и выстроили в целом рабочие системы. Теперь мы знали достаточно, чтобы избежать некоторых небольших ошибок, которые совершали в прошлом, начиная со дня инаугурации в январе 2013 года. Я сразу попросила, чтобы трибуна для зрителей на параде обогревалась, и в этот раз у нас не замерзли ноги. Мы решили поберечь свои силы и провели только два инаугурационных бала, в отличие от десяти в 2009 году. Нам предстояло еще четыре года, и если я чему-то и научилась за предыдущие, так это расслабляться и сбавлять темп при первой же возможности.

Сидя на параде рядом с Бараком после того, как он вновь принес свои клятвы стране, я наблюдала за потоком платформ и марширующих оркестров, энергично появлявшихся в поле зрения и исчезавших, уже способная наслаждаться зрелищем больше, чем в первый раз. С моего места невозможно было различить отдельные лица исполнителей. Их тысячи, каждый с собственной историей. Еще тысячи людей приехали в Вашингтон, чтобы принять участие в остальных мероприятиях в честь инаугурации, и еще десятки тысяч пришли на это посмотреть.

Позже я безумно жалела, что не разглядела одного человека: стройную чернокожую девушку в сверкающей золотой повязке и синей форме мажоретки, которая приехала с марширующим оркестром подготовительной школы Королевского колледжа из Саутсайда, Чикаго, чтобы выступить на инаугурационных мероприятиях. Мне хочется верить, что у меня была возможность каким-то образом заметить ее среди огромного потока людей, наводнивших город. Это была Хадия Пендлтон, пятнадцатилетняя девочка в самом начале жизненного пути, переживающая большие перемены. Она приехала на автобусе в Вашингтон с товарищами по группе. В Чикаго Хадия жила с родителями и младшим братом примерно в двух милях от нашего дома на Гринвуд-авеню. Она отлично училась в школе и часто говорила, что хочет поступить в Гарвард. Уже начала планировать свой шестнадцатый день рождения. Любила китайскую кухню, чизбургеры и ходить за мороженым с друзьями.

Я узнала об этом несколько недель спустя, на ее похоронах. Через восемь дней после инаугурации Хадию Пендлтон застрелили в общественном парке в Чикаго, недалеко от школы. Она стояла с друзьями под металлическим навесом рядом с детской площадкой, пережидая ливень. Восемнадцатилетний парень принял их за членов вражеской банды. Хадия получила пулю в спину, когда пыталась убежать. Двоих ее друзей он ранил. Было 14:20, вторник.

Мне очень хотелось бы увидеть ее живой, хотя бы для того, чтобы поделиться воспоминанием с ее мамой в момент, когда воспоминания о ее дочери внезапно стали конечными. Их оставалось только собирать и хранить.

Я пошла на похороны Хадии, ведь это казалось правильным. Я осталась дома, когда Барак отправился в Ньютаун, но теперь пришло мое время шагнуть вперед. Я надеялась, мое присутствие привлечет внимание ко множеству невинных детей, которых расстреливают на улицах города почти каждый день, — это и трагические события Ньютауна побудят американцев требовать принятия адекватных законов об оружии. Хадия Пендлтон родилась в сплоченной рабочей семье Саутсайда, очень похожей на мою собственную. Проще говоря, я могла ее знать. Я даже могла быть ею. И если бы она в тот день вернулась из школы другой дорогой или сдвинулась на шесть дюймов влево вместо шести дюймов вправо, когда началась стрельба, она могла бы стать мной.

— Я сделала все, что должна была, — сказала мне мать Хадии, когда мы встретились перед похоронами, и заплакала. Клеопатра Коули-Пендлтон, сердечная женщина с мягким голосом и коротко стриженными волосами, она работала в службе поддержки клиентов в кредитной рейтинговой компании[1]. В день похорон дочери Клеопатра приколола булавкой к лацкану огромный розовый цветок. Она и ее муж Натаниэль очень внимательно от-

---

[1] Компания, которая оценивает способность клиентов выполнить свои финансовые обязательства, основываясь на предыдущей кредитной истории. — *Прим. науч. ред.*

носились к Хадии, поощрили ее решение поступить в школу при Королевском колледже и записали на волейбол, чирлидинг и танцевальный кружок в церкви, чтобы у девочки не оставалось времени слоняться по улицам без дела. Как и мои родители когда-то, они пошли на жертвы, чтобы их дочь могла однажды выбраться за пределы района. Той весной Хадия должна была поехать в Европу с оркестром, и ей очень понравилась поездка в Вашингтон.

— Там так чисто, мама, — сказала она Клеопатре после возвращения. — Думаю, я пойду в политику.

Вместо этого Хадия Пендлтон стала одной из трех погибших в отдельных инцидентах с применением огнестрельного оружия в Чикаго в тот январский день. Тридцать шестым убитым в Чикаго в том году в результате вооруженного насилия — а ведь с начала года прошло всего двадцать девять дней. Само собой разумеется, почти все жертвы чернокожие. Несмотря на свои надежды и тяжелый труд, Хадия стала символом несправедливости.

На ее похороны пришло очень много людей. Сломленное сообщество втиснулось в церковь, чтобы попытаться справиться с видом девочки-подростка в гробу, выстланном фиолетовым шелком. Клеопатра поднялась и произнесла речь о своей дочери. Затем вставали друзья Хадии и говорили о ней, преисполненные возмущением и беспомощностью. Дети задавались не просто вопросом «почему?», а «почему так часто?».

В зале собрались влиятельные взрослые: не только я, но и, среди прочих, мэр города, губернатор штата, Джесси Джексон-старший и Валери Джаррет. Мы расселись по скамьям, оставшись наедине с горем и чувством вины. И тогда хор запел с такой силой, что пол церкви задрожал.

Для меня важно не просто произносить слова утешения. За свою жизнь я услышала немало пустых слов от важных людей, которые почитали долгом во времена трагедий болтовню, а не действия. Но моим предназначением было говорить правду от лица лишенных голоса, от лица нуждающихся. Я знала, мое появление каждый раз выглядело драматично — внезапный, быстро надвигающийся шторм со мной в центре и кортежем, агентами, помощниками и СМИ по краям. Вот мы здесь, и вот нас уже нет. Мне не нравилось, как это влияло на людей. Мое присутствие заставляло их заикаться или замолкать. Они терялись. При встрече я раскрывала объятия — слегка потянуть время и отбросить притворство, позволяя собеседникам прийти в себя.

Я старалась поддерживать отношения с новыми людьми, особенно с теми, кому обычно недоступен мой мир. Хотела поделиться его блеском, насколько это возможно.

Я пригласила родителей Хадии Пендлтон сесть рядом со мной на выступлении Барака «О положении в стране» через несколько дней после похорон, а затем приняла их семью в Белом доме на «Пасхальном катании яиц». Клеопатра стала активисткой движения за предотвращение насилия и несколько раз возвращалась к нам на совещания по этому вопросу.

Я взяла за правило писать письма глубоко тронувшим меня девочкам из школы Элизабет Гаррет Андерсон в Лондоне, призывая их не терять надежду и продолжать трудиться, несмотря на отсутствие привилегий.

В 2011 году я взяла с собой группу из тридцати семи учениц школы на экскурсию по Оксфордскому университету, выбрав не отличниц, а студенток, которые, по мнению учителей, еще не раскрыли свой потенциал. Я хотела дать им представление об их возможностях, показать, какие плоды могут принести старания. В 2012 году я принимала учениц этой школы в Белом доме во время государственного визита британского премьер-министра. Я обращалась к детям несколько раз и по-разному, чтобы они действительно почувствовали, что все это — реально.

Мои первые успехи в жизни — результат неизменной любви и высоких ожиданий, окружавших меня в детстве как дома, так и в школе. Это понимание вдохновило меня на создание программы наставничества в Белом доме, которая после ляжет в основу новой образовательной инициативы под названием «Достигай большего». Я хотела побудить детей поступать в колледжи и, оказавшись там, двигаться дальше. Я знала: в ближайшие годы роль высшего образования будет только возрастать для молодых людей, оказавшихся на глобальном рынке труда. «Достигай большего» создавалась, чтобы помогать на этом пути, предоставляя широкую поддержку школьным консультантам и облегчая абитуриентам доступ к федеральным стипендиям.

Мне повезло иметь родителей, учителей и наставников, которые последовательно внушили простую истину: *Ты имеешь значение*. Став взрослой, я решила передать ее новому поколению. Я говорила это собственным дочерям — им повезло ходить в такую школу и расти с такими привилегиями, которые только подтверждали мои слова. Но я была полна решимости внушить то же самое всем детям, встреченным на пути. Я хотела быть полной противоположностью женщине, беззаботно сказавшей мне в старшей школе, что я не подхожу для Принстона.

— Все мы верим, что вы отлично подходите для этого места, — сказала я ученицам школы Элизабет Гаррет Андерсон, когда они сидели с ошеломленным видом в готической старинной столовой Оксфорда, в окружении университетских профессоров и студентов-наставников. Я говорила подобное всем детям, которых мы принимали в Белом доме: подросткам из резервации Стэндинг-Рок; местным школьникам, которые появлялись у нас, чтобы поработать в огороде; старшеклассникам, приходившим на наши дни профессиональной ориентации и семинары по моде, музыке и поэзии; даже детям, с которыми я встречалась только на мгновение, чтобы быстро и решительно обнять и перейти к следующему в огромной очереди. Мое послание оставалось одним и тем же. *Тебе здесь самое место. Ты имеешь значение. Я очень высокого мнения о тебе.*

Один экономист из Британского университета позже опубликовал исследование экзаменационных оценок учениц школы Элизабет Гаррет Андерсон. Он обнаружил, что их средний балл значительно подскочил когда я начала с ними общаться, — практически эквивалентно скачку от C до A[1]. Конечно, это полностью заслуга самих девочек, их учителей и совместной ежедневной работы. Но исследование подтвердило мою те-

---

[1] От C до A в американской школьной системе оценивания = от 3 до 5 в российской. — *Прим. науч. ред.*

орию о том, что дети будут сильнее вкладываться в учебу, если почувствуют, что взрослые инвестируют в них. В том, чтобы продемонстрировать свой интерес и уважение к детям, кроется большая сила.

Я снова вернулась в Чикаго через два месяца после похорон Хадии Пендлтон. Я поручила Тине, начальнице штаба и адвокату, которая сама провела много лет в этом городе, направить всю свою энергию на предотвращение вооруженного насилия на местном уровне. Тина была экспертом по политике с большим сердцем и заразительным смехом, а также самой пробивной девчонкой из всех моих знакомых. Она понимала, за какие ниточки нужно потянуть внутри и снаружи правительства, чтобы повлиять в необходимом нам масштабе. Более того, характер и опыт Тины не позволяли ей оставаться незамеченной, особенно в сферах, где традиционно доминировали мужчины, — там ей чаще всего и приходилось работать. На протяжении всего второго президентского срока Барака Тина боролась с Пентагоном и губернаторами штатов, пытаясь пробиться через бюрократию, чтобы ветераны и супруги военных могли более эффективно строить карьеру, а также помогала разрабатывать новые административные инициативы, посвященные образованию девочек во всем мире.

После смерти Хадии Тина задействовала местные связи, чтобы подтолкнуть чикагских бизнесменов и филантропов к сотрудничеству с мэром Рамом Эммануэлем. Требовалось создать и расширить общественные программы для молодежи из группы риска. Усилиями Тины нам пообещали 33 млн долларов помощи всего за несколько недель. Прохладным апрельским днем мы с Тиной вылетели на встречу общественных лидеров, чтобы обсудить расширение прав и возможностей молодежи, а также познакомиться с новой группой детей.

Ранее той зимой передача «Эта американская жизнь» по общественному радио посвятила два часа рассказу о студентах и сотрудниках средней школы Уильяма Р. Харпера в Энглвуде, районе Саутсайда. За прошлый год в перестрелках пострадали двадцать восемь бывших и настоящих учеников школы, восемь из них — убиты. Эти цифры поразили нас с сотрудниками, но хуже всего, что городские школы по всей стране боролись с эпидемией вооруженного насилия. Поэтому, кроме разговоров о расширении прав и возможностей молодежи, нужно было выслушать, что скажет сама молодежь.

В моем детстве Энглвуд, конечно, был неблагополучным районом, но не смертельно опасным, как сейчас. В младших классах я ездила в Энглвуд на еженедельные лекции по биологии в лабораториях местного колледжа. Теперь, много лет спустя, когда мой кортеж проезжал мимо заброшенных бунгало и закрытых ставнями витрин магазинов, мимо пустырей и сгоревших зданий, мне показалось, что в этом месте процветали только алкогольные магазины.

Я вспомнила собственное детство, свой район и то, как люди бросались словом «гетто», словно угрозой. Теперь я понимала, что одна лишь мысль об этом заставляла стабильные семьи среднего класса в спешке уезжать в пригород, пока их собственность не обесценилась. «Гетто» — название черного и безнадежного места. Ярлык, предвещающий беду и ускоряющий ее наступление. Он закрывает магазины и заправочные станции, расположенные в шаговой доступности, и подрывает авторитет школьных учителей, которые пытаются поднять детям самооценку. От этого слова все пытаются убежать, но оно встает на дыбы.

В центре Западного Энглвуда находилась средняя школа «Харпер», несколько корпусов из песчаника. Я познакомилась с директрисой школы, Леонеттой Сандерс, торопливой афроамериканкой, которая работала там в течение последних шести лет, и двумя школьными соцработниками. Они целиком погружались в жизни 510 учеников «Харпера», в большинстве из малоимущих семей. Одна из соцработниц, Кристал Смит, часто расхаживала по коридорам «Харпера» между классами и накачивала студентов позитивом, во всеуслышание сообщая о том, как она их ценит: «Я очень тобой горжусь!» и «Я вижу, что ты стараешься изо всех сил!» Она говорила: «Я заранее тебе благодарна!» за каждый правильный выбор, который, по ее мнению, собирались сделать ее студенты.

В школьной библиотеке вместе с нами оказались двадцать два ученика «Харпера» — афроамериканцы, в основном старшеклассники. Все они, одетые в брюки и рубашки с отложными воротничками, расселись по кругу на диваны и кресла. Большинству не терпелось поговорить. Они описали ежедневный, даже ежечасный страх перед бандами и насилием. У некоторых не было родителей — или были, но зависимые; пара школьников уже побывала в центрах заключения несовершеннолетних. Девятиклассник Томас стал свидетелем того, как прошлым летом застрелили его хорошую подругу — шестнадцатилетнюю девочку. Он также видел, как его старший брат, частично парализованный вследствие огнестрельного ранения, был ранен в том же инциденте, потому что сидел на улице в своей инвалидной коляске. Почти каждый ребенок из присутствующих потерял кого-то — друга, родственника, соседа — в перестрелке. А вот в центре города, чтобы посмотреть на берег озера или посетить Военно-морской пирс[1], бывал мало кто.

Одна из соцработниц вмешалась, сказав группе: «Восемьдесят градусов и солнце!» Все с сожалением закивали — я не поняла почему. «Объясните миссис Обаме, — попросила она. — Что происходит у вас в голове, когда вы просыпаетесь утром и слышите, что по прогнозу на улице восемьдесят градусов[2] и солнечно?»

Она явно знала ответ, но хотела, чтобы я его услышала.

Все ученики «Харпера» согласились, что такой день не предвещал ничего хорошего. В солнечную погоду банды активизировались и стрельба усиливалась.

Эти дети адаптировались к вывернутой наизнанку логике, продиктованной окружением. Они оставались дома в хорошую погоду и строили свой маршрут в школу и из школы, основываясь на смене влияния гангстеров на определенных территориях.

---

[1] Военно-морской пирс в Чикаго — одна из достопримечательностей города, на пирсе открыто сразу два музея. Войти на территорию пирса и посетить выставки можно бесплатно. — *Прим. науч. ред.*

[2] Около 27 градусов по шкале Цельсия. — *Прим. ред.*

Иногда, говорили они мне, самым безопасным было идти домой посреди проезжей части, чтобы машины проносились мимо с обеих сторон. Оттуда был лучший обзор на зону конфликтов или возможные перестрелки. А значит, появлялось больше времени, чтобы сбежать.

Америка — не простое место. От ее противоречий у меня иногда кружится голова. Я бывала на демократических благотворительных вечерах в огромных манхэттенских пентхаусах, где потягивала вино с богатыми женщинами, заявлявшими, что страстно увлечены проблемами детского образования. Затем наклонялись ко мне, чтобы тихо сказать, что их мужья с Уолл-стрит никогда не будут голосовать за того, кто хотя бы допустит мысль о повышении налогов на роскошь.

А теперь я в «Харпере» слушала, как дети обсуждают способы остаться в живых. Я восхищалась их стойкостью духа и отчаянно хотела, чтобы они не так сильно в ней нуждались.

Один из ребят откровенно посмотрел на меня.

— Это, конечно, хорошо, что вы здесь, и все такое, — сказал он, пожав плечами. — Но что вы на самом деле собираетесь делать со всем этим?

Для них я была представителем властей из Вашингтона и Саутсайда. Когда разговор зашел о Вашингтоне, я должна была сказать правду.

— Честно говоря, — начала я, — я знаю, что вам многое пришлось пережить, но никто не собирается вас спасать в ближайшее время. Большинство людей в Вашингтоне даже не пытаются. Многие из них даже не знают о вашем существовании.

Я объяснила школьникам, что прогресс идет медленно и они не могут позволить себе просто сидеть сложа руки и ждать перемен. Многие американцы не хотели повышения налогов, а Конгресс не мог даже принять бюджет, не говоря уже о том, чтобы подняться выше мелких партийных войн. Не стоило надеяться на миллиардные инвестиции в образование или магические изменения в их районе. Даже после ужаса Ньютауна Конгресс, казалось, был полон решимости блокировать любые меры, которые ограничили бы продажу оружия в неправильные руки. А законодатели больше думали о сборе взносов от Национальной стрелковой ассоциации[1], чем о защите детей. Политика — это сплошная путаница, сказала я. Здесь нельзя добавить ничего ободряющего.

Однако я продолжила речь, решив зайти с другой стороны — из Саутсайда внутри себя. *Используйте школу*, сказала я.

Эти дети только что целый час рассказывали мне трагические и тревожные истории, но я напомнила им, что те же самые истории демонстрировали их настойчивость, уверенность в себе и способность преодолевать трудности. Я заверила: у них уже есть все необходимое для успеха. Они уже сидят в школе, которая предлагает бесплатное образование, и в этой школе есть много преданных и заботливых взрослых, уверенных, что их жизни — важны.

Примерно через шесть недель, благодаря пожертвованиям местных бизнесменов, несколько учеников из «Харпера» приедут в Белый дом, чтобы лично увидеть меня и Барака, а также провести время в университете Говарда и понять, что такое колледж. Я надеялась, они смогут представить себя студентами в его стенах.

Я никогда не притворялась, будто слова или объятия первой леди могут перевернуть чью-то жизнь или будто для детей, которые переживают то же, что ученики школы «Харпер», существует какой-то легкий путь. Все не так просто. И, конечно, каждый из нас, сидевших в тот день в библиотеке, знал это. Но я была там, чтобы помочь этим детям выбраться из старой и проклятой сказки о судьбе черного американского ребенка из неблагополучного района — ему с рождения пророчат неудачу, только ускоряя ее наступление. Если я могла указать этим школьникам на их сильные стороны и дать некоторое представление о том, как двигаться вперед, то я всегда это делала. Таков был мой маленький вклад.

---

[1] Национальная стрелковая ассоциация (NRA) — оружейное лобби, которое объединяет сторонников права граждан на хранение и ношение огнестрельного оружия. — *Прим. науч. ред.*

24

Весной 2015 года Малия объявила, что ее пригласил на выпускной мальчик, который ей немного нравился. Ей было шестнадцать, и она заканчивала девятый класс в «Сидуэлле». Для нас она оставалась совсем малышкой, длинноногой и всегда полной энтузиазма, но на самом деле взрослела с каждым днем. Теперь Малия была почти одного со мной роста и уже начинала подумывать о поступлении в колледж. Она хорошо училась, была любознательной и хладнокровной и обращала внимание на детали, как и ее отец. Увлеклась кинематографом и прошлым летом смело разыскала Стивена Спилберга, пришедшего в Белый дом на званый ужин, и задала ему так много вопросов, что он предложил ей стажироваться на съемках сериала, который в тот момент продюсировал. Наша девочка нашла свой путь.

Обычно по соображениям безопасности Малию и Сашу не пускали в чужие машины. У Малии уже были промежуточные права[1], и она могла самостоятельно передвигаться по городу, хотя агенты всегда следовали за ней на своем автомобиле. И все же она не ездила на автобусе или метро с тех пор, как переехала в Вашингтон в возрасте десяти лет, и ее никогда не подвозил кто-то не из числа сотрудников секретной службы. Но для выпускного мы сделали исключение.

---

[1] Школьники в 15 лет могут получить водительские права. Сначала это удостоверение ученика, и школьник может управлять машиной в сопровождении взрослого. Следующий этап — промежуточные права — школьник управляет автомобилем самостоятельно, но такие права предполагают определенные ограничения. — *Прим. науч. ред.*

В назначенный вечер кавалер Малии прибыл на своей машине и прошел проверку безопасности у юго-восточных ворот Белого дома. Он проехал по тропинке, ведущей вверх и вокруг Южной лужайки, как главы государств и другие высокопоставленные гости, а затем отважно вошел в Дипзал.

— Просто ведите себя нормально, пожалуйста, ладно? — сказала Малия нам, вспыхнув от неловкости, когда мы спустились на лифте вниз по лестнице. Я шла босиком, а Барак в шлепанцах. Малия надела длинную черную юбку и элегантный топ с открытыми плечами. Она была очень красивой и выглядела где-то на двадцать три.

Мне показалось, нам удалось вести себя нормально, но Малия вспоминает этот момент со смехом, утверждая, что все прошло немного вымученно. Мы с Бараком пожали руку молодому человеку в черном костюме, сделали несколько снимков, а затем обняли дочь, прежде чем отпустить их. Мы не волновались, зная, что — пусть это и немного нечестно — агенты безопасности Малии будут следовать за машиной мальчика всю дорогу до ресторана, где они собирались поужинать перед танцами, и останутся на тихое дежурство в течение всего вечера.

С точки зрения родителей, неплохо воспитывать подростков, зная, что за ними постоянно следят бдительные взрослые, которые вытащат из любой чрезвычайной ситуации. Однако в подростках это вызывает вполне понятное сопротивление. Как и в случае со многими другими аспектами жизни в Белом доме, нам оставалось только разобраться, как нашей семье следует с этим справляться — где провести границы и как сбалансировать требования президента с потребностями двоих детей, желающих взрослеть самостоятельно.

Когда девочки доросли до средней школы, мы установили для них комендантский час — сначала 11 вечера, а затем полночь — и следили за его соблюдением, по словам Малии и Саши, гораздо строже, чем многие родители их друзей. Если я беспокоилась о безопасности или местонахождении дочек, я всегда могла связаться с агентами, но старалась так не делать. Мне было важно, чтобы дети доверяли своей службе безопасности. Вместо этого я поступала так, как остальные: полагалась на связь с другими родителями. Мы обменивались информацией о том, куда направляется стайка детей и есть ли с ними ответственный взрослый. Конечно, на плечах наших девочек лежал большой груз ответственности в силу того, кем был их отец. Все их ошибки могли попасть в газетные заголовки. Мы с Бараком оба понимали, насколько это несправедливо. Мы оба часто нарушали запреты и делали глупости в подростковом возрасте, и нам очень повезло, что в это время за нами не следила целая нация.

Малии было восемь лет, когда Барак, сидя на краю ее кровати в Чикаго, спросил, не против ли она того, чтобы он баллотировался в президенты. Теперь я понимаю, как мало она знала в то время, как мало знали мы все. Одно дело — расти ребенком в Белом доме, а другое — покидать его уже взрослым. Как тогда Малия могла предположить, что мужчины с оружием будут сопровождать ее на выпускной? Или что люди будут снимать, как она курит украдкой, и продавать эти фотографии на сайты сплетен?

Наши дети росли в уникальное время. Apple начала продавать iPhone в июне 2007 года, примерно через четыре месяца после того, как Барак объявил о своей кандидатуре на пост президента. Миллион девайсов раскупили менее чем за три месяца. Миллиард — до окончания его второго срока. Барак — первый президент новой эры, эры разрушения и перестройки норм конфиденциальности — благодаря селфи, взломам баз данных, Snapchat и сестрам Кардашьян[1]. Дочери погрузились в виртуальный мир глубже нас, отчасти потому, что социальные сети практически управляли жизнью подростков, а отчасти потому, что теснее контактировали с общественностью. Когда Малия и Саша после школы или по выходным гуляли с друзьями по Вашингтону, то повсюду встречали незнакомцев, снимающих их на телефоны. Иногда им даже приходилось спорить со взрослыми мужчинами и женщинами, просящими — даже требующи-

---

[1] Мишель Обама говорит о разрушении норм конфиденциальности. В «Шоу Кардашьян» нет семейных тайн и закрытых тем. Это первое шоу такого масштаба и такой популярности в этом контексте. — *Прим. науч. ред.*

ми — сделать с ними селфи. «Вы ведь понимаете, что я ребенок?» — иногда напоминала Малия, отказывая кому-то.

Мы с Бараком сделали все возможное, чтобы защитить наших детей от чрезмерной публичности: отклоняли запросы СМИ на интервью с ними и пытались держать их повседневную жизнь вне поля общественного зрения. Когда девочки выходили в город, их охранники старались вести себя незаметно. Они надевали шорты и футболки вместо костюмов и меняли обычные наушники и наручные микрофоны на наушники-вкладыши, чтобы лучше вписаться в подростковые тусовки, на которых им приходилось бывать все чаще. Мы категорически не одобряли публикацию любых фотографий наших детей, не связанных с официальными мероприятиями, и пресс-служба Белого дома четко дала СМИ это понять. Каждый раз, когда снимок одной из девочек появлялся на сайте сплетен, Мелисса и другие члены команды мгновенно требовали их убрать.

Охранять частную жизнь девочек означало найти другие способы удовлетворить интерес общественности к жизни нашей семьи. В начале второго срока Барака в нашем доме появился новый щенок — Сани, — свободолюбивая бродяжка, которая, казалось, не видела смысла привыкать к дому, учитывая, насколько большим был ее новый дом. Собаки придавали жизни легкость. Живое, праздное доказательство того, что Белый дом был настоящим домом. Зная, что общение с Малией и Сашей в основном под запретом, отдел по связям с общественностью Белого дома начал запрашивать для прессы собак. По вечерам я находила в папке для брифингов записки с просьбами одобрить «Визит к Бо и Санни», позволить собакам пообщаться с представителями СМИ или детьми, приезжавшими на экскурсию. Собакам было где развернуться, когда репортеры появлялись в Белом доме, чтобы узнать о важности американской торговли и экспорте или послушать, как Барак высказывается в поддержку кандидатуры Меррика Гарленда для Верховного суда. Бо снялся в рекламном ролике для «Пасхального катания яиц». Они с Санни позировали со мной для онлайн-кампании, призывающей оформлять медицинскую страховку. Из них получились отличные амбассадоры, невосприимчивые к критике и собственной славе.

Как и все дети, Саша и Малия перерастали какие-то вещи. Каждую осень, с первого года президентства Барака, они присоединялись к нему, чтобы посмотреть, как он на виду у журналистов выполнял забавный ритуал — «помилование индейки» перед Днем благодарения[1]. Первые пять лет девочки улыбались и хихикали, пока их отец отпускал банальные шутки. Но к шестому году, когда им было по тринадцать и шестнадцать лет соответственно, они слишком повзрослели, чтобы даже притворяться, будто им весело. Через несколько часов после церемонии по всему интернету разлетелись фотографии страдалиц — Саши с каменным лицом, Малии со скрещенными на груди руками, — стоящих рядом с президентом, его кафедрой и ни о чем не подозревающей индейкой. Заголовок *USA Today* достаточно справедливо подытожил: «Малия и Саша Обама сыты по горло помилованием индейки своего отца».

Их присутствие на «помиловании», как и практически на любом официальном мероприятии в Белом доме, теперь стало совершенно необязательным. Девочки росли счастливыми, самостоятельными подростками с богатой событиями жизнью. Родителям по силам разве что контролировать ситуацию. У наших детей появились собственные планы, которые уже не шли ни в какое сравнение с самыми лучшими из наших.

— А ты не хочешь сегодня спуститься вниз и послушать Пола Маккартни?

— Мам, пожалуйста. Нет.

Из комнаты Малии часто доносилась музыка. Саша и ее друзья обожали кулинарные шоу на кабельном и иногда занимали кухню резиденции, чтобы испечь декорированное печенье или на скорую руку приготовить для себя изысканные блюда. Обе дочери наслаждались относительной анонимностью и отправлялись в школьные поездки или в гости к друзьям на каникулы (с агентами СБ на хвосте). Саша любила выбирать себе закуски в Между-

---

[1] Помилование индейки — одна из традиций Белого дома, которая берет начало в 1863 году, когда президент Авраам Линкольн оставил жизнь индейке, не дав заколоть ее для праздничного стола на День благодарения. — *Прим. науч. ред.*

народном аэропорту Даллеса перед посадкой на переполненный коммерческий рейс только потому, что это сильно отличалось от обычной президентской суматохи, которая сопровождала нас на базе ВВС «Эндрюс» и стала нормой для нашей семьи.

У совместных путешествий были и свои преимущества. Прежде чем закончится второй срок Барака, девочки успеют побывать на бейсбольном матче в Гаване, прогуляться вдоль Великой Китайской стены и увидеть статую Христа-Искупителя в Рио в волшебной туманной дымке. Но в вещах, не связанных с президентством, мы девочкам только мешали. Когда у Малии началась старшая школа, мы вдвоем отправились на экскурсию в Нью-Йоркский и Колумбийский университеты. Какое-то время все шло нормально. Мы быстро пробежались по кампусу Нью-Йоркского университета — нам помогло то, что в ранний час многие студенты еще спали. Посмотрели классные комнаты, заглянули в общежитие и поболтали с деканом, прежде чем отправиться в город на ранний ланч и перейти к следующему вузу.

Однако такой огромный кортеж, как у первой леди, не может остаться незамеченным, особенно на острове Манхэттен в середине рабочего дня. Когда мы закончили есть, на тротуаре перед рестораном собралось около сотни человек, и переполох нарастал. На выходе нас встретили десятки смартфонов и дружный хор приветствий. Конечно, намерения у людей были самые лучшие: «Поступай в Колумбию, Малия!» — кричали они. Но девочке, пытавшейся спокойно решить, каким должно быть ее будущее, они сослужили не лучшую службу.

Я сразу же поняла, что мне нужно сделать. А именно — остановиться и позволить Малии посетить следующий вуз без меня. Она отправилась с Кристин Джонс, моей личной помощницей. Без меня шансы Малии на то, что ее узнают, резко падали. Она могла передвигаться быстрее и с гораздо меньшим количеством агентов. Без меня она могла бы, возможно, сойти за обычного ребенка, который гуляет по кампусу. Я должна была по крайней мере дать ей шанс на это.

Кристин, уроженка Калифорнии под тридцать, была для девочек как старшая сестра. Она пришла в офис молодым стажером и вместе с Кристен Джарвис, которая до недавнего времени работала моим менеджером по поездкам, играла важную роль в жизни нашей семьи. Она заполняла пробелы, вызванные интенсивностью графиков и сложностями, которые приходят вместе с популярностью. «Кристины», как мы их называли, часто заменяли нас. Они связывали нас с «Сидуэллом», организовывали встречи и взаимодействовали с учителями, тренерами и другими родителями, когда мы с Бараком не могли сделать это сами. Они всегда заботились о девочках и любили их, стоя гораздо ближе к молодежной моде, чем я, в глазах дочерей. Малия и Саша доверяли им безоговорочно, просили совета по любому поводу, от гардероба и соцсетей до растущего интереса к мальчикам.

Пока Малия осматривала Колумбийский университет, служба безопасности поместила меня в охраняемую зону, которая оказалась подвалом учебного корпуса, — где я сидела одна, никем не замеченная, пока не пришло время уходить, жалея, что не захватила с собой хотя бы книгу. Признаюсь, это немного больно. Я чувствовала себя одиноко не столько потому, что я оказалась одна в комнате без окон, убивая время, сколько потому, что, нравится мне это или нет, будущее уже близко. Наша первая малышка скоро вырастет и покинет нас.

Мы еще не дошли до конца, но я уже подводила итоги. Я подсчитывала приобретения и потери. Что мы принесли в жертву, а в чем преуспели — в масштабах как нашей страны, так и семьи. Неужели мы сделали все посильное? Неужели мы действительно сможем выбраться отсюда целыми и невредимыми?

Я попыталась вспомнить, каково мне было, когда жизнь вдруг свернула с пути предсказуемого, полностью подконтрольного существования, которое я себе представляла, — с постоянной зарплатой, домом, в котором можно жить вечно, и чередой повторяющихся дней. В какой момент я решила отказаться от всего этого? Когда я впустила хаос? Летней ночью, когда наклонилась, чтобы впервые поцеловать Барака? Или когда наконец ушла от упорядоченных стопок документов и карьеры партнера в юридической фирме, чтобы лучше самореализоваться?

Иногда мои мысли возвращались в подвал церкви в Роузленде, в дальнем Саутсайде Чикаго, куда я ездила двадцать пять лет назад, чтобы послушать, как Барак говорит с группой местных жителей, пытающихся восстать против безнадежности и безразличия. В его речи я услышала что-то знакомое, но произнесенное по-новому. Я знала, можно жить в двух плоскостях одновременно — упираться ногами в реальность, но направлять стопы в сторону прогресса. Так я поступала в детстве на Эвклид-авеню, и моя семья и маргинализированные слои населения в целом тоже всегда так поступали. Ты можешь достичь чего-то, только создав лучшую реальность, для начала хотя бы в своем воображении. Или, как сказал Барак в тот вечер, можно жить в мире, каков он есть, но при этом работать над тем, чтобы сделать его таким, каким он должен быть.

Тогда я была знакома с этим парнем всего пару месяцев, но теперь, оглядываясь назад, понимаю, что это и был поворотный момент. В тот момент, не произнеся ни слова, я подписала контракт на всю нашу жизнь и на всю эту жизнь.

Я была благодарна за те улучшения, которые я могла наблюдать. В 2015 году я все еще посещала больницу Уолтера Рида, но в ней от раза к разу становилось все меньше и меньше раненых. Все меньше американских солдат подвергали жизнь риску за границей; в стране становилось все меньше военных, нуждающихся в уходе, и меньше матерей с разбитыми сердцами. Для меня это был шаг вперед.

Мы достигли успеха и в борьбе с детским ожирением: судя по результатам исследований Центров по контролю и профилактике заболеваний, его уровень снижался, особенно среди малышей в возрасте от двух до пяти лет.

Две тысячи старшеклассников Детройта отпраздновали со мной День поступления в колледж — мероприятие, которое мы включили в программу «Достигай большего», чтобы отметить день, когда молодые люди подавали документы в вузы. Прогресс, что Верховный суд отклонил попытку оспорить ключевую часть нового закона «О здравоохранении страны». Значит, главное внутриполитическое достижение Барака — медицинское страхование для каждого американца — продолжит действовать, когда он покинет свой пост. К успеху относилось и то, что, когда Барак вошел в Белый дом, наша экономика теряла по 800 000 рабочих мест в месяц, а теперь количество рабочих мест непрерывно росло уже почти пять лет подряд.

Я воспринимала все это как доказательство того, что мы как страна способны создать лучшую реальность. Но при этом все же продолжаем жить в мире, каков он есть.

За полтора года после Ньютауна Конгресс не принял ни одной поправки по контролю за оружием. Бен Ладен исчез, но появилась ИГИЛ. Уровень убийств в Чикаго шел скорее вверх, чем вниз. Черного подростка Майкла Брауна, застреленного полицейским в Фергюсоне, штат Миссури, оставили мертвым посреди дороги на несколько часов. Чернокожий подросток Лакуан Макдональд получил шестнадцать пуль от полиции Чикаго, в том числе девять в спину. Черного мальчика Тамира Райса застрелили полицейские в Кливленде, потому что ребенок играл с моделью пистолета. Чернокожий мужчина Фредди Грей умер после того, как о нем все просто забыли в полицейском участке в Балтиморе. Чернокожий мужчина Эрик Гарнер был задушен полицейским во время ареста на Стейтен-Айленде.

Это чудовищно, и это оставалось неизменным. Во время первого избрания Барака различные комментаторы наивно заявляли, что наша страна вступает в «пострасовую» эру, когда цвет кожи больше не имеет значения. Но вот доказательства того, как они ошибались. Американцы, одержимые угрозой терроризма, часто упускают из виду расизм и трайбализм, разрывающие нашу нацию на части.

В конце июня 2015 года мы с Бараком прилетели в Чарльстон, Южная Каролина, чтобы присоединиться к очередной скорбящей общине. На этот раз хоронили пастора Клемента Пинкни, одного из девяти человек, убитых в расово мотивированной стрельбе в начале месяца в Африканской методистской епископальной церкви, известной как Церковь матери Иммануила. Жертвы, все афроамериканцы, приняли безработного двадцатиоднолетнего белого мужчину — незнакомого им — в свою группу изучения Библии. Он посидел с ними некоторое время, а затем, когда все склонили головы в молитве, встал и начал стрелять. Где-то посреди расправы он, как нам сообщили, сказал: «Я должен это сделать, потому что вы насилуете наших женщин и вы насилуете нашу страну».

После трогательного панегирика преподобному Пинкни, осознавая глубокую трагичность момента, Барак удивил всех, медленно и проникновенно запев вместе с собранием «О, благодать». Это простой призыв к надежде, призыв к упорству. Казалось, все в зале присоединились к нему. Вот уже более шести лет мы с Бараком жили с осознанием того, что сами являемся провокацией. Меньшинства по всей стране постепенно начинали брать на себя более значительные роли в политике, бизнесе и развлечениях, но наша семья оставалась у всех на виду. Наше присутствие в Белом доме было благословением для миллионов американцев и при этом вызывало реакционный страх и обижало других. Эта ненависть была стара, глубока и опасна, как никогда.

Мы жили с этим как семья, и мы жили с этим как нация. И продолжали справляться с этим так достойно, как только могли.

В день похорон в Чарльстоне — 26 июня 2015 года — Верховный суд США вынес знаковое решение о том, что однополые пары имеют право вступать в брак во всех пятидесяти штатах. Это кульминация юридической битвы, которая велась методично на протяжении десятилетий, штат за штатом, суд за судом, и, как и любая борьба за гражданские права, требовала настойчивости и мужества многих людей. Я то и дело видела сообщения об американцах, обрадованных этой новостью. Ликующая толпа скандировала: «Любовь победила!» на ступеньках Верховного суда. Пары стекались в мэрии и окружные суды, чтобы осуществить то, что теперь стало их конституционным правом. Гей-бары открывались пораньше. По всей стране на улицах развевались радужные флаги.

Это помогло нам пережить печальный день в Южной Каролине. Вернувшись домой в Белый дом, мы переоделись из траура, быстро поужинали с девочками, а затем Барак исчез в Зале договора, чтобы включить спортивный канал и поработать. По пути в гардеробную я заметила в одно из выходящих на север окон резиденции пурпурное свечение и вдруг вспомнила, что персонал планировал осветить Белый дом в цветах радужного флага прайда[1].

Выглянув в окно, я увидела, что за воротами на Пенсильвания-авеню в летних сумерках собралась большая толпа — посмотреть на огни. Северный проезд заполнили правительственные чиновники, которые задержались допоздна, чтобы увидеть, как Белый дом преображается в честь равенства браков. Это решение коснулось стольких людей. Я видела, как много их пришло, но ничего не слышала. Странная часть нашей жизни. Белый дом был безмолвной, запечатанной крепостью, заглушающей почти все звуки толщиной своих окон и стен. За домом мог сесть десантный вертолет, подняв штормовой ветер своими лопастями, — но мы бы так ничего и не услышали. Обычно я догадывалась, что Барак вернулся домой из поездки, не по звуку прибывшего вертолета, а по запаху топлива, который каким-то образом умудрялся проникать внутрь.

Я часто бывала рада удалиться в защищенную тишину резиденции в конце долгого дня. Но эта ночь выдалась совсем другой, такой же парадоксальной, как и наша страна. После дня, проведенного в скорби в Чарльстоне, я наблюдала, как прямо за окном развернулась огромная вечеринка. Сотни людей смотрели на наш дом. Хотела бы я взглянуть на это их глазами. Я вдруг поняла, что отчаянно желаю присоединиться к празднованию.

Я просунула голову в Зал договора

— Хочешь выйти и посмотреть на огни? — спросила я Барака. — Там полно народу.

Он рассмеялся.

— Ты же знаешь, что я не люблю толпы.

Саша была в своей комнате, поглощенная айпадом.

— Хочешь пойти со мной посмотреть на радужные огни? — спросила я.

---

[1] Радужный флаг — международный символ ЛГБТ-сообщества. Прайд — от гей-прайд (*англ.* Gay pride), акция, обычно парад, привлекающая общественное внимание к существованию ЛГБТ-людей и их проблемам. — *Прим. ред.*

— Нет.

Оставалась Малия, которая немного удивила меня тем, что мгновенно согласилась. Я нашла единомышленницу. Мы отправлялись на поиски приключений — на улицу, к людям — и не собирались спрашивать ни у кого разрешения.

Согласно стандартному протоколу, нам требовалось сообщать агентам секретной службы, дежурившим у лифта, когда мы хотели покинуть резиденцию, — будь то спуститься вниз, чтобы посмотреть фильм или вывести собак на прогулку, — но не в этот раз. Мы с Малией только что проскочили мимо дежурных агентов, не глядя им в глаза. Мы миновали лифт и быстро спустились по узкой лестнице. Я слышала, как за нами стучат туфли старающихся не отставать агентов. Малия одарила меня дьявольской ухмылкой. Она не привыкла к тому, что я нарушаю правила.

Добравшись до государственного этажа, мы направились к высоким дверям, ведущим в Северный портик, когда услышали голос:

— Здравствуйте, мэм! Я могу вам помочь? — Это была Клэр Фолкнер, швейцар на ночном дежурстве, дружелюбная, тихая брюнетка, которую, как я предполагаю, уже предупредили агенты, шепчущие в свои наручные часы позади нас.

Я посмотрела на нее через плечо, не замедляя шага.

— О, мы просто выйдем на улицу, — сказала я, — чтобы посмотреть на огни.

Клэр подняла брови. Мы не обратили на нее внимания. Подойдя к двери, я схватилась за широкую золотую ручку и потянула на себя. Но створка не поддавалась. Девять месяцев назад злоумышленник с ножом каким-то образом умудрился перепрыгнуть через забор и ворваться в эту самую дверь, пробежав по государственному этажу, прежде чем его схватил офицер секретной службы. Поэтому охрана начала запирать дверь.

Я повернулась к группе позади — к ней уже присоединился офицер секретной службы в белой рубашке с черным галстуком.

— Как вы открываете эту штуку? — сказала я, ни к кому конкретному не обращаясь. — Должен же быть ключ.

— Мэм? — сказала Клэр. — Я не уверена, что вам нужна именно эта дверь. Каждый новостной канал прямо сейчас направил камеру на северную сторону Белого дома.

Она действительно была права. На голове у меня царил полный бардак, и я надела шлепанцы, шорты и футболку. Не совсем подходящий вид для появления на публике.

— Ладно, — согласилась я. — Но разве мы не можем незаметно отсюда выйти?

Мы с Малией уже отправились в крестовый поход — и не собирались от него отказываться. Мы хотели выбраться наружу.

Кто-то предложил попробовать одну из боковых дверей на первом этаже, куда приезжали грузовики, чтобы доставить еду и офисные принадлежности. Туда наша группа и направилась. Малия взяла меня под руку. От происходящего у нас шла кругом голова.

— Мы выходим! — сказала я.

— Да, и впрямь! — откликнулась дочка.

Мы спустились по мраморной лестнице и прошли по красным коврам, вокруг бюстов Джорджа Вашингтона и Бенджамина Франклина и мимо кухни, а потом внезапно оказались на улице. В лицо ударил влажный летний воздух. Я увидела, как на лужайке перемигиваются светлячки. И вот он, гул публики — люди кричат и празднуют за железными воротами. Нам потребовалось десять минут, чтобы выбраться из собственного дома, но мы это сделали. Мы были снаружи, стояли на лужайке в стороне, вне поля зрения публики, но с прекрасным, крупным планом Белого дома, окрашенного в цвета прайда.

Мы с Малией прижались друг к другу, радуясь, что выбрались сюда.

Как это всегда и бывает в политике, уже повеяли новые ветра. Осенью 2015 года в самом разгаре была очередная президентская кампания. Республиканская партия выдвинула кучу кандидатов, включая губернаторов, таких как Джон Касич и Крис Кристи, сенаторов, как Тед Круз и Марко Рубио, а также более десятка других. Между тем демократы быстро сужали выборку до Хиллари Клинтон и Берни Сандерса, либерального независимого сенатора от Вермонта.

Дональд Трамп объявил о своей кандидатуре в начале лета из

Башни Трампа на Манхэттене. В речи он проехался по мексиканским иммигрантам — «насильникам», как он их назвал, — а также «неудачникам», по его словам, управлявшим страной. Мне казалось, он просто упивался вниманием прессы, потому что мог. Его поведение не предвещало, что он всерьез собирается на пост.

Я следила за кампанией, но уже не столь пристально, как в прошлые годы. Вместо этого я была занята своей четвертой в качестве первой леди инициативой, названной «Пусть девочки учатся», которую мы с Бараком запустили вместе еще весной. Это амбициозная общегосударственная работа по оказанию помощи девочкам-подросткам всего мира в получении более широкого доступа к образованию. На протяжении почти семи лет меня снова и снова поражали как перспективы, так и уязвимость молодых женщин в мире — от девочек-иммигранток, с которыми я познакомилась в школе Элизабет Гаррет Андерсон, до Малалы Юсуфзай, пакистанской девочки, на которую жестоко напали талибы и которая пришла в Белый дом, чтобы поговорить со мной, Бараком и Малией об образовании девочек. Я была в ужасе, когда примерно через шесть месяцев после визита Малалы экстремистская группировка Боко Харам похитила 276 нигерийских школьниц — по-видимому, чтобы заставить другие нигерийские семьи бояться отправлять дочерей в школу. Это побудило меня в первый и единственный раз подменить Барака во время его еженедельного обращения к нации и произнести эмоциональную речь о том, что нам необходимо больше работать над защитой и поощрением девочек во всем мире.

Все это было мне близко. Образование — главный инструмент перемен в моей собственной жизни, мой лифт. Меня потрясло, что у многих девочек — более 98 млн по всему миру, по статистике ЮНЕСКО, — нет к нему доступа. Некоторые девочки не могли ходить в школу, потому что их семьи хотели, чтобы они работали. Иногда ближайшая школа оказывалась слишком далеко или чрезмерно дорогой, или риск нападения по пути туда был чересчур велик. Удушающие гендерные нормы и экономические факторы в совокупности держат девочек без образования, фактически лишая их будущих возможностей. Суда по всему, существует идея — поразительно распространенная в некоторых частях мира, — будто девочек просто не стоит отдавать в школу, даже если исследования показывают, что образование девочек и женщин и предоставление им возможности работать приводят только к увеличению ВВП страны.

Мы с Бараком хотели изменить представления о том, что делает молодую женщину ценной для общества. Он сумел привлечь миллионы долларов ресурсов со всей своей администрации, через USAID[1] и Корпус мира, а также через Государственный департамент США[2], Департамент труда и сельского хозяйства. Мы вместе лоббировали через правительства других стран финансирование программ для образования девочек, одновременно привлекая к работе частные компании и аналитические центры.

Я умела создать ради благого дела кое-какую шумиху. Американцам свойственна оторванность от проблем людей в дальних странах. Я пыталась преодолеть ее, предложив знаменитостям, например Стивену Кольберу[3], помочь нам на мероприятиях и в соцсетях. Я заручилась помощью Жанель Монэ, Зендаи, Келли Кларксон[4] и других, чтобы выпустить запоминающуюся поп-композицию, написанную Дианой Уоррен. Сингл называется «This is For My Girls» («Это для моих девочек»), и все доходы от него пошли на финансирование образования девочек во всем мире.

И, наконец, я сделала кое-что, чего всегда побаивалась: спела в Carpool Karaoke Джеймса Кордена[5], пока мы кружили по Южной лужайке в черном внедорожнике. Мы спели: «Signed, Sealed, Delivered», «Single Ladies» и, наконец, — вот причина, по кото-

---

[1] United States Agency for International Development — Агентство США по международному развитию. — *Прим. науч. ред.*

[2] Г о с д е п США — министерство иностранных дел США. — *Прим. науч. ред.*

[3] Американский комик и телеведущий. — *Прим. ред.*

[4] Американские певицы и актрисы. — *Прим. ред.*

[5] Эпизод «Позднего-позднего вечернего шоу с Джеймсом Корденом», в котором ведущий — Джеймс Корден — и его знаменитые гости вместе поют в едущем автомобиле. — *Прим. ред.*

рой я подписалась на это, — «Это для моих девочек» с Мисси Эллиот, которая проскользнула на заднее сиденье и читала рэп вместе с нами. Я практиковалась в караоке в течение нескольких недель, запоминала каждый бит каждой песни. Я хотела, чтобы все выглядело весело и легко, но за этим, как всегда, стояла работа и более крупная цель — разговор о проблеме. Мое видео с Джеймсом получило 45 млн просмотров на YouTube за первые три месяца, а значит, каждое затраченное усилие стоило того.

Ближе к концу 2015 года мы с Бараком и девочками полетели на Гавайи, чтобы провести Рождество, как всегда делали, в большом арендованном доме с широкими окнами на пляж, в окружении наших старых друзей и семьи. Как все последние шесть лет, мы нашли время, чтобы посетить военнослужащих и их семьи на близлежащей базе морской пехоты. И, как и всегда, отпуск Барака получился лишь частичным — едва ли отпуском, на самом деле. Барак отвечал на телефонные звонки, посещал ежедневные совещания и консультировался со штатом советников, помощников и спичрайтеров, расположившихся в соседнем отеле. Это заставило меня задуматься, сможет ли Барак полностью расслабиться, когда придет время, и найдет ли вообще хоть кто-нибудь из нас способ отпустить все это. Интересно, каково будет наконец-то отправиться куда-нибудь без парня с «ядерным чемоданчиком»?

Пусть я и позволяла себе немного помечтать, но все же не могла представить, чем все закончится.

Мы вернулись в Вашингтон к началу нашего последнего года в Белом доме, и часы теперь всерьез начали обратный отсчет. Я запустила длинную серию «последних» мероприятий. Последний Губернаторский бал, последнее «Катание пасхальных яиц», последний Ужин корреспондентов Белого дома. Мы с Бараком нанесли последний государственный визит в Соединенное Королевство: он включал в себя встречу с нашей подругой — королевой.

Барак всегда испытывал особую нежность к королеве Елизавете, она напоминала ему его строгую бабушку Тут. Я лично поражалась ее эффективности, мастерству, выкованным из необходимости всю жизнь постоянно быть на глазах у широкой общественности. Несколькими годами ранее мы с Бараком приветствовали гостей вместе с королевой и принцем Филиппом. Я ошеломленно наблюдала, как королева проносится мимо людей с быстрыми вежливыми приветствиями, не оставляющими места для последующего разговора, в то время как Барак общался с дружелюбной развязностью, почти поощряя болтовню и подолгу отвечая на вопросы, тем самым нарушая порядок церемонии. После стольких лет со дня нашей встречи я все еще была вынуждена его поторапливать.

В апреле 2016 года мы вдвоем вылетели на вертолете из резиденции американского посла в Лондоне в Виндзорский дворец в сельской местности к западу от города. Сотрудники сообщили, что королева и принц Филипп планируют встретить нас, а затем лично отвезти обратно в замок на обед. Как всегда, нас проинформировали о протоколе заранее: мы должны официально поприветствовать членов королевской семьи, прежде чем сесть в автомобиль. Я должна разместиться впереди, рядом с девяносточетырехлетним принцем Филиппом, который ведет машину, а Барак — рядом с королевой на заднем сиденье.

Впервые за восемь с лишним лет нашу машину вел кто-то кроме агента секретной службы, и никого из агентов даже не было с нами в машине. Это представляло для СБ такую же важность, как соблюдение протокола — для сотрудников, отвечающих за наши передвижения и взаимодействия, следящих за тем, чтобы каждая мелочь была правильно истолкована и все прошло гладко.

Однако, когда мы приземлились в поле на территории дворца и поздоровались, королева резко сорвала все планы, жестом пригласив меня присоединиться к ней на заднем сиденье «Рендж-ровера». Я замерла, пытаясь вспомнить, готовил ли кто-нибудь меня к этому сценарию. Что нужно сделать: согласиться или настоять, чтобы рядом с ней сидел Барак?

Королева сразу же заметила мои колебания. У нее их не было.

— Они что, дали вам какие-то инструкции на этот счет? — спросила она, отмахнувшись от всех этих церемоний. — Все это глупости. Садитесь, где хотите.

Торжественные напутственные речи для меня были важным, почти священным весенним ритуалом. Каждый год я выступала в старших школах и колледжах, которые обычно не приглашают известных ораторов. (Принстон и Гарвард, мне жаль, но вы прекрасно справляетесь без меня.) В 2015 году я вернулась в Саутсайд Чикаго, чтобы произнести речь на выпускном в Королевской подготовительной школе, которую окончила бы Хадия Пендлтон, проживи она чуть дольше. В память о ней на церемонии стоял пустой стул, который одноклассники Хадии украсили подсолнухами и обтянули фиолетовой тканью.

В последний раунд напутственных речей в качестве первой леди я выступала в Государственном университете Джексона в Миссисипи — в еще одном исторически черном вузе, — пользуясь возможностью поговорить о стремлении к большему. Я выступала в Городском колледже Нью-Йорка[1] и подчеркнула важность этнического многообразия и иммиграции. И 26 мая, в день, когда Дональд Трамп стал единственным партийным кандидатом на пост президента от республиканцев, я в Нью-Мексико выступала перед классом коренных американских студентов, которые заканчивали небольшую среднюю школу-интернат и почти полным составом собирались поступать в колледжи. Чем глубже я погружалась в опыт первой леди, тем смелее становилась, тем честнее и прямее говорила о том, каково быть списанным со счетов из-за расы и пола. Я хотела дать молодым людям альтернативу ненависти, разгорающейся в новостях и политическом дискурсе, и повод для надежды.

Я постаралась передать одну важную мысль о себе и своем положении в мире. Я знала, что такое невидимость. Я была невидимкой. Я принадлежала к нескольким поколениям невидимок. Мне нравилось упоминать, что я праправнучка раба по имени Джим Робинсон, который, вероятно, похоронен в безымянной могиле где-то на плантации Южной Каролины. И, стоя за кафедрой перед студентами, думавшими о будущем, я стара-

---

[1] Городской колледж Нью-Йорка — основной и старейший колледж Городского университета Нью-Йорка. — *Прим. науч. ред.*

лась продемонстрировать им пример того, как можно стать видимым — хотя бы в некотором отношении.

Последняя церемония вручения дипломов пришлась на теплый июньский день, когда Малия заканчивала школу «Сидуэлл». Наша близкая подруга Элизабет Александер, поэтесса, написавшая стихотворение для первой инаугурации Барака, произносила речь перед классом, значит, мы с Бараком могли просто сесть и отдаться чувствам. Я гордилась Малией, которая вскоре должна была отправиться в Европу, чтобы отдохнуть там несколько недель с друзьями. После годового перерыва она поступит в Гарвард. Я гордилась Сашей, которой в тот день исполнилось пятнадцать. Она уже отсчитывала часы до концерта Бейонсе, куда собиралась вместо вечеринки по случаю дня рождения. Бо́льшую часть лета она проведет на Мартас-Винъярд, в семье своих друзей, пока мы с Бараком не приедем на каникулы. Она найдет там новых друзей и первую работу в маленьком кафе. Я гордилась своей матерью, которая сидела рядом на солнышке, в черном платье и туфлях на каблуках. Она выдержала жизнь в Белом доме и путешествия по миру вместе с нами, полностью оставшись при этом самой собой.

Я гордилась всеми нами за то, что уже почти было сделано. Барак сидел рядом на складном стуле. У него на глазах выступили слезы, когда он смотрел, как Малия пересекает сцену за дипломом. Я знала, что он устал. Три дня назад он произнес надгробную речь в честь друга из юридической школы, работавшего на него в Белом доме. Два дня спустя в гей-клубе в Орландо, штат Флорида, открыл огонь очередной экстремист, убив сорок девять человек и ранив еще пятьдесят три. Работа Барака ни на минуту не становилась легче.

Он был хорошим отцом, собранным и последовательным, в отличие от его собственного отца. Но Бараку пришлось кое-чем пожертвовать. Он стал родителем как политик. Его избиратели и их потребности всегда были рядом с нашими.

Немного больно осознавать, что он приблизился к тому, чтобы иметь больше свободы и больше времени, как раз когда дочери начали нас покидать.

Но мы должны были их отпустить. Будущее принадлежало им, как и должно быть.

В конце июля я попала на самолете в сильную грозу. Нас швыряло вверх и вниз на подлете к Филадельфии, где я собиралась выступить в последний раз на съезде Демократической партии. Эта была, возможно, самая сильная турбулентность в моей жизни. Кэролайн Адлер Моралес, моя глубоко беременная директриса по коммуникациям, волновалась, что из-за стресса у нее могут начаться преждевременные роды, Мелисса — которая боялась летать даже при нормальных условиях — что есть мочи визжала в своем кресле, а я могла думать только об одном: *Просто пусть мы приземлимся вовремя, чтобы я успела порепетировать.* Да, я уже давно освоилась на самых больших сценах, но мне по-прежнему требовалось время для подготовки.

Еще в 2008 году, когда Барак впервые баллотировался в президенты, я повторяла и переповторяла речь для съезда, пока не убедилась, что выучила наизусть вплоть до запятых и расставлю их даже во сне. Отчасти так получилось потому, что прежде я никогда не выступала в прямом эфире, а отчасти потому, что ставки были высоки. Я выходила на сцену после того, как меня демонизировали в СМИ, назвав злобной черной женщиной, которая не любит свою страну. Речь позволила мне очеловечить себя, представить, кто я такая, своими словами, разгромив карикатуры и стереотипы. Четыре года спустя, на съезде в Шарлотте, штат Северная Каролина, я честно рассказала, что я увидела в Бараке во время первого срока. Он оставался тем же принципиальным человеком, за которого я вышла замуж, и я поняла, что «президентство не меняет тебя; оно показывает, кто ты есть».

На этот раз я выступала в поддержку Хиллари Клинтон, которая была оппоненткой Барака на безжалостном праймериз 2008 года, а потом стала его верным и эффективным госсекретарем. Я никогда так не болела за кандидатов, как за своего мужа, поэтому мне непросто агитировать за других. Когда дело доходило до публичного обсуждения чего-либо или кого-либо в политической сфере, я придерживалась собственного кодекса чести: говори только то, во что безоговорочно веришь и что чувствуешь.

Мы приземлились в Филадельфии, и я помчалась в конференц-центр, оставалось достаточно времени, чтобы переодеться и дважды пробежаться по речи. Затем я вышла и сказала о том, что я знала и во что верила. Я говорила о том, что боялась воспитывать наших дочерей в Белом доме, и о том, как я горжусь умными молодыми женщинами, которыми они стали. Я призналась, что доверяю Хиллари, потому что она понимает требования к президенту и у нее хватает лидерских качеств, ведь она не менее квалифицирована, чем любой кандидат в истории. И я указала, что сейчас перед страной стоит сложный выбор.

С самого детства я считала, что выступать против буллеров не менее важно, чем не опускаться до их уровня. Проясню: теперь мы боролись против буллера, который среди прочего унижал меньшинства и выражал презрение к военнопленным, бросал вызов достоинству нашей страны практически каждым своим высказыванием. Я хотела, чтобы американцы поняли: слова имеют значение — язык ненависти, который они слышат по телевизору, не отражает истинного духа нашей страны, и мы можем голосовать против него. Я хотела воззвать к достоинству — к мысли о том, что мы как нация должны оставаться верны устоям, которых придерживалась моя семья на протяжении многих поколений. Именно достоинство помогало нам справляться с трудностями. Сделать выбор в его пользу не всегда легко, но люди, которых я уважала больше всего в жизни, делали его снова и снова, каждый день. Мы с Бараком пытались жить согласно девизу, который я озвучила в тот вечер со сцены: *Когда они опускаются, мы поднимаемся.*

Два месяца спустя, всего за несколько недель до выборов, в прессе всплыло видео Дональда Трампа в момент неосторожности. В 2005 году он похвастался телеведущему сексуальным насилием над женщинами, выражаясь при этом настолько непристойно и вульгарно, что СМИ даже затруднялись его цитировать, не нарушая установленные правила приличия. В конце концов журналисты просто решили их отбросить, чтобы дать кандидату высказаться.

Услышав запись, я не поверила своим ушам. И тем не менее в шутливо-агрессивной мужской манере Трампа было что-то до боли знакомое. *Я могу причинить тебе боль и выйти сухим из воды.* Это выражение ненависти, которую обычно скрывали в приличной компании, но которая все еще жила в сердцевине нашего якобы просвещенного общества. Эту ненависть понимали и принимали достаточно, чтобы кто-то вроде Дональда Трампа мог себе ее позволить. Каждая из знакомых мне женщин распознала бы ее. Каждый, кого когда-либо заставляли чувствовать себя «чужим», распознал бы ее. Это именно то, от чего многие из нас надеялись оградить наших детей, — но, вероятно, безуспешно. Доминирование, даже его угроза, является формой дегуманизации. Это самый отвратительный вид власти.

Я вспыхнула от ярости. Я должна была выступить на предвыборном митинге в поддержку Хиллари на следующей неделе, но вместо того, чтобы расписывать ее преимущества и компетентность, чувствовала себя обязанной обратиться к словам Трампа — и противопоставить им свои.

Я писала черновик речи, сидя в больничной палате Уолтера Рида, где маме делали операцию на спине. Мысли скакали. Меня уже много раз осмеивали, мне угрожали, меня унижали за то, что я черная женщина, которая высказывает свое мнение. Я слышала насмешки над своим телом, буквально над размером пространства, которое я занимаю в этом мире. Я видела, как Дональд Трамп преследовал Хиллари Клинтон во время дебатов, ходил за ней, пока она говорила, и вставал слишком близко, пытаясь вытеснить ее присутствие своим. *Я могу причинить тебе боль и выйти сухим из воды.* Женщины всю жизнь терпят унижения: свист, ощупывания, насилие, подавление. Это вредит нам. Истощает силы. Некоторые раны настолько малы, что их почти не видно. Другие — огромные и зияющие — оставляют шрамы, которые никогда не заживут. Но в любом случае они накапливаются. Мы носим их повсюду: в школу и на работу, домой, к детям, в храм. Они с нами в любое время, когда мы пытаемся чего-то достичь.

Комментарии Трампа нанесли мне очередную рану. Я не могла позволить его посланию набирать силу. Работая с Сарой Гурвиц, искусным спичрайтером, которая была со мной с 2008 года, я облекла свою ярость в слова, а затем — когда мама оправилась от операции — произнесла их в Манчестере, штат Нью-Гемпшир. Выступив перед энергичной толпой, я ясно выразила свои чувства.

— Это ненормально, — сказала я. — Это не обычная политика. Это позор. Это недопустимо.

Я выразила свою ярость и страх, а также веру в то, что американцы действительно поняли, между чем они выбирают. Я вложила всю душу в эту речь.

Я полетела обратно в Вашингтон, молясь, чтобы меня услышали.

Поздней осенью мы с Бараком начали планировать январский переезд в новый дом. Мы решили остаться в Вашингтоне, чтобы Саша закончила среднюю школу в «Сидуэлл». Малия в то время была в Южной Америке в своем годичном отпуске перед началом учебы, наслаждалась свободой быть так далеко от политических страстей, как только можно. Я умоляла сотрудников в Восточном крыле закончить работу на сильной ноте, даже несмотря на то что им нужно подыскивать новую работу, а битва между Хиллари Клинтон и Дональдом Трампом с каждым днем становилась все интенсивнее и все больше отвлекала от дел.

7 ноября 2016 года, вечером накануне выборов, мы с Бараком отправились в короткую поездку в Филадельфию, чтобы присоединиться к Хиллари и ее семье на заключительном митинге перед огромной толпой в торговом центре Independence. Мы были настроены на позитив и ожидание. Я приняла близко к сердцу оптимизм Хиллари, а также оптимизм множества опросов, которые демонстрировали ее уверенное лидерство. Я черпала уверенность еще и в том, что, как мне казалось, понимала, какие качества американцы станут и не станут терпеть в лидере. Я ничего не предполагала, но была довольна нашими шансами.

Впервые за много лет мы с Бараком не играли никакой роли в ночь выборов. Не было гостиничных номеров, зарезервированных для ожидания; не было подносов с канапе, телевизора, ревущего из каждого угла. Не было причесок, косметики, гардероба, который нужно подобрать заранее, никаких указаний детям, никакой подготовки к вечерней речи. Нам нечего было делать, и это приводило нас в восторг. Начало нашего отступления, первый привкус того, каким может стать будущее. Конечно, мы находились в окружении людей, но главный момент нам не принадлежал. Мы просто свидетельствовали его. Зная, что до результатов еще далеко, мы пригласили Валери посмотреть фильм в кинотеатре Белого дома.

Я ничего не запомнила о фильме: ни названия, ни даже жанра. На самом деле мы просто убивали время в темноте. Я все прокручивала в голове тот факт, что президентский срок Барака почти закончился. Впереди нас ждали прощания — десятки и десятки прощаний, все эмоциональные, поскольку персонал, который мы так любили и ценили, покидал Белый дом. Наша цель состояла в том, чтобы сделать то, что Джордж и Лора Буш сделали для нас: как можно более плавно передать полномочия. Команды уже готовили справочники и списки контактов для преемников. Перед отъездом многие сотрудники Восточного крыла оставляли на столах для своих сменщиков рукописные записки с дружескими приветствиями и предложениями помощи.

Мы все еще оставались погружены в повседневные дела, но уже серьезно думали, что нас ждет впереди. Мы с Бараком были рады остаться в Вашингтоне, но планировали построить дом и в Саутсайде Чикаго, где потом разместится Президентский центр Обамы[1]. Мы также планировали создать фонд, миссией которого станет поощрение нового поколения лидеров. У нас было много целей, но самая большая из них — дать молодым людям и их идеям больше пространства и поддержки. При этом я понимала, что нам нужен перерыв, поэтому подыскивала уединенное место, где мы могли бы отдохнуть несколько дней в январе, сразу после присяги нового президента.

Нам просто нужен был новый президент.

Когда фильм закончился и зажегся свет, зазвонил смартфон Барака. Он взглянул на экран, а затем посмотрел еще раз, слегка нахмурив брови.

---

[1] Президентский центр Обамы — проектом центра занимается благотворительный фонд Обамы. В Центре будет располагаться музей, библиотека, залы для проведения общественных мероприятий. — *Прим. науч. ред.*

— Хм, — сказал Барак. — Из Флориды пришли странные результаты.

В его голосе не было тревоги, только крошечное семечко осознания, горячий уголек, внезапно вспыхнувший в траве. Телефон снова зазвонил. Мое сердце забилось быстрее. Я знала, новости поступали от Дэвида Симаса, политического советника Барака, который следил за результатами из Западного крыла и понимал всю алгебру голосования округ за округом. Если случалось что-то катастрофическое, Симас узнавал об этом раньше всех.

Я внимательно следила за лицом мужа, не уверенная, что готова услышать новости. Вид Барака не предвещал ничего хорошего. Мой живот налился свинцом. Тревога превратилась в ужас. Когда Барак и Валери принялись обсуждать первые результаты, я объявила, что иду наверх. Я подошла к лифту, надеясь сделать только одно — выбросить все это из головы и заснуть. Я понимала, что происходит, но оказалась к этому не готова.

Пока я спала, новость подтвердилась: американцы избрали Дональда Трампа преемником Барака на посту следующего президента Соединенных Штатов.

Я хотела не знать об этом так долго, как только могла.

Я проснулась мокрым и унылым утром. Над Вашингтоном нависло серое небо. Мне ничего не оставалось, кроме как назвать погоду похоронной. Время еле ползло. Саша молча ушла в школу, не в силах поверить в произошедшее. Взволнованная Малия позвонила из Боливии. Я сказала обеим девочкам, что люблю их и все будет хорошо. То же самое я твердила и самой себе.

Хиллари Клинтон набрала почти на 3 млн голосов больше, чем ее оппонент, но Трамп захватил Коллегию выборщиков[1] благодаря менее чем 80 000 голосов, распределенных по Пенсильвании, Висконсину и Мичигану. Я не политик, поэтому не собираюсь анализировать результаты. Я не стану рассуж-

---

[1] **Коллегия выборщиков в США** — система непрямых (двухступенчатых) выборов, предусмотренная конституцией для обеспечения прав малонаселенных штатов. Выборщики аккумулируют голоса, определяют, в чью сторону склоняется выбор избирателей (демократа или республиканца), и передают это выше. — *Прим. науч. ред.*

дать о том, кто виноват, или говорить, что это несправедливо. Я просто хотела бы, чтобы на выборы пришло чуть больше людей. И я всегда буду задаваться вопросом, что заставило так много женщин отвергнуть исключительно квалифицированного кандидата-женщину и вместо нее выбрать президентом женоненавистника. Но теперь остается только смириться.

Барак не спал бо́льшую часть ночи, отслеживал данные, и, как много раз прежде, ему нужно было выступить вперед как символу устойчивости, чтобы помочь нации справиться с шоком. Я ему не завидовала. Барак бодро провел утреннюю беседу с сотрудниками в Овальном кабинете, а затем около полудня произнес несколько трезвых, но обнадеживающих слов в обращении к народу из Розового сада, призывая — как и всегда — к единству и достоинству. Он просил американцев уважать друг друга, а также институты нашей демократии.

Мы со всем персоналом втиснулись в мой кабинет в Восточном крыле, расселись на диванах и стульях, принесенных из других залов. Моя команда состояла в основном из женщин и представителей меньшинств, в том числе нескольких выходцев из семей иммигрантов. Многие плакали, чувствуя, насколько теперь уязвимы. Они полностью выкладывались на работе, потому что верили в идеи, которые продвигали. Я постаралась донести до них, что они должны гордиться происхождением, что их труд имеет значение и что одни выборы не могут стереть восемь лет перемен.

Не все потеряно. Эту мысль мы обязаны донести до всех остальных. Я действительно в нее верила. Конечно, все не идеально, но такова реальность, таков наш мир. Нам нужно не растерять решимость и держать курс на прогресс.

Теперь мы действительно подошли к концу. Я оказалась между прошлым и будущим, задаваясь вопросом: что останется после нас?

Мы сорок четвертая Первая семья и только одиннадцатая оставшаяся в Белом доме на два полных срока. Мы были и останемся первой черной семьей. Я надеялась, что, если в будущем родители приведут своих детей на экскурсию, как я привела Малию и Сашу в те времена, когда их отец был сенатором, они найдут здесь какое-то напоминание о нас. Я решила, что наше присутствие было важно отметить, зафиксировать на широкой ленте истории этого места.

Не каждый президент заказывал официальный фарфоровый сервиз[1], например, но мы это сделали. Во время второго срока Барака мы также переоборудовали старую семейную столовую, расположенную рядом с Обеденным залом, освежили ее современным интерьером и впервые открыли для широкой публики. На северной стене комнаты мы повесили потрясающую желто-красно-синюю абстрактную картину Альмы Томас «Воскресение», которая стала первым произведением чернокожей женщины в постоянной коллекции Белого дома.

Однако самая основательная память о нас осталась за пределами стен. Огород существовал уже семь с половиной лет и производил примерно две тысячи фунтов[2] продовольствия в год. Он пережил сильные снегопады, ливни и разрушительный град. Когда несколько лет назад сильный ветер повалил национальную рождественскую елку высотой в сорок два фута[3], садик уцелел. Прежде чем покинуть Белый дом, я хотела придать ему большую прочность. Мы расширили площадь до 2800 квадратных футов[4], что более чем вдвое превышает первоначальный размер. Добавили выстланные камнем дорожки и деревянные скамейки, а также симпатичную беседку из дерева, оставшегося от поместий президентов Джефферсона, Мэдисона и Монро и дома детства доктора Мартина Лютера Кинга-младшего. А затем, однажды осенью после полудня, я пересекла Южную лужайку, чтобы официально передать огород следующему поколению.

---

[1] Официальный фарфоровый сервиз — сервиз, который используется на официальных обедах в Белом доме. Первый официальный фарфоровый сервиз был сделан по заказу Джеймса Монро, пятого президента США. Это произошло после пожара 1814 года и последующей реконструкции Белого дома. — *Прим. науч. ред.*

[2] Около 907 кг. — *Прим. ред.*

[3] 12,8 м. — *Прим. ред.*

[4] 260 кв. м. — *Прим. ред.*

Ко мне присоединились сторонники и защитники, которые помогли нам продвинуть инициативы по здоровому питанию для детей, а также пара бывших пятиклассников начальной школы «Бэнкрофт», которые теперь были практически взрослыми. Большинство моих сотрудников тоже пришли туда, включая Сэма Касса, который покинул Белый дом в 2014 году, но ради такого события вернулся.

Я разволновалась, увидев, какая толпа собралась в огороде. Я гордилась членами своей команды, вложившими всю душу в работу. Они сортировали мои рукописные заметки, проверяли факты в речах и без конца перемещались из штата в штат, чтобы подготовиться к мероприятиям. Я видела, что многие из них брали на себя все больше ответственности и расцветали как в профессиональном, так и в личном плане, даже при столь ярком свете рампы. Бремя быть «первыми» легло не только на плечи нашей семьи. Восемь лет эти оптимистичные молодые люди — и несколько опытных профессионалов — во всем нас поддерживали. Мелисса, которая была моим самым первым соратником и с которой, надеюсь, мы останемся подругами на всю жизнь, была со мной в Восточном крыле до самого конца, как и Тина, замечательный начальник штаба. Кристен Джарвис сменила Чинна Клейтон, трудолюбивая молодая девушка из Майами, быстро ставшая еще одной старшей сестрой для наших девочек и центром благополучия моей жизни.

Я считала их, нынешних и бывших сотрудников, членами своей семьи. И я очень гордилась тем, что нам удалось сделать.

Снимая видео, которые быстро распространялись по интернету — будь то ролик, в котором я танцевала с Джимми Фэллоном[1], делала слэм-данк[2] в игрушечное кольцо на шоу Джеймса Леброна[3] или читала рэп о колледже с Джеем Фароа[4], — мы

---

[1] Американский актер, комик и телеведущий. — *Прим. ред.*

[2] Бросок в баскетболе, когда игрок, высоко подпрыгнув, отправляет мяч сквозь кольцо сверху вниз одной или двумя руками. — *Прим. ред.*

[3] Американский профессиональный баскетболист, выступает за «Лос-Анджелес Лейкерс». — *Прим. ред.*

[4] Актер и рэпер. — *Прим. ред.*

хотели добиться большего, чем просто пару часов провисеть в трендах твиттера. И кое-что у нас получилось. 45 млн детей теперь получали здоровые завтраки и обеды; 11 млн школьников занимались физкультурой по шестьдесят минут в день благодаря нашей программе «Давайте двигаться!». Дети в целом ели больше цельного зерна и натуральных продуктов. Эпоха гигантских порций фастфуда подходила к концу.

Наш с Джилл Байден проект «Объединенные силы» убедил бизнесменов нанять или обучить более 1,5 млн ветеранов и супругов военных. Пытаясь решить одну из главных проблем, о которых я услышала во время предвыборной кампании Барака, мы заставили все пятьдесят штатов заключить с нами профессиональные лицензионные соглашения, которые помогли уберечь карьеры супругов военных от остановок или завершения из-за постоянных переездов.

Мы с Бараком потратили миллиарды долларов, чтобы помочь девочкам во всем мире получить образование, которого они заслуживают. Более 2800 добровольцев Корпуса мира прошли подготовку, чтобы приводить международные программы помощи в исполнение. А в Соединенных Штатах мы с командой помогли огромному количеству молодых людей получить федеральные стипендии, поддержали школьных консультантов и вывели «День поступления в вузы» на национальный уровень.

Барак сумел остановить самый серьезный экономический кризис со времен Великой депрессии. Он стал посредником в Парижском соглашении по климату, вернул домой десятки тысяч солдат из Ирака и Афганистана и возглавил усилия по эффективному сворачиванию ядерной программы Ирана. 20 млн человек получили медицинскую страховку. И нам удалось пережить два срока без скандала. Мы и люди, которые с нами работали, всегда старались оставаться на высочайшем уровне этики и порядочности, и у нас получилось.

Некоторые изменения труднее измерить, но для нас они казались столь же важными. За полгода до посвящения огорода грядущим поколениям Лин-Мануэль Миранда, молодой композитор, с которым я познакомилась на одном из наших первых арт-мероприятий, вернулся в Белый дом. Его хип-хоп-рифф на жизнь Александра Гамильтона взорвался бродвейской сенсацией и сделал Миранду мировой суперзвездой. «Гамильтон» стал музыкальной одой истории и этническому многообразию Америки, изменив наше понимание роли меньшинств в национальной истории, подчеркнул важную роль женщин, которые долгое время скрывались в тени влиятельных мужчин. Я посмотрела его за пределами Бродвея, и мне так понравилось, что я отправилась на «Гамильтона» снова, когда он попал на большую сцену. Он получился захватывающим и смешным, смягчающим сердце и разбивающим его, — лучшее из произведений искусства, с которыми я когда-либо сталкивалась.

Лин-Мануэль привез с собой в Вашингтон бо́льшую часть труппы — талантливого многорасового ансамбля. Днем исполнители встретились с детьми из местных средних школ: подающими надежды драматургами, танцорами и рэперами. Школьники целый день толпились вокруг Белого дома, сочиняли стихи и зачитывали их под бит вместе со своими кумирами. Во второй половине дня гости собрались на представление в Восточном зале. Мы с Бараком сидели в первом ряду, в окружении молодых людей самых разных рас и происхождения. В конце, когда Кристофер Джексон и Лин-Мануэль исполняли балладу «В последний раз», нас обоих захлестнули эмоции. Два артиста, чернокожий и пуэрториканец, стояли под 115-летней люстрой, в обрамлении старинных портретов Джорджа и Марты Вашингтон, и пели о том, что чувствуют себя «дома в той стране, которую нам удалось создать». Сила и истина этого момента пребывают со мной и по сей день.

«Гамильтон» тронул меня, ведь он отражал историю моей жизни. Историю Америки, впустившей в себя многообразие. Я думала об этом позже: многие из нас скрывают свои истории, стыдятся их или боятся, что их правда не соответствует установленному кем-то идеалу. Нам с детства внушают, будто есть только один способ быть американцами; будто, если у нас темная кожа или широкие бедра, если мы любим не того, кого нужно, если мы говорим на другом языке или родом из другой страны, мы не вписываемся. И так и будет, пока кто-то не осмелится рассказать эту историю иначе.

Я выросла с отцом-инвалидом в слишком маленьком доме, с небольшим количеством денег, в районе на грани гетто. Но я также выросла в окружении любви и музыки, в этнически разнообразном городе, в стране, где образование может поднять вас на самый верх. У меня не было ничего или у меня было все. Зависит от того, как об этом рассказать.

Когда мы приближались к концу президентства Барака, то же самое я думала и об Америке. Я любила свою страну за все, что можно о ней поведать. Почти десять лет у меня была привилегия путешествовать по ней, испытывая на себе ее жесткие противоречия и горькие конфликты, ее боль и неизменный идеализм и прежде всего ее стойкость. Возможно, у меня не совсем обычный взгляд на все это, но думаю, мой опыт созвучен опыту многих. За эти годы мы почувствовали движение вперед, увидели поддержку и сострадание, испытали радость от того, что невоспетые и невидимые наконец выходят на свет.

Проблеск надежды, мира, каким он мог бы быть. Это был наш вклад в будущее: подрастающее поколение поняло, какие возможности для них открылись — и какие еще откроются. Что бы ни случилось дальше, такой была наша история.

Эпилог

Мы с Бараком вышли из Белого дома в последний раз 20 января 2017 года, сопровождая Дональда и Меланию Трамп на церемонию инаугурации. Я чувствовала одновременно и усталость, и гордость, и смятение, и нетерпение — но старалась держать себя в руках, зная, что за каждым нашим шагом следят телевизионные камеры. Мы с Бараком были полны решимости совершить переход с изяществом и достоинством, закончить эти восемь лет с теми же идеалами и самообладанием, что и всегда. Мы наконец достигли последнего часа.

В то утро Барак в последний раз посетил Овальный кабинет, оставив для своего преемника рукописное письмо. На государственном этаже мы попрощались с постоянным персоналом Белого дома: дворецкими, распорядителями, шеф-поварами, домработницами, флористами и всеми остальными, кто заботился о нас с дружелюбием и профессионализмом и теперь будет оказывать ту же любезность семье, заселявшейся чуть позже в тот день. Для Саши и Малии прощание оказалось особенно трудным, так как многих из этих людей они видели каждый день на протяжении половины своей жизни. Я обняла всех и постаралась не заплакать, когда они преподнесли нам на прощание два флага Соединенных Штатов: тот, что развевался в первый день президентства Барака, и тот, что развевался в последний день его пребывания на посту, — символическое обрамление нашего семейного опыта.

Сидя на инаугурационной сцене перед Капитолием США в третий раз, я еле сдерживала эмоции. Яркое разнообразие двух предыдущих инаугураций исчезло, сменившись удручающим единообразием, той картиной подавляющего белого мужского большинства, с которой я сталкивалась так много раз — особенно в привилегированных местах, в различных коридорах власти, куда я каким-то образом нашла дорогу, покинув дом своего детства. Работая в профессиональной среде — от найма новых юристов для «Сидли и Остин» до найма персонала в Белом доме, — я кое-что поняла: однообразие порождает только больше однообразия, пока кто-нибудь не приложит осознанные усилия, чтобы этому помешать.

Глядя на триста или около того человек, сидевших в то утро на сцене, на уважаемых гостей избранного президента, я почувствовала, что в новом Белом доме вряд ли кто-то приложит такие усилия. В администрации Барака могли бы сказать, что на этой сцене плохая «оптика» — то, что видит общественность, не отражало идеалы президента. Но в данном случае, думаю, именно их «оптика» и отражала. Осознав это, я оставила все попытки улыбаться.

П**ЕРЕХОД ВЛАСТИ — ЭТО ПЕРЕХОД К ЧЕМУ-ТО НОВОМУ.** Рука на Библии, клятвы. Мебель одного президента выносят, другого — заносят. Шкафы опустошаются и наполняются снова. И вот уже новые головы покоятся на новых подушках — новые темпераменты, новые цели. И когда твой срок подошел к концу, когда ты покидаешь Белый дом в самый последний день, приходится во всех смыслах начинать все сначала.

Теперь я в начале чего-то нового, новой фазы жизни. Впервые за много лет я освободилась от обязанностей супруги политика и от бремени чужих ожиданий. У меня есть две почти взрослые дочери, которым я нужна меньше, чем когда-либо. У меня есть муж, который больше не несет на своих плечах груз нации. Моя ответственность — перед Сашей и Малией, перед Бараком, перед моей карьерой и моей страной — сместилась так, что теперь я могу по-другому думать о будущем. У меня появилось время на размышления, на то, чтобы просто быть собой. В свои пятьдесят четыре года я все еще продолжаю расти и надеюсь, так будет всегда.

Становление — это не про то, чтобы куда-то прийти или достичь определенной цели. Я рассматриваю его как движение вперед, как средство развития, как способ непрерывно становиться лучшей версией себя. Путешествие никогда не заканчивается. Я стала матерью, но мне еще многому нужно научиться и многое дать своим детям. Я стала женой, но продолжаю приспосабливаться и смиряться с тем, что значит по-настоящему любить и жить с другим человеком. У меня в некотором смысле появилась власть, и все же иногда я чувствую неуверенность в себе и знаю, что меня не слышат.

Это все процесс, шаги вперед. Становление требует в равной мере терпения и строгости. Становление — значит никогда не отказываться от мысли, что все еще есть куда расти.

Поскольку люди часто спрашивают, я скажу это прямо здесь: я не собираюсь баллотироваться на должность президента. Я никогда не была поклонницей политики, и опыт последних десяти лет мало что изменил. Меня по-прежнему отталкивает мерзкая племенная сегрегация красных и синих, идея о том, что нужно непременно выбрать одну сторону и придерживаться ее, оставить способность слушать и идти на компромисс, а иногда даже быть вежливым. Я действительно считаю, что политика в ее лучших проявлениях может стать средством для позитивных изменений, но она просто не для меня.

Это не значит, что меня не заботит будущее нашей страны. С тех пор как Барак покинул свой пост, я читаю новости, от которых меня тошнит. Бывает, я лежу ночами без сна, кипя от злости из-за происходящего. Очень печально видеть, как поведение и политическая повестка нынешнего президента заставили многих американцев сомневаться в себе и бояться друг друга. Очень трудно наблюдать за тем, как отбрасывают тщательно выстроенную политику сострадания, как мы отталкиваем некоторых из ближайших союзников, как мы оставляем уязвимых членов общества без защиты и дегуманизируем их. Иногда я задаюсь вопросом, сколько можно и есть ли у этого дно.

Но вот чего я себе не позволю, так это цинизма. В самые тревожные моменты я вздыхаю и напоминаю себе о достоинстве и порядочности, которые я всю жизнь видела в людях, о том, сколько всего мы уже преодолели. Я надеюсь, другие сделают так же. В демократическом обществе каждый имеет значение. Мы должны помнить о силе каждого голоса. Я также продолжаю поддерживать в себе силу, которая больше и могущественнее, чем любые выборы, лидер или новость, — и это оптимизм. Для меня это форма веры, противоядие от страха.

В маленькой квартирке моей семьи на Эвклид-авеню всегда царил оптимизм. Я видела его в отце, в том, как он двигался, словно его тело в полном порядке и болезни, которая когда-нибудь заберет его жизнь, просто не существует. Я видела его в упрямой вере мамы в наш район, в ее решении остаться на месте, даже когда страх заставил многих соседей собрать вещи и переехать. Именно оптимизм привлек меня в Бараке, когда он впервые появился в моем кабинете в «Сидли», с надеждой улыбаясь. Позже оптимизм помог мне преодолеть свои сомнения и слабые места и поверить, что, если я позволю моей семье жить чрезвычайно публичной жизнью, нам удастся остаться в безопасности и быть счастливыми.

И он помогает мне сейчас. Будучи первой леди, я замечала оптимизм в совершенно неожиданных местах. В госпитале Уолтера Рида, когда раненый солдат дал отпор жалости, повесив на дверь записку, напомнившую всем, что он все так же силен и полон надежд. В Клеопатре Коули-Пендлтон, направившей часть своего горя от потери дочери на борьбу за улучшение законов о распространении оружия. В соцработнице средней школы «Харпер», которая каждый раз выкрикивала слова любви и признательности ученикам, встречая их в коридоре. И он царит в сердцах детей. Дети каждый день просыпаются с верой в доброту и волшебство. Они не циники, они — верующие по своей сути. Мы обязаны ради них продолжать работать над созданием более справедливого и гуманного мира. Мы должны остаться сильными и полными надежд, признать, что нам всем еще есть куда расти.

Сейчас в Национальной портретной галерее в Вашингтоне висят наши с Бараком портреты, и это делает честь нам обоим. Я сомневаюсь, будто кто-то, глядя на наше детство, наше происхождение, мог бы сказать, что мы окажемся в этих залах. Картины прекрасны, но самое главное — их там увидят молодые люди, наши образы помогут разрушить мысль, что для того, чтобы остаться в истории, нужно выглядеть определенным образом. Если мы смогли вписаться — значит, смогут и многие другие.

Я обычный человек, который прожил необычную жизнь. Я надеюсь, моя история сможет создать пространство для историй других людей, расширить границы общепринятых норм. Мне посчастливилось пройти через каменные замки, городские школы и кухни Айовы, остаться самой собой и чувствовать связь с другими людьми. Каждую дверь, которая открылась для меня, я старалась держать открытой для других. И вот что я должна сказать напоследок: давайте впускать друг друга. Может быть, тогда мы станем меньше бояться и выносить меньше неверных суждений и сумеем отвергнуть предубеждения и стереотипы, напрасно нас разделяющие. Может быть, нам лучше сосредоточиться на том, что у нас общего.

Дело не в том, чтобы быть совершенными. И не в том, где вы окажетесь в конце концов. Просто есть особая сила заявить о себе, рассказать свою уникальную историю, поделиться собственным видением. А в желании узнавать и слышать других есть особое благородство. Вот так, по-моему, мы и становимся людьми.

Благодарности

Как и все в моей жизни, эти мемуары никогда не появились бы без любви и поддержки многих людей.

Я не была бы той, кто я есть, если бы не твердая рука и бесконечная любовь моей матери, Мэриан Шилдс Робинсон. Она всегда была моей скалой, позволяла мне быть собой и никогда не давала моим ногам слишком далеко отрываться от земли. Ее безграничная любовь к моим детям и готовность поставить наши потребности выше своих дали мне необходимую уверенность, чтобы выходить в мир, зная, что дома дети в безопасности и окружены заботой.

Мой муж, Барак, моя любовь вот уже двадцать пять лет, самый любящий отец наших дочерей, стал для меня тем партнером по жизни, о котором я могла только мечтать. Наша история все еще продолжает развиваться, и я с нетерпением жду наших предстоящих приключений. Спасибо за твою помощь... за то, что ты внимательно и терпеливо прочитал все главы, и за то, что точно знал, когда нужно дать добрый совет.

И спасибо моему старшему брату Крейгу. С чего бы начать? Ты был защитником со дня моего рождения. Ты заставлял меня смеяться больше, чем любой другой человек на этой земле. Ты самый лучший брат, о котором только может мечтать сестра, любящий и заботливый сын, муж и отец. Спасибо тебе за все часы, которые ты провел с моей командой, вспоминая наше детство. Некоторые из моих лучших воспоминаний о написании этой книги связаны с тем, как мы сидели на кухне с тобой и мамой и заново переживали старые истории.

Я бы ни за что не смогла закончить эту книгу без невероятно одаренной команды сотрудников, которых просто обожаю. Когда я впервые встретила Сару Корбетт чуть больше года назад, все, что я знала о ней, — это что ее очень уважает мой редактор и что Сара очень мало знает о политике. Теперь же я бы доверила ей свою жизнь не только потому, что у нее такой удивительный ум, но и потому, что она добрый и щедрый человек. Я надеюсь, это станет началом нашей долгой дружбы.

Тайлер Лехтенберг был ценной частью мира Обамы более десяти лет. Он вошел в нашу жизнь как один из сотен обнадеживающих молодых организаторов Айовы и остался в качестве доверенного советника. Я наблюдала за его превращением в сильного писателя с невероятно светлым будущим.

Кроме того, мой редактор Молли Стерн, в ком меня мгновенно привлек энтузиазм, энергия и страсть, поддерживала меня непоколебимой верой в мое видение этой книги. Я всегда буду благодарна ей и всей команде Crown, включая Майю Мавджи, Тину Констебл, Дэвида Дрейка, Эмму Берри и Криса Брэнда, которые поддерживали нас с самого начала. Аманда Д'Асиерно, Ланс Фицджеральд, Салли Франклин, Кариса Хейз, Линни Ноллмюллер, Мэтью Мартин, Донна Пассананте, Элизабет Рендфлейш, Анке Штайнеке, Кристина Танигава и Дэн Зитт — все они помогли нам воплотить эту книгу в жизнь.

Я также хочу поблагодарить Маркуса Доула за то, что он вложил все ресурсы Penguin Random House в этот труд любви.

Я бы никогда не справилась с ролью матери, жены, подруги и профессионала без моей команды. Любой, кто хорошо меня знает, в курсе, что Мелисса Уинтер — это вторая половинка моего мозга. Мел, спасибо, что была рядом на каждом этапе этого процесса. И еще важнее, спасибо тебе за то, что ты так сильно любишь меня и моих девочек. Нет меня без тебя.

Мелисса — начальник штаба моей личной команды. Эта небольшая, но могущественная группа умных, трудолюбивых женщин, которые следят за тем, чтобы со мной все было в порядке:

Кэролайн Адлер Моралес, Чинна Клейтон, Маккензи Смит, Саманта Табман и Алекс Мэй Сили.

Боб Барнетт и Денин Хауэлл из Williams and Connolly были ценными гидами в издательском процессе, и я благодарна им за советы и поддержку.

Особая благодарность всем тем, кто помог воплотить эту книгу в жизнь многими другими способами: Питу Соузе, Чаку Кеннеди, Лоуренсу Джексону, Аманде Люсидон, Саманте Эпплтон, Кристин Джонс, Крису Хоу, Ариэлле Вавассер, Мишель Норрис и Элизабет Александер.

Кроме того, я хочу поблагодарить невероятно находчивую Эшли Вулхитэр за исследование и Джиллиан Брассиль за тщательную проверку фактов. Многие из моих бывших сотрудников также помогли уточнить важные детали и сроки — помощников слишком много, чтобы перечислять, но я благодарна каждому из них.

Спасибо всем удивительным женщинам, которые все это время меня поддерживали. Вы знаете, кто вы и что вы значите для меня: мои подруги, наставницы, «другие дочери» — и особая благодарность Маме Кэй. Все вы поддерживали меня во время написания книги и помогли мне стать лучше.

Лихорадочный ритм жизни в качестве первой леди оставил мало времени для традиционного ведения дневника. Вот почему я так благодарна дорогой подруге Верне Уилльямс, которая в настоящее время является деканом и профессором права на юридическом факультете Университета Цинциннати. Мне очень помогли те 1100 страниц стенограмм наших бесед, которые проводились раз в два года в течение всего нашего пребывания в Белом доме.

Я очень горжусь всем, чего нам удалось добиться за время работы в Восточном крыле. Я хочу поблагодарить многих мужчин и женщин, которые посвятили жизнь тому, чтобы помочь нашей стране, сотрудников офиса первой леди: политиков, планировщиков, администраторов, пиар-специалистов, спичрайтеров, соцработников и корреспондентов. Спасибо всем работникам, персоналу Белого дома и сотрудникам агентств, ответственных за создание каждой из моих инициатив: «Давайте двигаться!», «Достигай большего», «Дайте девочкам учиться» и, конечно же, «Объединенные силы».

«Объединенные силы» всегда будут занимать особое место в моем сердце, потому что они подарили мне редкую возможность поддержать наше выдающееся военное сообщество. Всем военнослужащим, ветеранам и семьям военнослужащих: спасибо за вашу службу и самопожертвование во имя страны, которую мы все любим. Доктору Джилл Байден и всей ее команде: было поистине благословением и радостью работать бок о бок со всеми вами над этой очень важной инициативой.

Всем лидерам и защитникам здорового питания и образования: спасибо за неблагодарный, ежедневный тяжелый труд ради того, чтобы у наших детей появилась любовь, поддержка и ресурсы, необходимые для достижения их целей.

Спасибо всем сотрудникам службы безопасности Соединенных Штатов, а также их семьям, чье ежедневное самопожертвование позволяет им так хорошо выполнять свою работу. Особенно тем, кто продолжает служить моей семье. Я буду вечно благодарна вам за вашу преданность и профессионализм.

Спасибо сотням мужчин и женщин, которые каждый день усердно трудятся, чтобы сделать Белый дом домом для семей, у которых появляется возможность жить в одном из наших самых ценных памятников: дворецким, поварам, горничным, флористам, садовникам, управляющим и инженерам. Они навсегда останутся важной частью нашей семьи.

Наконец, я хочу поблагодарить каждого ребенка и подростка, с которым я сталкивалась, будучи первой леди. Всем многообещающим молодым душам, за эти годы тронувшим мое сердце: тем, кто помогал расти огороду; тем, кто танцевал, пел, готовил и разделял со мной хлеб; тем, кто открывался для моей любви и советов; тем, кто подарил тысячи теплых, восхитительных объятий, которые поддерживали меня даже в самые трудные моменты. Спасибо, что всегда давали мне повод надеяться.

Все права защищены. Книга или любая ее часть не может быть скопирована, воспроизведена в электронной или механической форме, в виде фотокопии, записи в память ЭВМ, репродукции или каким-либо иным способом, а также использована в любой информационной системе без получения разрешения от издателя. Копирование, воспроизведение и иное использование книги или ее части без согласия издателя является незаконным и влечет уголовную, административную и гражданскую ответственность.

Издание для досуга

Мишель Обама

BECOMING

МОЯ ИСТОРИЯ

Главный редактор *Р. Фасхутдинов*
Руководитель направления *Л. Ошеверова*
Научный редактор *Н. Пискунова*
Литературный редактор *Н. Цурюпа*
Ответственный редактор *Е. Ланцова*
Младший редактор *Р. Муртазина*
Художественный редактор *О. Сапожникова*
Корректоры *Н. Витько, Е. Холодова*
Бренд-менеджер *Н. Божкова*

Страна происхождения: Российская Федерация
Шығарылған елі: Ресей Федерациясы

ООО «Издательство «Эксмо»
123308, Россия, город Москва, улица Зорге, дом 1, строение 1, этаж 20, каб. 2013.
Тел.: 8 (495) 411-68-86.
Home page: www.eksmo.ru   E-mail: info@eksmo.ru
Өндіруші: «ЭКСМО» АҚБ Баспасы,
123308, Ресей, қала Мәскеу, Зорге көшесі, 1 үй, 1 ғимарат, 20 қабат, офис 2013 ж.
Тел.: 8 (495) 411-68-86.
Home page: www.eksmo.ru   E-mail: info@eksmo.ru
Тауар белгісі: «Эксмо»
Интернет-магазин : www.book24.ru
Интернет-магазин : www.book24.kz
Интернет-дүкен : www.book24.kz
Импортёр в Республику Казахстан ТОО «РДЦ-Алматы».
Қазақстан Республикасындағы импорттаушы «РДЦ-Алматы» ЖШС.
Дистрибьютор и представитель по приему претензий на продукцию,
в Республике Казахстан: ТОО «РДЦ-Алматы»
Қазақстан Республикасында дистрибьютор және өнім бойынша арыз-талаптарды қабылдаушының өкілі «РДЦ-Алматы» ЖШС,
Алматы қ., Домбровский көш., 3«а», литер Б, офис 1.
Тел.: 8 (727) 251-59-90/91/92; E-mail: RDC-Almaty@eksmo.kz
Өнімнің жарамдылық мерзімі шектелмеген.
Сертификация туралы ақпарат сайтта: www.eksmo.ru/certification
Сведения о подтверждении соответствия издания согласно законодательству РФ о техническом регулировании можно получить на сайте Издательства «Эксмо»
www.eksmo.ru/certification
Өндірген мемлекет: Ресей. Сертификация қарастырылмаған

Подписано в печать 01.02.2021. Формат 70x100 1/16.
Печать офсетная. Усл. печ. л. 38,89.
Доп. тираж 4000 экз. Заказ 906.

Отпечатано с готовых файлов заказчика
в АО «Первая Образцовая типография»,
филиал «УЛЬЯНОВСКИЙ ДОМ ПЕЧАТИ».
432980, Россия, г. Ульяновск, ул. Гончарова, 14

16+

ISBN 978-5-04-101892-4

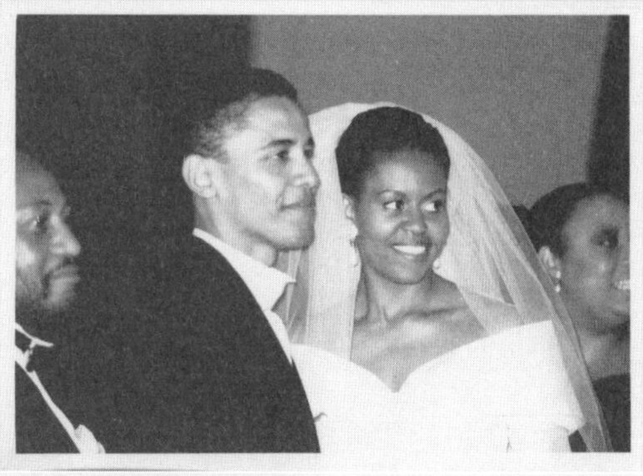

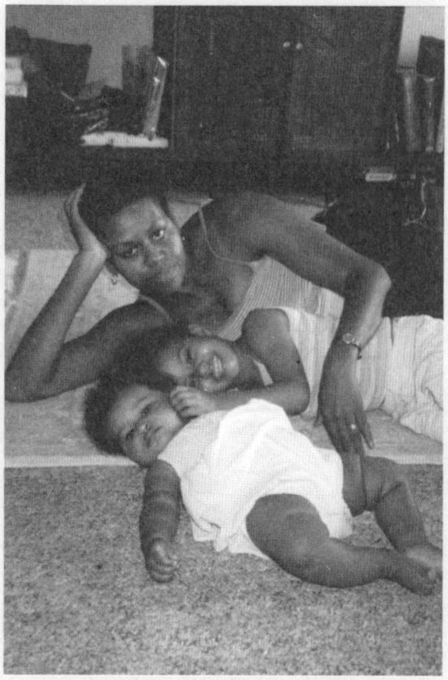

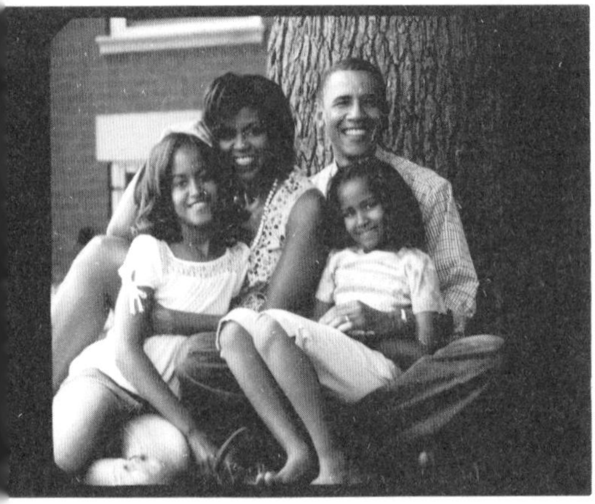

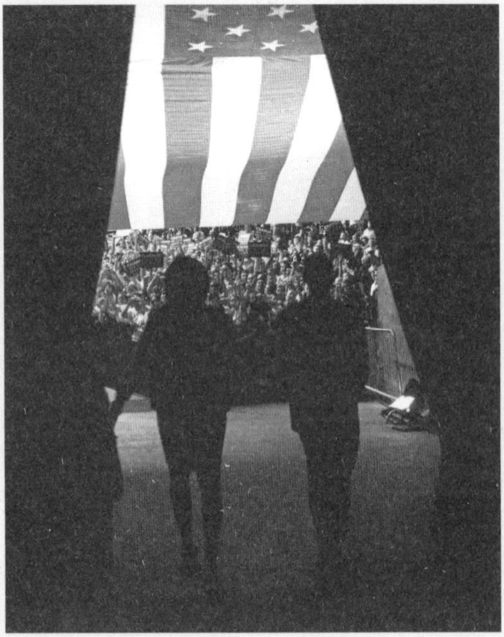